上海民办教育发展报告

（2013—2016）

李宣海　高德毅　胡 卫　主编

Development Report on
Non-governmental Education in Shanghai
（2013—2016）

上海市民办教育协会
上海市教育科学研究院民办教育研究所

科学出版社
北 京

内 容 提 要

本书承续了《上海民办教育发展报告(2005—2012)》的内容版块,分为综合报告、类别报告、专题报告、区域案例及附录等五部分。"综合报告"立足上海经济社会发展趋势,综合分析上海民办教育发展的基本数据,全面反映上海民办教育发展的历程、特点、经验、挑战及对未来的展望;"类别报告"包括民办高等学历教育、中小学、学前教育、非学历培训教育的发展状况;"专题报告"涵盖上海民办教育发展所涉关键问题和领域,如党建和思想政治工作、师资队伍建设、专业设置、营利和非营利分类管理制度推进、基础教育特色发展、随迁子女小学、公私合作、高等学校章程建设、社会组织培育状况等;"区域案例"选择上海民办教育发展较为典型的浦东、闵行、杨浦、嘉定、金山、长宁等区,描述区县层面民办教育发展现状、呈现问题并找出对策;"附录"包括了重要的政策文件等内容。所列各主题较为全面地反映了上海民办教育发展概貌,涉及了当前改革的关键问题,介绍了上海部分典型区域的发展经验。

本书内容全面,材料翔实,问题分析透彻,案例呈现典型,较好反映了2013—2016年间上海民办教育的发展状况,具有重要的学术研究、史料积累价值。

图书在版编目(CIP)数据

上海民办教育发展报告. 2013—2016 / 李宣海,高德毅,胡卫主编.—北京:科学出版社,2018.1
ISBN 978-7-03-056335-4

Ⅰ.①上… Ⅱ.①李… ②高… ③胡… Ⅲ.①社会办学—研究报告—上海—2013-2016 Ⅳ.①G522.74

中国版本图书馆 CIP 数据核字(2018)第 010374 号

责任编辑:朱 灵
责任印制:谭宏宇 / 封面设计:殷 靓

斜 学 出 版 社 出版
北京东黄城根北街 16 号
邮政编码:100717
http://www.sciencep.com

南京展望文化发展有限公司排版
上海叶大印务发展有限公司印刷
科学出版社发行　各地新华书店经销

*

2018年1月第 一 版　开本:889×1194　1/16
2018年1月第一次印刷　印张:16 1/2
字数:457 000

定价:150.00 元
(如有印装质量问题,我社负责调换)

《上海民办教育发展报告(2013—2016)》
编委会名单

主　　编：李宣海　高德毅　胡 卫

副 主 编：杨月民　董圣足(执行)

编委会成员：(按姓氏笔画排序)

王 欣　王瑞杰　王歆妙　公彦霏　方建锋　朱敏敏　刘荣飞　刘耀明

杨月民　杨慧毅　李宣海　李爱铭　吴 巍　何金辉　宋晓岚　张 宁

张 歆　陈 洁　陈素萍　金 兵　周翠萍　赵 扬　胡 卫　祝 郁

顾爱平　高德毅　唐晓杰　董圣足　谢锡美　潘 奇

序

Foreword

党的十八大和十八届三中全会确立了我国全面深化改革的总目标、总方略、总路线。受其推动和影响,2013 至 2016 年,着力于制度变革和政策优化成为我国民办教育改革发展的主基调,集中体现在民办教育新法新政的交替及实施上。2016 年 11 月 7 日,第十二届全国人大常委会第二十四次会议审议通过了《关于修改〈中华人民共和国民办教育促进法〉的决定》,至此历时五年、几经延宕的教育法律一揽子修订工作落下帷幕,开启了我国非营利性与营利性民办学校分类管理的新时代。新修订的民办教育促进法,以及随后出台的《国务院关于鼓励社会力量兴办教育　促进民办教育康健康发展的若干意见》和教育部等五部门联合颁布的《民办学校分类登记实施细则》《营利性民办学校监督管理实施细则》等配套政策及规范性文件,进一步健全了我国民办教育发展的顶层制度,为我国民办教育改革发展提供了新的制度空间。

其实,早在 2010 年,上海作为国家"探索营利性和非营利性民办学校分类管理办法"的试点地区,就率先在多个领域、多个辖区开展了分类管理的制度建设和实践探索。特别是 2014 年上海教育综合改革实施后,为破解教育领域深层次瓶颈问题、大力扶持和引导社会力量兴办教育,上海市教育委员会(以下简称"市教委")成立了"教育经费投入使用管理制度改革""终身教育与民办教育改革发展"专项组,出台了《上海市深化民办教育综合改革指导意见》,积极鼓励社会力量多元参与办学、支持开展非营利民办高校示范校建设及民办中小学非营利试点。浦东、杨浦等区也努力创新,分别出台了《浦东新区关于民办学校适用非营利制度的指导意见》《杨浦区关于民办学校适用非营利制度的指导意见》等制度文本,开展对非营利性民办学校扶持和监管模式的研究和探索。这些实践探索和制度创新,为未来上海推进营利性、非营利性民办学校分类管理奠定了坚实的思想、制度和实践基础。

制度变革的最终落脚点仍为促进民办院校内涵发展和教育质量提升。提高质量、树立品牌是民办院校在制度变革浪潮中立于潮头的不二法宝。为此,市教委通过多种政策工具、大量专项资金引导民办学校特色发展;学校自身也通过特色创建、课程优化、师资队伍建设等,不断提高教育教学质量;社会中介组织如民办教育行业协会、发展基金会、服务中心及第三方评估机构等也相继成立、不断完善,协同推进民办院校教育质量提升。各区民办教育主管部门也积极探索、勇于创新,如浦东新区实行民办教育与公办教育齐头并进方略,促使浦东教育朝着"开放、多样、优质"方向发展,形成了更富有生机活力的多元办学格局;金山区着力构建以政府为主体、社会力量共同参与的办学体系,为建设

"和谐金山"发挥了积极作用;杨浦区按照"建设上海基础教育高地、形成优质教育集聚区"的教育发展定位,全面打造"知识杨浦"的发展品质,不断提高民办教育整体发展水平等。这些探索和创新促进了上海民办教育稳步发展,满足了人民群众多样化教育需求。

为更加翔实地呈现上述民办教育改革发展状况,我们在上海市教卫党委和市教委的大力支持下,组织编撰了第二本上海民办教育发展报告。本报告承续第一本报告内容框架,分为综合报告、类别报告、专题报告、区域案例及附录五部分;同时在每部分又根据上海民办教育新发展、新形势、新内容做了调整。"综合报告"立足上海经济社会发展趋势,综合分析上海民办教育发展的基本数据,全面反映上海民办教育发展的历程、特点、经验、挑战及对未来展望;"类别报告"包括民办学前教育、中小学教育、高等学历教育及非学历培训教育的发展状况;"专题报告"涵盖本时期上海民办教育发展所涉关键问题,如党建和思想政治工作、师资队伍建设、民办院校专业设置、分类管理、基础教育特色发展、公私合作、民办高校章程建设、民办教育社会组织培育等;"区域案例"选择了上海民办教育发展较为典型的浦东、闵行、杨浦、嘉定、金山、长宁六区;"附录"包括了本阶段上海民办教育统计数据、罗列了我国及上海主要的民办教育法规政策等。所列各部分较为全面地反映了上海民办教育发展面貌,透彻分析了当前改革面临的关键问题,详细介绍了上海部分区域的发展经验。

《上海民办教育发展报告(2013—2016)》仍然坚持以史实为主、史论结合的编撰思路,在描述发展现状、呈现相关数据基础上,理性分析上海民办教育发展中存在的问题,并尝试给出建设性的对策建议,以为未来民办教育良性发展和良善治理铺路奠基。这是自第一本民办教育发展报告编撰之初就确定的思路。今后及未来一段时期,我们仍会以此为指针,在市教卫党委和市教委领导及各职能处室配合帮助下,与上海市教育科学研究院民办教育研究所(以下简称"市教科院民办所")及其他同仁一起,攻坚克难、坚定不移地做好这项工作。在本书编撰过程中,市教卫党委高德毅副书记和市教委民办教育管理处赵扬处长多次听取汇报、解决困难、提供建议;市教科院原副院长、市民进专职副主委胡卫研究员和市教科院民办所董圣足所长身体力行、积极作为,多次召开研讨会、推进会,出谋划策、问诊把脉;以市教科院民办所为主的撰写人员更是多方搜集素材,辛苦写作,几易其稿。不忘初心,砥砺而行。我们之所以如此坚持地推进"民办教育丛书"编撰工作,是因为:其一,历史是一面镜子,系列报告所呈现的诸多问题、提供的解决思路,为政府部门未来决策提供了有益参考,从而展现其决策价值;其二,史料是一个宝藏,系列报告的出版和累积,将长距离、大广角、全方位地展现上海民办教育发展的历史轨迹,为民办教育研究者和实践者提供数据支撑,从而展现其研究价值;其三,他山之石,可以攻玉,系列报告所呈现的其他国家、地区和学校的做法及经验,可为上海民办学校举办者和办学者的教育教学提供参考,从而展现其借鉴价值。因此,我们深知责任在肩,丝毫不能懈怠。现在把第二本报告呈现在大家面前,是否达成初衷应由读者来评判,书中不足也请方家匡正。

最后,在上海第三次民办教育工作会议即将召开之际,谨以此书,献给为上海民办教育事业辛勤耕耘的各位同仁。我深信,在市委、市政府及市教卫党委、市教委的正确领导下,只要我们全面贯彻好党和国家的教育方针,积极稳妥推进民办学校分类管理,切实将上海市各项扶持和规范措施落小、落细、落实到位,上海民办教育的未来一定会更加辉煌灿烂!

上海市民办教育协会会长

2017 年 10 月 10 日

目录

Contents

区域案例

附　录

综 合 报 告

上海民办教育发展状况(2013—2016)

21 世纪以来,上海民办教育发展规模稳中有升,不少民办学校通过自身努力,凭借良好的教育服务和较高的教育质量赢得了社会信任,创建了自己的品牌,为满足人民群众多元化教育需求奠定了基础,同时也为深化教育综合改革贡献了自己的力量。在本世纪第二个十年,尤其是"十三五"期间,随着教育综合改革逐步推进、政策环境日趋严格规范、公办学校竞争实力日益增强,上海民办教育进入了新的规范和调整时期。在落实营利性、非营利性分类管理的基础上,上海市政府继续采取扶持与规范并举的思路,推进民办学校分类扶持、依法治校、完善治理结构、加强内涵建设,谋划民办学校持续发展。

一、上海民办教育发展背景

从历史发展来看,民办教育伴随着经济发展而发展,同时也反映了经济发展的状态。政府财力水平的提高及公办教育的发展,对民办教育也会提出更高要求。民办教育需要通过自身内涵建设,不断满足人民群众对教育的选择性需求,进而推动教育领域改革,形成公、民办教育共同发展的局面。

(一)经济发展态势良好

2013—2016 年既是"十二五"的总结,亦是"十三五"的开端。上海市生产总值(GDP)从 21 818.15 亿元增至 27 466.15 亿元,年均增长率为 7.1%;按照常住人口计算,上海市人均生产总值已经由 9.01 万元增至 11.36 万元,年增长率为 8.7%,超过同期本市的 GDP 年增长率。

三产贡献率方面,2016 年数据显示,第一产业贡献率在 0.4%,第二产业为 29.11%,第三产业贡献率为 70.5%,第三产业的贡献率首次超过 70%。2013—2016 年期间,第一、第二产业贡献率呈现逐年下降趋势,第三产业则逐年上升(见表 1)。第三产业贡献率的提升,体现了上海着重发展服务业的经济发展战略,对服务行业人才数量、质量提出了更高要求。

表 1 2013—2016 年上海分产业经济增长贡献情况统计表

年 份	生产总值 (亿元)	第一产业		第二产业		第三产业	
		数值(亿元)	贡献率(%)	数值(亿元)	贡献率(%)	数值(亿元)	贡献率(%)
2013	21 818.15	124.89	0.57	7 907.81	36.24	13 785.45	63.18
2014	23 567.7	124.26	0.53	8 167.71	34.66	15 275.73	64.82

续 表

年 份	生产总值（亿元）	第一产业		第二产业		第三产业	
		数值（亿元）	贡献率（%）	数值（亿元）	贡献率（%）	数值（亿元）	贡献率（%）
2015	25 123.45	109.82	0.44	7 991	31.81	17 022.63	67.76
2016	27 466.15	109.47	0.40	7 994.34	29.11	19 362.34	70.50

数据来源：根据《上海统计年鉴》（2014—2016）整理得出，2016 年数据来源于《2016 年上海市国民经济和社会发展统计公报》。另外，2013 年数据由于 2014 年《上海统计年鉴》与 2015 年、2016 年《上海统计年鉴》中的历年数据不一致，课题组采用 2015 年《统计年鉴》历年数据中 2013 年的数据。以下数据来源如未特别注明，均来自历年《上海统计年鉴》或《2016 年上海市国民经济和社会发展统计公报》。

同期财政收支方面，财政收入由 4 109.51 亿元上升至 6 406.13 亿元，年均增长率为 18.6%；财政支出由 4 528.61 亿元增至 6 918.94 亿元，年均增长率为 17.6%。2013 年上海市公共财政教育经费为 6 677 279 万元，占当年公共财政支出 14.74%，2014 年上海市公共财政教育经费为 6 743 600 万元，占当年公共财政支出 13.01%，比上年增长约为 1%[①]。

（二）人口发展城乡不均衡

2013—2016 年，常住人口由 2 415.15 万人上升至 2 419.70 万人，增长 4.55 万人，年均增长 1.52 万人，其中外来人口由 2013 年的 990.01 万人下降至 2016 年的 980.20 万人。分区县数据显示，2013—2015 年全市 17 个区县中，8 个区县常住人口数量增加，其余 9 个区县常住人口处于负增长状态，其中浦东增长最多为 6.59 万人，其次为松江增长 2.36 万人。人口处于负增长的区县中，徐汇、黄浦、虹口人口减少较多，分别为 3.60 万人、3.30 万人、3.02 万人。从增减幅度来看，金山增幅最大为 2.27%，其次是松江和浦东，增幅分别为 1.36%、1.22%；相比之下，传统中心城区静安、黄浦、虹口、徐汇等则是明显的人口导出区，减幅分别为 5.02%、4.77%、3.60%、3.20%（见图 1）。

图 1 上海各区 2013—2015 年人口变化趋势

相较于上一个周期，2013—2016 年上海常住人口增幅放缓，总数整体变化不大，外来人口出现下降趋势。分地区来说，人口增长主要来自郊区，这些地区对现有教育资源配置提出更高要求；教育资源相对优质、丰富的中心城区，常住人口则呈现下降趋势。

（三）全国教育综合改革

2014 年初，国家层面正式部署了实施教育综合改革的战略任务，上海与北京大学、清华大学率先开展"一市两校"教育综合改革。年底，上海市委、市政府印发了《上海市教育综合改革方案（2014—2020

---

① 公共财政教育经费 2012 年起包括教育事业费、基建经费、教育费附加。目前国家统计局公布的数据中，教育经费的数据截至 2014 年。

年)》,被视为"教育自贸区"的上海教育综合改革试验帷幕就此拉开。同年,国务院正式确定上海和浙江作为"一市一省"高考综合改革试点地区,从2014级秋季新入学的高中一年级学生开始实施。上海通过实施包括10个方面52条重大改革措施、214项重大改革任务在内的教育综合改革,以及高考综合改革,力争到2020年率先实现教育现代化。在两项国家试点任务的推进过程中,上海各级各类教育在原有基础上取得了更大进步。

增加优质幼儿教育资源供给,妥善应对学前教育入园高峰。2011—2016年新增独立法人幼儿园301所,截至2016年基本实现常住3—6岁幼儿学前教育和看护服务全覆盖。二级一类水平以上幼儿园占75％,一级以上水平占比超过30％,保教人员100％持证上岗、100％接受在职培训。

推进城乡教育一体化,促进基础教育优质均衡发展。2014年,上海一次性通过国务院义务教育均衡发展督导认定,成为全国率先整体实现县域义务教育均衡发展的城市。上海参加经济合作与发展组织(OECD)开展的国际学生评估项目PISA测评和教师教学国际调查,学生学业水平和教师教学水平位居国际领先地位。上海基础教育成为世界各国了解中国教育的一扇"窗口",成为中国教育走出去的一张"名片"。

落实政策和资源支撑,高等教育内涵发展迈上新台阶。把立德树人根本任务贯穿教育教学全过程,强化大学生思想政治教育,人才培养质量稳步提升。学科建设水平大幅提高,上海高校进入ESI全球排名前1％的学科数,由2012年初的40个增至2016年的81个,万分之一学科更是实现历史性突破;2014—2015年间,上海高校每年获得国家"科技三大奖"的数量,都占全市获奖总数50％左右,国内发明专利授权数占全市授权总数40％左右。

推动师资队伍建设,为教育事业改革发展提供核心支撑。2011—2016年间全市新招聘3万多名中小学教师,本科以上学历占92％、研究生学历占20％,年轻化、高素质人才的加入,极大优化了基础教育教师队伍的梯队结构。高校在岗高层次人才大幅增加,其中"两院"院士101人、"百千万"人才工程专家220人、中央"千人计划"专家534人、"长江特聘"教授303人,他们在高校教学、科研中发挥了关键引领作用。

二、上海民办学校发展现状

2013年以来,上海民办学历教育在学校数、在校生规模等方面,都出现了不同程度的波动调整,教师队伍建设得到越来越多的重视,民办学校规范办学、内涵建设特征明显。

(一)民办学校数

近年来,民办学前教育呈现快速发展态势,民办小学总体上呈现逐年下降趋势(主要是因为政府给予办学成本补贴的以招收进城务工人员随迁子女为主的民办小学数量与在校生数量明显下降),民办高中和民办高校办学规模相对稳定。截至2015学年,上海共有民办幼儿园562所,民办小学173所(其中包括政府给予办学成本补贴的以招收进城务工人员随迁子女为主的民办小学156所),民办中学117所,民办高校20所(见表2)。

表2　2011—2015年上海幼儿园数量发展情况

年 份	全市(所)	年增减(所)	民办(所)	年增减(所)	占比(％)
2011	1 337	85	459	63	34.33
2012	1 401	64	500	41	35.69
2013	1 446	45	524	24	36.24
2014	1 462	16	532	8	36.39
2015	1 510	48	562	30	37.22

注:数据来源于历年上海教育统计手册,后文如未特殊说明,数据均来自历年上海教育统计手册。

随着人口出生高峰到来,学龄儿童入园高峰也随之到来,上海学前教育机构总体上逐年增加。仅2010年,全市新增幼儿园141所,其中,民办幼儿园新增69所,之后增长速度趋于平缓,机构数量基本稳定,基本满足了常住学龄儿童的入园需求。随着国家"二孩政策"放开,上海市民办幼儿园于2015年又迎来发展高峰,同比上一年度新增30所,占当年全市新增幼儿园的62.5%(见图2)。

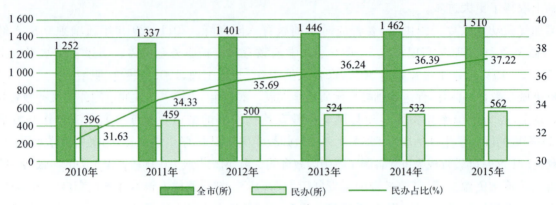

图2　2010—2015年上海民办幼儿园数量变化情况

上海小学规模发展基本稳定,数量总体增长幅度不大,2010年后有小幅下降;随着学龄人口增长,2015年全市小学数量开始增长,达到2011年水平。民办小学数量基本稳定并逐年小幅下降,在全市占比也处于逐年下降的态势,总体在23%左右(见表3、图3)。

上海市普通中学数量2015年增速提高,比上一年度增长近3个百分点。顺应全市发展环境,民办中学机构数量趋于稳定,占全市普通中学比例有所波动,近两年显著上升。特别是,2015年民办中学在全市占比达到近五年来最高点(见图4)。

表3　2011—2015年上海民办中小学数

年　份	中　　学					小　　学				
	全市(所)	增幅(所)	民办(所)	增幅(所)	民办占比(%)	全市(所)	增幅(所)	民办(所)	增幅(所)	民办占比(%)
2011	754	−1	106	−3	14.06	764	−2	181	−3	23.69
2012	760	6	107	1	14.08	761	−3	180	−1	23.65
2013	762	2	103	−4	13.52	759	−2	178	−2	23.45
2014	768	6	107	4	13.93	757	−2	174	−4	22.99
2015	790	22	117	10	14.81	764	7	173	−1	22.64

注:数据来源于历年上海教育统计手册,民办中学主要是民办普通中学,包括九年一贯制学校、十二年一贯制学校、完全中学、初中、高中。

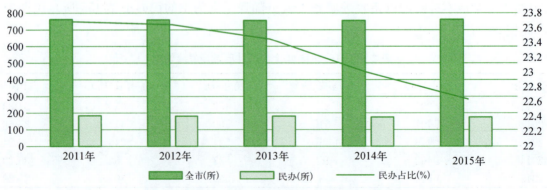

图3　2011—2015年上海民办小学数量变化趋势

图 4　2011—2015 年上海民办中学数量变化趋势

上海高校数量基本保持稳定,略有波动,全市高等教育需求量基本得到满足。上海民办高校筹建设立自 2005 年步入高峰后,学校数趋于稳定,近五年来基本维持在 20 所。其中,2013 年的变化是将上海纽约大学纳入民办高校予以计算。民办高校数量基本占比为全市高校的 1/3(见表 4)。

表 4　2011—2015 年上海高校数量发展情况

年　份	全市(所)	年增减(所)	民办(所)	年增减(所)	占比(%)
2011	66	0	20	0	30.30
2012	67	1	20	0	29.85
2013	68	1	21	1	30.88
2014	68	0	20	—1	29.41
2015	67	—1	20	0	29.85

(二)民办学校在校生数

截至 2015 学年,上海民办幼儿园、小学、中学、高校在校生人数分别为 16.83 万人、13.94 万人、7.39 万人和 10.01 万人,分别占全市在校生总数的 31.4%、17.5%、12.9% 和 19.6%。相对于 2010 年占比均有不同程度的增长。但与全国同期数据相比,幼儿园所占比例较低,中小学(不含以招收进城务工人员随迁子女为主的民办小学)比例略高于全国水平,高校所占比例略低于全国水平(见表 5)。

表 5　2011—2015 年上海民办中小学在校生数

年份	小　学				初　中				高　中			
	全市(人)	民办(人)	增幅(人)	占比(%)	全市(人)	民办(人)	增幅(人)	占比(%)	全市(人)	民办(人)	增幅(人)	占比(%)
2011	731 131	166 712	2 506	22.8	430 585	62 098	217	14.42	161 056	14 493	—2 346	9
2012	760 377	169 791	3 079	22.33	432 686	60 912	—1 186	14.08	157 709	13 869	—624	8.79
2013	792 476	167 028	—2 763	21.08	436 696	61 572	660	14.10	156 817	13 607	—262	8.68
2014	802 960	156 010	—11 018	19.43	426 789	60 776	—796	14.24	157 416	13 589	—18	8.63
2015	798 686	139 437	—16 573	17.46	412 345	59 663	—1 113	14.47	158 201	14 222	633	8.99

2013—2016 年,民办幼儿园在园人数规模与全市保持相似发展趋势,但是增幅是全市幼儿园在园人数增幅的 2 倍,突显了民办幼儿园的竞争力,所占比例也逐年上升,到 2015 年已达 31.4%,基本保持全市占比 1/3。可以说,民办幼儿园为缓解上海儿童入园难问题做出了巨大贡献(见表 6)。

表6　2011—2015年上海民办幼儿园在园人数发展情况

年　份	全市（所）	年增减（%）	民办（所）	年增减（%）	占比（%）
2011	444 177	—	120 470	—	27.12
2012	480 560	8.19	136 356	13.19	28.37
2013	501 030	4.26	147 281	8.01	29.40
2014	502 889	0.37	150 035	1.87	29.83
2015	535 877	6.56	168 348	12.21	31.42

随着民办小学阶段学校数量逐步减少，在校生人数也呈现逐年递减的状态，由2011年的16.67万人减少到2015年的13.94万人，减少了15.1%，下降幅度较大。民办小学在校生人数所占比例也逐年降低，2014年首次低于20%，为19.43%，2015年为17.46%。而同期全市小学在校生人数则逐年上升，由2011年的73.11万人增长到2015年的79.87万人，增加了6.76万人，年均增长率为2.8%（见图5）。

图5　2011—2015年上海民办小学在校生规模变化趋势

全市初中生在校生规模2013年开始整体处于逐年下降的态势，由2013年的43.67万人下降至2015年的41.23万人，年均减幅为1.4%。民办初中生在校生规模呈现与全市初中生发展趋势相似，在2013年出现了小幅增长达到6.16万人，随后2014年、2015年继续呈现小幅下降趋势，2015年民办初中在校生为5.97万人，年均减幅1.5%。民办占比在2013年后则逐年上升，2015年达到了近五年最高。初中在校生规模整体呈现下降趋势，主要原因是现阶段适龄人口处于波谷状态，生源减少，而民办初中占比逐年上升且上升速度增快的趋势表明社会、家长对民办初中办学质量的认可。办学质量的提升与政府部门对民办中小学特色项目创建工作密不可分。2012年上海市启动首轮为期三年的"民办中小学特色学校（项目）创建工作"，政府通过经费资助，发挥民办中小学体制机制优势，提升民办中小学的办学水平，形成一批注重内涵发展和特色建设、在全市和全国有影响的高水平、高质量学校（见图6）。

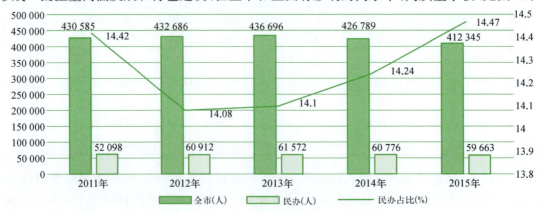

图6　2011—2015年上海民办初中在校生规模变化趋势

高中生在校生规模方面,全市 2011 年后连续下降,2013 年达到谷底之后出现上升,2015 年达到 15.82 万人,相较于 2013 年的 15.68 万人,年均增幅为 0.44％。民办高中生在校生规模变化趋势与全市整体变化相类似,2011 年开始逐年下降,在 2014 年达到最低值 13.59 万人之后,2015 年上升至 14.22 万人,接近于"十二五"期间的峰值,但每年的减少幅度逐年降低。民办占比在 2015 年之前则逐年下降,2014 年占比为 8.63％,比 2011 年减少 0.4 个百分点,2015 年占比接近于 2011 年,2013 年以来占比维持在 8.6％以上(见图 7)。

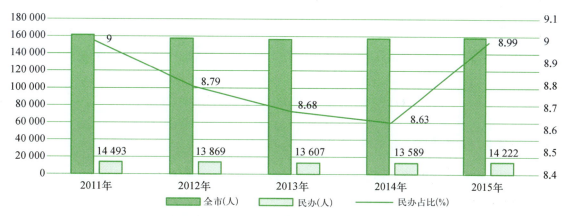

图 7 2011—2015 年上海民办高中在校生规模变化趋势

全市普通高校在校生人数 2013 年达到近五年的最低值 50.48 万人,之后逐步攀升至 2015 年的 51.16 万人,增长 0.68 万人。同期本科生在校增加 0.45 万人,占比 65.4％;专科生增长 0.24 万人(见表 7)。民办高校学生人数稳步增长,特别是 2015 年突破 10 万大关,占比从 2013 年的 17.49％增加至 2015 年 19.57％。其中本科生增长 0.47 万人,专科生增长 0.72 万人。民办高校本、专科在校生增长数超过了同期全市本、专科在校生增量,因此在公办高校在校生规模萎缩的情况下,民办高校在校生规模却不断增加,在高等教育大众化进程中,承担了越来越多的责任(见图 8、图 9)。

表 7 2011—2015 年上海民办高校本专科在校生变化情况

年 份	本科生人数			专科生人数		
	全市(人)	民办(人)	占比(%)	全市(人)	民办(人)	占比(%)
2011	357 218	33 518	9.38	154 065	56 900	36.93
2012	359 007	36 153	10.07	147 589	51 652	35.00
2013	362 742	38 723	10.68	142 029	49 568	34.90
2014	364 679	41 178	11.29	141 965	51 050	35.96
2015	367 233	43 373	11.81	144 390	56 732	39.29

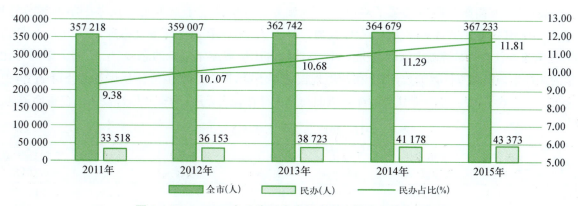

图 8 2011—2015 年上海民办高校本科在校生规模变化趋势

图 9　2011—2015 年上海民办高校专科在校生规模变化趋势

（三）师资队伍基本情况

各级各类民办学校教师队伍建设逐渐受到学校重视,教职工和专任教师人数均实现不同程度稳定增长,学历结构有所改善。

全市幼儿园教师队伍发展较快,教师人数有明显增多。顺应民办幼儿园整体规模发展,民办幼儿园师资队伍人数增长迅速,其增幅大于全市幼儿教育专任教师增幅(见表 8)。2015 年全市共有幼儿园教职工 5.62 万人,专任教师 3.66 万人;其中,民办幼儿园教职工 2.18 万人,专任教师 1.04 万人,同期占比 28.4%。需要强调的是,虽然民办幼儿园专任教师增幅较大,但是与在园人数增幅相比,专任教师缺口却呈现逐渐扩大态势。在全市幼儿教育生师比逐渐下降的情况下,民办幼儿园的生师比却在逐年上升,2013 年开始全市幼儿教育生师比已经低于民办,民办幼儿园的师资优势已经减弱。

表 8　2011—2015 年上海幼儿教育师资变化情况

年 份	全市幼儿数(人)	全市专任教师数(人)	增幅(%)	生师比(%)	民办幼儿数(人)	民办专任教师数(人)	增幅(%)	生师比(%)
2011	444 177	29 221	—	15.20	120 470	8 073	—	14.92
2012	480 560	31 289	7.08	15.36	136 356	8 785	8.82	15.52
2013	501 030	32 921	5.22	15.22	147 281	9 284	5.68	15.86
2014	502 889	34 861	5.89	14.43	150 035	9 689	4.36	15.49
2015	535 877	36 602	4.99	14.64	168 348	10 353	6.85	16.26

2013—2015 年,在民办小学规模及在校生人数发展速度逐步下降的情况下,民办小学教师队伍在经历了快速增长之后,增幅快速萎缩,2015 年甚至出现了缩减。究其原因,一方面是民办小学教师队伍流动性较高,另一方面则是政府加强了对以招收进城务工人员随迁子女为主的民办小学的规范管理。2015 年,全市小学教职工共计 6.03 万人,专任教师 5.23 万人,其中,民办小学专任教师 0.77 万人,同期占比 14.7%,在全市专任教师数逐渐上涨的情况下,民办教师占比呈现逐年减少的态势(见表 9)。单纯对比民办小学的在校生规模和专任教师数,由于在校生规模逐年下降,民办小学生师比呈现逐年下降态势,但相较于全市 15∶1 水平,民办小学专任教师配备依旧与全市存在较大差距,师资队伍建设依旧任重而道远。

表 9　2011—2015 年上海小学师资变化情况

年 份	全市在校生(人)	全市专任教师数(人)	生师比(%)	民办在校生(人)	民办专任教师数(人)	生师比(%)	民办教师占比(%)
2011	731 131	46 254	15.81	166 712	7 368	22.63	15.93
2012	760 377	48 066	15.82	169 791	7 869	21.58	16.37

续　表

年　份	全市在校生(人)	全市专任教师数(人)	生师比(%)	民办在校生(人)	民办专任教师数(人)	生师比(%)	民办教师占比(%)
2013	792 476	49 772	15.92	167 028	8 141	20.52	16.36
2014	802 960	51 481	15.60	156 010	8 176	19.08	15.88
2015	798 686	52 321	15.27	139 437	7 661	18.20	14.64

　　得益于 2012 年市教委正式启动民办中小学特色学校(项目)创建,同时纳入市级专项经费支持范围,并要求所在区县从政策上和经费上给予支持和资助,相对于全市小幅增长的稳定发展态势,民办普通中学专任教师队伍增长迅速,2014 年增幅超过 10%。2015 年,全市普通中学教职工共计 7.02 万人,专任教师 5.50 万人。其中,民办普通中学教职工 0.90 万人,同期占比 12.8%,专任教师 0.62 万人,同期占比 11.3%。由于专任教师队伍的迅速增长,民办普通中学生师比逐年下降,由 2013 年的近 14∶1 降至 2015 年 11.83∶1(见表 10)。

表 10　2011—2015 年上海普通中学师资变化情况

年　份	全市在校生(人)	全市专任教师数(人)	生师比(%)	民办在校生(人)	民办专任教师数(人)	生师比(%)	民办教师占比(%)
2011	591 641	51 102	11.58	76 591	4 625	16.56	9.05
2012	590 395	51 790	11.40	74 781	5 078	14.73	9.80
2013	593 513	52 649	11.27	75 179	5 402	13.92	10.26
2014	584 205	54 114	10.80	74 365	6 016	12.36	11.12
2015	570 546	54 962	10.38	73 885	6 246	11.83	11.36

　　全市普通高校专任教师人数逐年增长,其增长速度大于在校生增速,生师比呈现逐年下降的态势,基本控制在 12.5∶1 以内。民办学校专任教师 2013 年之后由于增速小于在校生人数增长速度,生师比则出现相对上升的趋势,总体没有超过 23∶1。另一方面,民办学校专任教师增长速度大于全市专任教师增长速度,因此,民办专任教师占比 2013 年之后开始上升,2015 年首次突破 10%,但是相较于民办学校在校生占比 19.57%,少了 8.83 个百分点,并且从 2013 年开始民办学校专任教师占比与在校生占比的差距逐渐拉开,民办高校专任教师队伍建设依旧不容乐观(见表 11)。

表 11　2011—2015 年上海民办普通高校专任教师情况对比表

年　份	全市在校生(人)	全市专任教师数(人)	生师比(%)	民办在校生(人)	民办专任教师数(人)	生师比(%)	民办专任教师比(%)
2011	511 283	39 626	12.90	90 418	3 922	23.05	9.90
2012	506 596	40 118	12.63	87 805	3 968	22.13	9.89
2013	504 711	40 297	12.52	88 291	3 972	22.23	9.86
2014	506 644	40 558	12.49	92 228	4 041	22.82	9.96
2015	511 623	41 570	12.31	100 105	4 461	22.44	10.73

　　当前,民办学校教师队伍建设存在诸多制约因素,与公办学校相比,师资队伍整体呈现出结构失衡、待遇有待提升、稳定性不高等特点。特别是民办高校教师队伍建设情况亟待改善,专任专职教师年龄结构不合理,作为学校教学中坚力量的 36—55 岁的中年骨干教师占比不足 1/3,而 46—55 岁阶段专职教师人数大幅度减少、兼职教师比例较高;专任专职教师学历结构情况也不容乐观,博士学位教师比例偏低、正高职称教师比例明显偏低,具有副高及以上职称的教师比例也远远低于公办高校;与公办高校平均状况相比,民办高校教师的待遇差距较为明显,特别是,退休后公办教师的退休金远远高于民办教师,同时,各民办高校间教师待遇也存在较大差距,部分民办高校教师的薪酬待遇多年未有明显增长等。这

些都影响民办高校骨干教师队伍的稳定性与持续性。

三、扶持与规范

"十二五"以来,民办学校进入内涵式发展阶段,特色发展、质量提升成为各级各类民办学校发展的主要路径。对此,政府部门在加强规范管理的基础上,着力通过增加扶持资金和政策优惠引导民办学校内涵发展。

(一)政府扶持,加大资金政策扶持力度

1. 民办教育政府专项扶持资金逐年增长

近年来,市级财政对民办教育事业的扶持资金逐年增长。其中,用于民办高等教育的专项资金主要包括民办高校内涵建设、师资队伍建设、安全技防建设及示范性民办高校建设。生均经费拨付标准也从 2012 年 500—1 500 元,提升至 2013 年 1 000—2 000 元,民办高校专项扶持资金标准增幅在 33.3%—100%。

用于民办基础教育的专项资金主要包括对以务工人员随迁子女为主的民办学校补贴,以及课程改革、学生综合素质、教育教学内涵建设、特色学校和优质幼儿园创建等项目。上海各区县政府也建立了民办教育政府扶持专项资金,扶持民办中小学、幼儿园的内涵发展和学校建设,并对民办学校采取租金减免、大修补贴、地段生补贴、购买学位等多种形式的优惠政策。对义务教育阶段收费低于同级同类公办学校生均事业经费标准的民办中小学,按照生均公用经费定额的标准加以补贴,小学 1 600 元/(生·年),初中 1 800 元/(生·年)。

2. 逐步完善教师同等待遇保障机制

上海市在民办学校人事管理统一纳入全市教育人事管理范畴的基础上,继续实施民办高校"强师工程"。从 2012 年起,市教委每年投入约 2 000 万财政专项资金,加强对民办高校青年教师和管理干部的集中培训,支持民办高校青年教师开展海外研修、产学研实践。安排专项经费,资助近 2 000 名民办高校教师开展科研,加强民办高校优秀青年教师和教师团队科研能力的培养。2014 年 1 月,在教育部教师发展综合改革试点项目的引导下,依托上海师范大学,成立了市民办高校教师专业发展中心,制订民办高校教师专业发展计划,实施民办高校"强师工程"培训项目,开展民办高校教师队伍国际交流,为民办高校教师队伍建设提供各类服务和决策咨询等。同时,8 所民办高校依托自身的优势学科建立教师发展分中心,在中心指导之下开展工作。

为改善民办学校教师退休待遇,市教委于 2015 年再次发文完善本市民办学校年金制度。要求建立年金制度的民办学校,应制定本校年金方案,签订年金基金管理合同,并经教职工代表大会或相应民主程序通过;鼓励民办高校对目前离退休时间不足 10 年的专职教师特别是骨干教师,进行年金加速积累。市教委将专职教职工收入与学校学费收入、办学结余挂钩,作为核定学校政府扶持专项资金的重要依据之一。

3. 积极落实民办学校办学自主权

上海积极保障民办学校自主办学权益。表现在:第一,民办高校与公办高校同批次招生录取,并在专科层次积极开展自主招生试点等招生制度改革。第二,根据国家发展和改革委员会(以下简称"国家发改委")定价目录,2015 年起,上海市对民办高校实行"自主定价、优质优价"的收费政策,学校可统筹考虑学科专业、教学质量、办学成本、住宿成本,兼顾经济发展水平、社会需求和承受能力等因素,自主确定学历教育学生学费和住宿费。行政部门依法加强对学校收费行为的动态监督。第三,为适应国家对民办教育分类管理及本市高校财政投入机制改革要求,为进一步扩大民办高校办学自主权、提高民办教育政府专项扶持资金的使用效率,市教委修订了民办教育专项资金管理办法、民办高校落实法人财产权

的若干规定等重要文件,民办教育专项资金的评审方式发生较大变化,内涵建设专项资金从以往的评项目转为评要素,申请方式更为自主。

(二)依法规范,引导学校健康发展

1. 加强民办高校党的建设

为充分发挥党组织政治核心作用,更好地推进民办学校党建工作开展,根据中央及国家有关规定,制定了《关于加强上海市民办学校党的建设工作的若干意见》。目前上海民办高校党建工作基本能做到三个同步:党组织与学校同步建立,党组织负责人与校长同步落实,党组织工作与行政工作同步安排。上海民办高校党的建设得到明显加强,基层党组织的影响力及党建工作科学化水平得到有效提升,成为上海民办教育管理模式创新的特色亮点之一。另外,上海积极探索民办高校党政干部队伍建设新途径,创新公办学校干部到民办学校任职的体制机制,主动为民办高校引入高素质党务干部。面向全市教育系统公开选聘民办高校党委书记人选,充分挖掘公办高校优质干部资源,为教育管理部门解决民办高校在发展过程中面临的问题开辟了新途径,对党组织依法正确监督和服务起到了有效作用。

2. 探索适合民办学校特点的财务管理制度和学费监管制度

随着公共财政投入民办教育力度的加大,对学校资金、财务、资产管理提出了更高要求。上海根据民办学校财务管理的实际情况,以《民间非营利组织会计制度》为基础,在全国率先探索制定了《上海市民办高等学校财务管理办法(试行)》《上海市民办高等学校会计核算办法(试行)》《上海市民办中小学校财务管理办法》《上海市民办中小学校会计核算办法》等,以规范民办学校会计核算行为,促使各校按统一标准编制和提供财务会计信息。在推进民办高校、民办中小学和民办幼儿园执行规定的财务管理办法和会计核算办法的基础上,上海开发了统一的民办学校会计核算软件,并由公共财政专项资金出资为民办学校进行安装和培训,为学校统一核算提供了便利。同时要求各民办高校设立了学费专户和政府扶持资金专户,统一收费软件,建立民办高校财务监管平台和民办高校学费收入信息管理系统。对民办非学历教育机构,要求建立学费专户,对学费收入纳入专户管理,接受有关部门监管。财务规范和监管措施为财政继续加大对民办学校的支持力度、开展营利性和非营利性民办学校分类管理试点奠定了基础。

3. 探索完善民办高校督导制度和民办学校年检制度

根据国务院及教育部有关文件要求,上海建立并不断完善了民办高校督导制度与民办学校年度检查制度,并在全国范围内首创了"党建督查制度"。督导制度按照"党政结合、点面结合、条块结合"的原则,督导专员与党建督查员同安排、单人督导与工作小组双模式、条线指导与整体督导齐开展,对民办高校督导工作的人员遴选、职责分工、后勤保障、纪律规范等作出了明确规定,形成了较为成熟的督导工作体系。2013年上海编制了《上海市民办高等学校年度检查指标体系》,并形成了"学校填报信息—各方专家通讯评审—专家组实地检查—政府部门根据检查报告拟定检查结论—政府部门督促整改"的工作模式,进一步促进检查工作的规范化、系统化,更好地发挥年度检查对民办高校管理的参考作用。同时不断修订完善年检指标,配套实施合格学校免检制度,简化年检工作程序,敦促学校整改,推动民办高校健康发展。

4. 完善民办学校办学许可证公众信息查询平台

上海在全国首次建立了民办教育管理信息系统,在教育行政部门申领办学许可证的民办学校及教育机构均需要通过信息系统申请,从而加强了对全市民办学校及机构的规范管理。为提高社会公众对民办学校尤其是民办非学历教育机构的了解、满足政府信息公开和电子证照管理的要求,上海进一步完善了民办学校办学许可证公众信息查询平台,已在民办教育信息管理网成功申领许可证的上海市各级各类民办学校的基本信息均在"上海教育"网上平台或微信平台开放,供公众查询。在开发新版块、增强平台友好性、方便公众查询和内部工作协调的同时，还逐步完善信息系统与市政大厅的对接工作，方便数据系统对接，加强信息公开。

（三）分类管理，创新教育治理结构

2010年上海市正式成为"探索营利性和非营利性民办学校分类管理办法"试点地区以来，在市、区两个维度，分别对民办非学历教育机构、民办高校、民办中小学进行了分类管理制度探索。

1. 创建非营利性民办高校示范校

上海市教委印发了《上海市教育委员会关于开展非营利民办高校示范校建设工作的通知》，按照"公益性强、体制创新、特色明显、质量领先"的原则，在捐资办学或以国资为主出资办学、出资人和举办者不要求取得合理回报的民办高校中遴选若干所学校，开展非营利民办高校示范校创建工作。通过示范校创建，引导民办高校走非营利办学道路，坚持民办教育公益性原则；引导民办高校开展创新体制机制改革，充分发挥民办体制机制的优势；引导民办高校努力提升办学质量，努力提高水平、办出特色。对非营利民办高校加大政府专项投入，发挥政府在公共资源配置方面的引导作用，促进非营利导向的民办高等教育改革发展环境的形成。对纳入示范校创建范围的民办高校，给予政策和资源支持。主要包括：民办教育政府专项扶持资金给予重点投入；民办高校"强师工程"培训、民办高校骨干教师科研等项目，优先给予扶持；协调本市财政、税务等部门，给予非营利组织税收政策待遇。

2. 探索试点民办中小学非营利制度

在营利性和非营利性民办教育机构分类管理思路下，2014年，上海市教委在浦东新区试点开展民办中小学非营利制度试点。市教委对民办中小学实施非营利制度的基础、可行性及实施路径进行了充分调研，拟定了《上海市教育委员会关于开展非营利民办中小学试点工作的通知》（讨论稿），广泛征求各有关部门的意见。根据《关于非营利组织免税资格认定管理有关问题的通知》，与税务管理部门进行了多次协调沟通，在民办中小学非营利组织认定的条件和程序上与有关委办局达成了初步共识。浦东新区教育局拟定了《浦东新区关于民办学校适用非营利制度的指导意见（试行）》，并在全区初步遴选了上海民办福山正达外国语小学、上海民办浦东交中初级中学、上海民办建平远翔学校、上海民办新竹园中学、上海民办进才外国语中学5所民办中小学，作为首批非营利制度试点学校。市教委向试点学校拨付了试点制度经费，引导学校彰显公益性和内涵发展。在区县推进教育综合改革试验区方案中，将民办中小学非营利制度试点列为区县综合改革重点项目之一。

3. 创建民办中小学特色学校和民办优质幼儿园

为贯彻落实《国家中长期教育改革和发展规划纲要（2010—2020年）》提出的"支持民办学校创新体制机制和育人模式，提高质量，办出特色，办好一批高水平民办学校"的精神，上海市教委自2012年正式启动本市民办中小学特色学校（项目）和民办优质幼儿园创建工作。经遴选，34所民办中小学特色学校、30个民办中小学特色项目和40所民办优质幼儿园进行了为期三年的创建工作，2014年底，首轮创建工作圆满结束，取得了阶段性成果。2015年5月，上海评审选拔了124所民办中小学、幼儿园开展第二轮创建工作。创建重在过程和引导，鼓励民办中小学、幼儿园开展课程改革，形成教学特色；扶持优质资源，充分发挥民办中小学体制机制优势，提升办学水平，形成了一批注重内涵发展和特色建设的高水平、高质量的民办学校和幼儿园，进一步提升了社会对民办教育的满意度。

4. 探索非学历教育机构分类登记管理制度

目前，上海全市共有在教育部门领取办学许可证的民办非学历教育机构1 500余所，属于非营利性的民办非企业单位；在工商部门登记开展办学活动的教育公司近4 000所，属于营利性企业。根据分类管理要求，对于在教育部门领取办学许可证的民办学校，市教委2015年根据相关法律法规制定了《上海市民办非学历教育机构管理办法》和《上海市民办非学历教育机构设置标准》，明确教育行政部门对在教

育部门审批、民办非法人登记的非学历教育机构的审批标准和程序,通过许可证发放、年度检查、专项评估与检查等举措,促进和规范本市民办非教育机构的健康发展。对于在工商部门登记注册的经营性非学历教育机构,《上海市终身教育促进条例》中明确了相关登记与管理原则。上海市教委、上海市人力资源和社会保障局、上海市工商行政管理局联合印发了《上海市经营性民办培训机构管理暂行办法》,界定了经营性民办培训机构的定义,对培训管理、人员管理提出了明确要求,并对教育部门、人保部门、工商部门的职责和权力做了规定,同时要求民办培训机构建立学杂费专用账户制度。

(四)行业自律,共创发展良好环境

2012 年上海市民办中小学协会和民办高等教育协会合并成立上海市民办教育协会,改变了上海市存有多个民办教育协会的局面。此后陆续成立了民办教育发展基金会、民办教育服务中心等第三方机构,进一步规范了民办教育行业发展环境。

1. 成立上海市民办教育发展基金会

为改革创新民办学校投入体制、建立社会多元投入支持保障体系,2014 年 8 月,上海民办教育发展基金会正式挂牌成立。基金会由非营利民办学校利用办学结余捐资发起,原始基金约 7 000 万元。该基金会是全国第一家由政府倡导、民办学校联合发起、以支持民办教育发展为宗旨的公益性基金会。主要职能是为民办学校提供资金资助,开展有利于促进民办教育事业发展的项目及活动,协助政府回收民办学校终止办学的剩余资产,并扩大基金来源、拓宽筹资渠道,为民办学校发展和教师培养进行支持奖励。基金会成立以来,已开展民办中小学幼儿园教师"萌芽计划"、民办高校辅导员"七彩计划"、民办高校教师科研"同舟计划"等项目,取得了初步成效。

2. 成立了上海市民办教育发展服务中心

2014 年 8 月,上海成立了民办教育发展服务中心。该中心作为第三方专业教育服务机构,围绕民办教育改革和发展的重点任务,承担民办学校规范发展、督导管理、信息化建设、政策咨询、课题研究等一系列工作,为民办学校发展提供优质专业服务。

四、机 遇 与 挑 战

未来五年是贯彻落实上海长期教育改革和发展规划纲要的最后五年,是上海"十三五"规划实施时期,同时亦是探索教育综合改革的关键年。推动上海各级各类民办教育健康发展,提高上海民办教育的竞争力是上海民办教育面临的新形势与新挑战。"十三五"时期,教育地位更加重要,激发民办教育发展活力、提升教育品质的要求也更为紧迫。必须从战略全局来看待民办教育发展问题,准确把握形势,持续加大民办学校改革创新力度。

(一)国家发展战略调整引领民办教育结构性改革

当前,全面建成小康社会进入决胜阶段,经济结构性改革处在关键时期。以"中国制造 2025""互联网+"战略为代表的"智"造引领、以"一带一路"战略为代表的产能转移、以"大众创业、万众创新"战略为代表的创新驱动,勾勒了各产业由比较优势向竞争优势升级转变的突破路径。而产业升级的核心是人的升级,创新驱动的核心是人才驱动。不论是创新发展、转变发展方式,还是调整经济结构,关键都在于怎样更好地发挥人力资源的作用,这都对教育提出了现实需求。

一是工业转型升级大趋势对教育改革的现实需求。我国制造业从业人员具有大专及以上文化程度的仅有 9.8%,远低于美国的 32%。从"中国制造"走向"中国智造",需要加快提升职业教育质量和创新,培养更多的各类专业技术人才和创新型人才。

二是消费结构升级大趋势对教育改革的现实需求。我国服务消费需求全面快速增长,其中比例较高的是教育培训、医疗健康等发展型服务消费支出。当前"有需求而缺供给"的矛盾不断凸显,如健康管理的职业教育滞后、健康服务人员严重短缺等。

三是服务业主导大趋势对教育改革的现实需求。今年上半年,我国第三产业增加值占 GDP 比重已达到 54.1%。以研发为重点的生产性服务业的发展,急需提高劳动者整体受教育程度。

四是对外开放大趋势对教育改革的现实需求。我国要从服务贸易大国走向服务贸易强国,尤其在"一带一路"战略实施进程中,如何培养更多具有国际视野、拥有国际化运营管理才能的人才,如何与拓展国际业务的大型企业合作,如何引入、参与制定职业教育国际标准与规则等成为教育改革的新课题。除此之外,加强技术技能积累实现创新驱动,加强行业指导评价促进协同育人等都是必须要攻下的难题。

(二)上海城市转型发展助推人才培养模式调整

为了实现上海城市建设新目标,加强城市转型改革,"十三五"期间,上海将立足服务"一带一路"和长江经济带等国家战略,顺应"互联网+""大众创业、万众创新"的发展趋势,加快"四个中心"建设,建设具有全球影响力的科技创新中心,走出创新驱动发展的新路。上海教育事业面临着机遇与挑战交织的更加紧迫与复杂的新形势,如何提高知识服务能力、有力支撑服务科创中心和上海城市建设,同样是民办学校学科建设与人才培养面临的重大使命与重要机遇。民办学校迫切需要做到以下几点。

一是主动对接行业产业和城市需求,充分发挥民办教育贴合市场的灵活优势,加强民办教育领域供给侧改革。积极调整优化人才培养结构,全面推进创新人才培养模式;加强创新创业教育和职业引导,培养具有创新精神和实践能力的各类高级专业技术人才;拓展民办学校服务经济社会的能力。

二是应对现代信息技术对思维、学习、生产及生活方式的全方位深刻影响。现代信息技术正日益改变着传统教学模式、教育理念和制度体系,各民办学校应正面应对这种全方位变革,顺应智能社会发展需要,引进先进的教育理念和教育技术,充分释放发展活力。

三是加快国际合作交流,满足上海国际化大都市定位需要。坚持"引进来"与"走出去"相结合,广泛探索国际合作与交流,拓展不同于公办学校的深度合作方式,培养更多具有国际视野、拥有国际化运营管理才能的人才。在不断扩大教育对内对外开放过程中培育形成新的比较优势,显著提升教育国际化竞争力和区域辐射力。

四是顺应上海"十三五"经济发展规划目标。下决心通过深化体制机制综合改革理顺内部关系,优化吸引集聚优秀人才的举措与环境。通过科教结合、产教融合推动校企等各类要素协同创新,支撑上海新产业、新技术、新业态、新模式的发展,通过开辟创业特区、建立创新创业空间联盟,为"大众创业、万众创新"提供舞台,释放发展活力,调动各方面积极性。

(三)修法背景下民办学校发展面临着全新的制度调整

2016 年 11 月 7 日,第十二届全国人民代表大会常务委员会第二十四次会议审议通过了《关于修改〈中华人民共和国民办教育促进法〉的决定》,为深化教育领域综合改革、实施非营利性营利性分类管理、促进民办教育健康发展提供了法律保障。在修法的指导下,国家配套的鼓励社会力量兴办教育的文件、民办学校分类登记办法、营利性民办学校监管办法也会相应出台,国家也授权地方制定非营利性民办学校收费办法、举办者补偿和奖励方案。这些政策变化,将影响现有民办学校的分类选择,也将影响社会资金进入民办教育领域的范围和力度。

同时,在《上海市教育综合改革方案(2014—2020 年)》中,民办教育分涉"教育经费投入使用管理制度改革""终身教育与民办教育改革发展"2 个专项组,11 个改革项目。为全面深化教育综合改革,积极鼓励和吸引民间资本进入教育领域,大力扶持和引导社会力量兴办教育,在充分调研基础上,2015 年 12

月,市教委正式出台了《上海市深化民办教育综合改革指导意见》,为"十三五"期间上海民办教育整体发展做好顶层设计,为民办教育新一轮改革发展创造良好的制度环境。通过全面加强党的建设、推进现代学校制度建设、支持社会组织参与民办教育治理等 18 个重点改革举措,进一步创新政府扶持机制、提高民办学校治理水平、提升民办学校办学质量、完善多元办学格局。争取到 2020 年,初步建立适应上海城市发展定位要求,满足人民群众多样化、多层次、选择性教育需求的民办教育体系。

2016 年,市教委将根据《指导意见》要求,支持民办高校开展非营利民办高校示范校建设,设立完善教育发展基金会等组织,试点建设小规模、高水平民办高校,完善混合所有制办学体制,建设现代大学制度,开展民办教育第三方评价机制试点等 6 项重点任务。民办学校是上海教育综合改革的具体实施者与直接关联者,更是上海教育事业改革发展的重要推动力量,要抓住政策上的有利契机,把握新的发展机遇,在上海教育综合改革工作中找准发展方向。

2016 年 4 月,李克强总理还在一次国务院常务会议上特别强调,要进一步支持社会力量办学,鼓励民办学校加强制度创新、找准自身定位、发挥优势、办出特色。上海的民办学校必须准确把握未来转型发展方向,突破当前发展瓶颈,明确发展定位,充分发挥自身核心价值和最大竞争力,想公办学校之不敢想、做公办学校之不能做,要凝练特色、提升质量、错位发展,满足社会对多样化、选择性教育的需求,真正达成"百花齐放、百家争鸣"的发展态势和愿景。

五、困难和问题

纵观全国民办教育,应当清醒地认识到上海民办学校发展还面临着诸多挑战。民办学校存在着教育质量和办学水平不平衡、部分学校存在办学隐患、内部治理结构不完善、修法后地方立法和政策不配套等问题。

(一)教育质量和办学水平不平衡

基础教育阶段民办学校普遍质量较好,社会认可度较高,尤其是义务教育阶段民办学校提供了可供选择的优质教育资源。部分民办高中和民办高校由于人才培养质量不高,投入不足,加之受生源变化的影响,办学长期处于困境。上海民办高校还不能与上海城市地位相匹配,与国内其他省市的民办高校相比,也存在着一定差距。"十三五"期间,上海城市功能将进一步拓展和深化,对教育也提出了更高要求,优质特色建设依旧是民办学校发展的重要任务。为了更好地适应城市发展需求,各级各类民办学校必须找准定位,在办学理念、育人目标、专业设置、课程建设、师资培养、学校管理等方面更上台阶。

(二)部分民办学校存在办学隐患

上海民办学校的资金来源主要是学费,另有小部分来源于举办者在办学初期的投入和公共财政资助。目前公办学校公共财政投入持续大幅增加,民办高校的收费标准虽可市场调节,但短期内难以大幅度提高,同时学校落实法人财产权后,资产不能用来抵押,缺乏融资渠道。民办学校的可持续投入明显不足,学校建设发展得不到有效保障。近年来,民办学校的少数举办者由于资金链断裂或债务纠纷,出现影响学校办学资金来源甚至变相转卖学校的情况。在民办高校法人财产权大部分落实的情况下,学校产权归属及举办者的退出和变更亟待具体政策的引导和规范。其中,举办者通过公司股权转让的隐性退出和变更是关注和规范的重点。另外,对非学历教育机构的资金监管也是重点任务。

(三)学校内部治理结构不完善

在维护党的政治核心作用、加强党的领导的同时,上海各级各类民办学校已经初步建立了以董(理)

事会为内部决策机构,学校章程、行政管理、民主监督三位一体的较为完整的内部治理体系。然而,部分民办学校仍然存在举办者对学校事务管控过多,校长在财务和教学上没有足够的自主权;学校内部民主决策和协商的机制没有形成;领导班子和中层干部老龄化现象比较突出等问题。因此,对民办学校内部治理结构要遵循权力制衡、专业引领、民主参与原则,理顺学校内部举办者、管理者、教育教学实践者等各方关系,明确权利与义务,充分发挥好各方积极性。

(四)修法后地方立法和政策不配套

民办教育政策法规体系逐步完善,但相对于民办教育发展实际,特别是新问题和新业态,政策制定仍比较滞后、法规体系还不完备。今年,国家关于《民办教育促进法》修订和分类管理的相关配套政策制定工作已基本有了定论,为更好地贯彻落实国家精神、为上海民办教育发展提供更好环境、真正把改革落到实处,必须在民办教育管理过程中更加注重做到有法可依、有法必依、执法必严、违法必究,统一部门间认识,加强部门协调工作。这为地方立法和相关制度建设工作带来不小压力。

上述问题严重困扰着民办教育的可持续发展,制约着民办学校内涵发展动力和体制机制潜在优势的发挥。因此,在民办教育领域深化综合改革是必然选择。

六、展望与建议

当前,国家各项政策规定为民办教育战略发展指明了方向,为民办教育新的历史时期改革发展提出了要求。上海应当遵循"创新政府扶持、促进体制创新、激发办学活力、实现优质发展"的基本导向,针对困扰民办教育发展的瓶颈问题,充分调动各方积极性。主要建议如下。

(一)进一步提高认识,纠正对民办学校的错误看法

民办教育的发展,适应了经济社会发展需要,满足了人民群众日益增长的多样化教育需求,为丰富教育资源供给、推动教育体制改革、创新人才培养模式做出了积极贡献,已经成为上海教育事业的重要组成部分,是促进教育改革的重要力量和教育发展的重要增长点。市区两级政府及有关部门要从战略和全局高度充分认识促进民办教育发展的重要性,健全支持服务体系,认真贯彻落实国家有关法律法规和政策规定,在观念、体制、政策、方法上不断创新,采取有力措施,鼓励和支持民办教育健康发展。

从目前来讲,有几种民办教育观念应该纠正。第一种观念认为民办学校是弥补政府经费不足的,政府有钱了,民办学校就可以不办了。这种观点没有充分认识到民办学校在办学体制机制改革方面的带动作用、示范作用,民办学校是离现代学校制度最近的。第二种观念认为,上海的公办高校很强,民办高校办学质量差,可以不要了。这种观念没有认识到,上海基础教育阶段公办也是很强的,但是民办仍然做得质量非常高、特色鲜明,公办民办共同发展的多元格局才是教育事业的真正活力所在。第三种观念认为,民办高校只是混文凭的,没有实际价值。这种观念没有看到民办高校在适应经济社会需要、培训应用技术型人才方面不可磨灭的贡献。

(二)落实国家修法和分类管理精神,加强顶层设计

一是应加快梳理现有法律法规中不符合民办教育发展现状及相互冲突的内容。依据国家相关法律法规,加快民办教育地方立法、修法进程,健全完善民办学校分类管理制度及配套政策,形成比较完善的管理体制和政策支持体系,使之适应营利性和非营利性民办学校分类管理的需要,为民办教育发展创设良好的政策环境。

二是要形成部门合力,加强市级层面的组织协调,出台各部委联合制定的促进上海民办教育发展的

有关文件。对民办学校的资产归属、法人属性、财政支持、税收优惠、教师待遇、财务制度、招生收费、终止退出等关键问题作出地方操作性的规定,并且加强对规范实施情况的动态监管,对重大举措落实情况开展过程性督导。市级层面依托教育综合改革领导小组平台,强化民办教育联席会议制度,统筹解决民办教育改革与发展中的重大问题。各区县政府则要统筹教育行政管理部门和发改、财政、人保等部门,推进民办学校制度创新,激发民办学校办学活力。

三是注重民办学校办学风险预警。健全民办学校财务资产管理制度,完善民办学校扶持资金和学费专户管理制度,依法完善民办学校年度检查、专项检查、督导制度,创新信息化监管方式,建立民办学校危机预警和干预机制。

(三)深化内涵发展,提高民办学校办学水平

一是加快推进现代学校制度建设。探索职业校长制和公开选聘机制;探索教授治学、专家治学;实行亲属回避制,完善各项规章制度,探索民办学校标准化管理,加强学校民主管理和信息公开,构建科学决策、民主监督、管理规范、社会参与的现代学校制度。

二是提高民办学校教师待遇。政府对于落实教师年金制度积极有效的学校,予以一定的财政扶持,试点对离退休时间不足 10 年的专职教师加大年金缴纳额度。充分利用上海市民办教育基金会的平台,通过多种项目奖励民办学校教师。提高教师在职待遇,完善各项奖励措施和教师培训制度,鼓励教师在民办教育领域长期任教。

三是重点强化民办高校内涵发展。通过深化校企合作、开展学科专业改革、转变学校发展战略,打造高水平、有特色的民办高等教育新模式。给予民办高校更多办学自主权,在世界范围内吸引高水平师资,又快又好地办好学校。

(四)加强鼓励引导,支持社会力量兴办教育

一是支持吸引社会组织和公民个人以多种方式参与办学;支持民办学校管理者和骨干教师以资金、技术、专利等形式出资,参与学校建设与管理;探索多种形式办学,在学校管理、人员聘用、人才培养、财务管理等方面充分发挥多元主体办学的机制优势。

二是完善捐资激励制度,通过税收杠杆鼓励社会力量捐资促进教育发展,对符合条件的民办学校进行非营利组织免税资格认定。支持行业企业等力量参与办学,鼓励民办学校探索多元主体办学模式,加强公办民办学校互动互助,促进公办民办学校共同发展。

三是建立健全政府补贴制度,明确补贴的项目、对象、标准、用途,完善差额补助、定额补助、项目补助、奖励性补助等多种补助制度;完善政府向社会购买民办教育服务的机制,探索建立向民办学校购买课程资源等优质教育服务的制度等,通过多种方式鼓励社会力量参与民办教育办学和管理。

四是进一步鼓励和支持民办教育行业协会、社会中介机构和其他非营利性组织,参与民办教育治理,维护民办教育行业秩序,强化民办学校自我约束能力。鼓励发展第三方民办教育专业服务机构,为民办学校提供各类评估认证、法律咨询、风险防范、金融保险、融资贷款等服务。

(五)营造良好环境,培育第三方参与民办教育治理

中共十八届三中全会再次提出要"要深入推进管办评分离",在"管办评分离"的改革格局中,第三方力量将在民办教育治理体系中发挥重要作用。

一是营造良好环境,培育政府相关职能部门参与、家庭及社区多方关注的民办教育外部发展生态,提高民办学校的治理水平和能力。鼓励和支持民办教育行业协会、社会中介机构和其他非营利性组织,参与民办教育治理,维护民办教育行业秩序,强化民办学校自我约束能力。

二是鼓励民办教育行业组织建立行业服务规范、诚信制度和自律体系,参与民办学校治理。鼓励发展第三方民办教育专业服务机构,为民办学校提供各类评估认证、法律咨询、风险防范、金融保险、融资贷款等服务。探索引进国际先进评价标准和机构,建立民办学校第三方质量认证和质量监控制度。

三是推动建立和完善上海民办教育基金会运作机制,支持民办学校设立各类教育基金组织,积极鼓励和引导社会资金进入教育领域,规范和加强对捐赠资金的管理和运作。发挥民办教育基金会在筹集社会资源、支持非营利性民办学校发展、奖励和表彰对民办教育做出突出贡献的个人和组织等方面的作用。

四是鼓励引导金融机构为民办学校提供学费收费权质押等多种形式的贷款质押授信服务,拓宽民办学校筹资渠道,有效缓解民办学校可持续投入不足等造成的资金紧缺问题。创建权职明晰、运行有序的民办学校现代治理体系。

民办教育将是上海教育改革和发展的重要驱动力,是建设上海丰富多彩的教育生态的关键。必须进一步提高民办教育治理能力和水平,落实民办学校办学自主权,充分激发民办学校办学活力和各方参与举办、治理民办教育的积极性,推动教育改革创新,更好地完成率先实现教育现代的目标,真正做到办人民满意的教育。

(执笔人:方建锋、张歆)

类 别 报 告

上海民办学前教育发展状况

古语有云："幼学如漆"，意为"年幼所学，如漆附木，当终生难忘"。它不仅道出了"幼学"对人生启蒙的重要意义，也昭示着"学前教育"作为教育开端的基本价值。民办幼儿园作为全市学前教育的重要组成部分，为满足人民群众多样化教育需求做出了重要贡献，为实现完善的"教育公共服务体系"提供了重要保障。

一、背 景 与 现 状

（一）背 景

1. 城市发展规划是学前教育发展的社会基础

上海作为我国经济与金融中心，有着浓郁的历史气息和优越的自然条件。依据麦肯锡公司对国际一流大都市的评估，上海在 GDP、劳动力规模与素质、国际声誉、行业份额、人力资本、硬件基础设施、经济增长潜力、政治与法律体系、金融体系和人文生活质量等各个方面，都朝着有全球影响力的国际化大都市发展[①]。21 世纪以来，上海以"四个中心"（国际经济、金融、贸易、航运）为核心的新型产业体系正在形成，越来越多的国际企业进驻，进出口贸易增多，国际性会议举办，世界各国各行业的精英人才汇聚于此。今后，在全球经济一体化的新形势下，上海将继续发挥自身在经济、金融等领域内的优势，突显越来越重要的国际经济地位，集聚更多高新技术国际化人才，彰显上海作为国际化大都市的魅力。

2. 人口出生状况是学前教育发展的推动力量

2013 年，上海总出生人口为 19.62 万人，其中户籍出生人口 10.89 万人，出生率 7.62‰，之后这一数据在 2014 年有所上升，户籍人口出生率达到 8.64‰。但是在 2015 年有较大回落。随着 2016 年国家全面开放"二胎"政策，上海在 2016 年的总出生人口到达 21.84 万人，同年的户籍常住人口出生率也达到近几年的新高 9.0‰（见表 1、图 1、图 2）。面对即将到来的"二胎"出生人口，需要大力发展托幼园所以满足儿童的入托和入园需求。据预测，"十三五"期间，本市常住人口每年将新增出生 4 万—5 万人，每年常住人口出生量平均是 26 万人左右。2016 年正逢"龙宝宝"入园，预计全市入园幼儿数将比去年增加 1 万—2 万人。"十三五"期间本市计划新建、改扩建幼儿园约 150 所。学龄人口的增长成为助推民办学前教育发展的外部力量。

---

① 麦肯锡：《上海推进国际化、市场化、信息化的初步评估》，百度文库。

表1　2013—2016年上海总出生人数、户籍出生人数及出生率统计表

年 份	总出生人数（万人）	其中户籍出生人数（万人）	户籍常住人口出生率（‰）
2013	19.62	10.89	7.62
2014	20.20	12.41	8.64
2015	18.19	10.59	7.35
2016	21.84	12.92	9.0

数据来源：《2013—2016年上海市国民经济和社会发展统计公报》，上海市统计局、国家统计局上海调查总队。

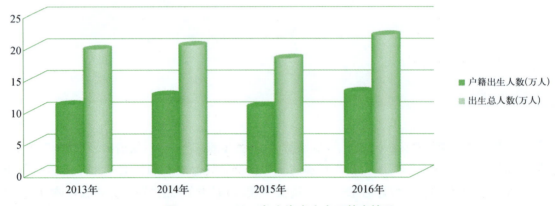

图1　2013—2016年上海出生人口基本情况

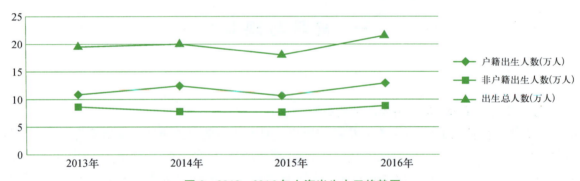

图2　2013—2016年上海出生人口趋势图

3. 社会教育需求是学前教育发展的基本动力

　　随着经济和社会发展，人们对教育的需求呈现多样化趋势。一方面，在上海国际化发展进程中，世界各国各行业的人才在上海工作、学习和生活。同时，在我国不断城镇化过程中，越来越多的外来人口来到上海，参与上海的经济建设和社会生产。因此，城市居民本身多样化程度较高，既有不同国家、民族、信仰，又有不同知识背景和生活经验。背景越来越多样，教育需求也越来越多元。另一方面，在经济发展和社会生活水平普遍提高的前提下，人们不再满足于物质生活需要，更要追求精神生活，越来越关注生活品质，关心子女教育，期待子女接受更先进、更专业、更周到的学前教育。民办学前教育作为社会服务体系的一部分，不仅为上海学前教育提供了很多优质资源，同时也满足了人们多样化的教育需求。

（二）现状

1. 民办幼儿园规模逐步增大

　　2013年，上海有民办幼儿园524所，班级数4 952个。到2016年，全市共有民办幼儿园562所，班级数共5 592个（见表2）。与同时期公办幼儿园规模相比，2013年，民办幼儿园占全市幼儿园总数的

36％,到 2015 年,上升为 37％(见图 3—图 5)。综合数据表明,上海民办幼儿园规模呈现出逐年稳步增长的趋势,但是增长幅度不大,近几年,民办幼儿园的总体规模均占全市幼儿园总数的 1/3,呈现出与公办幼儿园同步稳定发展的态势。

2. 民办在园幼儿人数逐年增长

近三年中,上海各民办幼儿园的毕业生人数和招生人数均有所增加,特别在 2015 年,招生人数相比有较大幅的增长。2015 年,全市民办幼儿毕业人数比上一年增加 2 319 人,同时,招生人数比 2014 年增加 10 898 人。2013 年,全市民办幼儿在园人数为 147 281 人,到了 2015 年,这一数字提高到 168 348 人,比 2013 年增加了 21 067 人(见表 2、图 6、图 7)。随着全面"二胎"政策的施行,不少家庭迎来了"二胎宝宝"。可以预见,在未来两三年里,民办幼儿园将要迎接一波适龄幼儿入园高峰(见图 8、图 9)。

3. 民办幼儿教师人数稳步增加

随着民办幼儿园规模的逐年稳步发展,幼儿园专任教师人数也在逐步增加。2014 年之前,上海民办幼儿园专任教师均在 1 万人以下,从 2015 年开始,这一数据突破 1 万人。与上海总体公民办幼儿园专任教师相比,近几年,民办教师占比均在 28％左右,不到总人数的 1/3(见图 8、图 9)。

表 2　2013—2015 年上海民办学前教育基本情况统计表

年 份	学校数(所)	班级数(个)	毕业生数(人)	招生数(人)	在园人数(人)	专任教师数(人)
2013	524	4 952	44 531	46 524	147 281	9 284
2014	532	5 077	48 149	47 988	150 035	9 689
2015	562	5 592	50 468	58 886	168 348	10 353

数据来源:《2014—2016 年上海统计年鉴》,中国统计出版社。

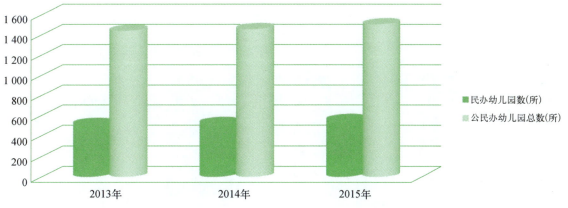

图 3　2013—2015 年上海公、民办幼儿园数量

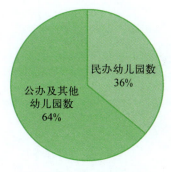

图 4　2013 年民办幼儿园占全市幼儿园的比例

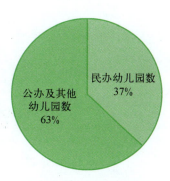

图 5　2015 年民办幼儿园占全市幼儿园的比例

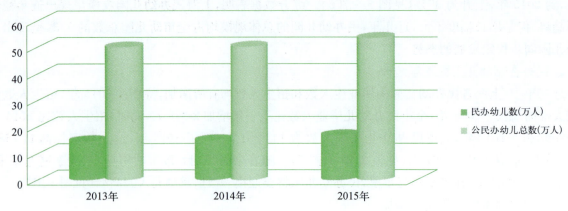

图 6 2013—2015 年上海学前幼儿人数

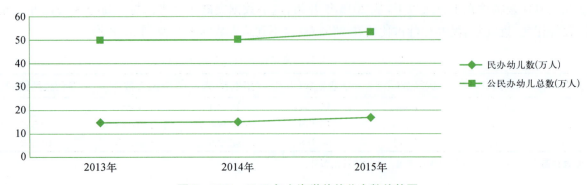

图 7 2013—2015 年上海学前幼儿人数趋势图

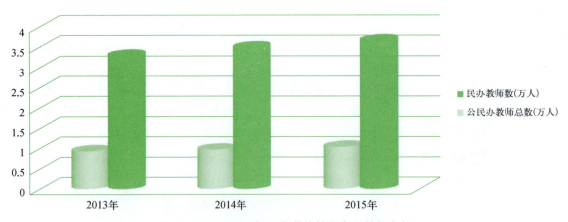

图 8 2013—2015 年上海学前教育专任教师人数

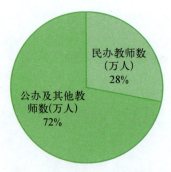

图 9 2015 年民办幼儿教师占比

二、特 点 与 问 题

（一）2013—2016 年，上海民办幼儿园呈现发展规模稳步提高、办学模式趋向多元、师资规模扩大和内涵建设加强的特点，与之相对，也存在优质资源相对不足、多样化发展不够突显、专业水平亟待提升和治理机构还需完善的问题。

（二）发展规模稳步提高与优质资源相对不多

从 2013 年开始，上海民办幼儿园规模稳步提高，无论是幼儿园总数、班级数均有所增长。民办幼儿园占全市各类幼儿园的总体比例也稳定在 26%—37%。如何在规模扩大的同时，使民办幼儿园向优质化方向发展，让越来越多的民办幼儿园成为上海学前教育领域内的优质教育资源，享有更高的社会声誉和家长认可度，成为政府、行业和民办幼儿园举办者、管理者要共同思考的问题。

（三）办学模式趋向多元与多样化发展不够突显

在我国经济体制改革大背景下，作为基础教育的一部分，学前教育体制改革也越来越得到重视。国家鼓励更多的社会力量参与到学前教育事业中来，有越来越多的企事业单位和公民个人成为学前机构的办学主体。因此，上海民办幼儿园的办学主体呈现了多元化趋势，如有公民个人办或民营企业、兴办幼儿园，有合办、联办的幼儿园，有集团化办园等。民办幼儿园的办学模式也越来越多元，有全托制、半托制、全托与半托混合制等，有的幼儿园还采取了延长幼儿在园时间，允许幼儿临时在园留宿等制度，有的则设小时式活动如亲子活动等。这些多元化办学模式受到了家长的欢迎。

然而，我们依然可以看到民办幼儿园在招生收费、市场占有、社会声誉等方面存在着不同程度的竞争压力，特别是有些同属一个区域的民办幼儿园，仍存在同质竞争现象。这不仅不利于民办幼儿园的健康和持续发展，也无益于区域内家长的多样化选择。因此，上海民办幼儿园必须在办学理念、育人目标、园所管理、师资队伍建设、办学方式、专业设置、课程建设、教材选用等各个方面找准定位，适应于新观念、新技术，贯彻全面发展理念，办出特色、办出品牌，以促进民办学前教育的多样化发展。

（四）师资规模有所扩大与整体专业水平亟待提高

2013—2016 年间，民办幼儿专任教师总体人数进一步增长，幼儿园园长和教师学历水平均有所提高。然而，由于民办教师职称评定等各方面因素的制约，民办教师的整体职称水平还不高，民办幼儿教师的职业培训体系也不够健全，给予民办幼儿教师专业发展的机会和平台还不多。

《上海市教师队伍建设"十三五"规划》强调到 2020 年，要实现教师队伍的规模、结构、素质基本适应教育现代化要求，初步建设成一支理念信念坚定、师德师风高尚、专业水平高超的专业化教师队伍。因此，要进一步完善教师管理体制机制，对教师的入职标准、专业发展、分类评价等方面进行改进，提高上海民办幼儿教师的专业水平和综合素质。

（五）园所内涵建设加强与内部治理结构还需完善

近几年来，政府积极鼓励民办园加强自身内涵建设，通过第二轮优质民办幼儿园创建活动，鼓励民办幼儿园创新体制机制，提升办学水平，进一步提高社会满意度。幼儿园要切实转变发展观念、思路与策略，充分利用和发挥体制机制优势，积极改革教育，努力创新育人模式，彰显办学特色，体现上海学前教育的竞争优势与水平。积极引进丰富多样的教育资源,创造性地探索形成有利于学生(幼儿)健康成长的培养方式,促进学校和幼儿园创特色、创优质、创品牌。更大程度上满足社会对教育的多样化、差异化、优质化需求,提升社会对民办基础教育的满意度。充分激发幼儿园的办学活力,形成一批注重内涵发展和特色建设,在全市乃至全国有影响的优质幼儿园典型,发挥其在基础教育改革中的"先导作用""引领作用"和"撬动效应",加快上海教育现代化进程。

随着民办教育制度空间和政策环境的逐步调整、社会经济需求的多样化、社会氛围与技术的日新月异,民办幼儿园仍然需要不断优化内部治理结构,理顺党组织、举办者、管理者、教职工、受教育者及其家长、社会各界等各方关系,建立健全民主参与、专业咨询评价、机构与行业自律、多方监督等多种机制,探索推进现代学校制度建设。

三、政 策 与 措 施

(一)分类管理与规范办学

"十二五"期间,上海已先行探索试点民办学校非营利制度,通过政策和资金支持引导学校彰显公益性。2016年11月7日,第十二届全国人大常委会第二十四次会议表决通过《关于修改〈中华人民共和国民办教育促进法〉的决定》,确立了营利性与非营利性民办学校两种类型。2017年1月,国务院印发《关于鼓励社会力量兴办教育促进民办教育健康发展的若干意见》。随后,《民办学校分类登记实施细则》《营利性民办学校监督管理实施细则》出台,重点解决两类学校"到哪里登记""如何登记",营利性民办学校"能办什么学""如何办学""如何办好学"等问题。将来,新修订的民促法施后,所有民办园都要进行营利性或非营利性的自主选择。

此外,上海还完善了民办学校财务管理制度。制定财务管理办法与会计核算办法,规范民办学校会计核算与财务管理行为。推进民办学校落实法人财产权,保障学校基本办学条件。落实民办学校办学自主权。进一步深化价格改革,规范民办学校管理。建立适合民办教育特点的党建工作与年度检查、督导制度。规范民办学校招生行为,促进招生过程的公开、公平和公正。探索建立第三方参与民办教育治理的模式。"十二五"期间,先后成立了上海市民办教育协会、上海市民办教育发展基金会、上海市民办教育发展服务中心等机构,并探索各行业组织和专业机构参与民办教育行业自律、多元投入、服务保障等方面工作。

(二)信息发展与技术革新

"十二五"期间,围绕为每一个受教育者营造"老师总在我身边"的信息化学习环境的愿景,上海加快推进教育信息化发展,取得了一定成效,为率先实现教育现代化奠定了坚实基础。上海教育城域网在原有基础上扩展教育专用光缆2 100多公里,建设37个主干节点,覆盖全市所有区县,90%以上高校、中职学校和大部分教育直属单位,实现宽带网络"校校通"。核心主干带宽提升至100 Gbps,与CERNET互联出口达20 Gbps,与运营商互联带宽超过5 Gbps。上海教育数据中心(IDC)完成基本建设,并全面投入使用,有力支撑了上海市义务教育入学报名系统、高中综合素质评价系统、学校安全管理中心,以及教育部国家教育管理信息系统省级云平台等一大批教育核心业务系统的运行。建成了上海教育统一音视频通信平台,面向全市教育单位提供视频会议、远程培训等服务。

全市各级各类学校基本形成了"网络可访问、资源可获取、师生可交流"的信息化环境。高校校园网网络主干带宽普遍升级到千兆甚至万兆,无线覆盖范围扩大,出口流量逐年增长。各区"校校通网"全面覆盖本地区所有教育单位,并万兆接入上海教育城域网。包括农村学校在内的中职学校、中小学及幼儿园普遍实现宽带接入,拥有计算机专用教室,教学场所多媒体教学设备的配备进一步规范化和普及化,部分学校实现了无线覆盖。

充分利用全社会资源,以上海学习网建设为基础,建设各级各类数字化教育资源,构建优质教育资源目录和交换中心,有效融合各级各类学习平台和服务,推进优质数字化教育资源的开发、积累、融合、共享和服务,探索教育资源共建共享新机制,推动各类资源共享应用,提高资源利用率。基本形成覆盖各级各类教育、结构合理、内容丰富、形式多样、质量优良、使用便捷和共建共享的上海教育资源综合体系。利用市级基础教育资源库,全市各区县建立了各具特色的教育资源中心,各学校建立了校本教学资源库,基本实现了教学资源"班班通"。上海教育资源已具备一定影响力,并正升级成为上海教育资源中心。

专栏1　东展幼儿园加强校园信息化建设

上海市民办东展幼儿园在第二轮市优质园创建过程中,将幼儿园"激趣健体全面发展"的课程理念与校园信息化管理建设相关联。建立信息化评价系统,为课程服务。通过建立幼儿园的公众微信账号,及时发布各类信息。建立APP互动平台,拓宽服务沟通渠道。幼儿园还使用现代化的智能评估,用数据信息来建立运动中科学有效的评估方式,为幼儿园建立在混龄体育大活动中的电子档案,建立数据库。形成一园三地的大数据平台,方便资源共享。

资料来源:上海市民办教育协会内部资料。

(三)内涵建设与保教质量

2013—2016年,上海继续加强学前教育内涵建设,严格规范办园行为,提升保教质量。贯彻教育部《3—6岁儿童学习与发展指南》(以下简称《指南》)的要求,聘请专家学者对《指南》进行解读和使用指导,并结合本市学前教育四大板块内容,组织开展各种"学指南、用指南"的培训和研讨活动。开展学前教育主题宣传活动,通过组织网上征文比赛、育儿加油站大型公益咨询活动、家门口优质幼儿园推荐及学前教育三年行动计划网络巡展等活动,大力宣传正确科学的育儿观和教育观。

2013年7月,第65届世界学前教育组织工作和国际学术研讨年会在上海召开,来自国内外的1 200多名学前教育工作者共同围绕各种学前教育问题开展研讨,进一步促进了上海与国际学前教育的交流。2013年11月,本市启动了示范幼儿园复验工作,分批次地对全市示范幼儿园进行调研和评审,帮助其查找问题,寻求解决方案,提升办园质量。

2014年,市教委开展全市幼儿健康水平大调研,旨在进一步了解全市幼儿园保教工作的现状与问题,并针对现实问题进行研讨,引导各区县幼儿园在规范办园基础上,不断根据幼儿发展的现实水平,创设适合幼儿身心发展的保教活动,提升保教质量。2014年,本市举行了第三届幼儿园优秀自制玩教具展评活动,鼓励基层教师因地制宜自制玩教具,补充开展保教活动的材料,提高保教活动质量。在此基础上,遴选出一批优秀自制玩教具代表上海参加了全国第三届优秀自制玩教具展评活动,取得了团体第一的好成绩。2015年,上海进行第二轮优质民办幼儿园创建工作,全市共有52家民办幼儿园参与到优质创建中。其中优质创建项目包括园本课程建设、园本教师专业发展、家园合同、校园文化建设等多种主题和内容,显示出近几年,上海民办幼儿园在内涵建设与保教质量提高方面的成绩。

专栏2　海富龙阳幼儿园探索中外教师专业发展的新路径

海富龙阳幼儿园建园已经有10年,中外教师队伍随着办园的规模不断扩大。幼儿园的保教团队由不同国家、不同文化的教师汇集而成。这些保教人员带着多元文化背景而来,在日常管理事务中和实践国际化教育的过程中,所体现出的专业态度、专业素养、专业理念、专业发展需求都有所差异。因此,在保教团队的稳定和专业化发展上也需要一个东西方融合、立足本土、面向国际的管理与发展模式。在科学管理上下工夫是最直接和有效的途径,促使这些教师对幼儿园工作继续充满着工作积极性和热情,从而使整个幼儿园充满着蓬勃生气。

海富龙阳幼儿园在调查与分析目前中外教师在专业化发展上教师与幼儿园存在问题的基础上,行政管理方面从工作环境创设、幼儿园人文环境形成、幼儿园制度建设着手改变,针对我园教师团队的特殊性进行调整,与国际化接轨,适合多元化的团队成员;探索促进中外教师专业化发展的有效运行机制——以海富龙阳专业活动为基础,根据集团、区域和园本三条途径,进行相关培训模式与机制的研究和调整;拟定中外教师专业发展的内容——开展针对不同发展程度的中外教师专业发展培训活动,如职前职后培训、专业分层培训、教育教学专项学术活动等。

资料来源:上海市民办教育协会内部资料。

专栏3　依霖幼儿园"笑"园文化建设

作为闵行区"特色课程建设基地"依霖幼儿园将"笑"园文化作为"混龄"优质课程的支撑,创建"和谐""伙伴""捆绑""浸透""让环境说话""嘴角上扬的力量"等独特理念的"笑"园文化,以此形成能影响幼儿和还幼儿本真的"混龄教育课程",并将独特的"笑"园文化浸透于"混龄"课程中。"笑"园文化要融合混龄课程,形成不同年龄幼儿,在同一空间里,自主游戏、主动交往,遵循着小社会、小人国中的行事规则和交往方式。幼儿混龄教育课程和"混龄"教学模式基本建构完成,出版了以"混龄"研究为基础的《幼儿园社会学实践课程》和以"混龄"形成的幼儿园主题课程教学参考用书。

资料来源:上海市民办教育协会内部资料。

专栏4　绿世界幼儿园以"融合式教育服务"为办学特色

自办园以来,我们树立了"和谐绿之家,快乐共成长"的办学理念,形成了"融合式教育服务"的办学特色,在第一轮优质民办幼儿园的创建中,幼儿园以课程建设为载体,以教师建设为核心,以制度建设为保障,以环境建设为基础,全力打造体现共同成长的"绿之家"校园文化。"绿之家"是一个融员工、幼儿、家长为一体的大家庭,其核心价值为"和谐发展"。

为了更好实践学校办学理念,幼儿园努力让家长在办园中成为认同课程特色的支持者、实践课程内容的参与者、提升课程质量的管理者,最后成为一名分享建设成果的共同成长者……我们的家园共育力求丰富内容,满足需要;途径多样,指导个性;拓展资源,社区共建;家长监控,共同参与;收获双赢,家长满意。

资料来源:上海市民办教育协会内部资料。

专栏5　金汇幼儿园在开放性的教育环境下成就师生共成长

　　金汇幼儿园通过教职工自主管理模式的完善,促进教师自主管理行为的形成。同时,创设一种尊重、亲切、和谐、宽松、互动的教育环境,激发幼儿独立、自由、按照自己意愿选择材料、用适合自己的方式进行学习,从而满足自身成长需要,为幼儿进入后继生活和学习做好充分准备,为幼儿一生发展奠定基础。

　　幼儿园注重内涵建设,扬长避短,努力建设一支尚师德、乐反思、会创造、显特长的教师队伍。创设一种让师生能独立、自由地按照自己的意愿,有选择地、主动地进行学习(活动)的环境,充分发挥教师自我价值和潜能,同时促进幼儿在原有基础上全面、和谐、主动地发展。以学习活动、运动、游戏中开放性环境创设为切入口,构建具有园本特色的课程体系,提高教师创设开放性活动环境的能力。

　　资料来源:上海市民办教育协会内部资料。

(四)资金奖励与政策扶持

　　为有效促进民办学前教育的发展,上海市政府出台了一系列扶持民办教育和民办教师的政策和措施。落实教师同等待遇,民办学校教师在职称评定、奖励表彰、项目申报、在职培训等方面享有与公办学校教师同等待遇。推进民办学校完善年金制度,提高民办学校教师退休后待遇。2015年,上海市教委出台《上海市教育委员会关于完善本市民办学校年金制度的通知》(沪教委民〔2015〕14号)。文件规定:民办学校建立并实施年金制度,是申请促进民办教育发展专项资金的条件之一。民办学校应建立教师收入与学费收入同步增长的动态机制,切实提高教师待遇,保持教师队伍的稳定。建立民办中小学、幼儿园及非学历教育机构管理人员培训制度,提高民办学校管理水平。

　　上海市教委联合市财政局、民政局出台《关于对本市学前教育阶段家庭经济困难适龄幼儿实施资助的通知》(沪教委财〔2015〕98号),规定在本市公办或政府购买学位的民办幼儿园就读的,具有本市户籍的城乡低保家庭适龄幼儿、特困供养人员、烈士家庭适龄幼儿、适龄孤儿和低收入困难家庭适龄幼儿,按照现行的教育管理体制和财政管理体制,实施学前教育资助所需资金:公办幼儿园按预算隶属关系,分别由市和区(县)财政承担;民办幼儿园由办园所在区(县)财政承担。

　　为确保国家与上海市中长期教育改革和发展规划纲要的全面落实,2012年,上海出台一系列加大财政教育投入的政策措施,为本市教育改革发展提供了有力保障。为合理安排使用财政教育经费、提高教育经费使用效益、推进基础教育高位均衡发展,市教委和市财政局联合印发了《关于合理安排教育经费推动区县教育发展的指导意见》。2013年,本市学前教育经费总投入70.21亿元,比2012年增长16.71%。全市学前教育预算内教育经费投入为53.67亿元,比2012年增长13.47%。生均财政拨款占生均支出比例为88.51%,比2012年增长1.42%。学前教育国家财政性投入占本市地方国家财政性教育投入达9.55%。市教委继续划拨1亿元用于支持幼儿园园舍建设和资助民办三级幼儿园及学前儿童看护点玩教具等设施设备的添置。同时,设立专项资金用于探索进城务工人员随迁子女提供学前教育和看护服务的机制和方法。此外,市教委还积极与社会力量合作,通过捐赠、派遣志愿者和委托培训等方式帮助民办三级幼儿园和学前儿童看护点健康发展。

　　本市按照"顶层设计、总体规划、政策先行、机制创新"的原则,坚持基本公共服务均等化目标要求,加大了对区县科学制定教育投入规划和经费使用计划的指导力度。表现在以下两个方面。

1. 规范转移支付

　　印发并实施《关于进一步加强市对区县财政教育转移支付资金使用管理的意见》,通过制度设计加强宏观指导,规范教育转移支付资金科学合理有效使用,确保教育转移支付资金使用计划有效实施,提高资金使用效益。

2. 指导计提资金使用

印发《关于加强从土地出让收益中计提教育资金使用管理的通知》,要求区县财政部门和教育部门按规定及时足额计提教育资金,重点用于基础教育学校建设、维修改造和教学设备购置,确保城郊结合、人口集中导入地区的学校基本建设按期完成。

四、趋势与建议

(一)趋势

1. 办学模式向集团化发展

未来上海民办学前教育要响应政府集团化办学思路,推进学前教育集团化办学,实现优质资源辐射再造。在一个核心机构或品牌名校的牵头组织下,依据共同办学理念和章程组建学校共同体,在学校规划、日常管理、课程建设、教师发展与设施使用等方面实现共享、互通、合作、共生,进而实现共同体内优质教育资源品牌的辐射推广与合成再造。目前有两种形式:一种是同一区域内学校之间的校际联合,另一种是跨地区学校之间的联合。集团化办学的特点是通过集团形式,推进优质教育资源发挥辐射作用,有利于各成员学校教育水平的提升;同时,加强集团内的校际沟通,拓宽学校教育视野,促进学校优势互补。

集团化办学重在校际资源共享,品牌学校是集团化办学的核心,需要承担更多的组织协调责任。因此,应形成相对稳定的合作领域和工作程序,以使集团活动制度化,进而取得整体优化的实效,使集团化办学既不流于形式,又不影响正常的教育教学秩序。

上海推出的学区化集团化办学,更加注重自上而下的政策设计与自下而上的实践智慧相结合,依循"优质导向,专业引领,主体激发,创新驱动"的策略,在政策设计上注重目标引领,在实践创新上注重下移重心激活区域与学校的活力,在评价方式上注重学校发展性督导评价和绿色指标评价相结合,实现多把尺子衡量学校办学的优质增值,在推进过程中强调下移管理重心、激活微观主体。自2015学年起,这项工作进入"全面推行"阶段,全市各区县将根据自身实际与需要制定学区化集团化办学三年规划,选择实践点,找准突破点,切实扩大优质教育资源,促进校际间均衡。未来,全市基本形成学区化集团化办学新格局,"家门口的好学校"已形成一定的覆盖面,17个区县创造了一批鲜活经验和较为稳定的机制,基本满足老百姓对优质教育资源的需求,提升满意度。

2. 办学特色向多样化发展

《上海市民办教育发展"十三五"规划》提出民办教育的"创新发展"目标,创新办学模式,积极探索多元主体办学等。创新管理方式,健全政府补贴、政府购买服务、助学贷款、基金奖励、捐资激励等制度,鼓励社会力量兴办教育。创新内部治理结构,鼓励民办学校探索现代学校制度。创新办学模式,积极探索多元主体办学等模式。引领特色、多元、开放的民办学校发展之路。在满足学前教育普遍需求的基础上,加大优质民办幼儿园创建力度,推进民办中小学特色建设,扩大优质教育资源。充分发挥民办体制机制优势,打造高水平、有特色的民办高等教育新模式。鼓励实力强、质量好的教育培训机构做大做强,打造具有国际竞争力的教育品牌。引导、鼓励民办学校加强国际交流与合作,开展办学道路多元化探索,以多种形式引进境外优质教育资源,支持优质民办学校境外办学。支持行业企业等力量参与办学,鼓励民办学校探索多元办学模式,加强公办民办学校互动互助,促进公办民办学校共同发展。

3. 保教管理向优质化发展

为构建与上海市国际化大都市相适应的"新优质教育",使本市基础教育阶段学校发展更为均衡、办学水平更加优质、发展活力更加充分、人民群众对基础教育的满意度不断提高,上海制定了《上海新优质学校集群发展三年行动计划》。"新优质教育"主要是指在育人观念上,回归教育本原,关注每一个学生的差异发展;在课程建设上,根据学生发展需求建立丰富、可选择的课程体系;在课堂教学上,满足每一个学生的学习需求,特别关注学有困难学生的成长支持;在质量评价上,突破单一的分数指标,实施以学业质量绿色指标为基础的教育质量综合评价。

"新优质学校集群发展"主要是指一批积极探索实践"新优质教育"、有不断变革发展内生动力的公办学校,组成不同形式的实践团队,针对内涵发展的瓶颈问题,深入开展项目研究和实践,不断提升学校办学水平。通过集群发展,这类学校要达到本市义务教育阶段学校办学基本标准,"绿色指标"综合评价结果处于全市优良水平,有鲜明办学特色,家长及社区居民满意度达到90%以上,成为"家门口的好学校"。新优质学校集群发展将着力通过"新优质教育"的实践与探索,丰富与完善学校课程,推进课堂教学方式与组织形式变革,激发教师成长的活力和潜能,营造家校合作的育人环境,促进学校课程、教学、教师、管理等领域整体改进,提升教育质量与办学水平。计划到2017年,加入新优质学校集群发展的学校数量扩大至250所左右,覆盖全市义务教育阶段约25%的学校。

"十三五"期间,上海民办教育将坚持分类管理、创新发展、提升质量的基本思路。民办学前教育的保教质量将继续成为未来趋势。2015年,上海市教委启动第二轮民办优质园创建工作,加大民办优质园创建力度,继续将保教质量、优质发展作为民办幼儿园的重点工作。在第一轮创建取得良好成效基础上,本次创建工作实行市区联动、新老联动、公民联动的工作机制。市区两级教育行政部门形成合力,发挥第一轮创建学校(幼儿园)的优势,激发民办学校体制机制活力,带动和辐射上海基础教育的特色发展和课程改革。

市教委对有关民办中小学和幼儿园拨付创建经费,2015年创建经费为特色学校每校40万元、特色项目学校每校20万元、优质幼儿园每园20万元。市教委委托华东师范大学教育部中学校长培训中心对校长、园长进行形式和主题多样化的培训,各区(县)教育局负责保障本区(县)培训工作顺利开展,各区(县)教师进修院校协助管理培训实施工作[1]。

4. 师资队伍向专业化发展

为全面贯彻党的教育方针,率先实现教育现代化,上海制定了《上海市教师队伍建设"十三五"规划》(沪教委人〔2016〕92号)。规划指出,到2020年,教师队伍的规模、结构、素质基本适应教育现代化要求,初步建成一支理想信念坚定、师德师风高尚、专业水平高超、终身发展能力高、具有核心竞争力的高素质专业化教师队伍,造就一批全国知名的名校长、名教师和教育家及具有国际影响力的高层次人才。

每一位教师要坚持正确的政治方向,自觉践行社会主义核心价值观,围绕立德树人,强化课堂"阵地意识"和培养社会主义接班人意识,树立科学正确的社会主义教育观、质量观和育人观。加强思想政治教育专业化队伍建设。同时,提高教师职业道德水准,加强教师职业理想和职业道德教育,强化教师教学岗位和教师职业的认同感,增强教师教书育人的责任感和使命感。鼓励学校指导教师合理制订职业生涯发展规划。强化学校主体责任意识,坚决杜绝有偿家教等不良现象。督促高校有效预防和严肃查处教师学术不端行为。深入实施教师人文素养提升计划,使教师职业成为社会典范精神的高地。健全师德建设长效机制。构建学校、教师、学生、家长和社会多方参与的师德监督机制;建立师德建设负面清

---

[1] 《上海市教育委员会关于实施上海市民办中小学特色学校(项目)、民办优质幼儿园第二轮创建工作的通知》(沪教委民〔2015〕23号)。

单制度,将教师履行育人职责情况作为教师工作考核、专业技术职务评聘的重要内容。加强对师德建设先进单位和个人的激励。建立健全师德建设联席工作机制,严格执行师德"一票否决制",探索建立师德与社会诚信体系的有效对接。探索建立实施学科德育和课程思政工作的教师师德建设长效机制。

专栏6　西外外国语幼儿园促教师专业成长

上海西外外国语幼儿园以多元文化教育视阈下的民办幼儿园师资队伍建设为抓手,探索教师专业发展的新路径。该园以"国际公民教育"为办学宗旨和培养目标,努力将中外先进教育理念和教育方式有机结合起来,探索并逐步形成多元文化教育特色。幼儿园针对民办幼儿园师资建设特点,认为民办幼儿园多元文化教育园本课程的实施取决于幼儿教师的素质及特点。因此,幼儿园以多元文化教育视角探究民办幼儿教师的专业发展。

第一,完善制度建设。建立国际公民教师应该具备的十大品质,引领与规范全园教职员工的教育理念与教学行为。建立各班级管理制度,以"国际公民十大品质"的理念为纲,建立"品质月"制度管理。形成《西外教师制度与文化》,调整、完善、健全原有规章制度,包括常规作息时间表、工作流程、考核细则、聘用标准、岗位职责、奖惩、学习培训等。

第二,教师师德建设。重视师德师风建设,通过内心信念和传统习惯的道德力量来提高教职工的道德品质,采取各种措施和组织多种活动来营造积极向上、和谐发展的园所氛围,从而逐渐固化为本园教师特有的风范。

第三,教师素养提高。以保规范,促专业为目标,分层分类、按需开展在职教师的专业培训,开展带教指导,有序提升西外新进教师和非专业教师的专业课程实施能力,提高全体教师的专业素养。组建"学习共同体",立足于四大板块,开展为期一学年的通识培训,从理论认知、实践带教等,将分层教研与沙龙式分享相结合,并辅以活动观摩、实践指导等。

资料来源:上海市民办教育协会内部资料。

5. 教育技术向信息化发展

根据《上海市中长期教育改革和发展规划纲要(2010—2020年)》,到2020年上海要率先实现教育现代化,上海教育综合改革要持续深入推进,这对上海教育信息化建设提出了更高要求,也需要信息技术提供更加全面、更加有力的支撑和保障。当前,信息化教育教学环境还有待进一步优化;信息技术对教育教学变革和创新的引领作用还不够显著;基于信息技术的教育治理创新和服务提升还需要不断推进,教育信息化仍然是上海全面实现教育现代化进程中一项紧迫而艰巨的任务。

信息技术与教育教学的深度融合创新是提升教育质量、实现教育均衡的重要手段。目前,教学信息系统及优质资源与教师、学生的实际需求尚有差距,信息技术在课堂教学、在线教学中的应用有待深化。优质数字化教育资源建设、共享和更新的机制等平台不健全,不能完全有效满足教育教学实际需求;信息技术与教育教学深度融合的保障制度需要进一步完善,各种资源和服务亟待整合共享,以发挥更大作用。

加快推进教育治理体系和治理能力现代化,特别是不断适应教育形势的快速变化,科学有效破解教育中的热点难点问题,对教育信息化服务和支撑教育治理能力提出了更高要求。当前信息化环境下的教育管理工作尚未实现高效的流程优化,教育基础数据缺乏规范管理和有效共享,尚不能全面支撑教育重大事项决策咨询。随着云计算、大数据、物联网、移动计算、人工智能等新技术的迅猛发展,"互联网+"教育时代的到来,深刻改变着每个人的生活、工作、学习方式,也为教育信息化带来新的动力和机遇。

（二）建议

1. 深化办学体制改革

支持社会力量提供优质教育资源，创新社会力量办学机制，支持培育适应社会经济发展需求的新型教育业态与办学模式，优化民办教育生态。鼓励多元主体参与举办民办学校。支持和吸引大型国有企业等社会组织和公民个人以多种方式参与办学，支持民办学校管理者和骨干教师以资金、技术、专利等形式出资参与学校建设与管理。探索多种形式办学，在学校管理、人员聘用、人才培养、财务管理等方面充分发挥多元主体办学的体制优势。

2. 创新政府扶持机制

实施民办教育分类管理。依据国家相关法律法规，建立健全民办园分类管理配套政策，形成比较完善的政策支持体系，支持非营利性和营利性两类民办园不断提升办学质量，探索品牌化和集团化发展道路。开展非营利性民办示范园建设，在人事、招生、收费、民办教育专项资金、政府购买服务、教师年金制度和教育教学等方面给予支持。

完善政府购买民办教育服务制度。完善政府向社会购买民办教育优质服务的机制。因地制宜开展地段内学生就近入读民办幼儿园的购买学位工作，加大在远郊区和人口导入区的购买力度。健全政府补贴制度。建立健全政府非营利性民办学校补贴制度，探索多种补助途径和方法。完善捐资激励制度。通过税收杠杆鼓励社会力量捐资促进民办教育发展。对企业和个人支持教育事业的公益性捐赠支出，按照税收法律法规及政策的相关规定，在所得税前予以扣除。对符合条件的民办幼儿园进行非营利组织免税资格认定。

3. 加强保教质量建设

探索建立幼儿园发展共同体、城郊结对互助等机制，提高每一所幼儿园的办园质量。积极引导民办幼儿园规范办园、优质办园、个性化办园，鼓励民办三级幼儿园提高办园水平。逐步缩小幼儿园之间的质量差异，促进学前教育均衡发展。加强学前教育实践指导。修订完善本市《学前教育课程指南》，总结学前教育发展的实践经验，建设能够满足各级各类幼儿园发展需要的课程资源。加强对幼儿发展水平的观察和分析，创新符合幼儿发展规律的教养模式。引导幼儿园坚持以游戏为基本活动，积极开展"一日活动"的研究与实践，杜绝"小学化""学科化"倾向，实施快乐启蒙教育。健全学前教育质量监测机制。建立健全市、区（县）、园三级学前教育质量监测机制，完善本市学前教育质量评价体系与幼儿园办园水平评价制度。推动幼儿园开展定期自评，促进其自主发展。引导区（县）开展针对区域学前教育发展特点的动态监管。建立本市幼儿健康水平数据库，开展幼儿健康水平追踪分析。进一步完善幼小衔接工作。编制实施《上海市幼儿园幼小衔接实施方案》，明确把幼儿园保育教育作为学龄前教育的重要内容，注重小学入学前的基础素养培养。建立健全家园合作共育机制。推广家园互动的经验成效，建立健全家园共育的制度机制，强化家长参与学前教育的意识，促使家园互动工作规范化、常态化。

4. 坚持自身内涵发展

全面加强党的建设。强化思想引领，发挥民办幼儿园党组织的政治核心作用。民办幼儿园基层党组织要按照《中国共产党章程》的规定开展党的活动，发挥在党建、思想政治和德育工作中的领导作用，在办学方向和改革发展中的保证作用，在依法办学和维护各方权益中的监督作用。

加强民办幼儿园教师专业发展。加大学前教育新进教师培养培训力度。学前教育教师培养要结合学前教育发展特点，适应0—3岁婴幼儿早教指导服务的需要，适应幼小衔接、医教结合等工作需要，熟练掌握儿童教育的基本知识和技能。构建教师专业发展在职培训机制。多渠道开展适应不同教师专业发展需要的在职培训，建设研训一体的学前教育网络培训课程，开展针对性、实效性的职后培训，持续提升其专业素养。

　　加强民办幼儿园信息化建设与管理。将学前教育信息化纳入基础教育信息化管理体系,优化园所信息化环境建设,完善应用平台,提升管理能级。整合多种媒体,传播科学育儿理念。推进信息技术在学前教育的有效应用。优化学前教育数据管理分析系统,支持保教质量监控评估和基于证据的教育决策。共建共享学前教育优质资源,创建数字化实验幼儿园,推进信息技术在学前教育中的创新和有效应用。

（执笔人：陈素萍）

上海民办中小学发展状况

2013—2016 年是上海民办基础教育发展的一个重要时期,民办中小学的内涵品质不断提升,特色创建呈现出新的特点和新的变化,其作用和地位得到社会进一步肯定和认可。

一、发 展 现 状

(一) 事业发展

1. 发展速度与规模

(1) 民办中小学机构总量稳步增长①。2013—2016 年间,上海民办中小学稳步发展。学校机构数(不含以招收进城务工人员随迁子女为主的民办小学,下同)由 2013 年的 130 所增长到 2016 年的 141所,净增民办中小学 11 所,增长 8.46%;其中增长最多的是九年制、完中和十二年制学校,分别净增 8所、5 所和 3 所,而小学、初中、高中则分别减少 1 所、3 所和 1 所(见图 1、图 2)。

图 1 2013—2016 年上海民办中小学机构(所)

(2) 民办中小学在校生规模与占比稳定增长。上海民办中小学在校生数由 2013 年 113 606 人增长至 2016 年的 124 295 人,净增 10 689 人,增长 9.41%;民办中小学在校生数占全市中小学在校生的比例从 2013 年的 8.56%增至 9.55%,增长近 1 个百分点(见图 3、图 4)。

---

① 本文中涉及本市民办中小学的数据均来自民办中小学和区县年度问卷调研统计。

图 2　2013—2016 年上海各学段民办中小学机构(所)

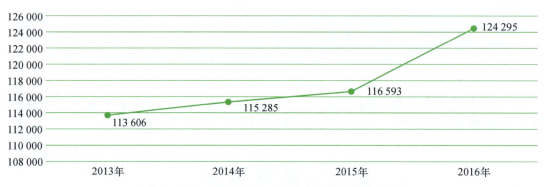

图 3　2013—2016 年上海民办中小学在校生(人)

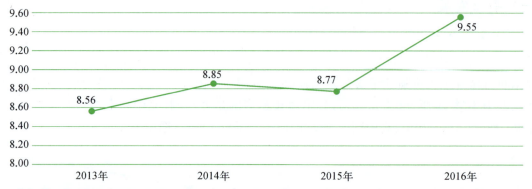

图 4　2013—2016 年上海民办中小学在校生占全市中小学在校生比例(%)

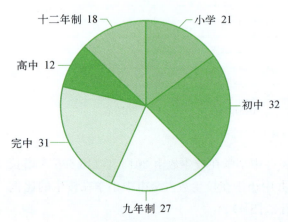

图 5　2016 年上海民办中小学
机构学段分布情况(所)

2. 学段分布

（1）民办中小学机构分布呈现中间大两头小的特点。从 2016 年的统计数据看，从事初中教育的民办学校达到 108 所，从事小学教育的民办学校 66 所，而从事高中教育的民办学校仅 61 所（考虑到不少民办完中几乎没有高中学生，真正从事高中教育的民办学校更少）（见图 5）。

（2）初中学段民办学校在校生占据"半壁江山"。从 2013 年以来的统计数据看，民办中小学在校生总数中，初中阶段民办学校在校生占比超过 50%，小学阶段民办学校在校生占比在三成半左右，高中阶段民办学校在校生占比仅一成左右（见图 6）。

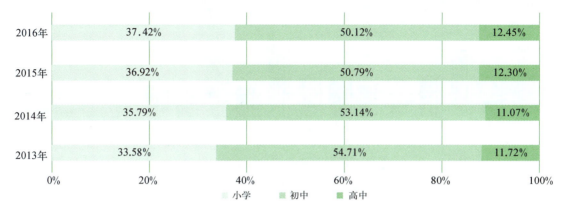

图 6 2013—2016 年上海各学段民办学校在校生分布

（3）各学段民办学校在校生在全市相应学段占比呈现较大差异。统计数据显示,初中阶段民办学校在校生占全市初中学段在校生的比例均超过 14％;高中阶段民办学校在校生全市占比基本稳定在 9％左右,但在 2016 年,这一比例超过了 10％;小学阶段民办学校在校生占比一般在 5％和 6％之间,2016 年这一比例超过了 6％。无论是初中、高中还是小学,其在校生占全市相应学段比例均呈现上升趋势（见图 7）。

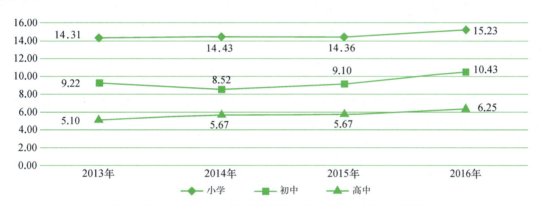

图 7 2013—2016 年上海各学段民办学校在校生全市占比情况

3.区域分布

（1）民办学校区域分布不均衡。上海民办中小学的分布呈现中心城区多郊区少、近郊多远郊少的特征,近 66％的民办中小学集聚在徐汇区、静安区、杨浦区、虹口区、闵行区、浦东新区等区,而金山区、青浦区、奉贤区、崇明区（崇明于 2016 年 7 月撤县改区,故本书统称为崇明区）等 4 区（县）的民办学校仅 11 所,不到全市民办中小学的 8％（见图 8）。

（2）民办学校在校生呈现区域集聚态势。近 54％的民办中小学在校生集聚在浦东新区、闵行区、徐汇区、杨浦区等区,35％左右的民办学校学生分布在虹口区、静安区、普陀区、嘉定区、松江区、宝山区等区,在金山区、青浦区、奉贤区、崇明区民办学校就读的学生仅占 5％左右（见图 9）。

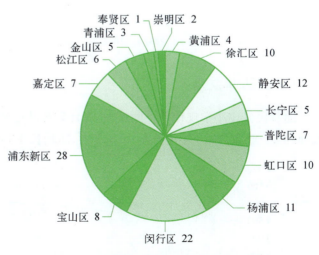

图 8 2016 年上海民办中小学
区域分布情况（所）

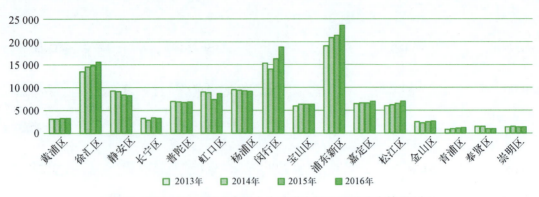

图 9　2013—2016 年上海民办中小学在校生区域分布情况(人)

4. 生源构成

(1) 1/4 左右生源为非本市户籍。这里主要从本市户籍学生、符合条件的非本市户籍学生(大陆)、港澳台学生、外籍学生(持外国护照)等方面分析民办中小学生源构成情况。统计结果显示,上海民办中小学在校生中,本市户籍学生约占 75%,非本市户籍学生(含港澳台、外籍)约占 25%(见表 1)。

表 1　2014—2016 年上海民办中小学生源构成情况　　　　　　　　单位:%

	本市户籍		非本市户籍	港澳台	外　籍
	本　区	外　区			
2014 年	49.04	23.71	21.12	1.87	4.26
2015 年	50.02	24.49	20.90	1.87	2.73
2016 年	50.80	24.60	20.50	1.70	2.40

(2) 本市户籍生源中近 1/3 为跨区就读。从 2014—2016 年数据统计结果看,在上海民办中小学就读的本市户籍学生中近 1/3 为跨区择校(见表 2)。

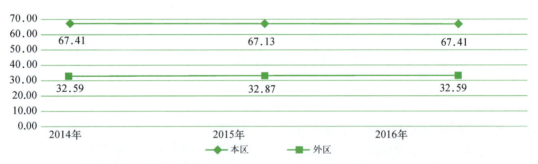

图 10　2014—2016 年上海民办中小学上海户籍学生跨区就读情况(%)

(二) 队伍发展

随着民办中小学规模的不断扩大,专任教师队伍数量也在逐年增长。2013 年全市民办中小学专任教师约 9 500 人,2016 年增长至 10 850 人,净增长 1 350 人,增幅 14.21%(见图 11)。

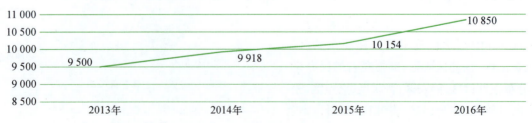

图 11　2013—2016 年上海民办中小学专任教师变化情况(人)

1. 年龄结构

（1）教师队伍年轻化趋势明显。民办中小学专任教师中一半以上在 35 岁及以下,年龄在 45 岁以下的教师达到 80％左右,56 岁及以上年龄教师由 2013 年的 12.28％下降到 2016 年的 6.59％。民办中小学整个教师队伍趋于年轻化（见图 12）。

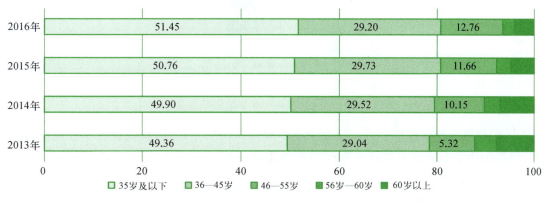

图 12　2013—2016 年上海民办中小学教师年龄结构(％)

（2）教师队伍年龄结构趋于优化。如果把 35 岁及以下视为青年、36—55 岁视为中年、55 岁以上视为老年,民办中小学教师队伍老中青的结构从 2013 年的 12：49：38 变化至 2016 年的 7：51：42,年龄结构趋于优化,教师队伍更具活力。

从各学段专任教师年龄结构看,45 岁及以下教师占比随着学段的提升而下降,小学、初中、高中学段教师这一年龄的比例分别为 87.03％、78.40％和 74.70％;56 岁以上教师占比随着学段的提升而增加,小学、初中、高中学段专任教师中 56 岁及以上教师比例分别为 2.87％、7.36％和 11.57％。总体而言,小学段教师更趋年轻化（见图 13）。

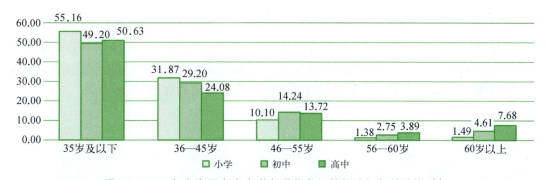

图 13　2016 年上海民办中小学各学段专任教师队伍年龄结构(％)

2. 学历结构

教师总体学历水平提升明显。2016 年上海民办中小学教师大学本科及以上学历比例达到 93.74％,比 2013 年(89.11％)提升 4.6 个百分点。硕士及以上学历教师比例提升尤其明显,从 2013 年的 10.36％快速提升至 2016 年的 17.95％,增长近 7.6 个百分点。大学本科及以上学历已成为民办中小学教师准入标准之一（见图 14）。

3. 职称结构

（1）具有高级职称教师比例逐年下降。由于种种原因,民办中小学教师的职称水平整体偏低,具有高级职称教师比例从 2013 年的 15.61％下降至 2016 年的 11.33％,呈逐年下降趋势（见图 15）。

图 14　2013—2016 年上海民办中小学教师队伍学历结构(%)

（2）未评职称教师比例逐年上升。民办中小学教师队伍的年轻化,加之民办学校担忧骨干教师流失等原因,民办中小学中未评专业技术职称的教师比例已接近五分之一,从 2013 年的 14.64% 发展到 2016 年的 19.63%,呈逐年上升态势(见图 15)。

图 15　2013—2016 年上海民办中小学教师职称结构(%)

4. 编制结构

（1）多数学校挂有公办事业编制。统计结果显示,上海民办中小学过半学校皆有数量不等的教师挂有公办事业编制,2016 年近 66% 的民办中小学得到挂编公办事业编制的政府扶持,公办事业编制挂编对稳定民办学校教师队伍尤其是骨干教师队伍起到了十分突出的作用(见图 16)。

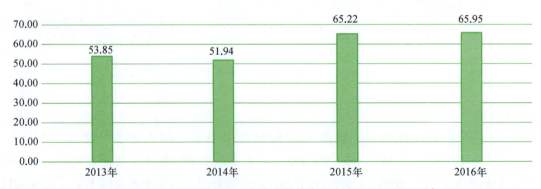

图 16　2013—2016 年上海民办中小学挂有公办事业编制情况(%)

（2）具有公办事业编制的教师超过 1/4。近几年具有公办事业编制教师比例上升较快,目前民办中小学中挂公办事业编制教师比例超过 1/4。一些区的民办中小学教师公办编制挂编比例更是高达 40% 以上,最高的达到 63.49%(见图 17)。

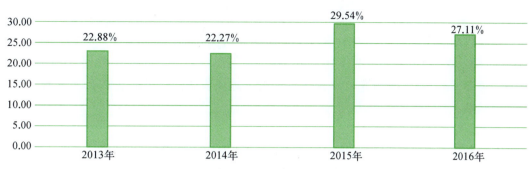

图 17　2013—2016 年上海民办中小学具有公办事业编制教师比例(%)

5. 年金缴纳

为民办中小学教师补充缴纳职业年金是缩小民办学校教师退休后与公办教师待遇差异、稳定民办学校教师队伍的重要举措。根据学校提供的数据,这里重点分析 2014 财年和 2015 财年的教师年金缴纳情况。2014 财年全市有 82 所民办中小学实施了教师年金制度,约占全市民办中小学机构的 59.42%;共有 3 712 位教师享受到年金,约占全市民办中小学教师的 36.57%;享受年金制度的教师平均年金为 6 262 元。2015 财年 101 所民办中小学实施了教师年金制度,占到全市民办中小学的 71.63%;享受年金的教师 5 358 人,约占全市民办中小学教师总数的 49.38%;享受年金教师平均年金约为 6 000 元。2015 财年 101 所民办中小学共缴纳年金 3 212.39 万元,其中学校交纳占 79.05%。同 2014 财年相比,缴纳年金学校和年金覆盖教师面都有明显上升,但教师平均享受年金略有下降(见表 2)。

表 2　2014—2015 财年上海教师年金缴纳情况

财年	缴纳年金学校 (所)	享受年金教师 (人)	教师年金总额 (万元)	学校缴纳比例 (%)	平均教师年金 (元)
2014	82	3 712	2 324.63	78.06	6 262
2015	102	5 358	3 212.39	79.05	5 996

教师年金缴纳在区域之间存在较大差异,最高与最低相差 3.3 倍。2015 财年,宝山区、嘉定区两区民办中小学平均缴纳教师年金最高,超过 9 000 元;崇明区、奉贤区平均缴纳教师年金最低,仅 3 000 元左右(见图 18)。

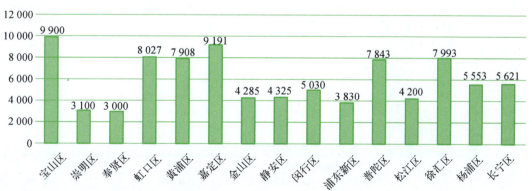

图 18　2015 财年各区(县)民办中小学师均缴纳年金(元)

(三)办学条件

1. 办学场所

轻资产是上海民办中小学发展的一大特点。91.85%的民办学校为租赁场所办学,68.89%的学校租赁教育部门闲置公办校舍办学,22.96%租赁其他非教育部门场所办学,自有校舍的民办学校仅占

8.15%。

从提供有效数据的 135 所民办中小学的情况看,135 所民办学校共占地 3 219 237.19 m²、校舍建筑面积 2 357 491.5 m²、校均占地面积 23 846.2 m²、校均建筑面积 17 462.9 m²。根据 2004 年颁布的《上海市普通中小学建设标准》的标准测算,107 所民办学校占地面积达到建设标准要求,116 所民办学校校舍建筑面积达到标准。

2. 办学场所租赁有效期及租金

民办中小学办学场所有效租赁期差异很大,最短的租期仅 1 年,最长租赁期为长期。办学场所租赁费用相差甚大,17 所学校免租赁费,最高的达到年租金 2 856 万元。租赁场所办学的 125 所学校,其租金标准大部分为双方协商确定,仅 26 所学校的租金经过评估。

3. 寄宿供给

从采集的 2015 和 2016 年的数据看,65% 左右的民办中小学可以为学生提供寄宿。2015 年 88 所民办中小学可以提供 45 178 个寄宿床位,2016 年 92 所民办学校可提供 43 191 个寄宿床位。然而,寄宿床位实际利用率偏低,均不到 50%(见表 3)。

表 3　2015—2016 年上海民办中小学寄宿供给状况

年　份	提供寄宿学校(所)	床位(个)	实际寄宿(人)	利用率(%)
2015	88	45 178	20 793	46.02
2016	92	43 191	20 564	47.61

(四)收支状况

1. 学校收入状况

民办中小学总的收入逐年增长。据学校提供的财务数据统计,上海民办中小学收入从 2013 年的 23.34 亿元增长至 2016 年的 36.71 亿元,增长 57.28%。学费收入和政府财政资助成为学校收入的绝对主体,占到 97%—98%。从发展态势看,学费收入在学校收入中的占比逐年提升,政府财政资助占比呈现逐年下降趋势,社会捐赠和其他收入占比基本徘徊在 2% 左右,没有明显的变化(见图 19)。

图 19　2013—2016 年上海民办中小学收入构成(%)

2. 学校支出状况

据学校提供财务数据统计,上海民办中小学支出从 2013 年的 22.40 亿元增长至 2016 年的 36.15 亿元,增幅达 61.38%。学校支出中,人员经费支出接近六成,公用经费支出约占 35%。从近几年的统计数据看,民办学校人员经费支出占比呈下降趋势;公用经费支出占比有一定的波动,但基本稳定在 35% 左右;其他支出占比呈现上升态势(见图 20)。

图20　2013—2016年上海民办中小学支出构成(%)

二、成就与问题

(一)成就

1. 扩大了优质教育资源供给

民办中小学集聚了社会教育资源,扩大了教育资源供给总量和教育规模。2013—2016年期间,民办学校累计为社会提供了46.98万人年的学位。民间流传,"小学、初中不上民办,高中、大学就要上民办"。在不少人的心目中,民办学校尤其是义务教育阶段民办学校已成为好学校的代名词。以人年学位计算,2013—2016年,义务教育阶段民办学校累计提供41.39万人年优质学位(其中小学16.9万、初中24.49万)。

2. 推动了基础教育高位均衡发展

接受优质民办基础教育的学生逐年增加,民办小学、民办初中在校生占全市在校生比重分别由2013年的5.1％和14.31％增长至2016年的6.25％和15.23％,义务教育阶段的一批民办中小学成为优质教育品牌,成为上海义务教育优质均衡高位发展的生力军,有力推动了上海整个基础教育的高位均衡发展。

3. 丰富了基础教育生态

2013—2016年间,上海民办中小学完成了第一轮民办中小学特色学校(项目)创建、启动了第二轮特色创建,75所学校参加了上海第一轮或第二轮特色学校(项目)创建,其中40所学校连续参加了第一轮和第二轮的特色创建活动。创建主题覆盖学校教育教学的各个方面。通过特色创建等活动,上海民办中小学逐步形成了各自特色或特点,错位竞争、特色发展的民办中小学基础基本形成,丰富了上海基础教育的内涵和生态。

4. 基本完善了扶持与规范体系

2013—2016年间,政府建立了民办中小学生均公用经费定额补助、民办中小学特色创建资助、民办中小学学科基地建设资助、非营利性学校试点建设资助等资助体系,市区两级财政直接给予民办中小学财政资助11.92亿元;同时政府陆续出台和完善了义务教育阶段民办学校招生办法、民办中小学财务管理办法与会计核算办法等,规范了民办学校办学行为,促进了民办学校健康发展。

(二)问题

1. 民办基础教育发展整体规划缺乏

政府在制订教育发展规划时对民办基础教育缺乏整体规划,导致各区民办基础教育发展参差不齐,甚至差异巨大。以在校生占比来衡量办学规模,目前小学阶段民办规模超过 10％的有 5 个区、初中阶段民办规模超过 20％的达到 6 个区,个别区的民办初中规模已超过 35％。远超我国平均水平(2015 年我国民办小学和民办初中学生占比为 7.36％和 11.66％)(见表 4)。

表 4　2016 年上海各区义务教育阶段民办学校情况统计表

区	小　　学			初　　中		
	学校数(所)	学生数(人)	学生比例(％)	学校数(所)	学生数(人)	学生比例(％)
黄浦区	2	421	2.07	5	2 806	21.80
徐汇区	4	5 288	13.73	6	7 582	29.38
静安区	4	3 530	10.25	6	3 547	16.24
长宁区	3	2 317	7.63	3	1 598	9.77
普陀区	3	3 004	7.97	5	3 232	17.64
虹口区	4	3 161	14.00	5	5 180	35.40
杨浦区	7	4 112	12.17	9	4 823	25.10
闵行区	13	7 798	10.91	19	8 203	21.33
宝山区	3	1 578	2.40	7	3 740	10.90
浦东新区	16	9 297	4.98	23	9 213	10.20
嘉定区	6	2 050	4.25	8	4 668	20.74
松江区	3	2 014	4.67	6	3 731	15.35
金山区	3	323	1.26	6	1 733	9.20
青浦区	3	733	2.50	3	560	3.60
奉贤区	1	513	1.27	2	129	0.65
崇明区	1	132	0.60	1	681	5.70
全　市	76	46 271	6.25	114	61 426	15.23

义务教育是国家强制性、普及性的教育。各国义务教育的责任主体是政府,义务教育的供给主体是公立学校。据经合组织(OECD)最新统计数据,2014 年在有统计数据的 32 个国家中,私立小学在校生占比平均为 11.6％,私立初中在校生占比平均为 14％。在亚洲国家和地区中,日本私立小学和私立初中学生占比相对比较低,分别为 1.2％和 7.1％;韩国私立小学和私立初中学生占比有较大差别,分别为 1.6％和 17.9％[1]。

2. 民办基础教育的管理相对滞后

尽管上海在 2007 年市级层面已经成立民办教育管理处,统筹制定全市民办教育管理政策,但区缺乏综合管理民办教育的部门,主要由职成教科、基础教育科、计财科等管理,个别区的民办教育由不同部门加以管理(各管一个学段)。这导致民办教育的管理缺乏统筹性、连贯性和一致性,也导致一些区以对公办学校的要求管理民办学校,削弱了民办学校办学活力,影响到民办学校的发展。

3. 民办基础教育治理体系不健全

以管办评分离为核心的民办基础教育治理体系尚未真正形成。政府以什么方式管理民办学校、政府管理的边界和范围,民办学校办学自主权的界定、民办学校内部管理体系的健全,民办学校第三方评价机制的建立等,这些问题有待深入研究及提出长效的解决之策。

4. 民办学校教师队伍流动性大

随着近几年来公办学校教师待遇的持续提升,公办学校与民办学校教师待遇差距迅速缩小,甚至一些民办学校教师待遇已经低于公办学校教师,待遇及其他因素导致民办学校教师队伍尤其是骨干教师

---

① 数据来源:www.oecd.org/edu。

的不稳定。从近几年的数据看，民办中小学骨干教师的流失率（主要流向公办学校）基本在 10％左右，随着公办事业编制逐步退出民办学校，未来几年骨干教师的流失率还会加大。

三、面 临 挑 战

1. "分类管理"新政下，民办学校面临如何选择的挑战

2016 年新修订的民办教育促进法正式通过，民办学校分类管理大政已定，一些覆盖义务教育和非义务教育阶段的民办学校将面临如何选择的挑战。从实地调研的情况看，一些十二年制、完全中学类的民办学校有把高中剥离出去走营利性道路的初步打算，资产如何清算、剥离，教育教学资源如何切割等，这些将都是一些民办学校面临的挑战。

2. 国际课程加强规制下，义务教育阶段民办学校将面临如何探索和实践"国际教育"的挑战

近年来，开展国际教育探索的民办学校日渐增加，尤其是新开办的民办学校几乎都把国际课程引进作为学校的特点、亮点加以宣传。调研结果显示，除 10 所市教委批准开展高中阶段国际课程探索的民办高中外，截至 2016 年上海义务教育阶段还有 26 所民办学校在开展国际课程融合探索与实践。然而，这些民办学校的课程框架与设置存在叠加、缺乏整合或融合等问题，引进和融合的国际课程基本由学校自行引进，缺乏政府引导、统筹、规范，更没有得到有关部门的审定。我国义务教育法第三十八条和三十九条明确规定，"教科书根据国家教育方针和课程标准编写""国家实行教科书审定制度……未经审定的教科书，不得出版、选用。"

未来民办学校在引进和融合国际课程过程中，需要处理好"基础"与"国际"的关系，做到"基础为本，国际为用"；处理好基础教育国际化与民族性的关系，尤其是要处理好与教育主权、国家主权等方面的关系。

3. 公办学校学区化、集团化发展趋势下，民办学校面临如何做大、做强的挑战

目前上海正在大力推广学区化、集团化办学模式，倡导多校协同、资源整合、九年一贯，通过办学目标的整体设计、学校管理的紧密融合、课程教学的相互衔接、师资安排的学段贯通等方式，实现学区和集团内课程、教师、设施设备等优质资源共享；支持和推动"新优质学校"成为集团（学区）内的"龙头"学校，建立"新优质学校"项目集群式发展的推广机制。民办学校是通过主动参与到政府主导的学区化、集团化来壮大自己，还是通过民办学校之间的联盟或形成自身的教育集团来做强和做大，抑或埋头经营各自学校，这是民办中小学未来发展面临的重大选择和挑战。

（执笔人：唐晓杰）

上海民办高等学历教育发展状况

2013—2016 年是贯彻十八大精神，落实国家和上海"教育规划纲要"和完成"十二五"任务的攻坚阶段，优化治理和提升质量成为中心工作。上海民办高等教育根据国家和上海的要求积极推进各项教育教学改革，学科专业布局进一步优化，"管办评"分离试点积聚经验，现代大学制度建设初显成效，办学质量持续提升。2016 年《中华人民共和国民办教育促进法》完成修订，随着新法实施，无论是政府管理还是学校内部治理都出现新局势，上海民办高等教育将在新法引领下取得更大发展。

一、上海民办高等教育发展基本情况

（一）学校数

2011—2015 年上海民办高校数既有个别新增院校，也有升格院校和停办院校，但数量基本保持稳定，大致在 20 和 21 所之间浮动，上海民办高校在普通高校数的占比一直稳定在 30%左右。

2012 年上海的 20 所民办高校是：上海杉达学院、上海建桥学院、上海视觉艺术学院、上海外国语大学贤达经济人文学院、上海师范大学天华学院、同济大学同科学院、上海东海职业技术学院、上海新侨职业技术学院、上海震旦职业学院、上海民远职业技术学院、上海欧华职业技术学院、上海思博职业技术学院、上海立达职业技术学院、上海济光职业技术学院、上海工商外国语职业学院、上海邦德职业技术学院、上海兴韦信息技术职业学院、上海中侨职业技术学院、上海电影艺术职业学院、上海中华职业技术学院。

2013 年民办高校数为 21 所，其中新增了一所上海纽约大学。上海纽约大学全称 New York University Shanghai，是国家教育部正式批准的、具有独立法人资格和学位授予权的中美合作举办的大学，由美国纽约大学、华东师范大学两所著名高校强强联合办学。由于国家统计口径中，中外合作高校属于民办高校系列，因此在上海民办高校队伍中多了这样一个非常特殊的大学。2013 年 8 月，上海纽约大学第一批本科生 150 人入校，2014 年 8 月，位于世纪大道 1555 号的浦东校园正式启用。

2013 年原复旦大学上海视觉艺术学院也脱离母体复旦大学，成功转设为独立设置的民办高校，更名为上海视觉艺术学院。

2013 年同济大学同科学院、上海中华职业技术学院仍延续 2012 年的状况，停止招生。

2014 年民办高校数为 20 所。同济大学同科学院正式停办。

2014 原上海兴韦信息技术职业学院因试办小规模高质量民办高校而获得升本机会，更名为上海兴韦学院。

2014 年 7 月经上海市人民政府批复,原上海新侨职业技术学院更名为上海工商职业技术学院。

2015 年民办高校数仍为 20 所。中华职业技术学院建制仍在,但学校已停止招生。

2016 年欧华职业技术学院送走最后一批毕业生,现已停止招生(见表 1、表 2)。

表 1　2011—2015 年上海普通高校数

年 份	民办高校校数（所）	民办本科院校数（所）	公办高校数（所）	普通高校总数（所）	民办高校数占比（%）
2011	20	6	46	66	30.30
2012	20	6	47	67	29.85
2013	21	7	47	68	30.88
2014	20	6	48	68	29.41
2015	20	6	47	67	29.85

数据来源:上海市教委网站教育事业历年统计。

表 2　2011—2015 年上海民办普通高校基本情况

年份	学校数（所）	本专科学生数								教职工数（人）	专任教师（人）
		毕业生数(人)	本科(人)	招生数(人)	本科(人)	在校生(人)	本科(人)	预计毕业生(人)	本科(人)		
2005	16	12 526	113	26 299	4 580	66 941	9 424	15 142	676	5 037	3 041
2006	16	14 810	675	27 510	6 803	78 556	15 459	22 343	1 490	5 731	3 422
2007	16	21 784	1 480	30 452	7 867	86 062	21 691	23 667	2 673	6 037	3 521
2008	16	23 242	2 650	30 775	8 062	92 516	26 886	24 931	4 513	6 108	3 626
2009	21	24 577	4 495	28 369	7 951	95 181	30 027	28 709	6 656	6 539	3 773
2010	20	28 293	6 531	28 166	8 923	93 961	32 168	29 873	7 701	6 591	3 906
2011	20	29 354	7 590	27 133	9 290	90 418	33 518	27 753	7 751	6 550	3 922
2012	20	26 905	7 518	25 852	10 602	87 805	36 153	26 739	7 933	6 525	3 968
2013	21	25 576	7 601	28 024	10 771	88 291	38 723	26 211	8 975	6 663	3 972
2014	20	25 301	8 564	30 928	11 472	92 228	41 178	23 896	9 143	6 621	4 041
2015	20	22 633	8 718	32 052	11 390	100 105	43 373	27 587	10 721	6 893	4 461

数据来源:上海市教委网站教育事业历年统计。

(二)在校生规模

根据统计表显示,在 2005—2015 年,民办高校招生数和在校生数都在 2015 年达到最高,此高点也高于前期 2008 年、2009 年的历史高峰值(见图 1、表 3)。可见上海虽然面临高等教育适龄人口数不足的困境,但"十二五"期间上海民办高校的在校生规模仍有回暖,并创历史新高。

图 1　2005—2015 年上海民办高校招生数和在校生数(人)

如果进一步计算民办高校在上海高等教育学生规模中的占比,并把此数据和公办高校对比会发现,2011—2015 年公办高校的招生、在校生数在总数中的占比是逐年下降的,而民办高校这两个占比数是逐年上升的。由于近年上海高等教育在校生规模基本保持稳定,所以,可以认为 2015 年民办高校学生规模创新高得益于于公办高校招生指标的让渡。

在 2015 年,民办高校在校生数和招生数在总数中的占比分别为 19.57%和 22.78%,这两个比值数据也已经创历史新高(见图2、图3)。如果这个趋势保持,2016 年民办高校在校生数在总量中的占比数值还会攀升。

表 3 2011—2015 学年上海民办高校公办高校在校生与招生数

年 份	公办高校在校生数(人)	民办高校在校生数(人)	在校生总数(人)	民办高校在校生占比(%)	公办高校招生数(人)	民办高校招生数(人)	招生总数(人)	民办高校招生数占比(%)
2011	420 865	90 418	511 283	17.68	114 003	27 133	141 136	19.22
2012	418 791	87 805	506 596	17.33	113 989	25 852	139 841	18.49
2013	416 480	88 291	504 771	17.49	112 855	28 024	140 879	19.89
2014	414 416	92 228	506 644	18.20	111 003	30 928	141 931	21.79
2015	411 518	100 105	511 623	19.57	108 657	32 052	140 709	22.78

数据来源:上海市教委网站教育事业历年统计。

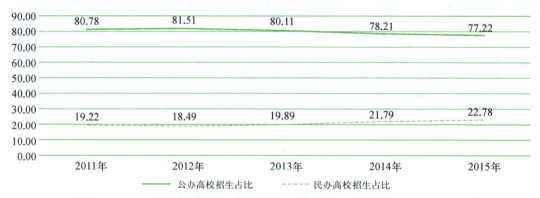

图 2 2011—2015 年公办高校和民办高校招生数在总量中的占比变化(%)

图 3 2011—2015 年公办高校和民办高校在校生数在总量中的占比变化(%)

(三)生师比与教师队伍结构

(1)专任教师规模增长明显。2015 年,上海民办高等院校共有专任教师 4 461 名,生师比为 22.44。如图所示,纵观 2010—2015 年间,上海民办高等院校专任教师数量呈现出明显的增长趋势,2011—2014 年间的专任教师年均增长率在 0.8%左右,2015 年专任教师数量出现了较大幅度增长,涨幅达 10%。自 2011 年以来,上海民办高等院校的生师比稳定在 22.13—23.05(见表 4、图 4)。

（2）生师比依然较高。和同期公办高校相比，生师比差距依然十分显著。公办高校生师比逐年稳定下降，这和国家财政投入及公办高校在校生规模小幅下降有关。然而，民办高校生师比一直22以上波动，2015年民办高校虽然教师数增加较多，但生师比依然高于2005年。

表4 2005—2015年上海公办高校、民办高校生师比对照表

年份	公办高校专任教师数（人）	公办高校在校生数（人）	公办高校生师比（%）	民办高校专任教师数（人）	民办高校在校生数（人）	民办高校生师比（%）
2005	28 774	375 679	13.06	3 041	66 941	22.01
2006	30 451	387 777	12.73	3 422	78 556	22.96
2007	31 959	398 811	12.48	3 521	86 062	24.44
2008	33 228	410 383	12.35	3 626	92 516	25.51
2009	34 361	417 628	12.15	3 773	95 181	25.23
2010	35 264	421 700	11.96	3 906	93 961	24.06
2011	35 704	420 865	11.79	3 922	90 418	23.05
2012	36 150	418 791	11.58	3 968	87 805	22.13
2013	36 325	416 480	11.47	3 972	88 291	22.23
2014	36 517	414 416	11.35	4 041	92 228	22.82
2015	37 109	411 518	11.09	4 461	100 105	22.44

数据来源：上海市教委网站教育事业历年统计。

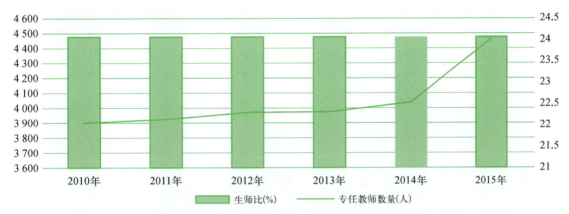

图4 2015年上海民办高校专任教师数量和生师比

专任教师年龄结构日趋合理。如下图所示，在教师年龄结构上，自2010年以来，35岁以下的青年教师所占比重逐渐降低，36—45岁的教师所占比重逐年增加。45岁及以下的青年教师占全体教师的65%左右，且这一比例也呈现出逐年增长趋势。46—65岁以上的教师所占比重逐渐降低，由2010年的27%降到了2015年的24%。66岁及以上的教师基本稳定在8%左右（见图5）。

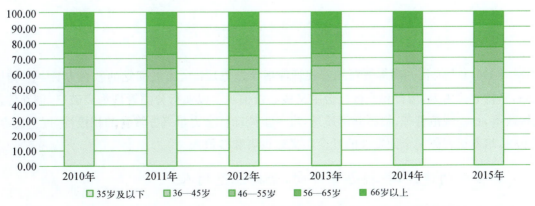

图5 2010—2015年上海民办高校专任教师的年龄结构及变化趋势（%）

专任教师职称结构得到优化。在教师职称构成上,2015年,上海民办高校专任教师的职称以中级职称为主(40%),其次是副高级、初级、无职级和正高级。从发展趋势上来看,2010—2015年间,中级职称的占比逐年扩大,从2010年的32%提高到2015年的40%。初级职称的占比则逐年降低,由2010年的25%降低到2015年的19%。此外,无职级、副高级和高级职称的比例基本持平,其中高级职称比例稳定在8%左右(见图6)。

图6 2010—2015年上海民办高校专任教师的职称结构及变化趋势(%)

专任教师学历结构不断改善。在教师的学历层次上,2010—2015年间,上海市民办高等院校专任教师中,取得了博士学位的教师比例不断提升,由2010年的4%提升到2015年的7%;取得了硕士学位的教师也表现出了同样发展趋势,由2010年的43%提升到2015年的52%;具有本科学位的教师的比例逐年下降,由2010年的49%下降到2015年的37%,下降了12个百分点(见图7)。

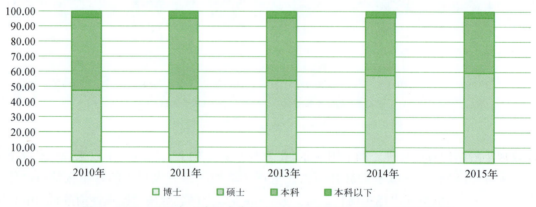

图7 2010—2015年上海民办高校专任教师的学历结构及变化趋势(%)

二、政府管理扶持与规范并举

2013—2016年上海民办高等教育的宏观管理指导思想是:全面贯彻党的教育方针,坚持社会主义办学方向,坚持立德树人,培育和践行社会主义核心价值观。以实行分类管理为突破口,创新体制机制,完善扶持政策,加强规范管理,提高办学质量,进一步调动社会力量兴办教育的积极性,促进民办教育持续健康发展,培养德智体美全面发展的社会主义建设者和接班人。

(一)加强党的建设,把握办学方向,坚持立德树人

民办高等教育是高等教育事业的重要组成部分。十八大以来,习近平总书记关于高校思想政治工

作的一系列重要讲话、全国高校思想政治工作会议召开,以及《中共中央 国务院关于加强和改进新形势下高校思想政治工作的意见》(中发〔2016〕31号)、《关于加强民办学校党的建设工作的意见(试行)》(中办发〔2016〕78号)等系列文件的出台都对加强改进民办高校党建和思想政治工作提出了明确要求。

伴随民促法的修订,《国务院关于鼓励社会力量兴办教育促进民办教育健康发展的若干意见》(国发〔2016〕81号)出台,它对民办学校如何加强党建和高校思想政治工作做了更为细致的规定。

为贯彻落实全国和上海高校思想政治工作会议精神,根据上海市教工党委和上海市教委工作安排,上海启动了高校思想政治工作会议精神落实情况自查工作。在各校自查基础上,上海组织了覆盖全部高校的党建专项督查并派出专家旁听思想政治理论课教学。其中民办高校思想政治工作专项督查一共列出了7个方面22个核心指标,督查和听课情况反馈给高校后,还要求对各高校整改情况进行跟踪督导,确保问题的解决与改善。

此外,为提升思想政治教育的亲和力和针对性,上海启动了"高校课程思政教育教学改革试点工作",整体推进高校课程思政教育教学体系改革建设工作。内容包括:深化高校思想政治理论课教学改革,推广"中国系列"课程建设经验,加强综合素养课程建设,发挥专业课程育人作用。

上海民办高校根据上级部署,认真学习文件精神,根据任务清单开展建设与自查,并根据民办高校特点,有计划地推动了民办高校党建与思想政治工作创新,形成一批可复制、可推广的经验。

(二)出台深化民办教育综合改革指导意见,明确目标路径

2015年为深入贯彻党的十八大和十八届三中、四中、五中全会精神,按照《上海市教育综合改革方案(2014—2020年)》任务计划,为更好地推动落实既定的民办教育领域综合改革任务,市教卫工作党委、市教委、市教育综合改革领导小组办公室联合发布《上海市深化民办教育综合改革指导意见》(沪教委民〔2015〕28号,以下简称《指导意见》),通过积极鼓励和吸引民间资本进入教育领域,大力扶持和引导社会力量兴办教育,到2020年初步建立适应上海城市发展定位要求,满足人民群众多样化、多层次、选择性教育需求的民办教育体系。文件指出,民办教育综合改革过程中,坚持整体促进与优先鼓励相结合、全面推进与重点突破相结合、推进改革与风险防范相结合的原则,以市区两级政府重点推进非营利民办学校建设、民办教育基金组织和融资制度建设、高水平有特色民办学校建设、民办学校治理结构建设、民办学校购买服务制度试点和民办教育第三方评价机制试点建设等项目为抓手,重点在民办学校治理水平、政府扶持机制、社会力量全面参与办学、民办教育质量提升等领域进行改革。

《指导意见》一方面明确了上海民办教育今后五年的发展目标和改革重点领域,为下一阶段民办教育发展指明了方向,另一方面提出了具体实施路径。其一在多渠道提升民办学校治理水平方面,全面加强党的建设、推进现代学校制度建设、支持社会组织参与民办教育治理;其二,以分类管理试点、健全政府补贴制度、完善捐资激励制度、试点基金奖励和融资服务制度、完善政府购买服务机制、探索教师收入保障机制来创新政府扶持社会力量办学机制;其三,通过鼓励多元主体参与举办民办学校、引导行业企业与学校加强合作、加强公办民办学校互动互助鼓励社会力量全面参与办学;其四,通过支持办学道路多元探索、注重民办学校教师专业发展、鼓励开展国际教育合作与交流、依法保障民办学校招生自主权、逐步放开民办教育收费,着力提升民办教育质量。这些政策对于优化上海民办高校发展的外部环境至关重要。

(三)创建非营利民办高校示范校,探索分类管理

2014年上海出台《上海市教育委员会关于开展非营利民办高校示范校建设工作的通知》(沪教委民〔2014〕12号),在民办高等教育领域开展非营利试点建设。政府部门按照"公益性强、体制创新、特色明显、质量领先"的原则,在捐资办学或以国资为主出资办学,出资人和举办者不要求取得合理回报的民办

高校中遴选若干所学校,开展非营利民办高校示范校创建工作。通过示范校创建,引导民办高校坚持教育公益性原则、开展创新体制机制改革、促进其向高水平有特色方向发展。

(四)财政扶持资金强调绩效评价,规范扶持并行

2016年上海市教委、市财政局共同印发《上海市促进民办教育发展专项资金管理办法》(沪教委财〔2016〕7号,以下简称《管理办法》)。文件提出对各民办高校内涵发展类经费的支持,按照要素法进行评审确定。评审要素主要包括:坚持办学公益性情况、法人财产权落实及基本办学条件达标情况、全日制学历教育学费收费标准情况、用于教师和学生的经费开支在学校学费总收入中所占比例情况、学校服务国家及本市重大发展战略情况、综合管理情况、绩效评价情况、筹资及服务社会情况。

《管理办法》要求民办学校在每个财年结束后及项目建设计划完成后,对民办教育专项资金的使用及管理情况进行自评和结报,并将自评结果和结报情况报送市教委。市财政局、市教委按照有关规定,对民办教育专项资金的使用情况开展项目验收和绩效评价,评价结果将作为以后年度资金分配的重要依据。按照上述方法完善政府财政扶持机制,一方面有利于引导学校自主办学和办出特色;另一方面通过绩效评价,加强事后监管,有利于提高专项扶持资金使用绩效,最终提升民办高校办学质量。

(五)院校收费政策更趋开放,市场因素调动办学积极性

2015年,上海市教委下发《关于进一步做好2015年民办高等学历教育收费工作的通知》(沪教委民〔2015〕4号),提出民办高等学校可统筹考虑学科专业、教学质量、办学成本、住宿成本,兼顾经济发展水平、社会需求和承受能力等因素,自主确定2015年学费和住宿费标准。根据2014—2016年招生简章,将近三年民办高校学费情况作了统计,发现各民办高校在放开收费1—2年后均上调了收费标准,中外合作专业或校企合作专业增幅较大。应该说民办高校收费政策的放开,一方面有效缓解了民办高校办学经费不足的困境,另一方面有利于民办高校引入各类优质教育资源,提高人才培养质量。

(六)建立教师发展中心,培训质量上台阶

2014年1月,为加强本市民办高校师资队伍建设,搭建民办高校教师专业发展的市级平台,市教委成立上海市民办高校教师专业发展中心。中心日常工作机构设在上海师范大学,由上海师范大学负责各项日常工作的开展实施,并定期向市教委汇报各项工作的实施情况。中心设理事会,理事会成员由本市民办高校、上海师范大学及市教委相关部门负责人组成。

中心通过开展"强师工程"培训,研发民办高校教师培训课程包,指导并合作共建民办高校教师专业发展学习共同体,建设民办教师专业发展信息港,为民办高校教师队伍建设提供各类服务和决策咨询等。在中心的指导下,部分民办高校根据自身专业优势,设立分中心,开展相关专业的教师培训,为民办高校教师队伍建设提供了组织保障。

三、院校内涵发展与质量提升

在政府各项支持政策下,上海民办高校依据教育部《关于全面提高高等教育质量的若干意见》及《上海市深化民办教育综合改革指导意见》的精神,全面深化教育教学改革,在立德树人、现代大学制度建设、人才培养、师资队伍建设、创新创业教育、境外合作交流、质量保障等方面都做了积极有效的探索,内涵建设取得明显进展。

（一）改进思想政治工作，加强"课程思政"建设

党的十八大以来，以习近平同志为核心的党中央把高校思想政治工作摆在突出位置，做出一系列重大决策部署。2016年12月，全国高校思想政治工作会议召开，习近平在会议上强调要把思想政治工作贯穿教育教学全过程。2017年2月中共中央、国务院《关于加强和改进新形势下高校思想政治工作的意见》进一步强调指出，加强和改进高校思想政治工作，事关办什么样的大学、怎样办大学的根本问题，事关为谁培养人、培养什么人的问题。

当前，高校意识形态领域主流积极健康向上，高校思想政治工作持续加强和改进，呈现出良好发展态势。党中央提出以社会主义核心价值观为引领，大学生德育目标要和中小幼德育目标衔接，把思想政治工作贯穿教育教学全过程，培养大学生适应时代要求的关键能力，这些是当前高等教育需要研究与解决的重大课题。

为贯彻落实全国高校思想政治工作会议精神，上海启动高校课程思政教育教学改革试点工作，按照思想政治理论课、综合素养课（即通识课）及专业课3类课程功能定位，围绕落实社会主义核心价值观，从内容建设、教学方法、师资团队乃至互联网手段载体运用等途径推进改革，着力实现全课程育人。上海杉达学院、上海建桥学院、上海视觉艺术学院3所民办本科院校因方案设计有新意、有特色，成为课程思政"重点培育校"，并获得政府经费资助。其中上海建桥学院的"基于OBE的课程思政建设"着力解决长期以来的思政教育难题——针对性、有效性差，值得分享与推广。

上海建桥学院经验：一是根据"成果导向的教学"（Outcome-based Education，以下简称OBE）理念，"思政指标"融入"专业毕业要求""课程目标"，确保课程思政的针对性与有效性。"成果导向的教学"以预期学习成果来引领改革课程体系，更新教学模式，建立相应评价体系。根据OBE理念，学校制定建桥毕业生八项"核心能力"：表达沟通、自主学习、专业能力、尽责抗压、协同创新、信息应用、服务关爱、国际视野。每个专业根据人才培养目标结合学校八项"核心能力"，形成各自的专业"毕业要求"，"毕业要求"下面再设若干指标点。"社会主义核心价值观"落实到7个"课程思政"指标点融入各专业"毕业要求"。每门课程的课程目标即是细化的指标点，然后通过教学方法、评价方法的改革来落实这些指标点的教学，并建立预期学习成果达成度测评体系。

二是以"奉献"为主题，结合校训，继承雷锋精神，打造"奉献中国"品牌课程。结合"感恩回报爱心责任"的校训精神与学雷锋德育实践特色，邀请校领导和相关领域专家担任讲师，以"弘扬雷锋精神，践行青春使命梦想"为宗旨，整合个人奉献国家，中国奉献世界的案例，从"历史与现实，国际与国内，社会与个人，理想与实践"角度引导学生树立"四个认识"：正确认识中国发展大势，认识和把握中国特色社会主义的历史必然性，树立与时代同心同向的理想信念；正确认识中国特色和国际比较，全面客观认识当代中国、看待外部世界；正确认识青年的时代责任和历史使命，用中国梦激扬青春梦，勇于担当，勇于到城乡基层、祖国最需要的地方砥砺品格，奉献社会，奉献人民；正确认识远大抱负和脚踏实地，把弘扬雷锋精神落实到奉献中国的实际行动中，在奋斗中绽放青春光芒。目前，"奉献中国"已完成三讲，将逐步完善课程体系与师资队伍建设。

三是以"服务学习"项目为抓手，整合专业教育与思政教育，培养建桥"DNA"。"服务学习"项目是一种特殊的志愿服务项目，要求各专业教师指导学生，运用专业知识、专业技能为学校、社区、企事业单位、社会机构等免费解决实际问题。八项"核心能力"中的"服务关爱"是建桥学院的人才培养特色。进入第一课堂的"服务学习"项目要求全班同学一起参与，既为"服务关爱"的落地提供了平台，也为学生专业能力提升创造了机会。

四是建立OBE课程质量保障体系，循环改善，确保德育目标真正落地。为配合OBE课程体系改革，学校组织团队研究开发了OBE课程质量保障措施，覆盖课程设计、课程运行、课程评价全过程，覆盖

一堂课、一门课、一个专业三层次,对毕业要求、课程支撑矩阵、课程大纲、课堂教学、课程评价、教学反思都有明确的质量标准。这些措施为"课程思政"取得实际效果提供了控制手段与成果证据。

(二)民办高校现代大学制度建设

现代大学制度的核心是在国家的宏观调控政策指导下,大学面向社会,依法自主办学,实行科学管理。现代大学制度包括大学内部制度和外部制度。外部制度主要涉及学校与外部的关系,即政府宏观管理、市场调节、社会广泛参与、学校依法自主办学;内部制度主要是指学校内部治理结构和管理制度,包括董(理)事会决策、校长负责、教授治学、民主管理等。"十二五"期间,现代大学制度建设受到民办高校举办者、办学者的重视,上海杉达学院、上海建桥学院、上海师范大学天华学院等高校也开展了相关研究与实践。

2014年,上海杉达学院成为上海首批试点建设现代大学制度的7所市属高校之一。试点目的是通过制度建设形成自我约束、自我规范、自我发展的内部治理结构与体制机制,以全面对接国家战略要求和社会行业需求,以此形成内部治理与外部和谐的学校发展生态图。试点建设周期3年,从2014年开始,主要围绕三大核心任务推进:以章程建设为核心,推进治理结构和治理体系的建设;以制度建设为内容,推进学校整体改革;以民主管理为落脚点,扩大和保障基本权利。其中制度建设的重点是:章程分立,顶层设计内部治理体系;制度建设,实施"废改立"制度建设工程;流程再造,启动编制"民办高校管理指南";领导体制,探索杉达"民主集中制";机构调整,适应产教融合新需求;两级管理,构建民办管理新模式;师生参与,界定民主管理新框架;互通有无,理解现代大学制度建设新常态;深度融合,履行学校社会责任新担当。目前杉达学院的建设进入总结验收分享阶段。

(三)应用技术大学转型

为了适应经济社会发展的需要,化解高等教育结构性矛盾、扭转同质化倾向,缓解地方普通本科高校毕业生就业难和就业质量低下的问题,培养生产服务一线紧缺的应用型、复合型、创新型人才,教育部、发改委、财政部于2015年出台了《关于引导部分地方普通本科高校向应用型转变的指导意见》,此文件成为上海市民办本科院校转型发展的战略指引。

2015年开展应用型本科试点专业建设项目,以培养适应上海市社会经济发展、产业转型升级,以及建设"全球科技创新中心"和"四个中心"发展需要的高层次技术应用型人才为主要目标,以推进产教融合、国际合作为主要路径,构建职业教育特征鲜明、行业认可度高的应用型本科专业建设标准和教学规范,通过试点推动、示范引领,促进应用型本科专业转型发展,提高应用型人才培养质量,增强地方高校服务区域经济社会发展能力。具体建设任务包括:遵循应用型人才培养规律,研制特色鲜明的人才培养方案(尤其要注重与高职或中职的衔接);构建以技术技能为本的课程体系;深入推进教学方法改革;形成校企联合运行机制;完善实践教学条件;打造特色师资队伍;深化国际合作与交流;加强专业建设管理等。

截至目前,上海各民办本科院校获得资助的专业名单如下(见表5)。

表5　上海民办本科院校获批的应用型本科试点专业

学　校	试　点　专　业
上海杉达学院	护理学、教育学(卫生教育方向)、康复治疗学、金融学、酒店管理
上海建桥学院	汽车服务工程、工程管理、网络工程、宝石及材料工艺学
上海视觉艺术学院	动画、工艺美术、视觉传达设计、文化产业管理、文物保护与修复
上海师范大学天华学院	学前教育、汽车服务工程、旅游管理、康复治疗学、数字媒体艺术

除了试点专业建设外,人才培养模式改革也是向应用技术大学转型的重中之重,各校都做了深入的探索,其中上海视觉艺术学院的"德稻实验班"很有特色。该实验班是上海视觉艺术学院与德稻教育集团合作,对国际化人才培养模式的积极探索与创新。"实验班"由全球一流行业大师领衔,以全球一流设计院校的课程为蓝本进行课程设计,由行业大师及其国际团队进行全英文授课,让有创意才能的学生接受国际先进的艺术教育,最大限度地激发学生的潜能,帮助学生走向成功。

"SIVA 德稻实验班"2013 年正式招生,初设的专业涉及品牌战略、影视动漫游戏、城市化建设与可持续发展、新兴信息技术、数字出版印刷等领域。"实验班"将顶级教师团队、真实项目教学相结合,改革课程体系和人才培养模式,经过实践取得明显的教学效果。2015 年上海视觉艺术学院在 QS 排名中,位于"艺术与设计"学科第 51—100 名段,这一排名数据表明该校的艺术设计学科已处于国内、国际领先地位。

(四)特色专业建设

专业人才培养质量是高校教学质量建设的根本体现,无论是民办本科院校还是民办高职都要面向市场办学,接受学生和家长的"用脚投票"。因此,在"十二五"内涵建设期间各校都把建设特色专业品牌专业作为头等大事。在建设过程中,大家更加重视国际标准的引入、企业资源的融合。

思博的卫生技术与护理学院设有护理、护理(涉外护理方向)、卫生信息管理(病案管理与医疗文秘方向)和计算机应用技术(互联网医疗信息技术方向)3 个专业 1 个方向,专职教师 62 名,全日制学生 2 400 余名。学院与上海市所有 33 家三级甲等医院和 30 多家二级医院建立了教学实习合作关系。学院 2006 年和 2008 年荣获上海市政府民办高校教学高地建设基金 560 万元,2011 年荣获中央财政资助项目基金 260 万元,加上市教委上海特色示范性高职院校建设基金和学校配套资金 1 000 余万元投入,建设完成了国内第一个现代化信息化护理实训基地,成为国家级重点建设实训基地,建筑面积达 6 000 平方米。经卫生部信息化教育项目办公室审核认定,基地挂牌成为上海市及长三角地区唯一的"全国医疗卫生信息技术培训基地"。2015 年,学院顺利通过美国海外护校毕业生资格审定委员会(CGFNS)总部评审,成为中国第七个、华东地区唯一的美国海外护士资格考证考点。护理专业群建设取得了突出的成绩。

上海建桥学院与中兴通讯教育合作共建网络工程(网络通信技术)专业,是教育部设立的国家首批应用型本科产教融合示范项目之一。专业依托中兴通讯在通信行业强大的品牌号召力、综合实力与资源,为学生提供业界顶级的工程实训、科研项目等多种实践机会和岗位,是学生理论联系实际、促进综合素质提升的良好平台。该专业拥有上海建桥学院和中兴通讯校企双方共同投资 1 200 万元打造的"ICT产数融合创新基地"和教科研实践平台,突出在真实应用场景下的实践教学,关注学生信息技术综合应用能力的提升,消除学校培养的人才和企业岗位需求的差距。该专业采用企业化管理方式,帮助学生从入学伊始就了解所学的行业和岗位,建立清晰的职业生涯规划,通过专业讲座、课外兴趣小组、专业社团、专业竞赛及规范化的企业管理制度等多种途径,培养学生职业素养,努力实现"毕业即就业、上班就上手"的目标。

(五)创新创业教育

2010 年教育部下发《关于大力推进高等学校创新创业教育和大学生自主创业工作的意见》,提出在高等学校开展创新创业教育,积极鼓励高校学生自主创业,是教育系统深入学习实践科学发展观,服务于创新型国家建设的重大战略举措;是深化高等教育教学改革,培养学生创新精神和实践能力的重要途径。

2012 年教育部办公厅印发《普通本科学校创业教育教学基本要求(试行)》,随着"创业基础"课纳入本科必修,创新创业教育再一次成为关注点。

2015 年国务院办公厅《关于深化高等学校创新创业教育改革的实施意见》(国办发〔2015〕36 号)发布,提出高等教育应主动适应经济发展新常态,以推进素质教育为主题,以提高人才培养质量为核心,以创新人才培养机制为重点,以完善条件和政策保障为支撑,促进高等教育与科技、经济、社会紧密结合,加快培养规模宏大、富有创新精神、勇于投身实践的创新创业人才队伍,不断提高高等教育对稳增长促改革调结构惠民生的贡献度。

随着创新创业实践的不断深入,高校对于创新创业教育的本质认识也越来越深刻,创新创业教育旨在培养大学生创新创业理念、精神和创新创业能力,这是当代大学生必备的素质。学校可以把解决创新创业教育存在的突出问题作为深化高校教育改革的着力点,整合资源,优化人才培养体系,丰富课程、创新教法、强化师资、改进帮扶,推进教学、科研、实践紧密结合,突破人才培养薄弱环节,增强学生的创新精神、创业意识和创新创业能力。

上海民办高校在贯彻落实双创教育中也有各自的做法与经验。

上海建桥学院组建创新学院,设立建设两大体系,划分三个层次,完善四项服务机制,深入推进大学生创新创业工作。

一是组建创新学院,统筹推进"双创"教育。由校长任院长,分管教学副校长任常务副院长,设立学院办公室,统筹教务处、学生处、就业办等部门,合作建设校级"双创"通识课(以下简称"通识课"),整合学术性社团、学科竞赛、"双创"相关活动等校内外资源,促进师生创业项目孵化,评估工作成效。

二是依托课内课外两大体系,人才培养方案中根据国家要求开足创新创业基础课,并为学生的个性化教育需求留空间。课外由老师和学生自由组合,根据各类项目、竞赛要求来组建学习团队。

三是双创教育三层次推进,落实精准帮扶。第一层次,面向全体在校生,开设"双创"基础课程,培育"双创"意识。学校统一开设职业发展、就业指导通识课,此外,共梳理形成 21 门创新创业限定选修课;第二层次,面向产生"双创"意向的学生,搭建助推载体,锻炼实践能力。以"挑战杯"创业大赛、中国"互联网+"大学生创新创业大赛等活动为引导,广泛开展"双创"培训与项目申报,逐步达到覆盖 80％在校生。建立符合专业要求的学术型社团,由学院聘任导师,每周至少活动一次。第三层次,面向少数创业学生,实施精准帮扶,确保创业实战稳步开展。

四是完善四项服务机制。创业指导站、创业训练营、创业导师档案库、大学生创业服务网,为学生创业团队一对一指导,一站式免费服务,聚合创业联盟资源,通过网络平台联结创业孵化单位、高校创业团队与企业,及时发掘具有市场潜力的大学生创业项目,开展跟踪服务。

2016 年上海建桥学院获得中国民办教育协会组织的全国民办高校创新创业教育示范学校评选中获得综合奖,是唯一获此殊荣的上海民办高校。

(六)境外合作交流

"十二五"期间,上海各民办高校与境外高校的交流合作更为深入,成果形式也更为多样,海外优质教育真正成为上海民办高校提升办学实力的助力。

瞄准市场缺口,上海杉达学院与荷兰国际管家学院合作酒店管理专业(高级管家)方向的本科层次教育。"当一名高级管家,不仅需要精湛的技能,而且还要有相当的文化品位及职业道德。"上海杉达学院李进校长认为,学校之所以要引进荷方国际管家课程模块,真正的用意是希望按照国际标准和行业标准,培养符合市场需求和期待的高规格专业人才。

上海外国语大学贤达经济人文学院坚持开放办学、走国际化教育之路,积极引进国内外优秀高等院校的先进教育理念和管理模式,先后与美、英、法、德、西、瑞士、澳、日、韩、埃及、新加坡、中国香港、台湾等 13 个国家和地区的 40 余所知名高校建立了稳固的友好合作关系。学校通过学分互认、带薪实习、公费交流生项目、政府奖学金项目、双学士学位和本硕连读等项目为学生提供多种出国学习多元文化和锻炼的机会,拓宽国际视野,提高跨文化交流沟通能力。近五年来,平均每年有 15％左右的学生前往英国剑桥大学、伦敦大学、美国西北大学、加州大学伯克利分校、纽约大学等国外知名大学就读研究生。

上海立达职业技术学院实施开放办学策略,与台湾高校深度合作,各二级学院均根据专业特色优选一所台湾本科高校对接,实行大陆、台湾双院长负责制和双专业主任负责制,通过师生互访、课程互通、学分互认等,逐步形成了多层次、全方位的海峡两岸高职教育合作的良好机制。2014 年作为高职高专院校率先从教育部获批招收台湾地区学生资格,至今已有台湾学生在校学习。这不仅成为学校的办学特色,也在全市高职教育领域形成了独树一帜的品牌。

(七)校本教师发展

近年来,上海市教委采取多项扶持鼓励措施稳定民办高校师资队伍,如实施民办高校"强师工程"教师培训项目,加强民办高校师资队伍建设,培养高水平的教师和管理人员,推动民办高校的内涵发展。除了民办教育协会、教师专业发展中心、基金会等社会等组织的众多教师发展项目,民办高校自身也配合学校教育教学改革的推进,积极开展各类教师培训与研修活动,支持教师攻读硕士、博士学位,组织教学督导、观摩讲学、面谈咨询、学习研讨等各类活动。同时,各校在硬件建设上加强建设,为教师开辟了专门的学习研讨空间,便于教师在校交流。

2014 年为提升上海民办高校教师专业发展中心工作成效,发挥各民办高校的特色和优势,建立本市民办高校的教师专业发展共同体,经第一次理事会议研究决定,在民办高校筹建分中心。分中心的职能是开展有利于民办高校教师专业发展的各类师资队伍状况调研、专业培训、学术讲座、学术沙龙、教学研讨与课题研究等活动。当年在 8 所民办高校成立了分中心,并开展专业类教师培训项目。

此外,各校校内的教师专业发展活动也应需而生。其中较有特色的是上海建桥学院 2013 年成立了校内的教师教学发展中心,开展的活动包括教学研究、教师咨询、教师培训、教学观摩、教师成长社团组建与管理、教师学习材料编纂等。配合学校以学生为中心的教改、OBE 改革,教师教学发展中心组织面向教师的各类培训,为推动教改发挥了积极作用。

上海师范大学天华学院联合国外优质教育资源,合作开展教师培训成效明显。2010 年美国太平洋大学副教务长、研究生院院长龚晋慷教授受聘担任上海师范大学天华学院校董,表示将全力支持天华学院与美国太平洋大学的深度合作。天华学院教师博士培养、学生研究生培养、领导干部赴太平洋大学挂职锻炼和访问交流,太平洋大学研究生院则在天华学院设立海外分院和幼儿园、小学园长、校长及骨干教师培训项目。天华学院曾集中选送 35 名年轻骨干教师赴太平洋大学攻读教育学博士学位,这批教师学成回国后将为天华学院教育类专业的中坚力量,并带动学科专业的发展。

(八)第三方评价

质量是民办高校健康发展的生命线,因此,民办高校都较为重视校内质量保障体系建设,在此过程中,独立第三方评价也被作为一个辅助工具引入质量保证体系。其中较为典型的是麦可思公司推出的毕业生就业质量评价和在校生测评。此外,清华大学史静寰教授主持的 NSSE - CHINA(大学生学习性投入调查中国版)也是一个上海民办高校使用较多的测评工具。

大学生学习性投入被认为是测量大学教育质量的有较高说服力的"过程性"指标。其中最有影响力的是"全美大学生学习投入调查"(National Survey of Student Engagement,NSSE),它是一个针对全美范围内四年制本科院校学生投入高层次学习和发展程度的问卷调查。截至 2010 年,美国、加拿大等国家参与该项目调查的院校已经增至 1 400 多所,参与调查的学生超过 200 万。2009 年清华大学教育研究院完成了 NSSE 问卷的汉化与修订,形成 NSSE - CHINA 问卷。NSSE - CHINA 问卷把学生主导的个人努力与时间投入,教师主导的学业要求和课程设计,院校主导的政策支持及环境创设有机结合在一起,关注三者间的互动,以及体现在学生学习行为层面的表现。调查的结果也可以供学校管理者与教师来分析何改善教学行为与管理行为。

NSSE–CHINA 五大可比指标得分均值可以反映特定院校与其他(同类)院校相比,大学生学习性投入的整体状况,五个大指标的结果在国内各个大学和国际间都可以比较。五大可比指标是学业挑战度(Level of Academic Challenge,LAC)、主动合作学习水平(Active and Collaborative Learning,ACL)、生师互动的水平(Student-Faculty Interaction,SFI)、教育经验丰富程度(Enriching Education Experiences,EEE),以及校园环境支持度(Supportive Campus Environment,SCE)。2013 年上海有 2 所民办本科院校参与此项调查,结果显示,2 所院校在五大可比指标上都优于或者持平全国非重点本科院校的水平,这也从一个侧面说明,上海民办本科院校的教学质量在全国非重点本科院校中处于均值偏上的水平。

四、挑 战 与 展 望

在党的十八大、十八届三中、四中、五中、六中全会精神指引下,上海民办高等教育领域深入学习贯彻习近平同志系列重要讲话精神,认真贯彻《国家中长期教育改革和发展规划纲要(2010—2020 年)》、教育部《关于全面提高高等教育质量的若干意见》等工作部署,在推进高等教育综合改革的大背景下,以全面提高高等教育质量为中心,全面深化高等教育教学改革,探索内涵式发展道路,取得不俗的成绩。展望"十三五"和 2030 可持续发展的目标,上海民办高等教育发展也还面临不少挑战。

(一)面临的挑战

1. 分类管理配套政策尚不明朗

2016 年底,民促法修订稿终于定案,营利非营利分类管理最终进入国家法律,代表不同立场的争论与激辩也落下帷幕,大家一致开始关心分类管理后的配套政策走向。本次修法留下较大的政策空间给各省,因此目前的关注焦点开始集中到各省的分类管理配套政策上。从现况看,各省在落实营利非营利教育扶持和规范政策时的力度和价值取向并不一致,这也符合民办教育在各省政治经济文化发展中的定位不同这一判断。

上海高等教育资源相对全国其他省份更充裕,民办教育发展主要是为了满足社会多元化的不同教育需求,充当教育教学改革的先锋,为教育变革提供先行经验。当前,上海民办分类管理的配套政策并未最终落定,这个政策能在多大程度上调动社会各种力量投入教育的信心和热情,能在多大程度上扶优去劣,从而进一步优化上海高等教育格局,目前尚不得知。由于政策始终是滞后于实践的,因此,能否根据上海经济社会发展特点,前瞻性的拟定出合乎各方预期,又能体现效率的政策是当前上海民办高等教育发展的一个关键,也是风险所在。良法才能带来良治,良治才能带来上海民办高等教育卓越发展的新格局。

2. 营利性资本衍生的质量风险

营利非营利分类管理成为民办教育法定的治理框架后,为营利性资本进入教育打开合法通道。然而,由于相关领域制度尚不匹配,也不完善,有些风险点已经隐约冒出水面。VIE 构架(Variable Interest Entities,可变利益实体)运行于灰色地带,理论上使得全部注册为非营利的民办高校都可以实质性营利并谋求上市,从而为营利非营利分类管理法律的落实增加了障碍。更为严重的是,当追求利润成为合法行为,且监管手段不够成熟时,大批逐利资本将进入高等教育领域,美国营利性大学发展过程中的污点也一样会在中国发生,而且这种效应还会波及所有带着非营利帽子,行使营利性目的 VIE 构架的民办高校,办学质量、学生利益都将面临严峻的考验。

3. 体制机制优势没有充分发挥

上海民办高校与全国同类院校相比优势并不突出。从治理角度看,上海民办高校的外部治理环境严格而不够灵活,资源整合度低;从内部治理来看,管理的科学性、精细性还未充分体现,尚少有扎实深入的教育教学改革,质量管理手段也存在缺陷。总体上,上海民办高等教育质量与水平和上海经济文化发达程度不相匹配。这给现有民办高校敲响警钟,低水平重复建设的民办高校并不符合上海城市定位和政府预期。如何发挥民办高校体制机制优势,有效整合资源,办出特色,办出质量依然是个问题。

4. 师资力量相对薄弱

从前面2005—2015年上海民办高校师资队伍分析看,上海民办高校的生师比始终较高,且和公办高校的生师比差距不断拉大。近年民办高校师资队伍结构虽有所调整,但与公办高校的差距也在不断拉大。因此,民办高校如何针对自身办学定位,探索一条与公办高校走不一样的师资队伍建设路径,成为民办高校发展的关键因素。

(二)展望

"十三五"期间,随着上海高等教育综合改革的深入推进,以公平、质量、可持续为核心的发展目标为民办高校特色发展、优质发展留下了空间,也奠定了基础。延续"十二五"改革的势头,上海民办高校的发展思路是以下几点。

1. 明确使命,聚焦特色发展

展望未来,上海每一所民办高校需认真研究学校发展的内外环境,对自身使命有更为清醒的认识,对于办学定位及由定位触发的学校发展战略有更加自觉的追求。差异化、特色发展应该成为学校重要的核心竞争力,围绕办学特色的资源整合要持续加强。上海的公办高校实力很强,但并非公众的高等教育需求都已经全部被满足,在一些公办高校很难布局或者还不屑布局的高技术技能人才、高端服务业人才培养上,民办高校瞄准国际标准,集中资源投入的话,很快就能形成优势特色专业,并最终转化为学校的质量优势与品牌优势。

2. 多渠道加强师资队伍建设

民办高校师资队伍建设的难题需要一些突破常规的解题策略,因循公办高校的队伍建设路径往往事倍而功半。多渠道延揽优质师资,以国际标准建立高等职业教育优质师资队伍是一条出路,但其背后是一所学校综合改革的能力与创新发展的智慧。师资队伍建设一方面是稳固基础的问题,如生师比、学历结构的改善,从而使得小班教学、以生为本能逐步实现。另一方面是与优势特色专业建设匹配的教学研究团队建设。"十三五"期间,各校在某一些特殊专业上会花重金打造一些优质师资团队,从而使得个别专业办学水平迅速提升。

3. 加强与境外优质教育资源合作

引入海外优质教育资源,与国际名校名专业合作办学是快速提升教育教学水平的捷径。"十三五"期间,这样的合作应从最初的引进教师、引进教材演化到引入国际通用标准、引入教师培训资源、跻身国际行业组织。此外,与国际教育质量评估机构的合作也为学校开展评估、专业评估、专业认证提供了各类支持资源。

4. 完善自身质量保障机制

"十三五"期间,民办高校对自身运行的风险意识将进一步提高,基于风险控制的内部质量保障机制将得到推行。基于上海民办高校整体质量提升的考虑,教育行政主管部门或者行业协会会采取措施支持这类基于风险管控的质量管理机制在民办高校中的推行。同时,以优化人才培养目标和过程为目的的教育教学改革将持续深入,对教学学质量的诊断与改进的循环机制将确立,质量文化进一步优化。

(执笔人:陈洁、张歆)

上海民办非学历培训教育发展状况

民办非学历培训教育是指由社会力量举办的培训教育机构,针对不同年龄阶段个体的终身学习需求而进行的各类非学历培训活动。民办非学历培训教育是我国终身教育体系的重要组成部分,是满足社会民众多样化、可选择的终身学习需求的重要力量。

民办非学历培训教育体系根据培训内容的不同,可划分为文化教育类培训教育机构、职业技术类培训教育机构、体育类培训教育机构等;根据培训教育机构法人注册单位的不同,划分为民办非企业单位法人性质的培训教育机构、公司法人性质的培训教育机构;根据培训目的和培训内容,可划分为提升职业技能类培训、K12 培训、学前教育培训、休闲娱乐类培训、提高生活质量类培训等。

我国的民办非学历培训教育兴起于 20 世纪的七八十年代,对于弥补公办教育资源不足,满足民众的可选择性的、多元的终身学习需求发挥了重要的作用。经过三十余年的发展,民办非学历培训教育不仅在满足民众多元的、可选择的终身学习需求方面发挥了极其重要的作用,对于发展我国的教育服务产业,增加就业,促进社会经济的发展等方面也发挥着越来越重要的作用。

一、民办非学历培训教育的基本发展情况

上海市民办非学历培训教育市场中的培训机构类型多样、体量庞大,一方面反映了民众对于教育培训的需求巨大,另一方面,各种类型的教育培训机构也对政府的监管提出不小的挑战。

(一) 全市民办非学历培训教育机构的基本情况

培训市场中的教育培训机构从是否有办学许可证、是否有法人登记的角度,可分为有照有证机构、无照经营机构和有照无教育培训资质三类培训机构。据最新数据①统计,上海市目前共有 6 928 家教育培训机构的数据,其中有照有证的 2 255 家,占机构总数的 32.5%;无照经营的 1 398 家,占机构总数的 20.2%;有照无教育培训资质的 3 275 家,占机构总数的 47.3%(见图 1)。

在 2 255 家有照有证培训机构中,既有民办非企业单位性质的、由教育行政部门颁发办学许可证的非营利性培训机构,也有由工商行政部门登记

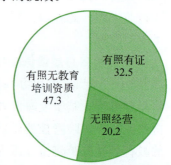

图 1 上海市民办非学历培训教育机构的类型与比例(%)

---

① 数据来源于 2017 年规范教育培训机构和市场秩序专项工作的全市排摸数据。

注册的公司法人性质的营利性培训机构,非营利性培训机构约占有照有证培训机构总数的 7/10,营利性培训机构约占有照有证培训机构总数的 3/10。

全市有照无教育培训资质机构中,既包括了擅自变更登记事项(超经营范围)开展教育培训的公司和分公司,也包括了超业务范围擅自开展教育培训的民办非学历法人、社团法人和基金会法人类培训机构,还包括了有教育培训资质违规设立的分公司和民办非学历院校(持有《办学许可证》)违法违规擅自设立的教学点,其中擅自变更登记事项(超经营范围)开展教育培训的公司和分公司约占全市有照无教育培训资质机构总数的 70%。

(二)民办非企业单位性质培训机构的数量与规模①

民办非企业单位性质的培训机构(以下简称"民非培训机构")是指在民政部门进行法人登记的、由教育行政部门颁发办学许可证的各类培训机构,包括高等及高等以下的非学历培训机构、中等及中等以下的非学历培训机构等。对 2010—2016 年民非培训机构数量、各区颁布、办学层次和内容的分析,可从时间跨度上更好地把握上海市民非培训机构近六年发展的总体情况。

1. 全市民办非企业单位性质培训机构的数量

从 2010—2016 年,上海市民非培训机构的数量逐步增加,2010 年共有民非培训机构 836 家,2016 年民非培训机构的数量达到 1 160 家(见图 2)。

图 2　2010—2016 年上海市民非培训教育机构数量(所)

2. 各区民非培训机构的数量变化

以 2016 年各区民非培训机构的数据为准,各区的民非培训机构中,数量最多的是黄浦区,共有 144 家民非培训机构,其次为浦东新区共有 127 家民非培训机构,数量最少的是崇明区,共有 30 家(见图 3)。

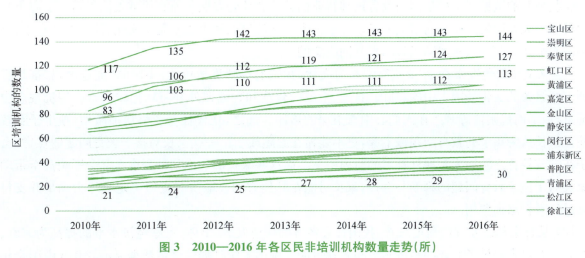

图 3　2010—2016 年各区民非培训机构数量走势(所)

① 数据来源于上海市民办教育信息管理网,http://www.mbjy.gov.cn/mbjyw_sh/schlicsearch.aspx。

63

3. 培训的内容与层次

2010年,全市共有民非培训机构839家,其中从事中等及中等以下民办非学历培训教育的机构有180家,从事高等及高等以下民办非学历培训教育的机构有659家。到2016年,全市共有民非培训机构1 160家,其中从事中等及中等以下民办非学历培训教育的机构有226家,从事高等及高等以下民办非学历培训教育的机构有934家(见图4)。

图4　2010—2016年上海市民非培训教育机构的数量(所)

二、民办非学历培训教育机构发展的特点

上海市民办非学历培训教育机构兴起于20世纪七八十年代,经过近三十余年的发展,正在从数量发展、规模发展走向特色发展、内涵发展。伴随市场环境、政策环境和行业发展整体大环境的变化和发展,上海市民办非学历培训教育呈现出以下一些发展特点。

(一)培训需求旺盛催发教育培训市场繁荣

《全国教育事业发展统计公报》显示,2015年全国职业技术培训机构共有11.91万所,其他民办培训机构共有2.01万所。2015年职业技术培训机构中的教职员工数量为47.3万人,专任教师的数量为28.42万人。中国教育学会2016年12月发布的《中国中小学课外辅导行业研究报告》显示,2016年全国中小学辅导机构的市场规模超过8 000亿元,上过课外辅导课的学生达到1.37亿。

这些公开的数据展示的是国内教育培训行业的繁荣和蓬勃发展。而直接催发国内乃至上海市教育培训行业繁荣发展的是民众的培训需求。一个国家民众的培训需求水平是由文化、社会经济水平、个体的经济水平、学习意愿、学习动机等因素共同决定的。

(1)从文化的角度来看,东亚盛行的补习文化,我国的尊师重教传统,中国的"虎爸虎妈"都是教育培训市场繁荣的文化诱因。中国、韩国、日本、中国的台湾和香港课外补习均比较盛行。传统观念中的尊师重教、学而优则仕等观念在人们心中有很深的烙印。加之,现代社会竞争愈加激烈,独生子女政策又使得家长认为孩子的教育问题输不起,更不能输在起跑线上。一些家长对孩子教育问题的焦虑,会让孩子在学校教育之外加入到课外补习的行列中来。而这些家长的焦虑某种程度上又会影响甚至带动周围家长对于孩子教育问题的判断与选择,家长可能在其他方面会减少开支但一定会尽力满足并支付孩子高昂的教育培训费用。

(2)从社会经济发展的角度来看,我国社会经济的快速发展,个体、家庭经济水平的提高为家庭、个体投入教育培训提供了必要的经济实力与实现可能。据国家统计局的经济数据显示,2015中国全年国内生产总值(GDP)67.67万亿元,在世界排名第二,仅次于美国;人均GDP为5.2万元,约合8 016美元。

《2015中国家庭教育消费者图谱》显示,中国近五成家长每年在家庭教育上支出超6 000元,近三成家长投入超过万元;京沪家长最舍得给孩子教育花钱。家庭经济水平的显著提高,对教育的重视,使家长对教育培训不仅有投入的意愿,更有投入的能力。

(3)公立教育体系不能满足个体的额外学习需求和差异学习需求,这是教育培训市场繁荣的直接原因。对于学生而言,他的额外学习需求可能是补差或培优、更多种类的学习(如国画、围棋等)、更加深入的学习(对于某些兴趣、爱好的深入学习)等;他的差异学习需求可能是不同于其他学生的、具有民族倾向性、宗教倾向性的教育需求等。公立教育体系并不能满足所有学生的、所有类型的教育需求,而只能优先满足基本的、公共的、普惠的教育需求。而市场中有需求就会有借给,某种程度上也是一种客观存在。

(4)在终身教育理念下,在信息化时代,社会和用人单位对劳动者的职业能力提出更高的要求,必须定期更新自我的知识结构,不断学习适应时代的变化和要求。这也是近年来职业教育培训机构蓬勃发展的主要原因。

(5)举办教育培训机构利润空间大。权威调查表明,目前学前教育、职业培训的行业平均毛利率达到35%左右,其中行业领军企业的毛利率甚至高达60%[1]。不可否认的是,资本青睐教育培训市场的原始动力在于教育培训市场的投资回报率较高,教育培训市场的需求依然旺盛。因为教育培训市场的准入门槛较低,但培训的利润回报较大,收入较稳定,这也是教育培训行业繁荣发展的市场动力。

(二)培训教育机构的发展模式正在不断创新

适应培训教育市场的需求,创新发展是培训教育机构在市场中拥有核心竞争力,持续发展的动力之一。信息技术的不断革新,培训理念不断发展,培训市场的不断完善,促使培训教育机构在培训方式、培训理念、培训机构的管理与运营等方面均发生了巨大的变化。

1. 在线教育的兴盛

信息技术的革新和发展,带来了包括培训教育在内的各级各类教育的发展和变化。传统培训教育机构正在寻找与探索"互联网+培训"的实践模式。

《2015中国教育科技现状蓝皮书》指出,2013年下半年开始,中国在线教育的投资规模和频次开始井喷式增长;2014年至今,数家A股公司通过投资、并购进行产业布局,跨界进入教育行业,2014年总融资为10.9亿美元;2014年A股沪深上市公司共披露教育相关资产的投资预案20件,累计交易金额超过29.38亿元;2015年沪深上市公司共披露教育及教育相关资产的投资预案31件,累计交易金额超过112.36亿元[2]。

2001年8月,上海理工大学学生阿诺(创始人的网名)创办了沪江语林论坛,将一些外语学习资料上传至网上供大家分享,十几年后,沪江网已成为影响力辐射2亿学习者、近8 000万注册用户、300万学员的国内最大的互联网教育企业。

专栏1　沪江网的竞争力在于其高性价比和良好的用户体验

高性价比:沪江网给目标用户提供比传统语言培训机构更高性价比的线上解决方案。假如学员不想在新东方这样的线下培训机构支付数千元的费用,那么沪江网将提供数百元的网上课程。与通常的网上培训课程不同,沪江网的课件并不是一个简单的视频,而是包含授课老师、班主任、助教老师、答疑老师、班长、文娱委员、学习委员和同桌这样的元素。这种班级氛围的营造正是其他教育平台所欠缺的。

---

[1]　教育培训市场繁荣背后的隐忧,北方新报,2010-8-31.
[2]　中国教育科技现状蓝皮书:在线教育项目超3 000个.中国新闻网,http://www.chinanews.com/sh/2015/12-04/7656870.shtml;2015年12月4日;引用日期,2017年7月10日.

良好的用户体验：在学习过程中,用户可以通过网校营造的在线学习氛围、班级氛围增强班级凝聚力和归属感。这与现有的在线学习平台中孤立学习模式是不同的,充分考虑到学习过程中的学生心理需求。而且为了更好地提供用户体验,形式多样功能各异的 APP 也被开发运用,根据用户的不同需求,沪江网针对听力、词汇等,都有相关学习的应用。

资料来源:中国民办培训教育概论　数字化学习环境与民办培训教育。

2. 房地产加培训教育

在培训教育市场中,对于培训机构和培训消费者而言,都有需要克服的难题。对于培训机构而言,2015 年颁布的《上海市民办非学历教育机构设置标准》规定,设立一个有合法资质的培训机构需要 300 平方米的教学面积(一个教学点最低需要 200 平方米)。对于培训消费者而言,希望培训机构提供的培训服务不仅质优价廉,而且能近便地满足所有的培训需求。适应培训市场的需求,培训教育机构出现了许多新的发展模式,如时钟教室,房地产与培训机构的结合。

专栏 2　时钟教室:房地产与培训机构的结合

时钟教室由易居中国携手中国著名天使投资——洪泰基金和隆领投资,注资 6 000 万共同设立。自成立以来,时钟教室以雄厚实力和创新模式,先后斩获新浪教育"2016 中国教育投资影响力品牌企业""空间创新奖"等多项荣誉。作为国内领先的教育资源整合、运营、共享服务平台,采用教育主题共享经济的商业运作理念,提供教育空间运营服务、教育资源整合与教学运营服务、家长及学生社群运营服务。

借助首创的学习共享空间新模式,时钟教室筛选、整合优质教学资源,吸引众多品牌教育机构、名师专家入驻,为 0—100 岁全年龄段学习者提供全品类课程资源、各类趣味及公益活动,打造多维度、高品质一站式教学超市。实现一个教学点满足求学者所有学习需求,免除奔波之苦。除了提供海量课程、安全温馨的学习场地,时钟教室还为求学者提供完善的配套教学服务体系,包括时钟教室 APP、老师社群管理系统、家长社群管理系统、多项免费试听课、体验课、个性定制课程、免费图书馆、家长休息区等,让学习变得更加容易、高效、幸福。

目前,时钟教室在上海设有 8 家品牌旗舰店,教室 300 余间,面积 15 000 余平方米,分布于徐汇锦江乐园、浦东龙阳、闵行虹桥、普陀真如、静安彭浦、浦东洋泾、青浦城区、杨浦鞍山,地铁直达,交通便捷区域。已形成涵盖文化类、艺术类、外语类、职技类、管理类等学科,包括音乐、美术、英语、早教、全脑开发、亲子教育、成人教育等多元课程。未来,时钟教室将继续秉承"让学习更幸福"理念,把生活和学习紧密地结合在一起,满足每个人心中对成长的渴求。

资料来源:http://51shizhong.com/aboutus.html。

(三) 培训教育市场逐渐细分,协同发展成为大势所趋

伴随培训教育市场的发展,培训教育市场中的产品逐渐细分,从培训内容而言,既有 K12 培训、职业技能培训、成人英语培训、计算机培训等内容。从市场而言,既有以培训内容为主的培训机构,也有为培训机构提供服务的机构,如培训教师的机构,为培训机构提供技术支持的机构等。培训教育市场正在形成以培训服务产品为核心的培训教育服务的产业链。

另一方面,机构之间的竞争与协同发展始终是培训教育市场中的一对基本矛盾与基本规律。随着培训教育行业的整体发展,越来越多的机构认识到必须依托行业的力量,分享行业信息,增强行业与社会、政府部门的对话与沟通。一些从事英语培训的培训机构自发成立了民间联盟,如中国教育培训联

盟、820 中国民办教育节等。

（四）培训教育机构正在走向内涵发展、特色发展

如前所述，培训教育机构的发展环境已经发生了巨大的变化，政策环境日益完善，培训教育市场中的服务产品进一步细分，培训消费者对于服务产品的优质、廉价、便捷提出了更高的要求。培训教育机构的发展正在从规模发展、数量发展走向内涵发展和特色发展。主要表现在以下几个方面。

1. 教师的从业资质与职业发展成为关注焦点

民办非学历培训教育一直以来面临的发展难题之一就是师资问题，培训机构好的、稳定的培训教师严重缺乏。而阻止好的、稳定的教师队伍进入培训行业的主要原因在于培训教育与学历教育不一样，在培训机构任职的教师没有职业发展的通道，无法解决职称问题。因此，一些培训机构的教师对于培训教育行业、培训教育机构缺乏归属感，导致了培训教育机构寻找好教师难，稳定培训教师也难。但随着培训教育行业的发展，目前国内培训教育市场普遍意识到培训教育行业的师资问题是目前制约培训教育行业的重要问题之一，一些行业协会、社会组织已经率先在培训教师的专业发展和职业发展方面进行先行先试。例如，中国民办教育协会的 K12 注册教师认证，上海市 3 家协会和 11 家非学历教育培训机构共同发起的非学历教育培训师行业评定工作等。

专栏 3　上海市非学历教育培训师的评定

为提高上海非学历教育机构的办学质量，提升上海非学历教育培训行业的整体形象，由上海市民办教育协会、上海市教育人才交流协会、上海市教育评估协会 3 家协会和上海昂立教育培训有限公司、上海精锐教育培训有限公司、上海绿光教育培训有限公司、上海长宁区秦汉胡同培训学校等 11 家非学历教育培训机构共同发起创立行约，开展上海非学历教育培训师行业评定工作。为加强上海非学历教育培训师行业评定工作的管理，成立上海非学历教育培训师行业评定领导小组，下设上海非学历教育培训师项目管理办公室，以及培训管理办公室、考试办公室、评定办公室，由上海市民办教育协会、上海市教育人才交流协会、上海市教育评估协会 3 家协会分别负责培训师评定的培训、考试和评定工作。

资料来源：上海非学历教育培训师行业评定方案（试行稿）.上海市民办教育协会,http://www.shmbjy.org/item-detail.aspx?NewsID=5469。

---

2. 对培训教育机构的治理体系提出更高的要求

新《中华人民共和国民办教育促进法》规定："民办学校应当设立学校理事会、董事会或者其他形式的决策机构并建立相应的监督机制。""民办学校的举办者根据学校章程规定的权限和程序参与学校的办学和管理。""教育行政部门及有关部门依法对民办学校实行督导，建立民办学校信息公示和信用档案制度，促进提高办学质量；组织或者委托社会中介组织评估办学水平和教育质量，并将评估结果向社会公布。"

新修订的民办教育促进法及民办教育"1+3"文件对在两类民办学校章程及法人治理结构、资产管理及财会制度、办学行为规范及安全管理责任等方面，均做了较之以往更深入细致的规定。《营利性民办学校监督管理实施细则》对营利性学校风险防控及外部监管问题做了周全而刚性的制度安排。

三、民办非学历培训机构发展中存在的问题

民办非学历培训机构正在成为满足民众多元的、可选择的终身学习需求的重要力量，成为上海市建

设学习型城市的重要力量。但目前民办非学历培训机构仍然存在以下一些问题。

(一)民办非学历培训教育管理机制有待完善

就整体民办非学历培训教育市场而言,市场中存在多种类型的培训教育机构,经营性培训教育机构与非经营性培训教育机构、有证(办学许可证)有照(营业执照)的培训教育机构与有证无照、有照无证、无证无照的培训教育机构。不同性质、不同类型的培训教育机构特点不同,必须带来管理的有效性、及时性等问题。对于在教委注册的民办非学历培训教育机构而言,在管理实践中也存在市级主管部门与区级主管部门职责分工不清晰、登记管理机关与行业主管部门之间管理如何分工等问题。

对于培训市场中培训教育机构的监管机制也有待完善。在实践中,对于个别培训教育机构的违规办学行为,监管困难,政府部门执法的难度也较大。个别民办培训机构的非法办学行为具有较大的隐蔽性,非法办学点分布广,隐藏的方式多,受人力所限,无法及时发现和取缔。教育行政部门没有专业的执法队伍,目前执法工作主要由区教育局职成教科负责,工作人员同时还要兼任繁重的日常管理和对合法开办教育机构违规行为的查处,凸显力量不足。由于教育培训机构的特殊性,顾及参加培训学员的利益和安全,既不能采取硬性措施,一"封"了事,又要设法防止非法办学人卷款潜逃事件的发生。教育行政主管部门有查处非法办学机构的权利,但由于没有法律授予的强制执行权,在花费大量人力和时间进行调查取证、向非法办学人下发行政处罚决定书后,却出现了当事人根本不执行,非法办学机构照开不误的局面,执法成效不突出。

(二)民办非学历培训教育行业力量不强

韩国、我国台湾和香港地区等课外辅导机构的监管除政府部门的力量外,更多依靠的是行业协会的力量。而我国目前行业组织的发展水平整体较弱。以上海市民办教育协会为例,其培训教育专业委员会(即培训机构的行业组织)成立于2014年,目前仅有会员单位不到200家,而全市教育培训机构的整体体量为近7 000家。可见,行业协会的自律、服务、培训、协调与组织等职能尚未发挥出来。教育培训市场体量大、类型多,在政府宏观监管下,依靠行业协会的力量实现行业治理和行业的可持续发展,是未来发展的趋势。

(三)民办非学历培训教育师资的准入资质有待明确

教育培训机构的校长、教师等从业人员应具备相关的资质与标准,这是上海市教育培训机构不断提高培训质量的发展趋势。《上海市终身教育促进条例》第二十八条规定,经营性民办培训机构应当有与培训类别、层次与规模相适应的专职和兼职教师;从事终身教育工作的专职教师应当取得相应的教师资格。新《民办教育促进法》第二十九条规定,民办学校聘任的教师,应当具有国家规定的任教资格。《营利性民办学校监督管理实施细则》(9月1日生效)第二十五条规定,营利性民办学校聘任的教师应当具备国家规定的教师资格或者相关专业技能资格;第四十九条规定,营利性民办培训机构参照本细则执行。

但以往对于义务教育阶段的教育培训机构及其他类型的教育培训机构的从业人员,所应具备的资格却缺乏具体的、落地性的规定,也缺乏行业的基本标准与要求。不同的培训教育机构规定各自不同的选拔、培养、评价教师专业发展的标准与办法,这种实践状况既不利于培训教育行业教师整体队伍素质的提高,也不利于培训教育行业教师的流动、教师从业经历的互认与连续,更不利于培训教育行业教师的连续职业发展。

(四)民办非学历培训教育机构存在违规办学的行为

2016年引起公众广泛关注的"百花学习塾"事件、学而思事件等说明市场中的个别民办培训机构仍然存在违规办学的行为(见专栏4)。个别民办非学历培训教育机构以提高学生的学业成绩为主要目的,"抢跑"学、提前学,忽略学生的身心发展规律,拔苗助长;个别教育机构与学校形成隐秘利益链条,课内不学校外辅导才学,泄漏家长的联系方式等隐私信息等;个别教育机构的学科培训偏重知识学习、习题操练,忽视立德树人,造成学生上课睡觉、校外实习的怪现象等。

专栏4　涉嫌非法办学"百花学习塾"为何能在上海开9年?

"百花学习塾"在家长圈里以"幼儿思维培训"著称。为了一个上课名额,众多家长通宵排队。此次百花学习塾暑期报名本是从2016年5月25日13时开始,但有家长23日下午就开始排队,提前40个小时,一个"黄牛号"开价5 000元。从24日下午起,百花学习塾临时向家长发通知,开放徐汇、长宁、虹口、闵行、浦东多个办学点的学生信息登记,从当天13时开始接受办理。当天15时左右,百花学习塾长宁办学点聚集起两三百名家长。

在百花学习塾官网上,机构表示其隶属于"上海百花教育信息咨询服务有限公司"旗下专业从事幼小衔接教育的中日合作教育机构,其母体是有着40年历史的日本幼教第一品牌——日本幼儿教育实践研究所,教学成效连续10年取得日本知名小学入试合格率第一。在2007年进入上海后,其在上海有6间直营教室。

幼儿思维训练真能"练"出来吗?华师大二附中高中数学教师、奥数金牌教练唐立华表示,过早对幼儿进行训练不符合孩子成长规律,题目过于深奥不仅孩子不能理解,反而可能束缚思维。华东师大学前教育系教授姜勇更反对对幼儿使用"训练"二字,担心机构训练过于迎合市场和家长需求,会扼杀孩子学习兴趣,违背教育规律。

为及时劝离家长,24日长宁区教育局在百花长宁办学点门口贴出告知书。长宁区教育局明确表示,截至2016年5月24日,没有任何社会组织和个人以长宁路855号亨通国际大厦17楼A座或B座,作为办学地址向长宁区教育局提出过民办学校的筹设申请,也无办学机构以该地址取得过办学许可证。根据企业注册信息登记显示,上海百花教育信息咨询服务有限公司审批的是"教育信息咨询",不得从事教育培训、中介、家教。

长宁区教育局终身教育科表示,经查,在"上海市民办教育信息网"上,没有名为"百花"的机构登记。该机构没有办学许可登记,涉嫌非法办学。目前,该培训机构的法人在国外,有关部门将依法约谈法人,取证后依法处理。

巨大的市场需求,催生了一大批社会培训机构。这些机构在市场监督管理局登记注册为教育咨询、文化传播等,却长期从事着教育培训。作为教室出租方的楼宇或小区物业,也无从判别这些机构的经营许可是否与实际从事的项目一致。作为教育主管部门,可以进行行政处罚,却没有刚性执法权,并存在没有执法队伍的窘境。

资料来源:许沁.涉嫌非法办学"百花学习塾"为何能在上海开9年?[N].解放日报,2016-5-26(05)。

营利性培训教育机构存在退款难、合同纠纷多、营销电话多等问题。2015年上海市消费者权益保护委员会公布了上海营利性教育培训调查报告。报告显示,家庭为孩子对培训效果的满意度达到71%,成人为自己对培训效果的满意度达到84.3%。但另一方面,报告中指出目前上海市营利性教育培训目前存在以下主要问题[①]:第一,近1/4受访者遭遇培训纠纷。家庭为孩子遭遇纠纷的占23.8%,成人为自己的占31.5%。在纠纷类型中,主要存在宣传的效果、老师、资质与实际不符的情况,以及中途变更老师等;第二,培训投诉数量大幅上升,近六成投诉为退款受阻。从2012—2014年,教育培训服务投

---

① 东方网.沪1/4受访者遭遇教育培训纠纷 2015-04-16 http://www.315.sh.cn/news/detail.aspx? id=48.

诉数量呈大幅上升趋势。2012 年教育培训服务投诉数量为 882 件,2013 年为 1 247 件,同比上升了 41%;2014 年为 1 968 件,同比上升了 58%。其中,大多数投诉都与退款有关系,55.9% 的投诉者遭遇退款受阻,11.6% 的投诉者遭遇擅办贷款。第三,几乎所有的营利性培训机构都存在通过推销电话进行营销骚扰,78.3% 的营利性教育培训机构存在对学员个人信息泄露的弊病。

(五)培训服务产品的质量有待提高

目前无论是上海市还是国内范围内民办非学历培训教育机构整体的培训服务产品质量均有待提高。据 2010—2015 年全国消协组织受理投诉情况分析报告显示,2010 年全国消费者协会组织受理的关于教育培训服务的投诉为 3 028 起,2015 年受理的教育培训服务的投诉为 5 811 起(见图 5)。在 2015 年全国消协受理的教育培训服务投诉内容构成中,关于教育培训服务质量的投诉占 20.6%,关于教育培训服务合同的投诉占 26.95%(见图 6)。

图 5　2010—2015 年教育培训服务投诉数量

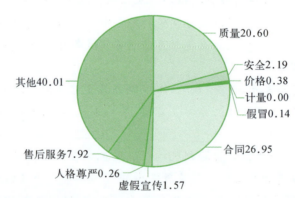

图 6　2015 年全国消费者协会受理的教育培训服务投诉内容构成(%)

四、促进民办非学历培训教育行业发展的建议

民办非学历培训教育行业的健康、可持续发展对于满足上海民众可选择的、多样化的、个性化的终身学习需求具有重要的意义。新形势下,推动和促进民办非学历培训教育行业的健康、可持续发展已成为上海市构建与完善终身教育体系、促进学习型城市建设的重要举措之一。2016 年 11 月《中华人民共和国民办教育促进法》修订通过,确立了民办学校的分类管理,为民办非学历培训教育机构的发展带来新的发展机遇与挑战。一方面,民办非学历培训教育机构可以自主选择设立非营利性机构和营利性机构,为一部分民办非学历培训教育机构的上市扫清了障碍。另一方面,新法对于加强党的建设、民办学校的章程、法人治理结构、资产管理及财会制度等均作了更加细致的规定,对于民办非学历培训教育机

构进一步完善机构的治理结构提出了更高的要求。

（一）完善民办非学历培训教育机构的管理机制

民办非学历培训教育机构的管理,既涉及业务主管部门与登记管理部门的职能分工,也涉及市级与区级两级管理部门的职能分工。对于民办非学历培训教育的监管,不仅涉及业务主管部门——教育行政部门,还涉及法人登记管理部门——民政部门或工商部门,在机构运营方面还涉及消防、城管、镇(街道)综治办等多个部门。完善民办非学历培训教育机构的管理机制,关键在于明确法人登记管理部门与业务主管部门的职责分工,明确市级与区级两级管理部门的职责分工,并逐步建立起教育、民政、工商、消防、街镇等多部门协同监管的长效管理机制。

对于市区两级管理部门的职能分工来说,市级教育行政部门对于民办非学历培训教育机构的管理更侧重宏观管理,即制定政策、综合协调、指导与监督;区级教育行政部门对于民办非学历培训教育机构的管理更侧重具体管理与过程管理,即广告、招生等具体事务管理。

对于登记管理机关和行业主管部门的分工与协作而言,教育主管部门作为行业主管部门主要负责民办非学历培训教育机构的许可管理,而民政部门或工商部门主要负责民办非学历培训教育机构的登记管理。无论是行业主管部门还是登记管理机关均对民办非学历培训教育机构的办学负有监督管理的职责。

对于市级与区级教育行政部门具体管理职能的分工与衔接而言,由于上海市各区民办非学历培训教育机构的特点、规模等存在差异,应允许各区教育行政部门在遵循基本政策与基本规定的前提下,各区在管理、监督民办非学历培训教育机构的方式与方法上存在差异性。例如,黄浦区共有民办非企业单位性质的培训教育机构 144 家,浦东新区共有 127 家,而崇明区只有 30 家,普陀区有 34 家。闵行区对民办非学历培训教育机构的管理实施分片组管理,促进民办培训机构的自我教育、自我管理与自我发展的经验,值得各区借鉴与学习。

专栏5　闵行区实施民办非学历培训教育机构的分片组管理

闵行区共有非营利性培训教育机构 103 家,营利性民办培训机构 40 家。依托区成教协会民非专委会,闵行区对民办教育机构实施分片组管理(民办非学历院校 9 个片组、营利性培训机构 1 个组),充分发挥行业协会自治功能,定期学习相关文件和交流研讨。片组互助通过片区工作小组组长会议制度来明确和落实各自的职责,促进民办培训机构实现自我教育、自我管理、自我发展。通过成果汇报展演、小组活动、规范化评比等形式,为民办培训机构搭建展示和交流的平台,促进民办培训机构之间的学习和沟通。

资料来源:根据调研材料整理。

（二）加强与扶持发展民办非学历培训教育行业力量

加强与扶持发展民办非学历培训教育行业力量,促进行业研究、行业自律与行业自主发展。

依托各级各类行业协会及相关教育培训机构民间联盟等力量,加强教育培训行业相关理论研究,宣传、普及教育培训行业在我国终身教育体系中的定位与功能、教育培训机构的性质等行业共识,使更多的教育培训机构认识到教育培训在本质上是一种教育活动,应遵循教育教学的基本规律和人身心发展的基本规律,应以育人为本,从而进一步端正办学理念,更好致力于为经济社会发展和人的全面发展服务。

进一步扶持民办非学历培训教育行业组织的发展,使行业组织承担更多的管理、指导、监督职能。

民办非学历培训教育机构作为培训市场中独立的、自负盈亏的市场主体,对于民办非学历培训教育机构的管理一方面有赖于政府相关政策文件的不断完善,使其依法办学,规范发展;另一方面,民办非学历培训教育机构的管理应加大发挥行业组织的力量,使行业组织承担更多的行业管理、行业指导、行业监督职能。上海市浦东新区共有127家民办非企业单位性质的培训教育机构。新区教育行政部门以购买教育服务的方式将民办非学历培训教育机构的部分管理职能委托浦东并按区成人教育协会承担(见专栏6)。

专栏6　浦东新区成教协会承担民办非学历培训教育机构的管理工作

　　上海市浦东新区成人教育协会是于1994年8月1日经浦东新区社团管理部门批准建立的社团法人组织,同年12月20日召开成立大会。协会主要业务包括成教学术研究、信息交流、培训、咨询服务、资质审查和办学视导、评估。协会目前下设郊区、城区、民办非学历培训教育三个工作委员会,协会秘书处、浦东新区民办非学历培训教育管理办公室为日常办事机构。2006年开始,成人教育协会接受政府委托,承担新区民办非学历培训教育机构的日常事务性管理工作、业务管理工作及机构存续期间的跟踪监管工作等。日常事务性工作包括变更、备案、年检、换证等,业务管理包括业务培训、评优表彰、课题调研等工作。

　　资料来源:根据调研材料整理。

　　行业协会组织在行业的教师专业标准、培训课程标准等方面应发挥更多的专业作用,率先制定行业标准,引领民办非学历培训教育机构向标准看齐,提高培训服务产品的质量。在《澳大利亚辅导协会行业守则》中规定,澳大利亚辅导协会行业守则宗旨如下:第一,确保顾客能从符合道德标准的机构及教师获得可能范围内的最佳服务;第二,建立并维持全国性辅导服务标准;第三,为贯彻最佳辅导提供相关指标。

　　今后民办非学历行业协会组织还应承担更多的行业自律、行业标准制定等专业职能。例如,2013年2月28日学大教育集团、新东方教育科技集团、卓越教育集团、巨人学校、学而思教育等17家培训机构在中国民办教育协会培训教育专业委员会的倡议下,举行了《中小学生校外培训机构自律公约》的签约仪式。再比如,为提高上海非学历教育机构的办学质量,提升上海非学历教育培训行业的整体形象,由上海市民办教育协会、上海市教育评估协会、上海市教育人才交流协会3家协会和11家非学历教育培训机构共同发起创立行约,开展上海非学历教育培训师行业评定工作。这些有益的尝试与探索将促进民办非学历培训教育行业组织的专业性,提升民办非学历培训教育行业的归属感,促进民办非学历培训教育行业的整体发展。

(三)完善培训教育机构的教师专业标准,提升民办非学历培训教育机构的培训质量

　　民办非学历培训教育机构的培训质量能否得到市场的认可,能否不断创新发展是培训教育机构在市场中赖以生存的基础和保障。当前民办非学历培训教育机构发展的政策环境、市场环境和行业环境正在发生巨大的变化。民办非学历培训教育行业正在从规模发展走向内涵发展、从数量发展走向特色发展。因此,不断提升民办非学历培训教育机构的培训服务质量,促进民办非学历培训教育机构的不断创新发展是民办非学历培训教育行业发展的动力。提升民办非学历培训教育机构的培训服务质量有两个关键点,一是教师的专业标准;二是培训服务产品的标准。

　　《中华人民共和国民办教育促进法》修订通过后,营利性培训公司与非营利性培训学校将分别在工商行政部门与民政局完成注册登记,但均需在教育行政部门获得办学许可资质。对于主要进行K12课外学科辅导的培训机构,应从课程标准、教师资质等方面提高这类培训机构的准入门槛,对这类培训机构的校长任职要求做出明确规定,例如,具有五年在教育机构任职的经历,具有教育学本科以上学历等。中国教育学会等行业组织已经试点探索课外辅导机构教师的专业标准方案(见专栏7)。

专栏7　中国教育学会开展辅导机构教师认证试点

2016年10月17日,中国教育学会(以下简称"学会")发布《辅导机构教师(中小学)专业标准(试行)》(以下简称《专业标准》)和《辅导机构教师(中小学)专业水平评价标准(试行)》(以下简称《评价标准》),首次将辅导机构教师纳入学会专业评价体制当中,在教育辅导行业中建立起类似全日制学校教师专业职称体系的教师发展专业平台,为辅导机构提供教师专业水平的科学评价体系和权威认证。

据悉,《专业标准》和《评价标准》的制定经由学会专家团队的专业论证,且成功申报相关专业知识产权,标准制定的权威性与考评体系的科学严谨性得到学会的全力支持与保障。结合辅导机构教师的现状,学会将逐步建立初级、中级、高级辅导教师水平评价体系。认证试行阶段,学会将首先开展辅导机构高级教师认证工作。同时,将通过辅导机构申报、学会审核的方式,选择几家口碑良好、行业影响力大的辅导机构作为试点单位,启动第一批高级教师认证。

据介绍,辅导机构教师等级认证分为初级、中级和高级三个阶段,认证试点阶段为选拔出行业内优秀人才,树立行业标杆,将直接进行高级教师认证。除了由试点单位推荐教师参加认证,学会也欢迎教师"自荐"报名。值得指出的是,在试点阶段认证不收取任何费用,参与认证的辅导机构教师通过考试后可直接获得高级认证。认证项目全面推广后,所有教师只能按照先初级,再中级,最后高级的顺序逐级报考。

资料来源:中国教育学会开展辅导机构教师认证试点.搜狐网,http://mt.sohu.com/20161020/n470787344.shtml。

(四)逐步建立民办培训机构的信息公示平台和信用管理制度,引导消费者提升培训服务的选择能力

加强民办培训机构信息管理平台的开发和建设,逐步实现各类民办培训机构办学基本信息的采集、共享、使用、分析等信息管理系统的完善,并通过民办培训机构的信息管理网络、行业协会网站、培训机构网站等多渠道、定期更新各类培训机构的基本办学信息,引导和帮助民众事前进行正确选择,规避风险,引导和提升家长等消费者群体对于优质培训服务的鉴别、选择能力。

逐步建立民办培训机构的信用分类分级管理制度,建立民办培训机构诚信办学"黑名单"制度。营利性民办培训机构的相关信息纳入国家企业信用信息公示平台,逐步构建非营利性培训机构的信用管理制度。按照培训机构的规模发展程度、办学内容的社会关注度等相关影响因素,逐步实施文化教育类培训机构的信用分类分级管理和违法惩戒制度。

(执笔人:周翠萍)

专题报告

上海民办学校党建和思想政治工作概况

中共中央办公厅印发的《关于加强民办学校党的建设工作的意见（试行）》（中办发〔2016〕78号）中明确指出，民办学校作为社会主义教育事业的重要组成部分，承担着培养社会主义建设者和接班人的重任。加强民办学校党的建设，对于全面贯彻党的教育方针、坚持社会主义办学方向、落实立德树人根本任务，具有重要意义。加强上海民办学校党的建设和思想政治工作，对于确保上海民办学校按照党的要求办学立校、教书育人，把培育和践行社会主义核心价值观贯穿学校教育全过程，引导师生树立正确的世界观、人生观、价值观具有重要意义。

一、上海民办学校党建工作的基本情况

上海民办教育经过三十余年发展，已成为上海教育事业发展的重要增长点和促进教育改革的重要力量。伴随民办学校发展，上海民办学校党建工作也不断发展、不断完善，党组织的应有作用得到了发挥。

（一）党的基层组织基本覆盖

民办学校包括民办高校、民办中小学、民办幼儿园和民办培训机构等。在党建方面，民办高校党的基层组织实现了全覆盖，民办中小学党的基层组织实现基本覆盖，但民办学前幼儿园和民办培训机构党的基层组织类型与数量还缺乏确切的调研与统计。

1. 民办高校党的基层组织实现全覆盖

经过近三十年的发展，上海目前已有全日制民办高校19所（目前正常招生的为17所）。其中，14所民办高校建立了党委，3所民办高校建立了直属党总支，2所民办高校建立了直属党支部，基层党支部有343个。上海民办高校现有党员5503人，其中教职工党员2933人，学生党员2436人（见表1）。

表1　2014年、2016年上海民办高校党组织建设情况

年份	民办高校数量（所）	建立党委（个）	建立直属党总支（个）	建立直属党支部（个）	基层党支部数（个）	教工党员数（人）	学生党员数（人）	党组织覆盖率（%）
2014	19	15	3	1	309	2 545	2 961	100
2016	19	14	3	2	343	2 933	2 436	100

上海所有民办高校全部建立了党组织,实现了全覆盖。民办学校党组织积极发展优秀教师和学生,党员队伍和入党积极分子队伍不断扩大,增加了党在知识分子和大学生当中的基础,增强了党组织在民办高校的号召力,使民办学校成为巩固马克思主义指导地位、发展社会主义意识形态的重要阵地。

2. 民办中小学党的基层组织实现基本覆盖

上海民办教育协会的调研显示,在 283 家民办中小学中,共有从业人员 19 480 人,其中党员 4 432 人,党员占民办中小学从业人员的比例为 22.8%。目前民办中小学的党组织形式主要是建立党委、党支部、党总支、活动型党组织等。其中,67.49%的民办中小学建立了党支部,15.19%的民办中小学建立了联合支部,8.13%的民办中小学建立了活动型党组织(见表2)。

表2　民办中小学活动型党组织

建立党组织的形式	频　率	百分比
党的工作小组	3	1.06%
党　　委	1	0.35%
党　支　部	191	67.49%
党　总　支	6	2.12%
活动型党组织	23	8.13%
联合支部	43	15.19%
临时支部	6	2.12%
尚未组建的社会组织	3	1.06%
未　　知	7	2.47%
总　　计	283	100.00%

从上表可以看出,上海民办中小学基本建立了基层党组织。民办中小学的党组织在引领学校政治发展方向、开展青少年思想政治教育、贯彻国家基础教育阶段各项政策方面起着极为重要的作用。

(二)党组织的制度建设比较完善

无论是民办高校,还是民办中小学,党组织的规章制度已经比较健全。健全的规章制度保障了党组织各项活动的开展,也为党组织的建设与发展打下了基础。

以民办高校为例,民办高校建立了"三个同步制度",创新推进党组织负责人委派机制。建立了对民办高校委派党建督查员、政府督导专员和党组织负责人三位一体的工作机制,党政干部"双向进入、交叉任职"制度,每月一次的中心组学习会,每两年一次举行"上海民办高校党建工作会议",并形成一系列常规工作制度、保障和监督机制、党建工作考核评估指标体系,日常督查和定期检查相结合的工作制度等。

上海市民办教育协会调查显示,41.8%的民办中小学党组织的规章制度有 6 个及以上;党组织的规章制度主要包括以下几个方面:一是党务制度,如组织生活会制度、民主评议党员制度、党内表决制度、党风廉政制度等;二是党员制度,如党员模范带头制度、党员学习制度、党员承诺制度、党员志愿服务制度等;三是学校制度,如校务公开制度、学校中心工作制度、教职工代表大会制度等。

(三)党组织的各项活动内容丰富

各级民办学校都根据自身特点,组织开展了各项丰富多彩的活动。这些形式多样、内容丰富的活动寓党员教育于活动,寓知识与学习于活动,有效提高了党建活动的有效性。

民办高校党组织针对民办高校大学生党员思维活跃、动手能力强等特点,创新开展能够有效教育引导学生活实际的党建活动。如与爱国主义教育相结合组织大学生党员参观爱国主义教育基地、革命历史纪念馆,重温党的光辉战斗历程;与职业生涯规划教育结合,组织大学生党员参观知名企业,了解企业用人需求,为就业做好充分准备;与幼儿园、敬老院等联谊,增强大学生党员的社会责任感和实践能力;与假期社会实践工作相结合,使大学生接触社会亲身体验劳动人民的思想感情,提升大学生党员服务人民的意识;以网络教育形式为依托创新开展党建活动载体形式,如在党建网站、红色微博中设置党史课堂、党员心灵驿站、好书推荐、党建要闻、党校培训等模块,建立微信平台,为广大学生党员提供思想交流、疑难解答等便捷渠道。

上海市民办教育协会调查显示,97.3%的民办中小学党组织每年都会有工作计划与工作总结,91.9%的民办中小学党组织每月开会一次,92.5%的党组织每年进行一次民主评议党员活动,86.3%的党组织每年召开一次党员大会(见表3)。

表3 民办中小学党建工作情况

学校党建基本工作	频 数	百分比
每年有工作计划与工作总结	142	97.3%
每月开会一次	133	91.9%
每年进行一次民主评议党员活动	135	92.5%
每年召开一次党员大会	126	86.3%
党组织书记是学校行政管理班子成员之一	133	91.1%

调查显示,一半以上的民办中小学每年开展活动的次数超过6次,所开展的活动类型主要分为以下四个方面:一是学习类活动,既包括党政学习,也包括思想文化上的学习。如学习"三严三实""两学一做"、总书记系列讲话活动,以及学读党章、主题讲座和培训类活动等。二是参观考察类活动,如参观陈云故居、一大会址、观看红色影片、考察红色革命基地等。三是帮扶公益活动,如社区送温暖、帮助贫困学生、到敬老院慰问等献爱心活动等。四是评比选拔类活动,不仅包括党组织的换届选举工作,还有党建文化上的竞争与评比,如评选"优秀党员""优秀党务工作者",选举"凡人明星"活动,主题竞赛,文章评选等。

(四)党建工作与学校育人工作充分融合

各级民办学校党组织积极把党的工作融入学校中心工作,支持学校董事会和校长依法依章行使职权、开展工作,参与重大决策,把改革的热点、发展的难点和事关师生员工切身利益的重大事项,作为党组织发挥作用的重点,在学校制度建设、队伍建设、文化建设等方面发挥了重要作用,帮助学校健全章程和各项管理制度,凝聚师生员工,促进学校提高教育质量、培养合格人才。各民办学校党组织以高度的政治责任感重视稳定工作,形成了比较完善的预案,组建了一支富有战斗力的队伍。近年来,上海民办学校未发生重大的政治事件,这得益于民办学校党建工作的深入开展。

各民办学校党组织非常重视师德师风建设,以良好的党风带动校风师风学风建设,将思想政治要求纳入教师日常管理,引导教师恪守职业道德,自觉为人师表。坚持育人为本,德育为先,畅通工作渠道,完善教育机制,构建党组织为主、党政齐抓共管、全体教职员工积极参与的思想政治工作新格局。例如,上海民办高校按照标准建立了思政教育教材体系,并通过公开课观摩、"超级大课堂"、"中国系列"、思想政治理论课、"名师工作室"等活动提升了思想政治理论课的教师素质。通过社会实践、团队合作、成果展示等形式和途径增强课堂教学的吸引力、感染力和说服力,不断提高思想政治教育的针对性和实效性。

(五)思政教育和德育工作进一步加强

民办高校党组织的首要政治责任就是领导思想政治教育和德育工作,民办高校思想政治教育工作和德育工作的水平体现出民办高校党建的成效。近年来,上海民办高校大学生思想政治水平明显提高,各类思想文化阵地建设和管理不断加强,社会主义核心价值观建设持续推进,民办高校意识形态领域的主流积极健康向上,广大师生对以习近平同志为核心的党中央拥护信任,对党中央治国理政新理念、新思想、新战略高度认同,对中国特色社会主义和中华民族伟大复兴中国梦充满信心。

各民办党校充分发挥思想政治理论课在育人工作中的主渠道作用,牢牢把握意识形态工作的主导权,扎实推进中国特色社会主义理论体系进教材、进课堂、进头脑工作。通过思想政治理论课建设,将中国特色社会主义理论体系进课堂落到实处。在发挥第一课堂主渠道作用的同时,重视第二课堂、第三课堂的育人功能,将中国特色社会主义理论体系通过党团活动、社会实践、社团活动、社区活动、班级活动等途径和形式潜移默化地进入学生头脑。

辅导员作为民办高校党建和思想政治教育工作最基层的一支队伍,在大学生思想政治教育中发挥着不可替代的作用。2015 年上海市教卫党委、上海市教委组织对上海高校辅导员队伍建设情况进行全方位实地督查,分别在辅导员的选聘和配备、使用和培训、考核激励、发展晋升等方面对 19 所民办高校进行全方位督查,促进了辅导员这支思想政治教育工作队伍的健康发展。

二、上海民办学校党建工作的特色与经验

上海民办学校党建工作在实践发展过程中,积累了许多好的经验,形成了不同类型民办学校党建工作的特色。这些由实践中探索产生、在实践中丰富发展的特色与经验,成为上海民办学校党建工作进一步推进与深化的重要基础与宝贵财富。

(一)找准定位,充分发挥党组织政治核心作用

民办学校党组织在学校发展的各方面充分发挥了其政治核心作用。其中《关于加强民办高校党的建设工作的若干意见》中明确提出,民办高校党组织要发挥政治核心作用。上海在实践中形成了"一个地位,三个作用"的民办高校党建工作思路,即党组织在民办高校处于政治核心地位。其内涵是:在党建、思想政治教育和德育工作中起领导作用;在把握办学方向、推动改革发展中起保证作用;在依法规范办学、维护各方权益中起监督作用。这三个层面的作用主要体现在六个方面,一是保证政治方向,引导学校全面贯彻党的教育方针,依法办学;二是凝聚师生员工,把思想政治工作贯穿学校各方面工作,关心和维护他们的正当利益,凝聚人心;三是推动学校发展,帮助学校健全章程和各项管理制度,促进学校提高教育质量、培养合格人才;四是引领校园文化,用社会主义核心价值观塑造校园文化,推动形成良好的校风、教风、学风;五是参与人事管理和服务;六是加强自身建设。民办中小学党组织在开展各项组织活动时也充分与学校的育人、师德师风建设相结合,如帮助贫困学生、选举凡人明星树立师生榜样等,从而引领学校政治发展方向,促进学校文化建设。

民办学校在学校章程中,明确规定党组织为学校政治核心,保证社会主义办学方向,参与学校重大问题决策。这项具有民办学校特点的党建工作思路,其重要意义在于明确了党组织在民办学校的工作定位,有效引领了上海民办学校党的建设。

(二)健全制度,规范管理民办学校党建工作

民办学校党建工作的常态化、有效化关键在于依靠党建工作机制的健全与完善。尤其是上海民办高校在党建工作方面率先在国内进行了组建党建机构、出台党建政策性文件、建立健全党建工作制度,已初步形成上海市民办高校党建工作机制的特色与经验。

1. 成立"民办高校党工委"

2001 年 10 月,上海成立了"中共上海市民办高校工作委员会(简称民办高校党工委),实行归口管

理、统一负责民办高校党的建设,这是全国第一个管理民办高校党建工作的机构。民办高校党工委成立十余年来,在规范和引导上海民办高校健康发展上开展了积极有效的探索和实践。

2003年,上海市民办高校党工委制定出台了全国第一份省级层次《关于加强民办高校党建工作的若干意见》,对民办高校党的建设提出了系统性规定和要求。2010年1月,根据新形势新要求,又制定出台了《关于新形势下进一步加强上海市民办高校党建工作的若干意见》,进一步健全和规范了民办高校党的建设。这期间,民办高校党工委联合相关部门陆续出台了关于基层党支部建设、党员发展和教育管理、大学生思想政治教育、文明单位建设、党风廉政建设、工会和教职代会建设、党建带团建等一系列配套文件和制度,将民办高校党建工作逐步纳入规范化建设轨道。

2. 积极推进"三个同步制度"

"三个同步制度",即民办高校党组织与学校同步建立、党组织负责人与校长同步落实、党建工作与行政工作同步安排。在"三个同步"指导下,上海民办高校党组织迅速得到全覆盖,并全面理顺了关系,实现了归口管理,保障了党组织在民办学校的覆盖率。

(1)逐步建立"三项会议制度"。即两年一次的"上海民办高校党建工作会议"制度、每月一次的民办高校党组织负责人中心组学习会议制度、五年一次的各民办高校党代会制度,有力推进了民办高校的党建工作。

(2)创新推进"三位一体"委派机制。根据中共中央组织部和中共教育部党组《关于加强民办高校党的建设工作的若干意见》的要求,结合上海民办高校实际,民办高校党工委联合市教委主管部门,建立了对民办高校委派党建督察员、政府督导专员和党组织负责人"三位一体"的工作机制。这既体现了上级党委和主管部门依据实际分类管理的思想,又增强了民办高校党组织负责人的工作底气。上海民办高校党工委在全国率先建立了民办高校党建督查员制度,持续推进了民办高校党组织领导班子建设。同时,完善党政干部"双向进入、交叉任职"制度,推进党组织班子成员进入学校决策层和管理层,党员校长、副校长等行政领导班子成员,可按照党内有关规定进入党组织班子。

(3)完善"三服务"体系。民办高校党工委注重增强基层党组织的功能,不断完善"三服务"体系(上级组织服务下级组织、基层组织服务党员、党员服务群众),依法维护广大教职工和学生的权益。目前上海民办高校全部实现工会组织全覆盖,普遍建立了教(职)工代表大会制度。

(三)配齐党务工作队伍,增强民办学校党建工作稳定性、战斗力

1. 党组织书记队伍建设——选派书记

党组织书记是党组织工作的主要负责人,起龙头作用,关系到党建工作的成效,关系到政治核心作用的发挥。抓好党组织书记队伍建设是抓好民办学校党建工作的重中之重,坚持把政治标准放在首位,按照政治素质过硬、熟悉党建工作、懂教育善管理、有奉献精神的要求来选优配强民办学校党组织书记。推行向民办高校选派党组织书记,从教育行政部门和公办学校在职或退休的党员干部中选派,也可以从其他机关和企事业单位熟悉教育工作的党员干部中选派,一般还兼任政府督导专员。派驻党组织书记,全职在民办高校工作,其行政关系不变,报酬待遇由原来或选派单位负责,这使得民办学校党组织书记可以更有底气地开展党建工作。民办中小学校党组织书记一般从学校管理层中产生,由党性观念强、专业素质强的"双强型"教师担任,学校内部没有合适人选的,可由上级党组织选派。并规定,办学规模大、党员人数多,出资人或校长担任党组织书记的民办中小学校,应配备专职副书记。坚持民办高校中心组学习制度,坚持每个季度一次党组织负责人的理论学习。把加强中心组学习作为民办高校党建工作的重要抓手和平台,紧密结合时政热点与民办高校工作实际,创新学习形式,丰富学习内容。积极建立民办高校党务干部人才库,按实际需要完善民办高校党组织负责人的遴选和推荐机制;在对民办高校党组织班子成员的任用、考核、奖惩等项工作中,党工委要与学校董事会保持沟通和联系,取得相互理解和支

持;积极推动学校规范和完善法人治理结构,为充分发挥民办高校党组织和党员作用提供保障。

2. 其他党务干部队伍建设

按照中央 31 号文件要求,党务工作队伍和思政工队伍一样,具有教师和管理人员双重身份,纳入高校人才队伍建设总体规划,完善选拔、培养、激励机制,形成一支专职为主、专兼结合、数量充足、素质优良的工作力量,专职思想政治工作人员和党务工作人员不低于全校师生人数的 1%,每个院(系)至少配备 1—2 名专职组织员。

上海民办学校,着重在完善班子结构、推进党员干部年轻化进程上下功夫。上海市教育卫生工作党委将民办学校党组织负责人的选拔培养纳入到上海高校干部管理的系统中,统一规划,加强培训;民办高校党工委负责对民办高校党组织干部的日常培训。通过专题培训班、研修班、报告会、党课等多种形式,努力提高民办学校党组织干部的思想理论水平和适应民办学校特点的工作能力。为进一步提高民办高校青年党政管理干部的综合素质和能力,从 2014 年 6 月开始,每两年举办一期市民办高校中青年干部培训班;每年举办民办学校党支部书记培训班、组织员培训班,进一步提高基层党务工作者的综合素质和能力。

3. 辅导员队伍建设

辅导员作为党建和思想政治教育工作最基础的一支队伍,在大学生的思想政治教育中发挥着不可替代的作用,上海民办高校现有专职辅导员 719 人,本、专科专职辅导员师生比达到 1∶150。上海建桥学院在市教卫党委支持下,建立了全国首家民办高校辅导员培训基地,紧密结合民办高校特点,精心设计安排课程,宏观层面立足民办高等教育发展,介绍民办高等教育的定位、发展背景、法律法规等,使辅导员了解民办高校管理体制和运行机制特点,以便更好适应民办高校的工作环境;中观层面立足民办高校学生特点,探讨民办高校学生教育管理策略等,使辅导员了解和掌握工作对象特征,增强工作的针对性和效果;微观层面通过辅导员的角色定位、职业素养、能力要求等学习,使辅导员了解基本工作内容和流程,引导辅导员科学定位自身工作。拓展培训形式多样,特邀请市教委领导、市委党校、上海交通大学、华东师范大学、华东理工大学、东华大学、上海工程技术大学、上海海洋大学、上海金融学院、上海电机学院、教育报刊总社等各高校、机构的专家教授围绕培训主题进行授课。除专家课堂授课外,还包括情景训练、案例分析、小组讨论、答辩汇报等多种培训形式,理论教学和实践报告有机结合,增强了培训效果。十年来,共成功举办辅导员岗前培训 10 次、专题培训 18 次,培训辅导员达 2 113 人次(见表 4)。其中包括来自河北、福建、四川、广西、山东等外省市的 48 名辅导员,提升了辅导员队伍的能力、素质和工作水平,扩大了培训基地的影响力和辐射范围。此外,民办高校的辅导员通过上海辅导员队伍建设活动月系列活动的参与,提升了辅导员队伍的能力、素质和工作水平,同时扩大了民办高校影响力。

表 4　2007—2016 年上海市民办高校辅导员培训基地培训人数一览表　　　　单位:人次

年　份	岗前培训	党建专题培训	职业发展规划专题	合　计
2007	113	0	0	113
2008	131	45	43	219
2009	120	48	44	212
2010	105	87	68	260
2011	121	42	38	201
2012	119	45	43	207
2013	90	42	63	195
2014	144	36	37	217
2015	153	32	54	239
2016	182	41	27	250
共计	1 278	418	417	2 113

（四）创新党建工作方式，提高党建工作科学化水平

党的十八大报告指出，形势的发展、事业的开拓、人民的发展都要求我们以改革创新的精神全面推进党的建设的伟大工程，全面提高党的建设科学化水平。各民办学校党组织在不断探索和实践中，创新工作方式，积累了一些有效的做法，推动了民办学校党建工作科学化。

民办高校一方面创新基层党建活动载体，另一方面加强党员教育阵地建设，充分发挥党校的主渠道主阵地作用。加强党校师资队伍建设，建立开放式党员教育培训师资库，聘请优秀党员教师、党员专家、先进模范人物和老党员、老干部等充实师资力量，建立民办高校党员领导干部和基层负责人定期为党员讲课制度。积极开发具有时代特征、彰显民办学校特色、符合师生特点的党课课程和教材，定期开展党校教学研讨，提高党校教育的针对性和实效性。建立完善网上党校、党员干部网络学院等在线学习平台，积极利用新媒体、新技术手段开展党员教育培训，积极利用爱国主义教育基地、国防教育基地和城乡社区、企业等教育资源，开展党员教育和实践活动。

在网络发达、现代信息技术发达的信息化社会，现代化网络通信工具为民办学校党组织内的信息传输、精神传达、会议召集等提供了诸多便利，学校党建工作方式突破以往的传统，创新了党建联系方式。调研发现，多数民办中小学都建立了属于自己的党建工作微信群、QQ群，党组织可以随时随地通过网络及时向各位党组织成员传达相关消息、发送相关学习材料与文件，群内的人员也可以随机随时进行学习、沟通与交流。这样的联系方式不受时间、地点的阻碍，传播和了解相关信息变得更加及时、便捷，不仅提高了学校党建的工作效率，还加强了党员间的交流与联系，从而有利于增强党员在党组织中的归属感与认同感，提高整个学校党组织的凝聚力与向心力。

一些民办中小学不断推进机制创新，创建特色党组织，不断加强与完善各项党建工作。例如，徐汇区西南位育中学创新党组织形式，建立了一支特色党组织——融入式服务型党组织。

（五）坚持育人为本，德育为先，全面加强学生思想政治教育

为全面加强学生思想政治教育工作，各民办学校党组织队伍把培育和践行社会主义核心价值观融入日常教学、管理工作中。坚持育人为本、德育为先，把传授知识技能与坚定理想信念、课堂教学与社会实践、继承传统和开拓创新结合起来，大力培育良好的校风、教风和学风。把学生的思想政治教育融入学习、生活等各环节。紧紧抓住辅导员和思政课教师两支队伍建设，充分发挥主渠道、主阵地作用，把社会主义核心价值体系融入民办学校学生思想政治教育的全过程。

1. 坚持思想政治教育和日常教育服务相结合

思想政治教育与日常教育服务相结合，就是通过关心、帮助学生解决实际问题实现思想政治教育的目的。民办学校通过落实国家和上海相关资助政策，对家庭经济困难学生提供应有帮助，从而做到资助工作服务育人。此外，通过为学生提供心理健康教育辅导、就业创业指导、日常生活服务等潜移默化影响学生，从而达到"润物细无声"的育人效果。

2. 不断创新思想政治教育形式和载体

在"一个地位，三个作用"党建工作思路引导下，上海各民办高校积极探索，开拓进取，不断创新思想政治教育形式和载体，在工作实践中各具亮点和特色。

上海杉达学院建立大学生党员工作站，经过多年探索和实践，搭建学生党员服务同学、服务社会的平台，使学生党员宗旨意识不断深化，逐渐成为学校开展思想政治教育的坚强堡垒和发挥党员先进性的重要实践平台；上海建桥学院在长期办学实践过程中，始终坚持立德树人的办学方向和育人目标，积极探索新时期、新形势下学校德育工作的新内容、新形式、新途径，将学雷锋志愿者服务常态化、长效化，建立实体"雷锋馆"，努力培育以"雷锋精神"作为标识符号的校园文化环境，把新时代雷锋精神与"感恩、回

报,爱心,责任"八字校训作为弘扬社会主义核心价值观的主要载体,融入人才培养全过程。

3. 不断拓展思想政治教育阵地

除了传统意义上的学校教室文化布置外,上海师范大学天华学院、震旦职业学院还通过建设校园文化长廊等形式,思政教育阵地不断拓展到学生社区和网络新媒体。学生社区作为大学生生活学习的重要场所,日益受到重视,民办高校通过心理健康教育活动、党建活动等形式和途径加强学生社区文化建设,发挥着育人的重要功能;易班网作为上海网络思政教育的创新实践,通过网上互动社区建设全覆盖,汇聚各类优质资源,增强易班的吸引力和黏合度,着力打造大学生"第三课堂",不断增强思想政治教育的针对性和实效性。目前已辐射推广到全国范围,发挥着重要的育人功能。

三、上海民办学校党建工作存在的主要问题

经过三十余年的发展,上海民办学校党建工作在发展与完善过程中,成为民办学校全面贯彻党的教育方针、坚持社会主义办学方向、落实立德树人根本任务的重要支持与保障,已形成上海市民办学校党建工作的基本经验与特色。然而,在新形势下,按照《关于加强民办学校党的建设工作的意见(试行)》文件的新要求,还存在一定差距。主要表现在以下方面。

(一)党组织政治核心作用还需进一步凸显

部分民办学校对党组织政治核心地位的认识不完全到位,观念、认识上还存在不足,保证党组织参与学校各类重大问题决策的制度顶层设计还不到位,党组织的保证监督、凝聚师生员工、引领校园文化等方面作用的发挥不够。部分民办学校口头上认识到党组织的政治核心作用,但因人力、财力、资源限制在执行层面上还不到位。

(二)党建和思想政治工作制度还需完善,运行体系还需理顺

党建工作制度还需进一步完善,体系运行还需进一步理顺。民办学校办学时间不长,各项制度有待完善,举办者往往更加重视解决困难和问题,而忽视制度建设本身,有些制度甚至直接照搬公办学校模式,与民办学校特点不匹配,导致其操作性不强。有些制度停留在口头上重视多、具体落实少,在制度执行中缺少监督和反馈机制,影响制度执行效果。党组织隶属关系和工作运行还不够顺畅;党政联席会议等党建工作制度规范体系还不够健全;执行、督查推进等方面内控机制还不够完善,组织活动、党务工作尚有一定的随意性。

(三)党建和思想政治工作队伍建设还需加强,工作保障有待强化

党组织领导班子建设尚不够健全,专职党务工作者配备与上级要求有差距,兼职较多,流动性大,有的党组织书记能力还不强;党务干部梯队建设较为滞后,工作发展空间、发展通道有限;党务工作者基层党建工作能力有待提升,工作保障机制有待进一步强化。党建工作队伍在选拔和培养环节还比较弱,党务干部的储备有待加强。民办学校党建和思政工作人员不稳定,这一方面受制于"非公"性质,办学经费有限,导致民办学校教职工待遇普遍不高;另一方面受制于职业发展晋升通道不畅,"双重身份"得不到应有保障,晋升通道受阻;此外,还受制于民办学校办学历史不长、文化积淀不够等因素导致党建和思政工作者流动性大。

基层党建工作的经费投入不足,很多学校党建工作经费没有纳入本单位年度预算;党建工作平台建设薄弱;各级组织党建活动场所、设施相对匮乏。

（四）党员教育管理亟待提升

部分民办学校党员教育管理比较松散；教师党员的教育管理比较薄弱，有些教工党支部不能正常过组织生活，党员教师的先锋模范作用不够突出。学生党员教育管理重入党前教育，轻入党后教育，对发展的党员没有严格的制度管理，缺少应有的监督机制。发展学生党员受指标限制，比例与公办高校相比偏低。学生党员的比例偏低，在学生群体中的示范带动作用不强。

（五）系统合力作用有待发挥

民办学校由于办学历史不长，各个条线沟通机制不够健全，资源积淀有限，从而造成内部各个条线的工作往往关注于自身领域"各自为战"，党建和思想政治教育工作"单枪匹马"。这使得民办学校党建工作缺乏系统合力，全员、全过程和全方位育人的作用有待进一步提高。

四、对加强与改进上海民办学校党建工作的思考

为加强上海民办学校党建工作，各级党组织不仅要提高对于民办学校党建工作重要性、紧迫性的认识与宣传，更要在实践中不断发现民办学校党建工作存在的问题，总结积累经验；要逐步形成重视民办学校党建工作的社会氛围，使民办学校党建工作的重要性、紧迫性深入人心；要提高各级党组织、民办学校管理者、教师乃至全社会对民办学校党建工作重要性的认识。

（一）提高对党建和思想政治工作重要性的认识

加强和改进民办学校党建和思想政治工作必须充分认识到做好民办学校党建和思想政治工作的重要性和紧迫性，按照全面从严治党要求，切实加强党对民办学校的领导。

1. 加强对民办学校党组织政治核心作用的认识

当前，国际国内形势和民办学校自身的发展形势都在发生深刻变化，人民群众对教育的需求已从"有学校上"转为"上好的学校"，民办学校从单纯的数量扩张转到内涵建设和转型发展阶段。在这一阶段，学校在发展中出现的矛盾会更多，出现的分歧会更大，更需要党组织发挥政治核心作用，通过深入细致的思想工作把好方向、化解矛盾、凝聚人心，为学校的健康发展提供坚强的政治保障。因此，民办学校党组织的政治核心作用只能加强，不能削弱。

2. 加强对民办学校思想政治教育工作重要性的认识

领导思想政治教育和德育工作，是民办学校党组织的首要政治责任。必须全面贯彻党的教育方针、坚持社会主义办学方向、落实立德树人根本任务，把加强思想政治工作、培育和践行社会主义核心价值观贯穿于教育教学全过程，实现全程育人、全方位育人，确保民办学校按照党的要求办学立校、教书育人。

找准党组织开展工作、发挥作用的着力点，认真履责，加强分析研判，抓好思想政治教育工作，巩固民办学校思想文化和意识形态阵地，保证正确的政治方向。民办高校党组织要突出坚持马克思主义指导地位，督促民办学校加强教材、教师、教学体系建设，按有关课程标准，优选经依法审定的思想政治课和德育课教材，保证足够的教学时间。把握党对意识形态工作的领导权、管理权、话语权，加强对青年教师、党外知识分子和大学生的思想引导，引导他们增强政治认同，增强政治敏锐性和政治鉴别力，反对西方所谓"普世价值"等错误思潮传播，反对各种腐朽价值观念，坚定中国特色社会主义道路自信、理论自信、制度自信、文化自信。

（二）完善民办学校党建工作制度

对于民办学校来说，党建工作起步迟、起点低，更需要用制度建设来推进和保障各项党建工作的规范开展。通过民办学校党建工作制度的完善来落实各项党建工作、党建活动。

各民办学校应进一步建立健全党政领导班子成员"双向进入、交叉任职"制度；建立党组织参与决策和监督机制，涉及民办学校发展规划、重要改革、人事安排等重大事项，决策前要征得党组织同意，涉及党建和思想政治工作的事项，要由党组织研究决定。

民办高校党的制度建设方面，应建立健全党组织与董事会监事会日常沟通协商制度；完善党政班子联席会议制度；落实民办高校督导制度；落实高校、院（系）两级中心组学习制度；落实高校、院（系）书记抓党建和思政工作述职评议考核制度；完善高校党委"三重一大"决策制度；完善"三会一课"、民主生活会和组织生活会、谈心谈话、民主评议党员等高校基层党组织的各项制度，严格党员领导干部参加双重组织生活制度，健全主题党日活动制度。加强党建督查制度，落实党建工作保障制度。

民办中小学党的制度建设方面，注重选拔党性观念强、专业素质强的"双强型"民办中小学校党组织书记。首先民办学校的上级党组织要加强对民办学校党组织的领导、监督、交流、培训，及时了解和关注民办学校党组织工作中遇到的实际问题和工作难点，避免只重视思想理论的学习而忽视其他的问题；其次，各个学校党组织之间应该加强联系，互相交流与学习。由于每个学校的具体情况不同，在党建工作开展过程掌握的经验及遇到的问题也会有所不同，因此，不同学校党组织进行交流与联系可以借鉴彼此经验，还可以一起分析所遇到的党建工作困难，探讨解决方法等。对于一些党员数量较少的学校通过学校间的交流可以一起开展党组织活动，使党组织活动更加丰富，提高学校党建工作效率，创新党建工作机制。

（三）健全民办学校党组织参与决策与监督机制

第一，以制度的方式明确党组织在学校法人治理结构中的地位，把党组织建设有关内容纳入学校章程。

第二，推进党组织班子成员进入学校决策层和管理层。民办学校党组织书记应通过合法程序进入学校董（理）事会，在办学规模大、党员人数多的学校，符合条件的专职副书记也可进入董（理）事会。党组织班子成员应按照学校章程进入行政管理层，党员校长、副校长等行政领导班子成员，可按照党内有关规定进入党组织班子。

第三，涉及民办学校发展规划、重要改革、人事安排等重大事项，党组织要参与讨论研究，董（理）事会在做出决定前，要征得党组织同意；涉及党的建设、思想政治工作和德育工作的事项，要由党组织研究决定。建立健全党组织与学校董（理）事会、监事会日常沟通协商制度，以及党组织与行政领导班子联席会议制度。

第四，健全党组织的民主监督制度。强化党组织对学校重要决策实施的监督，定期组织党员、教职工代表等听取校长工作报告及学校重大事项情况通报。建立健全民办学校的工会和教代会制度，发挥党组织对工会的领导。

（四）加强民办学校党建工作队伍建设

从民办学校实际出发，加强党建和思想政治工作队伍建设，逐步建立一支党性强、业务精、善协调、能实干、专兼职相结合的高素质工作队伍。

1. 精选党务和思政工作队伍

民办学校党务和思想政治工作队伍是引领民办学校全面贯彻党的教育方针，坚持社会主义办学方向的具体组织者和执行者。民办高校要按有关规定健全党务工作队伍和思政工作队伍,明确相应力量从事党的组织、宣传、纪检、统战等方面工作;思政教师、辅导员应根据实际需要按规定配足配齐。民办中小学校也要保证党建工作、思政工作有人管、有人抓。党务和思政工作队伍应逐步专业化,在选择党务和思政工作队伍时要按照"政治强、业务精、纪律严、作风正"的要求,把好队伍的入口关。党务和思政工作队伍应具备以下素质。

(1)政治素质,在政治原则、政治立场和政治方向等问题上与党中央时刻保持高度一致,并且具备较高的政治理论、政策水平和优良的政治品质。

(2)思想素质,具有辩证唯物主义和历史唯物主义世界观、人生观、价值观,具有良好的思想方法和工作作风。

(3)道德素质,具有爱岗敬业、无私奉献的精神;高度的责任感和强烈的使命感;民主、团结、协作的精神;严于律己、以身作则的品格。

(4)能力素质,具有相关党务和思想政治工作的理论知识和专业知识。

(5)心理素质,具有广泛的兴趣与爱好、优良性格、真挚情感、良好的自我调控能力,以及乐观向上的心理品格。

(6)创新素质,具有开拓创新和锐意进取意识。民办学校在组建和选聘党务和思政工作队伍时,应严格把关,确保这支队伍信得过、靠得住、有能力、有作为。

2. 加强党务和思政工作队伍教育培训

加强党务和思政工作者队伍教育培训。上级党委和有关部门要推动民办学校设立思想政治教育和德育工作机构,加大思政工作队伍建设力度,配齐配强辅导员、班主任、思想政治课教师等工作力量。思政课教师的平均收入,应不低于学校其他专业教师平均水平。创新辅导员队伍管理体制和机制,坚持开展好对辅导员的日常培训、岗前培训和专题培训工作,保证培训质量。

(五)完善民办学校党建工作的保障机制

党建经费是学校开展党组织活动、进行各项党建工作的重要保障。民办学校业务主管部门和上级党组织应通过多种举措确保民办学校党建经费的来源与最低标准,确保党员缴纳的经费按时返回至学校作为学校开展党组织活动经费的一部分。

第一,按照民办学校规模、教师人数、党员人数确定民办学校的最低党建经费标准,保障其最低经费能够满足学校党建工作活动的基本需求;第二,明确规定党员所缴纳的党费可按时返回学校作为学校的党建经费;第三,根据学校性质、学校规模、党员人数、学校的发展水平等方面来确定学校主要经费来源,例如,一些发展水平较高的民办学校的主要经费来源可以是学校专项经费支持,而一些发展水平较低的党建经费紧张的农民工随迁子女学校的主要经费来源则可以是政府拨款;第四,对于党建经费的使用类型、使用方法及使用标准做出明确规定等。

(六)理顺民办学校党组织的隶属关系,实现民办学校党组织的归口管理

调研发现,上海市民办中小学党组织与上级党组织之间的隶属关系有的是归口管理,即隶属于区教育行政部门党组织;有的是属地管理,即隶属于所在区政府的党组织。鉴于民办中小学是教书育人的教育机构,全面贯彻党的教育方针,坚持社会主义办学方向,落实立德树人根本任务,至关重要。建议实施民办中小学党组织的归口管理,由上级教育行政部门党组织管理为主,学校所在地党组织积极配合,做好对民办学校党建工作的管理与指导工作。

民办高校党组织关系一般隶属于市教育行政部门党组织;独立学院的党组织挂靠在母体学校,建议独立学院党组织明确与上级市教育行政部门党组织的隶属关系,加强对民办高校党组织的指导与管理工作。

（七）因校制宜提升各类民办学校的党建工作水平

每个民办学校办学定位不同,学校发展的阶段和水平各异,因此,学校党建工作面临的主要问题也各不相同。要因校制宜,针对不同类型民办学校采取不同的扶持和指导举措,从整体上提升民办学校党建工作的整体水平。

针对整体发展水平较低的农民工子女学校,要从根源上解决这些民办学校党建工作遇到的困难和障碍,应在政策、专项资金等方面给予一定的扶持,保障农民工子女学校党建工作的正常开展。要积极引导同一区域内的农民工子女学校与公办学校、办学状况较好的民办学校建立结对关系,引领和帮助办学存在困难的民办学校的发展。

民办高校党建工作可以尝试建立多样化的基层组织。以规范化、科学化为基本目标,主动适应学校教学科研新的组织方式,探索党基层组织设置形式,扩大党组织的有效覆盖。做到哪里有党员,哪里就有党组织,哪里就有党组织和党员作用的充分发挥。例如,在教师创新团队、科研团队、学生宿区和网络虚拟群体等新型基层组织中建立党的基层组织,不断扩大党的工作覆盖面。探索"开放式"基层党建新模式,统筹党建资源,开展校内支部结对、社区支部共建、校企共建等基层党建模式,形成相互融合、优势互补和协调发展的基层大党建格局。

（执笔人：杨月民、张宁、周翠萍）

上海民办学校师资队伍建设状况

教师队伍的结构和水平不仅直接影响着学校核心竞争力,也决定了学校所培养学生质量的高低。正因为教师队伍对学校战略发展起着如此举足轻重的作用,所以,无论是政府主管部门还是学校管理层,都特别重视教师队伍的建设。近年来,上海市政府主管部门对民办学校教师队伍建设,制定并出台了系列有针对性的政策,推出多项举措,并取得了可喜的成绩。本专题一方面概括和总结近年来上海民办学校在师资队伍建设上所取得的成绩和经验,另一方面也分析和思考目前师资队伍建设上存在的问题,并提出相应的政策建议。

一、上海民办学校教师队伍发展现状

"十二五"期间,上海出台了系列鼓励和扶持民办学校加强教师队伍建设的政策,推出了新进教师岗前培训计划、高校青年教师培养资助计划、民办高校"强师工程"培养计划等。与此同时,各民办学校也根据自身特点和实际情况也逐步加大投入力度,大力支持教师专业发展工程。民办教育协会、教师专业发展中心、基金会等社会组织也推出了众多教师激励项目。目前,上海民办学校师资队伍不仅数量规模稳定增长,而且教师年龄结构、学历结构、职称结构等整体基本面上也有了较大程度改善。

(一)专任教师数量有明显增长

2015年,各级各类民办学校(园)共有专任教师28 813人,比2013年的26 680人增加了1 933人,增长了6.7%。2013年,各级各类民办学校(园)专任教师占全市各类普通学校专任教师总数的18.54%,到2015年,这一比例上升为19.53%。这反映出民办教育已经成为上海教育事业的重要组成部分,成为上海教育事业发展的重要增长点。

分学段来看,民办中等专业学校和民办职业高中学校专任教师变化不大,民办小学由于进城务工人员子女学校减少导致专任教师有一定数量的下降外,其他学段专任教师都增长较快。2015年,民办普通高校共有专任教师4 461人,比2013年增加了489人;民办普通中学共有专任教师6 246人,比2013年增加了844人;民办幼儿园共有专任教师10 353人,比2013年增加了1 071人(见表1)。

表1　近三年各级各类民办学校(园)专任教师数　　　　　　　　　　单位：人

年份 类别	2013	2014	2015
民办高等学校	3 972	4 041	4 461
民办中等专业学校	45	49	51
民办职业高中学校	36	41	41
民办中学	5 402	6 016	6 246
民办小学	8 141	8 176	7 661
民办幼儿园	9 284	9 689	10 353

数据来源：《上海统计年鉴》(2014—2016年)。

从师生比角度看,民办普通高校和民办幼儿园三年间基本稳定,民办普通高校师生比2015年为1∶22.44,2013年为1∶22.23,自2011年以来,上海市民办高等院校的生师比基本稳定在22—22.5(见表2);民办幼儿园师生比因入园儿童增多有所下降,2015年为1∶16.26,2013年为1∶15.86。其他各学段民办学校的师生比都有不同程度的优化。如民办普通中学的师生比2015年1∶11.83,2013年为1∶13.92;民办小学的师生比2015年为1∶18.2,2013年为1∶20.53。

表2　近三年来各级各类民办学校师生比变化情况

年份 类别	2013	2014	2015
民办高等学校	22.23	22.8	22.44
民办中等专业学校	29.91	24.49	25.49
民办职业高中学校	37.8	34.15	26.83
民办中学	13.92	12.37	11.83
民办小学	20.52	19.08	18.2
民办幼儿园	15.86	15.48	16.26

数据来源：《上海统计年鉴》(2014—2016年)。

(二)专任教师年龄结构渐趋合理

从近三年民办学校发展来看,各民办学校改变了以往大量聘任公办退休教师的状况,专任教师的年龄结构渐趋合理。以民办高校为例,自2010年以来,上海市民办普通高等院校35岁以下的青年教师所占比重逐渐降低,36—45岁的教师所占比重逐年增加。45岁及以下的青年教师占全体教师的65%左右,且这一比例也呈现出逐年增长的趋势。46—65岁以上的教师所占比重逐渐降低,由2010年的27%降到了2015年的24%。66岁及以上的教师基本稳定在8%左右(见图1)。

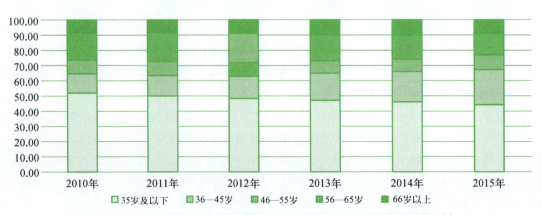

图1　2010—2015年上海民办高校专任教师的年龄结构及变化趋势(%)

（三）专任教师职称结构得到优化

在教师职称构成上,初级职称所占比例近年下降,而中级及以上职称所占比例逐年提高。以上海民办普通高等院校为例,2015 年,民办高校专任教师的职称以中级职称为主(40%),其次是副高级、初级、无职级和正高级。从发展趋势上来看,2010—2015 年间,中级职称占比从 2010 年的 32% 提高到 2015 年的 40%。初级职称占比则由 2010 年的 25% 降低到 2015 年的 19%。此外,无职级、副高级和高级职称的比例基本持平,其中高级职称的比例稳定在 8% 左右(见图 2)。

图 2　2010—2015 年上海民办高校专任教师的职称结构及变化趋势(%)

（四）专任教师硕博士学历比重有所提升

从学历结构上看,民办学校专任教师受教育年限逐步提高,其中,具有硕士和博士学历的专任教师所占比例有所提升。以上海市民办普通高等院校为例,2010—2015 年间,上海民办高校专任教师中,取得博士学位的专任教师比例,由 2010 年的 4% 提升到 2015 年的 7%;取得硕士学位的专任教师比例,由 2010 年的 43% 提升到 2015 年的 52%。与此相对的是,具有本科学位的专任教师所占比例则逐年下降,由 2010 年的 49% 下降到 2015 年的 37%,下降了 12 个百分点(见图 3)。

图 3　2010—2015 年上海市民办高校专任教师的学历结构及变化趋势(%)

二、加强上海民办学校教师队伍建设的政策措施

加强民办学校师资队伍建设,提高民办学校教师专业水平,一直是上海民办教育政策关注的重点之一。宏观层面,自《上海市中长期教育改革和发展规划纲要(2010—2020 年)》颁布以来,上海不断加强民办学校教师队伍建设的整体谋划,力图建立长效发展机制;中观层面,从社会保障、职称评聘、晋升评

优及专项支持等方面加强统筹,同时,鼓励民办教育协会、基金会等第三方力量关注民办学校教师队伍建设,营造一个公民办学校教师公平的发展环境;微观层面,针对不同层次的民办学校教师,实施了多种类型的促进民办学校教师专业发展的专项工程,同时也积极引导民办学校自身采取有效措施,加强师资队伍的培养、培训。

(一)整体谋划,长效发展

如果说《上海市中长期教育改革和发展规划纲要(2010—2020 年)》拉开了民办学校师资队伍建设整体谋划的序幕的话,那么,《上海市民办教育发展"十三五"规划》和《上海市教师队伍建设"十三五"规划》则构建了民办教育教师队伍建设的蓝图。

1. 以项目建设为基础,促进民办学校教师专业发展

《上海市中长期教育改革和发展规划纲要(2010—2020 年)》在"办学体制改革"中,强调要改善民办教育发展的政策环境,保障民办学校教师和学生的合法权益,依法落实民办学校办学自主权。在相关民办学校教师队伍建设制度完善方面,着重推出了三项重大工程项目建设。

第一是加强教师和校长研修基地建设。建设由若干所高水平大学、教育培训机构组成的校长、骨干教师研修基地,培养一批引领基础教育改革和发展的名师、名校长。完善师资培训机构的教师教育发展功能,加强区县教师进修学院建设。

第二是实施职业院校教师教学实训能力提升计划。构建中高职"双师型"教师队伍培养体系,建立若干个培训实践基地。建立职业院校教师培训制度和社会实践制度,保证教师至少每三年参加一次专业培训和到企业进行一次挂职锻炼。

第三是实施高等学校骨干和领军人才培养计划。设立专项资金,资助优秀青年教师赴国内外一流高等学校、研究机构和大型企业,师从一流学者专家,开展访学和研修。

2. 落实制度要求,健全民办学校教师保障培养体系

为落实上海中长期教育纲要和"十三五"规划,上海市教委实施了一系列工程,建立健全民办学校教师保障培养体系。主要包括以下内容。

首先,健全民办学校教师保障体系。规定探索教师收入保障机制,引导鼓励民办学校建立教师收入与学费收入动态增长机制;探索建立民办学校骨干教师从教奖励激励制度。

其次,成立民办高校教师专业发展中心,为民办高校教师提供发展平台。

再次,完善民办学校教师培养机制。发挥上海市民办高校教师专业发展中心等机构专业作用,加强民办学校骨干教师和管理人员培养力度,优化民办高校教师培训机制,提高教师教学科研、行政管理水平,促进教师队伍专业发展。

专栏1　上海民办高校教师专业发展中心的主要职能

上海民办高校教师专业发展中心的工作目标是构建民办高校教师专业发展长效机制,建立民办高校教师专业发展学习共同体,提升民办学校师资队伍整体水平。中心的主要职能包括制定民办高校教师专业发展计划,实施民办高校"强师工程"培训项目,开展民办高校教师队伍国际交流,为民办高校教师队伍建设提供各类服务和决策咨询等。

资料来源:《上海市教育委员会关于成立上海市民办高校教师专业发展中心的通知》。

3. 总体布局,搭建民办学校教师长效发展机制

《上海市教师队伍建设"十三五"发展规划》中强调,坚持终身发展理念,完善教师培养培训体系。

首先,建立健全教师专业发展的长效机制。完善教师专业发展工程领导小组的运行机制,探索形成

例会制度,研究上海教师队伍建设的重大事项,协调工作推进中碰到的重大问题。其次,完善教师培训制度。根据不同专业发展阶段、不同岗位、不同区域教师的特点与需求,形成分层、分类、分科(专业)提供培训项目与培训课程的工作机制。搭建教师各个发展阶段的市级展示平台,完善和健全在职教师岗位成长机制。再次是加强教师培训机构功能建设。推动上海市师资培训中心逐步成为全市各级各类学校教师教育的政策研究、业务指导、项目实施与服务管理的专业机构。加强民办高校教师专业发展中心和各分中心建设,为民办高校教师提供培训、研修、实践的平台。

(二)加大统筹力度,保障公平待遇

在民办学校师资队伍建设宏观政策的总体指导下,上海市教委推出了系列举措,以保障民办学校教师公平待遇为落脚点,加强统筹力度,切实把宏观政策落到实处。

1. 落实民办学校教师在职称评定等方面的同等待遇

建立统一的中小学(含幼儿园、中等职业学校)教师职称评聘制度,保障民办学校教师在职称评定、奖励表彰、项目申报、在职培训等方面享有与公办学校教师的同等待遇。破除民办学校教师在职称评聘和奖励表彰等方面与公办学校教师之间存在的障碍,为民办学校加强师资队伍建设提供了基础保障。

2. 完善民办学校年金制度,提高民办学校教师退休后待遇

从 2009 年始,上海市首先在民办高校中实行教师"年金制",然后推广到全市所有民办学校。到目前为止,全市所有民办高校和大部分民办中小学均建立起教师年金制度,缩小民办学校教师与公办学校教师退休待遇的差距。《上海市教育综合改革方案(2014—2020 年)》和《上海市民办教育发展"十三五"规划》都强调要完善民办学校教师"年金制"。

3. 积极推进民办学校师资队伍各项重大工程建设

从 2012 年开始,上海每年投入 2 000 万元用于民办高校"强师工程"建设,委托上海师范大学作为"强师工程"教师培训项目的实施单位之一,主要对象是全市民办高校专职教师,尤其是中青年骨干教师。目前,这一项目仍在实施中。

民办高校"强师工程"是《上海市中长期教育改革和发展规划纲要(2010—2020 年)》"十大工程"中"教师专业发展工程"的组成部分。"强师工程"包括两个核心内容,一是开展教师培训。培训以培养提升民办高校教师专业发展能力和职业道德素养、提升民办高校行政工作人员教育教学管理能力为目标,培训对象以民办高校青年教师和教学行政管理人员为主。二是采取有效措施切实提高民办学校教师待遇。

专栏 2　2016 年上海民办教育发展专项资金对民办高校教师的资助情况

入选"上海高校青年教师培养资助计划"的教师,重点推荐人选资助标准为自然科学不超过 5 万元/人,人文社会科学不超过 4.5 万元/人;一般推荐人选资助标准为自然科学不超过 4 万元/人,人文社会科学不超过 3.5 万元/人。对参加"强师工程"培训的优秀学员在原资助标准上另行增加 1 万元/人。

入选"上海高校中青年教师国外访学进修计划"的教师,高级研究学者资助标准为不超过 15 万元/人,访问学者资助标准为不超过 10 万元/人,核心课程进修资助标准为不超过 5 万元/人。

入选"上海高校青年骨干教师国内访问学者计划"的教师,在上海高校访学的资助标准为不超过 4.5 万元/人,在其他省市高校访学的资助标准为不超过 5 万元/人。

入选"上海高校教师产学研践习计划"的教师,资助标准为不超过 5 万元/人。

支持民办高校开展上海市"海外名师"项目。学校应给予每位入选名师每学年不少于 20 万元人民币的经费支持。

资料来源:上海市教育委员会《关于拨付 2016 年度　上海市促进民办教育发展专项资金(民办高校内涵发展类)的通知》。

（三）多方参与，创造条件

加强民办学校师资队伍建设，仅靠政策推动是远远不够的，还必须发挥第三方机构的功能和作用，调动它们参与的积极性和主动性。因为第三方组织能够更有效地利用社会资源，可以为民办学校教师队伍专业发展创造更大空间。从目前实际来看，在促进民办学校教师专业发展方面起了重要作用的主要是第三方组织主要有上海民办教育协会和上海民办教育发展基金会。

1. 创设民办学校教师课题研究平台

上海民办教育协会自2013年开始，每年以招标或委托形式，向全市民办学校和相关研究机构发布系列研究项目。凡是中标或委托的个人或机构，协会都给予最低不少于1万元的资助。为保证项目研究质量，提高研究人员专业水平，对中标或委托的每个项目，协会实行项目中期检查制度和结项评审制度。无论是中期检查，还是终期结项评审，专家都会给课题负责人和参与人提出中肯的意见和建议。上海民办教育协会创设的这一平台，已经成为民办学校教师提高理论研究水平、提高专业素质的一条重要途径。

2. 基金奖励和资助

2014年8月，上海成立了民办教育发展基金会。基金会章程把"提高民办学校教师教学科研和提高待遇"作为自己的业务范围之一。为了提高民办学校教师的教学科研水平，基金会针对民办中小学和幼儿园教师设立了"萌芽计划"，针对民办高校设立了"民办高校优秀辅导员"项目。

"萌芽计划"是提升民办中小学和幼儿园教师科研能力的专门资助项目，上海市民办教育发展基金会设立"萌芽计划"的目的，就是为了提升民办中小学和幼儿园教师的反思、创新意识和科研能力。全市所有民办中小学和幼儿园中，40周岁以下、任职3年以上，有一定研究能力与发展潜能的中青年教师都有机会参加"萌芽计划"，经过评选，凡是入选的项目，基金会都给予课题项目负责人资助。"萌芽计划"成为促进民办中小学和幼儿园教师专业成长、发展的又一平台。

三、上海民办学校教师队伍建设存在的不足及主要障碍

上海教育主管部门促进和推动民办学校师资队伍建设的系列政策和措施的制定和实施，加上第三方组织的积极参与，不仅为上海民办学校教师稳定发展创造了良好的制度环境，而且使民办学校教师队伍的整体水平有了较明显提高，教师队伍初步呈现良性发展的格局。不过，上海民办学校教师专业发展上仍存在不少障碍，正因为这些障碍的存在，使得现有教师队伍难以承担起建设有特色、高质量的上海民办教育的重任。

（一）上海民办学校教师队伍建设中存在的不足

1. 师生比普遍高于同级同类公办学校

经过三十多年发展，上海绝大多数民办学校都拥有了一支数量基本能够满足日常教育教学工作需要的专任教师队伍，但与公办学校相比，生师比普遍偏高。从普通高等学校、中小学和幼儿园四个学段的生师比情况来看，与全市平均水平最接近的是民办普遍中学。2015年，民办普通中学的师生比为1∶11.83，全市平均水平为1∶10.37；与全市平均水平差距最大的是民办高校，2015年民办高校的师生比为1∶22.44，全市平均水平为1∶12.3；民办小学和民办幼儿园2015年的师生比与全市平均水平的差距相当，民办小学师生比为1∶18.2，全市平均水平为1∶15.27，民办幼儿园师生比为1∶16.26，全市平均水平为1∶14.64（见表3）。

表3　近三年上海市各学段学校生师比情况

类别 \ 年份	2013	2014	2015
普通高等学校	12.53	12.48	12.3
中等专业学校	19.23	16.13	15.08
职业中学	11.57	9.71	8.29
普通中学	11.28	10.8	10.37
普通小学	15.91	15.59	15.27
幼儿园	15.23	14.41	14.64

师生比的差距,一定程度上可以反映出各学段民办学校的办学质量。民办普通中学的师生比最接近全市平均水平,上海民办初级中学的办学水平普遍较高;民办高中质量不高,这与公办高校的强大有直接关系。民办小学和民办幼儿园的师生比与全市平均水平接近,上海也出现了一定数量高水平的民办小学和民办幼儿园。民办高校师生比与全市平均水平差距最大。

2. 高水平师资紧缺

人才困境是造成上海民办学校特色发展效果不显著、办学质量不高的主要原因之一,这种现象在上海民办高校中尤为突出。与全国民办高校情况类似,上海民办高校师资队伍整体水平不高,具体表现在聘任"老龄"校长、使用过量兼职教师(很多学校忽视专职教师队伍建设,兼职教师比例多达40%),以及维持最低生师比(生师比20∶1,辅导员配比200∶1)等等。

有调查显示,国内民办高校校长60—69岁的比例为38.3%,70岁以上的比例为1.1%;而上海民办高校校长60—69岁的比例为68.8%,70岁以上的比例为6.3%,这意味着,上海民办高校校长老龄化更为严重,某种程度上,适合民办体制的、年轻有为的职业校长人才紧缺(见图4)。

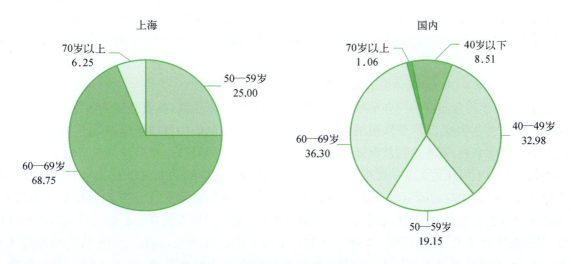

图4　国内及上海民办高校校长年龄分布对比情况(%)

调查数据表明,高水平师资缺失是限制民办高校发展的核心问题。上海民办高校中,教师中拥有副高及以上职称的比例仅为8.7%,其中还包括大量从公办高校退休的返聘教师,而全市高校教师拥有正高职称的比例是16.9%,拥有副高职称的比例是41.43%,全市高校高级职称教师平均比例是民办高校的5倍之多(见图5)。上海民办高校只有3.36%的教师拥有博士学位,远远低于全市高校教师拥有博士学历平均水平41.71%。

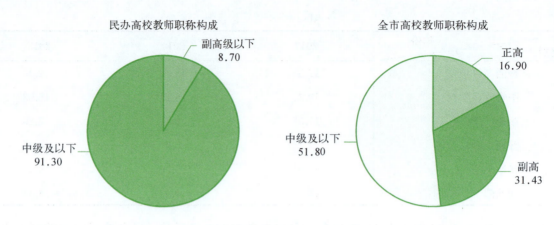

民办高校教师职称构成　　　　　全市高校教师职称构成

图5　民办高校教师职称构成(％)

数据来源：上海教育统计年鉴。

3. 流动性大，师资队伍不稳定

专职教师队伍现状，是一所学校办学水平标志性指标。仅从数量上看，上海民办学校的教师队伍达到了相当规模，外聘兼职教师所占比例逐年下降。然而，师资队伍流动性大却成为制约民办学校特色建设、高质量发展的主要障碍之一。

从职业生涯成长的规律来看，随着教龄增长，每位教师的教育教学科研能力会不断得到提高，职称也会得以提升，慢慢地会成长为学校教学、管理和科研的骨干力量，能够为学校建设和发展作出更大更多贡献。然而，不少民办学校教师的职业生涯在走到某一阶段后，这一成长轨迹会发生偏离，这种现象通常发生在教师获得高级职称后。民办学校中，不少教师在通过高级职称评审后，就会积极寻找机会转向公办学校、事业单位或其他更能实现其个人价值的地方寻求发展。在民办高校，一些紧缺专业的教师，甚至在评上中级职称后，就寻求机会离开学校。目前，有些民办学校管理者认为，民办学校现在已经成为公办学校教师的专门培养基地。高水平骨干教师的不断流失，已经成为影响民办学校发展的重要因素，这种现象的存在，也极大地挫伤了民办学校培养专职教师的积极性。

4. 校际间发展不平衡，两极分化现象加剧

一般来说，办学质量越高的民办学校，其师资队伍的整体水平也高，师资队伍的各项指标也越好；而办学质量越差的民办学校，其师资队伍的整体水平也越差，师资队伍的各项指标也低于办学质量高的学校。从师生比角度来看，既有达到甚至低于许多公办学校的民办学校，也有高过全市平均水平的民办学校。如兴伟学院和上海纽约大学的师生比较高，每位专任教师对应的学生在6人以内，而济光职业技术学院和思博职业技术学院的师生比较低，每位教师对应的学生在30位以上。从高级职称方面来看，既有每年能评出数名正高职称、十几名副高职称的民办学校，也有历年都没有一名教师申报高级职称的民办学校；从薪酬方面来看，既有教师人均年收入超过9万元的民办学校，也有人均年收入刚刚过4万元的民办学校；既有保障方面投入较大、人均缴纳年金超过万元的民办学校，也有人均缴纳年金数只有2 000元，甚至至今不为教师缴纳年金的民办学校。

这些情况表明，经过三十多年发展，上海民办学校办学条件、办学水平发生了较大变化，民办学校之间发展越来越不平衡。一些民办学校乘着政策鼓励和扶持的东风，不断加大师资建设方面的投入，师资队伍不断优化，办学水平不断提高，学校也因此步入良性循环的发展格局；而一些民办学校则困难重重，甚至连教师的基本权利都难以保障，导致学校对教师的吸引力越来越小，人才不断流失，学校发展举步维艰。目前，民办学校的两极分化现象已经成为影响上海民办教育整体事业稳定、

持续发展的不良因素之一。

（二）制约上海民办学校教师队伍建设的主要障碍

目前，上海民办学校教师队伍建设出现的诸多问题中，有一些与民办学校自身的因素有密切关系。主要表现在以下三个方面。

第一，管理理念出现偏差，缺乏对教师的人性关怀。一些民办学校为了强化教师队伍的管理，突出和彰显学校从严管理的文化，引入的管理理念缺乏对教师应有的人性关怀。如有的民办学校把企业中"职业经理人"理念引入学校教师管理中，把学校教师完全等同于企业员工；而有的民办学校则对教师采取军事化式管理，严格限制教师的各项自由。这类管理短期内可能取得非常理想的效果，也能取得较大的社会效应，但从长远角度看，由于忽略了不同职业之间的区别，难以得到教师认同。特别是长期的严格管理容易造成教师对所从事工作的倦怠感。

第二，薪酬待遇低、工作压力大，职业缺乏内存吸引力。近年来，虽然政府职能部门逐步放宽了民办学校收费管理，使民办学校收费水平有了较大幅度增长，但还远远跟不上政府公共财政对公办学校投入的增长水平。现阶段，民办学校收入除了学杂费外，缺少诸如捐赠等其他形式的渠道，民办学校为了降低办学成本，只能缩小教师薪酬的增长幅度。而这一安排造成民办学校教师的收入水平与同级同类公办学校教师的差距越来越大，导致民办学校教师这一职业的吸引力不断缩小。以上海民办高校教师的收入为例，2012 年年检结果显示，全市 19 所民办高校中教师人均年收入 9 万以上的学校只有 1 所，7 万—9 万的学校也只有 1 所，5 万—7 万之间的有 8 所，3 万—5 万之间的有 9 所，虽然近些年各校都较大幅度提升教师待遇，但其薪金水平与同类公办高校相比仍不具竞争力。另外，同样由于为了节约办学成本，民办学校教师都是超负荷工作，与公办学校教师相对，其工作量要大很多。一方面是收入普遍低于公办学校教师，另一方面工作量又远超公办学校教师，因此，不少教师对工作缺乏激情，厌倦、沮丧情结存在。

第三，教师结构不合理，影响职业成长。民办学校师资队伍结构中，占比最大的为中青年教师，而且多数为中级及以下职称。年轻教师虽然有朝气、有热情，专业理论知识也较新，但社会阅历浅、教学实践经验不足，如果不对他们进行系统的专业培训，不安排有经验的导师对他们进行传、帮、带的话，他们的努力付出可能得到不理想的成绩，长期如此，就容易造成他们难以取得成功的工作体验，最终动摇他们对职业甚至对自身的信心。

四、推进上海民办学校师资队伍建设的建议

教师是学校教育发展的关键，只有拥有一支高水平的教师队伍，才能保证学校高质量、有特色发展。目前，影响和制约民办学校教师队伍建设的障碍是由多方面因素造成的，因此，解决问题的路径必须多管齐下、多措并举。总体思路是：紧扣同等法律地位，在法律许可的范围内，加大改革创新力度，使同等法律地位成为一种可让教师看得见、摸得着的地位；统筹规划，大幅提升民办学校教师社会保障水平；在此基础上，有针对性地制定具体措施，增强民办学校教师职业发展能力，促进民办学校师资队伍建设上一新台阶。

（一）深化教师身份管理制度改革，实现教师身份的完全统一

实现民办学校教师与公办学校教师身份上的平等，是落实教师公平待遇的核心。鉴于事业单位人事制度改革仍处于探索完善阶段，因此，解决民办学校教师平等身份同样需要一个过程。然而，不管这个过程怎么变化，改革的最终目标是实现民办学校教师与公办学校教师由单位人向社会人的

过渡。

在过渡阶段上,完善民办学校教师年金制,最大限度地缩小民办学校教师退休后与公办学校教师之间的养老保障待遇差距。为此,需要做好以下工作:制定专门施办法,统一标准;加大统筹力度,学校和个人共同承担年金费用,政府专项大力扶持;加强监督,专户管理;明确年金支出和转移条件,增强教师年金制的可操作性和适应性。

在最终措施上,实现民办学校教师与公办学校教师身份上的统一,即同为社会人,不因所任教的学校性质不同而在养老保险待遇上有差别。具体做法如下。

(1)制定统一的教师准入制度,从事教育职业必须具有符合国家规定条件的教师资质。

(2)建立公办学校和民办学校教师统一的人事代理平台。凡是从事同级同类教育职业的教师,其人事关系都由这一平台进行管理。

(3)明确教师参加社会保险的类别和标准。凡具有政府规定的教师资质条件,实际又从事教育工作岗位的教师,都按统一的标准参加社会保险。

专栏3　英美日三国教师社会保障制度的借鉴意义

英美日三国对教师采取严格的资质认证制度,对教师的资格认定、聘用与管理都由政府主管,对于经过政府认证的具有从事教育职业的教师,无论其属于公立学校还是私立学校,均赋予其"准公务员"或"公务雇员"的身份,参照公务员的标准享受法律规定的社会保障待遇。

资料来源:孙锦明,谢小连.英美日三国教师社会保障体制比较及其借鉴意义[J].外国中小学教育,2006(3).

(二)完善教师管理制度,畅通公办民办学校教师之间流通渠道

促进民办学校教师队伍建设,提高教师整体水平,不是通过封堵民办学校教师后路的方式,恰恰相反,政府职能部门应打通公办民办学校教师之间融通的渠道,放开民办学校和公办学校教师进出门槛,让民办学校教师有更多选择的权利和自由,也让民办学校有更多的机会和途径吸纳优秀人才。为此,必须进一步改革现行教师人事管理制度,打破现有体制壁垒需要一个过程,不过,改革的最终目标是建立一套全覆盖、全方位的教师人事代理制度。

现阶段,上海市区两级政府应建立和完善覆盖各级各类民办学校的教师人事代理机制,设立民办学校教师人事管理服务中心(事业单位性质),根据全口径在校学生人数,核定民办学校编制数量,参照公办学校"局聘校用"方式,将符合规定条件的民办学校教师统一纳入到"服务中心"管理平台。

最终建立一套覆盖全市所有学校教师的教师人事代理机制,将全市所有符合规定条件的教师统一纳入"管理中心"管理平台,使其从"单位人"变为"社会人",所有教师适用同一口径办理养老保险,从而彻底解决民办学校教师与公办学校教师的平等身份问题。

(三)打破壁垒,针对不同阶段民办教育实行不同的教师专业发展策略

目前,民办教师专业化发展主要存在两大壁垒,一是基础教育阶段民办公办学校教师之间交流渠道不畅通,二是民办院校教师与行业、企业技师交流渠道不畅通。因此,要针对不同阶段民办学校的不同特点,建立一套与不同阶段民办学校教师相适用的专业化培养和发展模式。

对基础教育阶段民办学校,应着力于整体提升教师的专业化水平,实施"基础教育阶段民办学校教师专业水平提升工程",可以在民办质量较好的民办初中率先试点,设立"民办初中教师专业发展专项资助资金",在五到十年内,全市民办初中专任教师学历提升到教育专业硕士层次。在试点成功的基础上,向全市所有基础教育阶段民办学校推进。

对高等教育阶段的民办学校,适应民办高等院校向"适用型、应用型、职业型"院校转型发展的需要,推行"双师、双能型教师"培养计划。为此,要发挥政策的导向功能,鼓励民办院校发挥专业技术优势,直接与具有较高资质和较大社会品牌的行业、企业联合举办实体产业,实现职业院校与行业、企业的深度融合,将学业专业与行业、企业的整合程度作为学科专业建设的一项重要指标,让专业教师有更多机会直接参与行业、企业的生产与管理,让行业和企业的技术人员直接参与学校实施性教学计划制定、课程开发和学生考核,促进职业院校教师角色的根本转变。

(四)完善服务机制,提高专项经费使用效率

依托公办高校或教育专业研究机构资源优势,由上海市教育主管部门牵头,行业协会和民办学校共同参与成立上海民办学校教师发展中心。在中心内部,根据学段设立各级民办学校教师发展分中心;在分中心内部,根据科学发展实际和重点科学发展需要,设立学科类民办学校教师发展专业委员会。由中心指导和监督分中心的工作,分中心指导和监督学科专业委员会的工作。由分中心和学科专业委员会制定民办学校教师成长和专业发展规划,经中心审核通过后,报上海市教育主管部门备案后,委托培训中心实施。

实行专项培训经费拨付与民办学校教师培训项目和费用相结合的管理办法,倒逼民办学校加强师资队伍的培养力度。政府教育主管部门根据各民办学校教师专业培训的水平和程度,提供民办学校教师培训相应的资助额度,营造民办学校之间师资培训方面良性竞争的环境,提高民办学校教师专项培训经费的使用效率。

(执笔人:谢锡美)

上海民办院校专业设置状况

专业设置是高等院校面临的一大重要问题,它直接影响着高校培养目标,并在一定程度上决定了劳动力市场各类人才供给类型与结构。对于民办高等院校而言亦是如此,专业设置是其立学之本,是体现其办学特色的主要载体,是保证民办院校在高等教育市场竞争中取得一席之地的关键。具有办学特色的民办院校往往以建设特色专业开始,而且专业建设连接教学、科研和社会服务各个环节。

目前,上海民办高等院校在迎来其发展机遇的同时也面临着一系列挑战,正处于"发展转型期"。虽然民办高等院校发展迅速,但是在高等教育市场竞争中遇到了很大挑战。研究显示,除资金短缺、生源质量以外,专业设置等方面的问题也直接影响了上海市民办高等院校的可持续发展。因此,本专题从现实指导角度出发,开展对上海民办高等院校专业设置的分析并寻求对策以促进上海市民办院校优化专业设置。

一、上海民办高校专业设置及其调整情况

截至 2015 年,上海现有民办普通高校 19 所(不含上海纽约大学),其中实施本科层次教育的民办高校 6 所(含 2 所独立学院),实施高职高专层次教育的民办高校 13 所。至 2015—2016 学年末,上海共有民办普通高校在校学生 10.59 万人,占全市普通高等学校在校生人数的 20.58%。上海民办高校以较低的成本培养了大批建设人才,开拓了更大的教育投资和消费市场,盘活了教育资源,加速了建立学习化城市的进程,整体上推进了全市教育事业改革发展。

(一) 本科院校专业设置及调整情况

2013 年,上海有上海视觉艺术学院、上海建桥学院、上海杉达学院、上海师范大学天华学院,以及上海外国语大学贤达经济人文学院等 5 所民办本科院校,2014 年上海兴伟学院升格为本科院校。因而,到 2016 年,上海市民办本科层次的高等院校数量由 2013 年的 5 所增加至 6 所。

1. 上海民办高校本科专业已具备一定规模

从专业设置来看,2015 年,上海民办高等院校开设的本科专业已经形成了具有一定规模的高等教育专业机构体系。如表 1 所示,上海 6 所民办本科院校共开设 73 个专业,这 73 个专业涵盖 28 个学科种类、9 个学科门类。与普通高等学校本科专业目录对照可以发现,上海民办本科院校所涉及的一级学

科占该 9 个学科门类下一级学科总量的 33.73%,所开设专业也达到了该 9 个学科门类下专业总量的 22.77%。6 所民办本科院校的专业布点总数达 123 个,除上海兴伟学院之外,另外 5 所民办本科院校的专业布点呈现出规模化趋势,平均每所学校的专业数为 24.2 个。其中布点最多的学科是管理学和文学,其次是工学和艺术学。

上海民办本科院校开设的 73 个专业中,重复度最高的是英语专业,达 83%(6 所本科院校中有 5 所开设此专业);其次是环境设计、旅游管理、日语、视觉传达设计、数字媒体艺术专业,重复度达 67%(有 4 所学校开设此专业);开设重复度达 50% 的专业有 6 个;开设重复度达 33% 的专业有 18 个,另外 43 个专业均只在一所院校内开设(见表 1)。

表 1 　 上海民办高校本科专业的基本情况①

学科门类	一级学科		专 业		专业布点		招生数	毕业生数	在校生数
	数量(个)	比例(%)	数量(个)	比例(%)	数量(个)	比例(%)	(人)	(人)	(人)
法 学	1	16.67	1	7.69	2	1.63	133	130	569
工 学	7	22.58	18	17.14	27	21.95	2 550	1 497	9 139
管理学	6	66.67	15	46.88	28	22.76	3 051	2 442	11 721
教育学	1	50.00	4	30.77	5	4.07	747	531	2 461
经济学	2	50.00	3	30.00	6	4.88	992	769	4 067
理 学	1	8.34	1	3.57	1	0.81	67	35	248
文 学	3	100	14	20.29	28	22.76	1 977	1 927	8 596
医 学	2	18.18	2	7.69	3	2.44	266	80	912
艺术学	4	80	15	51.72	23	18.70	1 626	1 307	5 984
总 计	27	33.73	73	22.77	123	100	11 519	8 718	43 906

注:数据来源于课题组内部资料,下同。

2015 年,上海民办高校本科专业共招生约 0.9 万名,毕业生数量约为 1.2 万名,在校生共有 4.4 万名。通过在校生的学科门类构成情况(见图 1),可以发现,在校生数量占据前三的分别是管理学(27%)、工学(21%)和文学(19%),接下来是艺术学、经济学和教育学,医学、法学和理学的学生人数相对较少。从专业布点来看,上海民办本科院校的每个专业布点上平均有 354 名学生。

2. 近年上海民办高校新设本科专业以艺术学、工学和文学为主

2013 年,上海民办本科院校共开设 73 个专业,2014 年专业数量下降至 71 个,到 2015 年,上海民办本科专业数量达到 74 个(见图 2)。从专业开设情况来看,对照

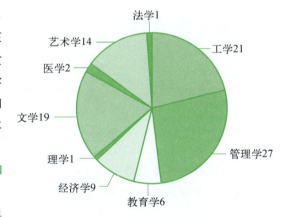

图 1 　 2015 年上海市民办高校本科生的学科门类构成(%)

2013 年,截至 2015 年,上海民办本科院校共新设了物联网工程、教育学和食品质量与安全 3 个本科专业,分别对应工学和教育学两大学科门类。

就上海三大产业结构来看,2015 年第三产业增加值占全市生产总值的比重达到 67.8%。因而,上海市新增民办本科专业主要对应第三产业的发展。

① 本表格中比例的计算分别是上海市民办高校该学科门类下开设的一级学科和专业的数量与普通高等学校本科专业目录中该学科门类下的一级学科和专业的总数的比值。

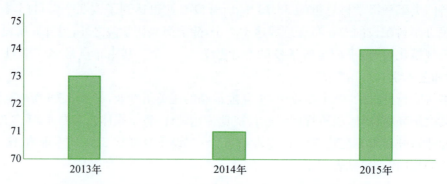

图2　2013—2015年上海市民办高校本科专业数量发展趋势(个)

(二)上海市民办高校专科专业设置及调整情况

1. 上海民办高等院校专科专业形成了较为齐全的职业教育专业结构体系

将开设专科专业的本科院校包含在内计算,2015年,上海共有15所开设专科专业的民办高等院校。这15所民办高等院校共开设112个专科专业(占普通高等学校高等职业教育专业数量的15%),可归类到16个专业大类(占普通高等学校高等职业教育专业大类的84%),44个专业类(占普通高等学校高等职业教育专业类的44%)下,共形成共有305个专业布点(见表2)。其中物流专业的开设重复度是最高的,15所民办高等院校中有13所都开设了物流专业,重复度达到了87%。其次是会计专业,其专业开设重复度为67%。重复度排列第三位的是国际商务和机电一体化技术,专业开设重复度为60%。此外,2015年上海民办专科专业有25个是独一无二的。

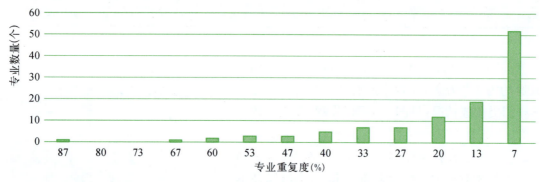

图3　2015年上海市民办高校专科专业重复度的频数分布

上海民办专科专业涉及的16个专业大类里,在专业布点数量上,财经商贸大类的专业布点最多,占到了所有专业布点数的24%(见表2)。

表2　上海市民办高校专科专业的基本情况

专业大类	专业类(个)	专业(个)	专业布点数	毕业生数(人)	招生数(人)	在校生(人)
财经商贸大类	8	19	72	3 937	5 995	15 977
电子信息大类	3	10	26	534	1 091	2 570
公安与司法大类	1	1	2	95	102	253
公共管理与服务大类	2	4	7	109	78	185
交通运输大类	2	4	8	181	382	1 005
教育与体育大类	1	10	34	1 593	2 278	6 203

续　表

专业大类	专业类 （个）	专业 （个）	专业布 点数	毕业生数 （人）	招生数 （人）	在校生 （人）
旅游大类	3	4	20	698	812	2 166
轻工纺织大类	2	3	6	72	148	307
生物与化工大类	1	1	1	10	0	22
食品药品与粮食大类	2	3	4	44	346	848
土木建筑大类	4	7	15	727	1 030	3 354
文化艺术大类	3	16	37	1 797	2 721	7 985
新闻传播大类	2	10	17	610	731	2 000
医药卫生大类	4	4	11	1 939	2 639	7 625
装备制造大类	5	14	43	1 453	2 006	5 436
资源环境与安全大类	1	2	2	116	303	796
总计	44	112	305	13 915	20 662	56 732

2015 年，上海民办专科共毕业 1.4 万人，招生 2.1 万人，在校生 5.7 万人。其中，财经商贸大类的毕业生数、招生数和在校生数在所有专业大类中都是最多的，分别占到毕业生总量、招生总量和在校生总量的 28.29%、29.01% 和 28.16%。在校生规模中，文化艺术大类、医药卫生大类、教育与体育大类和装备制造大类的在校生规模也都超过了 0.5 万人（见图 4）。此外，需要注意的是，财务管理、房地产经营与估价、航空机电设备维修、社区管理与服务、应用化工技术等 16 个专业的招生数为 0。

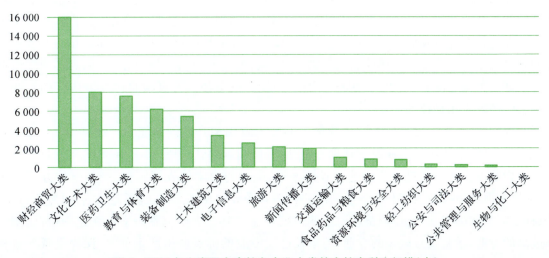

图 4　2015 年上海民办高校各专业大类的在校专科生规模（人）

2. 近年上海民办高校专科专业数量呈现出下降趋势

2013—2015 年间，上海民办高校专科专业数量出现了缓慢下降趋势，由 126 个降低至 112 个（见图 5）。2013 年上海中华职业技术学院停办，城市轨道交通控制、环境监测与治理技术、摄影摄像技术及营销与策划 4 个专业停办。与 2013 年相比，2014 年和 2015 年上海市民办高校陆续停办了表演艺术、社区康复、涉外事务管理、印刷技术、港口业务管理、国际贸易实务等 19 个专业，新开设了宝玉石鉴定与加工技术、物联网应用技术、新能源汽车技术等 5 个专业。

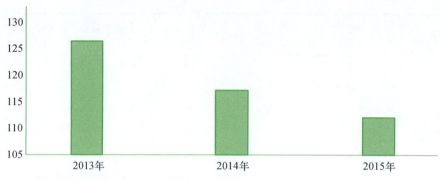

图5　2013—2015年上海市民办高校专科专业数量变化趋势(个)

(三)上海民办高校专业设置的共性特征

目前上海市民办高校专业设置主要表现出如下几个特征。

1. 面向市场,坚持就业导向

高等教育要适应地区社会经济发展的需求,高校的专业设置要与一定时期内的地区产业结构相匹配。高等教育始终面向生源和就业两个市场,上海市民办高等院校亦是如此。学生在选择专业时会考虑该专业的就业前景,因而,面对灵活的市场,以就业为导向,紧密联系上海产业结构的专业结构既侧重了就业市场的人才需求,也顾全了生源市场的需求。换言之,就业导向的专业设置体现了市场需求的内涵,也体现了人的可持续发展需求。

在面向市场上,从产业结构角度来看,目前三大产业对上海经济增长的贡献呈现了三、二、一的倒金字塔结构,第三产业的比例于2013年首次跨越了60%这一国际公认的重要水平线,标志着上海进入了以服务业为主的经济发展阶段。当前及今后一段时间内,上海优先发展现代服务业和先进制造业,以信息化为基础加快产业升级,促进二、三产业的融合发展,从而加快推进"四个中心"的打造,提升上海的国际竞争力。在这样的经济发展背景下,上海各民办院校主动对接区域产业发展,重点培育和发展了适应产业转型升级的学科专业建设。具体表现为第三产业有关的专业占了绝对比重,如对接第三产业的专科专业占全部专科专业的60%以上,物联网技术、新能源汽车技术等紧跟时代发展步伐的专业也开始为先进制造业培养应用型技术人才。

在就业导向下,上海民办高校强调培养学生的技术应用和开发创新能力。2013年,上海市教委印发《上海市普通高等学校本科专业设置管理实施细则》(沪教委高〔2013〕39号)(2017年修订),对公民办高校的专业设置工作进行了进一步规范。具体来说,鼓励符合学校发展定位、彰显学校办学特色的专业;能够支撑上海经济社会发展和服务上海战略性新兴产业的相关专业,包括尚未列入《专业目录》的新专业;填补上海空白的专业;经过调整或改造的传统专业。对于毕业生签约率和就业率过低、招生调剂录取率过高的专业,重复设置较多的专业,与本校已设专业的师资队伍严重重复、课程设置严重相似的专业等,预警专业要加强控制。

通过健全制度机制、完善课程体系、在人才培养规格上适应上海产业结构的调整升级需求等举措,上海思博职业技术学院卫生技术与护理学院新增护理(涉外方向)、护理(母婴方向)两大专业方向,就业态势良好。上海建桥学院根据产业发展和就业市场的变化需要,两年内累计增加了27个专业方向,如语言类专业与其他专业复合,日语增设航空服务、电子商务方向;英语增设国际乘务、英语教育、商务三个方向。信息技术学院与中兴合作,开设计算机科学与技术(智能机器人应用)、计算机科学与技术(云计算应用)、软件工程(移动互联网+)、数字媒体技术(虚拟现实)等专业方向。2016年中外合作发展到17个专业和方向,如航空机械维修(中美合作)、智能电子(中美合作)、智能制造—机器人(中美合作)、奢侈品营销与管理(中法合作)、电子商务网络工程(中日合作)等。通过对民办高校就业质量年报的数据进行分析,结果显示,上海民办高等院校毕业生的就业质量逐渐提升。2015 年,民办高校毕业生的整体就业率在 90% 以上,近六成的毕业生就业岗位与所学专业对口,毕业生的就业层次不断提高,就业方式更加灵活,毕业生收入水平呈现出增长趋势,近八成毕业生工作满意度和工作前景满意度较高。

专栏 1　上海震旦职业技术学院物联网应用技术专业建设

在全球经济一体化、科技与信息迅速发展的今天,国际化已经成为教育发展的趋势,也是职业教育适应经济发展和国家"走出去"发展战略的必然选择。上海震旦职业技术学院积极申报与美国加州浸会大学合作举办物联网应用技术专业高等专科教育项目。通过与浸会大学沟通联系,反复修改项目方案,该中外合作办学项目于 2015 年获上海市教育委员会批准和教育部核准。

培养目标:物联网应用技术专业旨在培养学生具有良好的思想品德、社会公德和职业道德,具有物联网工程布线、传感器安装与调试、自动识别系统的安装与调试和软件产品编辑能力;具有系统联调、工程验收、硬件设计与维修、软件编程与维护、实施方案设计、系统操作培训及项目现场管理等技能,能够进行物联网工程项目的运行维护、管理监控、优化及故障排除能力的应用型高技能人才。专业开设电子电路技术、JAVA 程序设计、数据库应用技术、动态网站开发技术、传感器应用技术、射频识别技术、网络综合布线技术、物联网技术综合应用等多门核心课程。

实践教学:已经建成"物联网技术实训中心",可进行物联网项目综合布线实训、传感节点实训、数据通信实训、应用程序实训、物联网项目综合实训等。学生在校期间经过培训与考试可获得高级多媒体制作员(三级),CAD(中级、高级),网页设计制作员(高级)、计算机网络工程师(中级)等多项职业资格证书。

就业领域:物联网技术是一个有着广泛就业前景的新兴专业。毕业生适应的主要行业和企业由海关物资监管、城市交通车辆识别和监管、自贸区各进出口自动识别设备和自动收费岗位,以及物联网设备安装、调试和维修等岗位。

资料来源:上海震旦职业技术学院网站。

2. 动态调整,凸显集群优势

上海民办高校在考虑到社会对人才需求的同时,还兼顾社会发展趋势及发展方向,因而具有动态连续性和灵活性。

上海建桥学院依据产业需求动态调整专业布局结构,根据人才需求导向调整人才培养方案,建设能力导向的人才培养体系。学校从扎根临港对接创新基地、立足前沿需求辐射长三角、专业重组紧追产业发展趋势三方面入手,调整专业布局,重点建设下列 7 个专业群:依托并服务于临港产业区现代装备和制造业的先进制造专业群,依托并服务于临港信息产业园的 IT 专业群,依托并服务于自贸区转口离岸业务的金融、贸易、物流专业群,依托并服务于迪士尼和国际休闲度假旅游区的休闲服务专业群,依托并服务于上海珠宝时尚产业的珠宝专业群,依托并服务于上海外向型经济的应用外语专业群,依托并服务于上海媒体行业的新媒体专业群。

3. 强化内涵,建设特色专业

通过继续积极推进重点专业建设(085)项目,连续举办"高职高专院校重点专业建设教学设计大比武"等专业建设的有力举措,上海各民办高校根据自身发展优势,初步形成了一些特色专业,举例而言,如英语特色专业:杉达学院的英语"特色"不以应试为目的,而是以提高英语综合应用能力和自主学习能力为目标,在教学和科研中探索和实践符合该校学生的教学模式,为社会培养具有语言技能、跨文化沟通技能和学习能力的人才;工商外国语学院根据上海社会经济发展对外语类技术技能型人才的需求和学校的专业优势,学校在一批基础条件较好、教学质量和就业率较高的专业中,遴选了应用英语、应用日语、应用德语、国际商务、文秘五个专业,定为特色专业进行重点建设,带动了其他相关专业协调发展,至2015年,基本形成了具有特色的"外语+模块"的人才培养体系。

又如上海工商职业技术学院重点建设机电、数控、汽车、微电子、电子信息和珠宝首饰设计与制作等特色专业,学生除了取得一张毕业证书外,还将获得三张"通行证",即外语、计算机和各类职业技能等相关证书;东海学院为适应闵行区建设动漫港的需要,加强动漫专业建设,充分利用上海交通大学、华东师范大学等高校的教师队伍、工程实训基地进行教学活动,依托紫竹高科技园区、航空公司等单位的资源实施实习活动,同时进一步加强国际合作,开展与澳大利亚昆士兰大学、英国东伦敦大学、日本福井大学的国际合作,联合培养高水平技术人员。上海电影学院的影视艺术、动画游戏等特色专业已经成为其优势专业,取得了丰硕成果,学院已发展成为一所艺术创作活跃、产学成果显著、办学特色鲜明的特色艺术院校。

4. 师资建设,带动专业发展

上海市民办高校通过师资队伍建设推进专业发展。2012—2016年间,上海市实施民办高校"强师工程"教师培训项目,该项目实施五年来,成效显著。五年中有500多人次来自国内外的专家学者为民办高校教师授课,有3 172人次的民办高校教师参加了各类培训,培训项目的种类涉及新教师入职培训、科研能力提升培训、学科专业类骨干教师培训、国外高校硕士研修项目、国外高校课程研修项目等20多项。另外,截至2017年9月,已经有91位教师获得了英美等发达国家著名高校的硕士学位;有64位教师开展了海外访学和课程研修等。此外,上海市民办高校教师专业发展中心还组织了三届民办高校教师教学技能大赛,一批优秀的教师在大赛中脱颖而出,成为民办高校的教学骨干,带动了民办高校的专业建设,推动了民办高校向有特色、高水平发展。另外,通过开展市级精品课程建设,上海杉达学院等四所民办高校建设有17个市级本科精品课程;思博职业学院等11所民办高校累计建设有超过80个市级专科精品课程。相应地,通过教师队伍建设和课程建设,上海民办高校的专业建设也得到了很大的提升。

二、上海民办高校专业设置的问题及成因分析

由于开设专业缺乏科学理念的指导、专业设置受到功利动因的驱使、专业设置调整决策机制不健全及专业设置供需环节信息不对称等因素,上海民办高校在专业设置上表现出了专业设置同质化、求大求全、调节机制不成熟等问题。具体表现为以下方面。

(一)专业设置存在低成本同质化倾向

如前所述,从上海民办高等教育专业结构整体看,专业设置高度重复现象仍然存在。如上海市民办本科院校开设的本科专业中,重复度较高的有英语、环境设计、旅游管理、日语、视觉传达设计、数字媒体艺术等专业,专科专业中物流专业的开设重复度较高的物流、会计、国际商务和机电一体化技术等专业,不排除某些专业的社会需求较为旺盛,就业情况良好,但这些专业有很多已经被教育部或者上海市教委列为预警专业。对此,专业同质化现象突出会导致办学资源使用效率低下,降低整个专业群建设效益,也会影响人才培养的市场供需关系,如形成恶性竞争、资源浪费和增加毕业生的就业难度和专业结构调整成本。

专栏 2　市教委公布本科预警专业,调整高校专业招生结构

上海市教委于 2016 年公布了 2016 年度 10 个本科预警专业,分别为英语、国际经济与贸易、法学、工商管理、物流管理、新闻学、旅游管理、信息管理与信息系统、市场营销、行政管理。根据上海市教委要求,对专业办学条件严重不足、培养质量低、专业特色不明显的专业,应严格控制招生计划,甚至暂停招生;同时制定实施校内转专业等政策,为学生发展提供更多机会。市教委也将从宏观层面上进一步调整高校的专业招生结构,减少预警专业的招生总量。原则上,高校如拟增设已列入预警范围的专业,市教委将不予受理其备案申请。

资料来源:《关于公布 2016 年度本科预警专业名单的通知》(沪教委高〔2016〕40 号)。

(二)专业设置与办学定位不完全匹配

办学定位是调动社会和学校自身资源的保证,专业结构在一定程度上体现了一所学校的办学定位。如前所述,上海民办院校专科专业中,财务管理、房地产经营与估价、航空机电设备维修、社区管理与服务、应用化工技术等 16 个专业在 2015 年的招生数为 0。调查显示,上海民办高校的专业设置与办学定位目前仍未做到完全匹配,具体来说,有些院校未能根据特定的教育服务对象和学校自身资源等因素对专业结构进行调整及优化。部分学校专业设置缺乏整体规划,专业设置不够合理;有的专业没有相应的学科做依托,新设专业与学校现有学科建设无关联;有的专业,特别是部分独立学院的专业在设置时没有进行充分论证,缺乏办学特色,导致一些专业生源匮乏。

(三)专业设置普遍存在求大求全现象

分析显示,除上海兴伟学院外,2015 年,上海民办本科院校平均有 6 个院系,而民办专科学校平均有 25 个专业,涉及近 9 个专业门类。这意味着上海民办学校的学科门类较多、跨度较大,各学校在设置专业时存在求大求全现象,这也导致了专业设置存在趋同现象,强势专业、品牌专业占比较低。专业建设需要经费、师资等长期投入,求大求全使得某些专业的内涵建设跟不上规模建设的步伐,进而不利于学校持续发展。

(四)专业结构自我调整机制尚未形成

上海民办高校专业调整效果不理想。调查发现,近年来各校未进行调整的专业数或专业设置稳定率基本维持在 30%—50%。各高校根据社会发展和院校建设需要,进行专业调整的能力存在较大差异。部分民办高校专业调整存在盲目性,对专业人才的社会需求趋势、人才培养的时滞性和自身办学条件等专业设置的相关要素论证分析不足,忽视自身特色专业的培育,反而对社会热点专业过度迎合,一旦生源下降或是行业需求饱和,对学校专业建设的长期稳定发展带来很大风险。此外,部分办学基础较差的学校随波逐流,盲目扩大新增专业规模,反而造成专业课教师严重不足、实验实训建设压力加大、特色专业和精品专业建设投入不足等问题。整体来说,当前上海民办高校专业调整效果不明显,自主科学的专业设置调节机制尚未形成。

(五)专业设置缺少多方协同参与机制

高等学校在学科专业的划分和授权等问题上的自主权是体现其办学自主权的重要方面。然而,拥有办学自主权不代表不需要政府宏观调控和社会等第三方的调节与反馈,高校专业设置与调整机制的良好运行,还需要政府为其提供外部保障。上海市民办高校在专业设置上仍然缺少多方协同共同参与的调节机制。也就是说,以高校为核心,政府、市场、社会、高校恰当发挥作用并相互协调、合理匹配的机制并不健全。

三、优化民办院校专业设置的对策建议

(一)院校层面

1. 端正办学理念,明确发展定位

高校的人才培养质量取决于很多因素,学校的办学定位和人才培养目标是首要因素。与公办高校相比,起步晚、起点低是民办高校面临高等教育市场竞争的一个不利因素,但民办高校灵活的办学机制、强劲的发展动力,以及自主性较强和工作效率较高的管理模式,则是它们的优势。

上海民办院校要端正办学理念,明确办学定位,理解所服务对象的群体特点,针对服务地区社会经济发展和进步这一办学目的进行专业设置。民办高校受限于有限的人力财力等因素,不能照搬照抄公办高校的专业体系,不能以向普通高校看齐为指导思想。

上海民办院校要与时俱进,跟踪国家和上海关于产业经济结构调整的政策,关注地区发展的重大战略规划,了解上海地区支柱产业、特色产业、新兴产业的发展特点和人才需求状况,关注市场动态,提高对人才市场供求信息异常波动的敏感度,把握社会需求。在此基础上,根据学校办学定位和办学特色,优化专业结构。与地区产业结构基本对应的是学校的主体专业、特色专业和新兴专业。主体专业是办学定位和传统优势的体现,有稳定的市场需求,应继续给予大力支持;特色专业体现学校办学特色,可辐射带动相关专业形成专业群,创建学校品牌,发展与市场行业企业岗位群适切性高、就业竞争力强的专业;新兴专业作为学校发展特色的新生增长点和优质潜力股,符合国家培育和扶持方向,人才需求市场前景广阔,应给予大力扶持和加强建设。

2. 开展定期评估,完善决策机制

上海各民办高校要定期对自己的专业和专业结构进行评估和调整,建立与地区经济发展规划周期同步的高等教育专业结构布局的例行评估和优化机制。通过健全专业评估及决策机制,完善专业设置和管理相关规定,尤其要将校内外需求和发展趋势、建设基础作为新专业设置的先决条件,将专业近三年的就业质量作为专业是否整改或停招的重要参考信息,为专业结构优化提供科学依据。

3. 注重比较优势,强化自身特色

专业建设长久的生命力在于特色。民办高校要想在竞争激烈的高等教育市场中站稳脚跟,必须发展自己的办学特色。盲目热衷于热门专业,会导致专业设置、教学模式等趋同性严重,缺乏自身特色。无论是基于大学功能,即科学研究、人才培养和服务社会等方面,还是在学科设置或教学科研领域方面,上海民办高校都要注重比较优势,战略性地选择发展特色专业。

在专业设置上,上海各民办高校应该对照自身特点,强化自己的特色发展,走内涵建设之路,在对应上海产业结构和地区经济发展的背景下,深入发掘发展潜力,突出已有优势和自身特色,建设特色专业,发展差异化专业结构。通过强化自身优势和彰显特色来确定未来发展的方向和目标定位,体现学校发展的继承性、竞争性和科学性。

此外,上海民办高校还应重视特色专业群的发展,走专业集群化和资源集约化发展道路。要着眼于地区产业和行业岗位群,依托特色专业,在已有办学基础上构建与之相对接的专业群,以此增强专业关联和支撑,增强专业发展后劲。特色专业群的建设有利于专业交叉融合,促进复合型人才的培养;有利于形成新的专业增长点和办学特色;也有利于促进教育资源的集约化运行,提高办学效益。

（二）政府层面

为从宏观上引导高职教育整体专业结构与地区社会经济的基本协调,教育主管部门和政府相关部门应着重履行统筹规划、合理导向、定期评估等必要的宏观调控职能。

1. 科学规划区域民办高等教育发展

政府部门应该将高校专业设置纳入区域经济社会的发展规划中,通过社会管理的手段辅助完善专业结构动态调节机制。具体通过以下途径:

健全信息发布机制和平台,提供信息服务。健全地区人才供求信息发布机制和平台,为高校之间、高校与社会间的了解与沟通提供服务。建议政府部门整合地方人才供需状况,定期发布供求分析报告,公布各类专业的人才供应与需求数据,对地区经济走势和供求动态进行分析并提出建议。教育主管部门定期发布地方高职教育专业结构、专业招生、就业状况等信息,为各民办高等院校专业结构优化提供信息和参考。

教育行政部门要改进对民办院校专业评审的方法,从过去以资源为导向逐渐转为以需求为基本条件,以办学资源为必要条件。而且,教育行政部门有责任做好专业设置的指导工作,根据区域内的产业分类,联系主导产业发展的实际,及时调整专业结构,统筹专业布点。要指导同一区域或行业内不同高校,根据其办学资源、办学优势和特色,调整同一区域或行业内各自的专业设置,避免重复设置专业,在专业与专业、院校与院校间形成错位竞争。

2. 逐步放松对院校专业设置的管制

由于其办学定位,民办高校的专业设置主要应由与市场联系比较密切的办学主体做主。教育主管部门应转变观念,尽快建立起能够主动适应经济社会发展需要的指导性、开放性的专业目录和专业设置动态调整管理新机制。教育行政部门要借鉴国际经验,简政放权,尊重高等教育专业调适的市场属性,丰富个性化、多样化的人才培养规格,避免高职人才培养的趋同现象。此外,教育行政部门还可以通过积极培育第三方专业评估机制,发挥地方行业学会的作用等手段,对学校办学效益、专业结构、专业质量等进行常规性的评估。建立评估与招生、评估与财政拨款、评估与项目评选、评估与评优等挂钩的关联机制。多种手段并举,既能有效激励高校自主办学的积极性,又能实现教育主管部门对专业结构调整的宏观指导,实现预期的调控目标。

3. 建立健全专业设置预警与退出机制

专业设置预警与退出机制是市场人才供求关系的重要风向标,它一方面可以为民办高校优化学科专业结构、调整教学资源、推动人才培养模式改革提供参考;另一方面可以有效应对就业与市场需求间的建构性矛盾。上海教育行政部门应该对毕业生就业率、就业去向和专业培养目标的匹配度等进行统计分析,对不符合专业培养目标和方向、就业率偏低、就业市场需求饱和的专业发出预警信息,对学校的就业导向和专业的发展规划进行指导和调整,必要时要对部分专业进行分流和调整。对于被预警专业要采取必要的整改和处理措施,如果整改之后评估仍然不合格则限制其招生等。

（执笔人：公彦霏、潘奇、董圣足）

上海民办学校营利非营利分类管理制度推进状况

2016 年 11 月 7 日,全国人大常委会通过了修改《中华人民共和国民办教育促进法》的决定,为民办学校分类管理确立了法律依据。随后,国务院印发了《关于鼓励社会力量兴办教育促进民办教育健康发展的若干意见》,教育部会同相关部门印发了配套文件《民办学校分类登记实施细则》《营利性民办学校监督管理实施细则》,标志着以实行非营利性和营利性民办学校分类管理为基础,促进民办教育健康发展的法律制度体系初步健全。2010 年底《国务院办公厅关于开展国家教育体制改革试点的通知》(国办发〔2010〕48 号)将上海作为"探索营利性和非营利性民办学校分类管理办法"的试点地区,上海率先在非学历教育机构、民办中小学、民办高校等领域展开分类制度探索。本文在对上海民办学校分类管理制度现状进行梳理的基础上,着重对本市分类管理制度存在的瓶颈问题进行分析,并提出相应对策建议。

一、上海民办学校分类管理制度推进基本情况

2010 年上海成为"探索营利性和非营利性民办学校分类管理办法"试点地区以来,在市、区两个维度,分领域对民办学校分类制度进行了探索。

(一)市级层面政策设计

上海市根据不同教育领域的特点,采取分类指导、分步推进的策略。非学历教育领域由于其轻资产、争议小,率先探索工商部门登记的公司法人。学历教育领域则重点尝试非营利性制度建设,引导民办学校公益办学。

1. 经营性民办培训机构——非学历教育阶段率先尝试分类管理

2013 年上海教委联合市人保局、工商局共同印发《上海市经营性民办培训机构管理暂行办法》(以下简称《暂行办法》)率先提出"经营性民办培训机构",经征求教育行政部门或者人力资源社会保障行政部门意见后,由工商行政管理部门登记的从事经营性培训活动的内资公司制企业(不含经营性民办早期教育服务机构)是为"经营性民办培训机构"。民办培训机构允许成为企业法人,从而拉开了上海民办学校分类管理的帷幕。昂立教育集团依据《暂行办法》在成功剥离外省市机构之后,借壳新南洋于 2014 年登陆 A 股,成为国内 A 股市场教育第一股。

与《暂行办法》同期出台的还有《企业(经营性民办培训机构)设立/变更登记"流程图"》和《经营性民办培训机构登记须知》,共同建立了经营性民办培训机构的基本规范。2015 年《上海市民办非学历教育

机构管理办法》（沪教委民〔2015〕19 号）、《上海市民办非学历教育机构设置标准》（沪教委民〔2015〕20 号）等文件陆续出台，进一步规范了上海民办非学历教育机构的管理。

2. 非营利民办高校示范校——高等教育领域强调公益性导向

2014 年上海市出台《上海市教育委员会关于开展非营利民办高校示范校建设工作的通知》（沪教委民〔2014〕12 号），在民办高等教育领域开展非营利试点建设。政府部门按照"公益性强、体制创新、特色明显、质量领先"的原则，在捐资办学或以国资为主出资办学、出资人和举办者不要求取得合理回报的民办高校中遴选若干所学校，开展非营利民办高校示范校创建工作。通过示范校创建，引导民办高校向非营利办学方向发展，坚持民办教育公益性原则；引导民办高校开展创新体制机制改革，充分发挥民办体制机制的优势；引导民办高校向高水平、有特色方向发展。

3. 民办中小学非营利试点——基础教育阶段迈入分类管理阶段

在营利性和非营利性民办教育机构分类管理思路下，市教委对民办中小学实施非营利制度的可行性及实施路径进行了充分调研，拟定了《上海市教育委员会关于开展非营利民办中小学试点工作的通知》（讨论稿）。根据《关于非营利组织免税资格认定管理有关问题的通知》，与税务管理部门进行了多次协调沟通，在民办中小学非营利组织认定的条件和程序上与有关委办局达成了初步共识。以此为基础指导各区开展分类管理试点。

（二）区县层面试点情况

上海成为"探索营利性和非营利性民办学校分类管理办法"的试点地区以来，部分区结合自身民办学校实际情况，开展本区域民办中小学非营利试点。

1. 浦东新区率先尝试非营利制度试点

2014 年，浦东新区教育局下发《浦东新区关于民办学校适用非营利制度的指导意见》，正式确立了营利性和非营利性民办教育机构分类管理的思路，试点设立非营利性民办学校。截至 2015 年底，浦东新区民办中小学有 68 所，民办幼儿园 104 所，其中民办福山正达外国语小学、上海民办浦东交中初级中学、上海民办建平远翔学校、上海民办新竹园中学、上海民办进才外国语中学等 5 所确定为分类管理试点学校。

（1）新区非营利试点进程：新区民办中小学非营利试点改革最早可以追溯到 2007 年，在浦东新区公共治理结构体系研究的大框架下开展了"民办教育机构营利性与非营利性制度设计"研究。通过该研究，确立了营利性和非营利民办教育机构管理制度的设计思路。

2010 年，浦东新区教育局制定了《浦东新区开办非营利性民办学校的若干制度》，试点设立民办非营利性学校，利用闲置的公办学校校舍在未能突破上位法律法规的前提下，探索试行非营利制度建设，培育优质、特色、精品的非营利民办学校。该制度对非营利性民办学校的法人治理制度、准入制度、保障制度、监督评价制度、退出制度都进行了详细设计。

在承担国家教育体制改革试点项目"创新教育公共治理结构，完善教育公共服务体系"研究基础上，2014 年制定了《浦东新区关于民办学校适用非营利制度的指导意见》，确立了营利性和非营利性民办教育机构分类管理的思路。同时在全区范围内征集了 5 所民办中小学作为非营利性试点学校，在区和学校两个层面推进非营利试点和实践。

（2）新区非营利性试点的创新点

1）率先界定营利非营利民办学校标准。非营利性民办学校需满足以下三个条件：第一，举办宗旨不以营利为目的；第二，营运盈余不能用于成员间的分配和分红；第三，机构资产不能以任何形式转变为私人财产。营利性民办学校可以取得办学收益，办学结余根据国家有关规定进行分配。现有民办学校原则上纳入非营利性民办学校范畴。凡是租赁教育局所属公办学校校舍开办民办中小学、幼儿园的，只能开办非营利民办学校。

2）初步明确配套政策体系。政府扶持方面,非营利民办学校在政府补贴、政府购买服务、基金奖励、捐资激励、助学贷款、发展基金享有扶持,营利性民办学校享受政府购买服务和税收优惠政策。金融信贷方面,营利性民办学校允许学校设施、收费权、知识产权抵押贷款,非营利民办学校允许非教学设施、收费权、知识产权抵押。实行差别化用地政策、分类收费政策。教师享有同等社保待遇等。

3）分类建立学校退出资产处置框架。捐资举办的民办学校终止时,剩余资产用于教育等社会事业。已经设立的民办学校,清偿后综合考虑原始出资和办学效益,给予出资者一次性补偿。

（3）新区非营利性试点存在的问题：非营利性民办学校扶持与办学自主权之间存在冲突。在试点过程中,非营利性民办学校为了获得政府更多扶持与资助,在学校自身办学自主权和特色发展方面有所丧失,成为准"公办学校"。如何处理政府的扶持与监管对非营利性民办学校发展的影响,需要进一步研究与探索。

2. 杨浦区民办中小学非营利试点制度

杨浦区现有民办中小学一共12所,其中只有小学学历教育的2所;只有初中学历教育的5所;兼有小学、初中学历教育的2所;兼有初中、高中学历教育的有2所;同时实施小学、初中、高中学历教育的有1所。在12所民办中小学中,教师总人数837人,其中公办编制人数333人,占总数的39.8%。民办小学学生总人数3 822人,占该学段学生总数的12.6%,民办初中学生总人数5 218人,占该学段学生总数的25.7%,民办高中学生总人数356人,占学生总数的3.2%。2016年杨浦区教育局下发《杨浦区关于民办学校适用非营利制度的指导意见》,正式启动民办教育分类管理试点工作。

（1）非营利民办中小学扶持政策

1）财政支持,提升办学水平。在市级财政给予专项扶持的同时,区级财政也给予试点学校配套支持,旨在帮助民办学校提升办学水平。

2）统筹解决,弥补生均不足。对于收费标准低于本区生均事业费标准的,差额部分在区财政教育经费和市对区的教育转移支付(含市级土地出让收益计提的教育资金、教育费附加)中统筹解决。

3）各项优先,体现政府重视。试点学校同等条件下优先获得政府购买服务项目。如师资、管理、课程、科研等方面的资源共享,以及与公、民办学校相互委托管理、互相购买服务等新举措;按照一定比例补助试点学校教师年金,试点学校优先纳入政府教师培训、评优评先等项目;在修缮经费、租金减免等方面给予试点学校增加相应扶持。

4）增加扶持,助力特色办学。对民办学校特色创建、课程实验等内涵发展项目安排区民办教育发展专项资金给予补贴。其中主要针对学校教科研、学校课程开发与实践、特色课题研究等有关内涵发展的项目。

（2）非营利民办中小学监管制度

1）加强财务审计。非营利性民办学校的办学结余不得用于分红,所有盈余应该再投入到学校办学中,用于不断改善办学条件。教育局每年对学校进行财务审计。学校存续期间,举办者不得抽逃出资,或将学校办学资金挪作他用。

2）加强评估监督。除了加强对非营利性民办学校财务管理和监控外,教育局每年对学校办学进行评估,促进其规范办学、不断提升办学质量。评估结果作为政府开展财政扶持的重要依据。评估方式采用年度检查、专项评审等,由政府组织专家或委托第三方评估机构开展。

3）加强公示自律。各民办学校章程、年度检查结果(包括审计报告)、学校基本情况(校舍条件、师资队伍、设备设施、课程设置等)、招生信息要向社会进行公示,以体现公众知情权,起到社会监督作用。

（3）非营利性民办中小学的违规处理：已适用非营利性制度并备案为非营利性民办学校的,不得再退出非营利性民办学校。发现有违法违规办学行为的,依据民促法及相关法规、文件进行处理。发现有违反非营利制度的,不再享受针对非营利性民办学校的各项优惠政策并应立即进行整改。

二、上海推进民办学校分类改革存在的问题

上海在推进民办学校分类管理方面启动较早,在非学历教育等领域形成了分类管理的经验。然而,配套性国家政策不明确、地方法规制定存在一定障碍、学校层面面临诸多实际问题等,一定程度阻碍了地方推进民办学校分类改革的进程。

(一)配套性国家宏观政策有待进一步明确

1. 法律制度"缺环"问题

现有民办教育法律制度体系是由上位法律、行政法规、地方性法规和国家、部门、地方的规范性文件共同组成的,框架完整、相互衔接。实行分类管理改革后,根据全国人大的修法决定,新修订的民促法于2017年9月1日起实施。目前,各地正在按照部署,加紧制定本地配套政策。然而,由于国家层面尚未完成民促法实施条例的修订工作,使得民办教育国家顶层设计缺少重要一环。因此,如何把握和界定法律确定的重大原则,如何实现地方配套与国家行政法规的科学衔接,成为地方在制定具体办法过程中的突出困难。

2. 法人登记条件和路径不够明确

根据新修订的民促法,无论是非营利性还是营利性民办学校,在取得办学许可证后,都要进行法人登记。教育部等五部门出台的登记细则也规定,经批准正式设立的非营利性民办学校,要到民政部门登记为民办非企业单位或者到事业单位登记管理机关登记为事业单位。然而,在实践中发现,非营利性民办学校登记为事业单位的政策条件和操作路径并不明确,且各地对政策的把握也不一致,导致教育行政部门在制定分类登记的具体政策时常常感到无所适从。

3. 现有民办学校转设企业法人过渡政策不明朗

2017年9月1日新法施行后,将会有部分民办学校选择登记为营利性民办学校,从非营利性法人变更为营利性法人,学校的产权归属、适用的法律政策也将随之发生重大变化。按照规定,这些民办学校必须在完成财务清算、确定财产权属、缴纳相关税费后,才能重新登记、继续办学,具体办法也是由地方制定。然而,地方在制定相关政策时,面临着财务清算谁来组织、如何组织、结果如何认定,学校各类财产产权归属认定、国有资产和国家财政性经费如何确权,缴纳相关税费的范围和标准等一系列操作层面的问题。由于这些问题涉及的政策跨行业、跨部门、跨领域,如果在国家层面缺少明确要求,很可能导致各地在落实政策时的不统一、不规范,也容易引发举办者等相关利益主体的不满,存在一定风险隐患。

4. 非营利性民办学校监管有待明确

民办学校实行分类管理,对非营利性民办学校是按照非营利组织国际通例界定的,举办非营利性民办学校不得取得办学收益,终止办学时剩余财产要继续用于非营利性学校办学。然而,由于国家对非营利性民办学校的各项扶持政策和现存学校转为营利性民办学校的政策不明朗或者可能付出的高额税费成本,使得一些以投资为目的的举办者也不得不选择举办非营利性民办学校。因此,一些民办教育的管理者担心,未来可能会出现一些非营利性民办学校的举办者在享受国家各种扶持政策的同时,通过"关联交易"等手段行营利之实以非法获利,这种情况必须在国家层面做出相应规定,从根源上予以杜绝。

5. 营利性民办学校法律衔接不够

本次修法,首次在法律上允许举办营利性民办学校,极大拓展了社会力量举办教育的空间。营利性民办学校的审批设立、组织运行、监督管理等除了要依据民促法外,还要执行《中华人民共和国公司法》有关规定,面临着一些法律政策的衔接问题。比如,营利性民办学校的名称,按照公司法规定,必须标明

有限责任公司或者有限公司字样,这将对学校的社会形象、办学行为和证书发放等造成一定影响。再比如,营利性民办学校的治理结构,按照民促法董事会是决策机构,而公司法规定的决策机构是股东会或股东大会。同时,公司法要求设置经理作为执行机构,但如果在校长之外重新设置经理,就会分散校长的权力。这些问题是营利性民办学校发展面临的普遍性问题,仅靠地方力量难以理顺,应当在国家层面统一拿出办法。

(二)地方落实民办教育新政障碍

1. 部门之间政策难以协调

一是现有各项政策、法规不一致、不协调。如非营利性民办学校税费缴纳需要进一步规定,现有法律规定非营利性民办学校需要通过国家税务总局的免税资格认定才能免除企业所得税,而现有民办学校难以达到免税资格认定,享受公办同等税收优惠政策难度大。由于税收政策的相关规定,省级政府无权认定本地区营利性民办学校享受税收优惠政策,导致实际上民办学校税收优惠政策难以落地。国家工商总局 2016 年公布的《工商登记前置审批事项目录》显示,工商登记需前置审批的项目有 34 项,但并未包括营利性民办学校。新民促法则第十二条提出,举办实施学历教育、学前教育、自学考试助学及其他文化教育的民办学校,由县级以上人民政府教育行政部门按照国家规定的权限审批;举办实施以职业技能为主的职业资格培训、职业技能培训的民办学校,由县级以上人民政府人力资源社会保障行政部门按照国家规定的权限审批,并抄送同级教育行政部门备案。二是非教育部门参与民办教育政策制定动力不足,不同部门之间协调难度大。民办学校财政扶持、税收优惠、收费政策、事业单位登记等需要财政、物价、税收、编制办的共同支持,在现有政策上予以突破,不同地区非教育部门对民办教育新政地方落地态度不一,对制定地方相关政策动力不足。

2. 地方政府政策制定权限不够

修订后的民促法规定,民办学校享受国家规定的税收优惠政策,并明确提出非营利性民办学校享受与公办学校同等的税收优惠政策,这种规定对举办非营利性民办学校是重大利好,并体现了国家的鼓励方向。然而,营利性民办学校所能享受的税收优惠却未有明确的政策安排。有部分省市参照外企和高新技术企业税收优惠,按 15% 征收企业所得税;或是提出出资人资产过户到学校名下免费办理或只缴纳证照工本费和登记费;或是免征或减征城市基础设施配套费和相关行政事业性收费。然而,在目前法律体系中,任何关于税收的立法都只能通过全国人大或国务院来决策,地方没有相应的立法权。因此,对营利性民办学校提供税收优惠的政策设计,首先需要在国家层面就"税种的设立、税率的确定和税收征收管理等税收基本制度"作出相应规定,然后才谈得上地方的落实和创新。

对于非营利性民办学校来说,根据新政将与公办学校享有同等税收优惠政策,然而企业所得税需要通过免税资格认定方能免征。《企业所得税法》及其实施条例中关于免税资格认定的 9 个条件,比现有法规中关于非营利性民办学校的定义严格,因此并不是所有选择非营利办学的民办学校都能通过免税资格认定。

3. 不同区域民办学校发展环境差异大

由于义务教育阶段民办中小学是属地管理,民办学校所在区域不同,加上经济发展程度的差异,其教育环境也有很大差距。2015 年上海市分区教育财政拨款显示,财政拨款总经费增幅最高的五个区分别为浦东新区、崇明区、徐汇区、闵行区、长宁区,增幅为 13.85%、12.45%、11.56%、11.25% 和 10.89%,增幅最少的区为原静安区、原闸北区、金山区,均为负增长,其中金山区增幅最小为负 15.22%。义务教育阶段财政拨款额最多的区为浦东新区、闵行区、宝山区,分别达到 510 567.8 元、217 146.5 元、182 668.8 元,最少的为 72 529.6 元。以小学阶段各区生均经费为例,2015 年原静安区实际生均经费为 49 874.39 元,其次黄浦区为 47 639.75 元,最低为金山区 16 190.52 元,原静安区是金山区的 3 倍,低于全市生均经费 20 688.3 元的区有 7 个区。初中阶段原静安区、黄浦区生均经费分别为 55 664.6 元、55 079.57 元,最低是金山区 21 164.76 元,是原静安区的 38％、黄浦区的 38.4％。由于义务教育阶段民办中小学财政扶持主要依靠区财政经费,各区财政收入不均等势必造成各区民办中小学财政扶持力度和政策差异明显(见表 1)。

表 1 2015 年上海各区义务教育阶段教育财政拨款增长情况表

区 县	小 学				初 中			
	实际生均经费		生均公用经费		实际生均经费		生均公用经费	
	2015(元)	增幅(%)	2015(元)	增幅(%)	2015(元)	增幅(%)	2015(元)	增幅(%)
黄浦区	47 639.75	3.81	26 703.27	37.07	55 079.57	2.29	26 961.96	16.13
徐汇区	23 241.11	3.01	7 627.57	3.41	34 641.36	5.77	11 271.56	4.27
长宁区	24 046.85	−15.53	7 078.60	−28.52	40 439.16	−6.52	12 941.77	−19.92
原静安区	49 874.39	29.20	23 719.33	85.90	55 644.60	25.87	23 514.00	51.49
普陀区	21 686.82	3.92	6 570.21	2.02	33 212.10	0.01	12 357.11	0.01
原闸北区	27 323.53	−9.33	9 926.81	−0.93	36 162.72	−3.67	10 014.40	−11.67
虹口区	24 679.40	−15.34	6 731.73	−24.52	42 148.07	−6.84	12 291.87	−7.84
杨浦区	30 726.08	3.40	12 197.36	17.11	40 299.70	8.30	13 907.73	19.74
闵行区	20 275.50	9.03	4 812.44	−22.88	29 781.91	5.08	7 471.90	−29.50
宝山区	21 095.10	0.20	7 107.63	−15.07	25 792.50	9.10	8 841.80	1.06
嘉定区	19 908.60	2.59	7 036.28	0.53	27 619.04	6.43	9 176.89	2.23
浦东新区	18 240.00	6.84	5 671.02	−9.46	23 822.87	12.30	6 498.20	−9.88
金山区	16 190.52	−20.94	2 866.13	−49.78	21 164.76	−19.76	3 829.55	−51.46
松江区	16 543.32	5.44	3 561.20	−14.53	22 581.56	3.64	3 953.24	−24.78
青浦区	20 388.42	9.88	4 794.78	28.72	24 517.76	14.27	5 299.71	32.12
奉贤区	19 728.41	30.83	6 000.20	74.13	24 795.93	16.91	6 440.79	12.34
崇明区	36 361.73	15.78	9 827.45	29.17	46 927.96	27.33	13 999.81	67.17

资料来源:上海市教育委员会.2016 上海教育年鉴.上海人民出版社,2016。

(三)民办学校面临的挑战

分类管理是我国民办教育发展趋势,民办学校作为分类管理最终践行者,其自身在办学过程中也存在办学自主权难以落实、现有法人治理结构重新调整、原有办学惯性难以维持的挑战。

1. 非营利民办学校办学自主权落实问题

由于非营利性民办学校不以营利为目的,因此将会获得比营利性民办学校更多的政府扶持,然而,非营利性民办学校为了获得政府更多的扶持与资助,在学校自身的办学自主权和特色发展方面会有所丧失。表现在:一是实行分类收费政策后非营利性民办学校收费走向。修法后,营利性民办学校收费实行市场调节价,具体收费标准由民办学校自主确定;"非营利性民办学校收费的具体办法,由省、自治区、直辖市人民政府制定"。然而,国家鼓励非营利性民办学校也逐步实行市场调节价。二是义务教育阶段民办学校的招生自主权问题。从法理上讲,民办学校适用《中华人民共和国义务教育法》是有依据的。具体如何处理,还有待地方进一步探索。

总的来讲,学校层面迫切需要解决的问题事实上也是地方政府在政策创新方面应该积极拓展的空间,国家在此方面给地方授予了充分自主权。国家层面、地方层面、学校层面各自的问题都有应对,才能保证民办学校分类管理差别化政策落到实处。

2. 法人治理结构重新调整

在民办学校法人治理方面,本次民办教育新政对民办学校监事制度的建立、党建工作的进一步落实提出了新要求。新民促法第二十条提出"民办学校应当设立学校理事会、董事会或者其他形式的决策机构并建立相应的监督机制"。《若干意见》第十九条指出"健全董(理)事会和监事(会)制度,董(理)事会和监事(会)成员依据学校章程规定的权限和程序共同参与学校的办学和管理"。《营利性民办学校监督管理实施细则》则对营利性民办学校监事会的组成和职权进行了规定。现有民办学校董事会、校长分别作为决策机构、执行机构权责相对清晰,监督制度相对薄弱。现有的监督机制包括党组织对坚持社会主义办学方向的监督,以及教职工代表大会、学生代表大会的民主监督,独立的监督机构和监督机制尚未建立。因此,民办学校在做出选择之后,在对董事会、校长、党组织进行调整的基础上,还需要建立监事会或设立监事。对于非营利性民办学校而言,委托代理问题同样存在,且比营利性组织更为复杂,在非营利性民办学校建立监事会,对董事会和高层管理人员进行监督显得更为必要。

另一方面,本次新政还对民办学校党建工作提出了具体明确的要求。一是明确党组织政治核心作用,在保证政治方向、推动学校发展的基础上,明确党组织承担引领校园文化、凝聚师生员工、参与人事管理等。二是要求民办学校党组织实现应建必建,理顺民办学校党组织关系。三是规范、加强民办学校党组织书记的选配和管理。四是建立健全党组织参与决策和监督机制。坚持党的领导与依法治校有机统一,推动民办学校把党组织建设有关内容纳入学校章程,明确党组织在学校法人治理结构中的地位,保证党组织在重大事项决策、监督、执行各环节有效发挥作用。党组织在民办学校法人治理结构中功能定位更加重要,深入参与民办学校管理。如何落实中央对民办学校党建工作要求,进一步发挥党组织在法人治理结构中功能需要民办学校考量。

3. 原有模糊法律背景下的办学惯性难以维持

理论上说,现有民办学校都是"民办非企业法人",都是非营利性民办学校。我国投资办学是民办学校的主要特征,对于民办学校举办者来说,长期以来的路径依赖,对于非营利外衣下实施营利有一种固有的惯性。2002年民促法合理回报制度的事实失灵,更加坚定了民办高校举办者非营利名义下实施营利行为的信心[①]。政府对非营利性民办学校的各项扶持政策和转为营利性民办学校的政策不明朗或者可能付出的高额税费成本,使得一些即便以投资为目的办学的举办者最终也会选择举办非营利性民办学校。民办学校分类之后,管理趋于规范化,原有的民办学校政策框架被打破,依靠政策的模糊行营利之实的惯性并不是长久办学之计。

三、上海市推进民办学校分类管理对策建议

分类管理是我国民办教育发展历史上的分水岭,各地都处于积极探索的过程中。上海作为国家"探索营利性和非营利性民办学校分类管理办法"试点地区,在发挥现有政策优势的基础上,以推动民办学校健康发展为基本方向,通过规范与扶持相结合的方式,进一步释放民办学校政策红利,促进民办学校平稳、有序过渡。

(一)以促进民办学校健康发展为基本方向

分类管理的目的在于在解决我国民办教育性质模糊的基础上,厘清民办学校产权归属、税收优惠和合理回报难题,建立分类扶持政策体系,实现政府对民办教育的有效管理,最终促进民办教育发展。

---

① 王诺斯,张德祥.制度创新视域下民办高校分类管理的现实困境分析.中国高教研究,2017(2):14-18.

1. 坚持规范管理和有效扶持相结合

扶持与规范并重一直是上海民办教育政策制定的主要原则。对于民办学校来说扶持与规范也是缺一不可的有效管理方式。有效扶持政策方面,一是加大财政投入力度,鼓励各区应设立促进民办教育发展专项资金,调整市级民办教育发展专项资金结构,探索市级财政中的一定比例可用于非营利性学校基础设施和校内人员经费;二是健全财政补贴制度,市区两级政府建立健全政府补贴制度,明确补贴的项目、对象、标准、用途;三是建立完善政府购买服务制度和基金奖励制度;四是落实税费优惠政策,按照国家有关规定对民办学校房产税、城镇土地使用税等税收进行优惠;五是试点市场化收费改革,逐步落实民办学校收费自主权。

规范管理方面,首先,完善学校法人治理结构。在完善学校章程、健全董事会议事规则的基础上,加强民办学校党组织建设,引导学校建立监事会制度,规范关键岗位选聘机制。其次,健全资产和财务管理。规范民办学校会计核算,建立健全学校内部控制管理制度和第三方审计制度,健全完善民办学校财务监管平台,建立民办高校财务评估体系,进一步完善民办学校财务管理办法和会计核算办法。第三,加强信息公开。深入推进民办学校信息查询平台建设,建立违规失信惩戒机制,对民办学校获得办学许可的情况,对其日常监督检查中,对其办学水平和质量进行评估的情况,年度资产财务状况、年度检查结果及对其违法进行处罚的情况予以多种渠道及时公开。第四,建立风险防范机制。完善民办学校财务会计制度、内部控制制度、审计监督制度,健全联合执法机制,将民办学校违法违规办学行为纳入综合执法体系,加大查处力度。探索建立民办学校、学生(家长)、保险公司共同参与的风险防范机制,完善学校重大责任事故处理和学校终止时善后事宜处理机制。

2. 坚持非营利性和营利性民办学校共同发展

在分类管理背景下,我国大部分民办学校将会选择非营利性,这既是由教育本质属性决定的,也是国家公益性办学政策导向的结果。政府部门需要明确且落实对非营利性民办学校的扶持举措,确保其与公办学校享有同等法律地位,同时要保障举办者的管理权、决策权等合法权益,以此调动举办者的积极性。

另一方面,支持营利性民办学校依法办学。我国民办教育90%属于投资办学,这一特征决定了投资者的逐利性办学趋向。基于这一现实国情,在开展分类管理时,应该给营利性民办学校留有适当的发展空间[1]。实际上营利性民办学校与非营利性民办学校在人才培养宗旨、目标、内容、方法方面并没有实质性区别,提供的服务除了让直接受教育者获益以外,还会对社会和谐稳定、经济建设发展、人力资本增进产生积极影响。政府部门在加强对营利性民办学校党的领导、办学质量、财务状况、组织机构、信息公开等方面监管的基础上,有必要明确营利性民办学校政策待遇,尤其是在师生同等待遇、税收政策等方面,支持营利性民办学校在保证教学质量的情况下获得一定经济收益,向政府按章交税,避免部分举办者因为担心选择营利性办学陷入道德洼地,而无奈选择举办非营利性民办学校,却通过财务会计乃至其他手段获得盈利的现象。

(二)着力构建营利非营利分类明确的政策环境

1. 明确现有民办学校分类过渡方案

一是针对现有民办学校分类设立过渡期,并按照意向选择、完成手续办理两个阶段推进。现有民办学校举办者根据办学实际应当在一定年限之内完成分类登记。选择非营利性民办学校的举办者将不得再转办营利性民办学校。二是明确选择营利性民办学校财务清算、税费缴纳等相关工作。选择登记为营利性民办学校的,应当由学校组织进行财务清算,依法明确资产权属,按照国家规定缴纳相关税费,重

---

[1] 阙明坤.推进民办学校分类管理需处理三大关系.教育发展研究,2017(3):60-62.

新办理法人登记手续,继续办学。

2. 落实非营利性民办学校监管

对地方政府来说,一是需要明确中央鼓励地方在事业单位改革方面进行改革的具体要求,明确民办学校中存在国有资产是登记为事业单位的主要依据。二是明确补偿和奖励具体办法。前者可视为对新法生效前出资情况的部分返回,是对举办者历史出资权益的补偿;后者可视为办学效益的返回,体现为对非营利办学、注重办学效益的引导。三是现有学校转为营利性学校的,应由有资质的第三方机构进行资产清算,明确相应政策;四是对非营利性民办学校也应加强信息公开等系统监管。

3. 明确奖励和补偿方案

考虑到现有民办学校设立时,法律上允许出资者取得合理回报,因此,新法新政充分尊重和保护这部分学校举办者对自身财产权益的合理预期,提出现有民办学校选择登记为非营利性的,终止时,出资者可以获得相应的补偿或奖励,力图为民办教育发展赢得更好的外部环境。补偿与奖励可以从学校剩余财产中的货币资金提取,剩余财产在扣除对出资者的补偿和奖励后,其余财产继续用于其他非营利性学校办学;奖励主要依据民办学校办学情况而定,办学许可或者法人登记被注销前两年年度检查连续不合格的,或者办学许可证或者法人登记证被吊销的民办学校,可对其出资者不予奖励。

(三)积极稳妥推进民办学校有序办学

1. 推进本市民办教育地方制度建设

2016年底至今,国家密集出台民办教育新政,在重新梳理民办教育政策体系的基础上,明确授权地方制定现有民办学校过渡方案、非营利性民办学校收费办法,要求配套建立相应的地方制度,对民办教育予以鼓励和规范。目前上海正在拟定《上海市人民政府关于促进民办教育健康发展的意见》《上海市民办学校分类许可登记管理办法》,将对本市民办学校分类管理政策进行整体架构。另一方面,正在起草中的《上海市民办教育促进条例》将以地方立法的形式对整个上海市民办教育的管理进行总体规定,并在个别事项予以探索突破。同时各级各类民办学校设置标准、管理办法,以及财务、收费、购买服务等相关业务管理办法也在密集制定中。

2. 明确民办学校分类扶持政策

一是明确财政扶持方式。市区两级政府可以采取购买服务、助学贷款、奖助学金和出租、转让闲置的国有资产、收费等措施对民办学校予以扶持。非营利性民办学校还可以享受政府补贴、基金奖励、捐资激励等扶持措施。二是落实税费优惠政策。对企业、个人支持教育事业的公益性捐赠支出,在计算应纳税所得额时予以优惠。符合条件的非营利性民办学校可以接受公民、法人及其他组织的捐赠,按规定享受税收优惠政策,但不得与招生入学挂钩。民办学校用电、用水、用气、用热,执行与公办学校相同的价格政策。对企业办的各类学校、幼儿园、不动产过户到民办学校名下的,予以税收优惠。三是实行差别化用地政策。非营利性民办学校享受与公办学校同等政策,按划拨等方式供应土地。营利性民办学校按国家相应的政策供给土地。土地使用权人申请改变全部或者部分土地用途的,政府应当将申请改变用途的土地收回,按时价定价,重新依法供应。

3. 落实同等资助政策

一是落实教师同等待遇。探索建立民办学校教师人事代理制度和交流制度。探索民办学校和公办学校之间、民办学校之间教龄连续计算,民办学校教师在资格认定、职务评聘、培养培训、评优表彰等方面与公办学校教师享有同等权利。允许非营利性民办学校教师享受当地公办学校同等的人才引进政策。二是保障学生同等权利。民办学校学生在评奖评优、升学就业、社会优待、医疗保险、助学贷款、奖助学金等方面与同级同类公办学校学生享有同等权利。三是完善教师年金制度。鼓励民办学校积极探索建立教师年金、购买商业保险等补充养老保险方式,试点对目前离退休时间不足10年的专职教师加速年金积累。对于落实教师年金制度积极有效的全日制学历教育学校,应当给予一定的财政扶持。

4. 落实民办学校办学自主权

一是明确分类收费政策后非营利性民办学校收费走向。修法后,营利性民办学校收费实行市场调节价,具体收费标准由民办学校自主确定;"非营利性民办学校收费的具体办法,由省、自治区、直辖市人民政府制定"。对此结合上海现有民办学校收费政策,应明确以市场化为基本收费改革方向,建议尽快出台《上海市民办学校收费管理办法》,明确各级民办学校收费政策,鼓励已经具有竞争条件的区开展民办普通中小学收费放开试点。同时通过落实收费公示、保持政策稳定等措施加强收费监管,政府职能由从定价审批管理走向价格监督。二是依法保障自主办学。扩大民办高等学校和中等职业学校专业设置自主权,鼓励学校根据国家战略需求和区域产业发展需要,依法依规设置和调整学科专业。落实国家和上海关于招生的规定,支持民办学校参与考试招生制度改革。民办中小学在完成国家规定课程前提下,自主实施教育教学活动。中等以下层次民办学校根据全市统一规定,在核定的办学规模内,面向社会自主招生。

(执笔人:张歆)

上海民办基础教育特色发展状况

上海民办中小学、幼儿园特色创建从 2012 年伊始，在政府、协会、科研机构和民办学校的共同努力下，经过三年努力，第一阶段已取得了较为丰富的成果。然而，特色发展也是一个长期的过程，需要持续推进，为此，2015 年 5 月，市教委印发了《上海市民办中小学特色学校（项目）、民办优质幼儿园第二轮创建实施方案》的通知，标志着新一轮民办教育特色发展的开始。

一、特色创建呈现新进展

2012 年启动的第一轮民办学校、幼儿园特色创建经评审，共有特色创建校 34 所，特色项目创建校 30 所，民办优质幼儿园创建园 40 所，总共 104 所学校、幼儿园参与了民办学校创建活动。这些学校、幼儿园经过 2012—2015 年三个年度的努力，各方面都发生了较大变化，取得了可喜进步，部分学校已获得广泛的社会认可，成为大家公认的优质学校。

2015 年启动的第二轮民办中小学特色学校和优质幼儿园创建工作，意在第一轮建设的基础上，通过"政府主导、学校主体、协会配合、高校培训、专家指导"的方式，进一步激发民办中小学和幼儿园的办学活力，形成一批注重内涵发展和特色建设，在全市乃至全国有影响力的先进学校和幼儿园典型，发挥其在基础教育改革中的"先导作用""引领作用"和"撬动效应"，加快上海教育现代化进程，更大程度地满足社会对教育的多样化、差异化、优质化需求，更全面地培养学生的综合素质，提升社会对民办基础教育的满意度。

经过各区（县）教育局评审、市教委复核及公示，上海市民办立达中学等 47 所民办中小学作为上海民办中小学特色学校第二轮创建学校、上海民办永昌学校等 29 所民办中小学作为上海民办中小学特色项目第二轮创建学校、上海黄浦区民办徐家汇路幼儿园等 48 所民办幼儿园作为上海民办优质幼儿园第二轮创建园。总共有 124 所民办学校、幼儿园参与了第二轮特色创建，比第一轮创建多了 20 所，其中部分学校、幼儿园已经历过第一轮特色创建，积累了丰富经验，相信通过第二轮的深入推进，将成为上海民办基础教育特色创建的示范学校、幼儿园，引领上海民办基础教育进入一个新的发展阶段。

（一）政府宏观指导持续推进

政府宏观指导是促进民办基础教育特色发展的强大推动力。坚持民办中小学、幼儿园特色发展，是积极贯彻落实《国家中长期教育改革和发展规划纲要（2010—2020 年）》精神，贯彻实施《上海市中长期教育改革和发展纲要(2010—2020年)》提出的"促进民办教育规范特色发展"等重点试验与建设项目要求,以及上海市教育综合改革任务提出的"支持创办理念先进、课程设置多样的民办中小学和幼儿园"的改革要求,扎实推进民办中小学和幼儿园规范而有特色地发展,使其成为促进教育改革与发展的重要力量。

目前,上海民办教育已由数量发展到质量提升,再进入特色追求的阶段,"以质量求生存,以特色求发展"是民办学校把握自身定位的必然选择。在第一轮创建取得良好成效的基础上,第二轮创建工作实行市区联动、新老联动、公(办)民(办)联动的工作机制。市区两级教育行政部门形成合力,充分发挥第一轮创建学校、幼儿园的优势,总结经验,完善工作机制,力争通过3年时间,进一步激发民办学校体制机制活力,更好地带动和辐射上海基础教育的特色发展和课程改革。

为了扶持和促进民办学校特色创建工作,市教委对有关民办中小学和幼儿园采取财政拨款、师资培训和经验交流等措施,将特色创建工作落在实处,力争使第二轮特色创建收到更大实效。因此,此次创建工作重在过程、重在引导,不挂牌、不命名。在拨付创建经费方面,2015年为特色学校每校40万元、特色项目学校每校20万元、优质幼儿园每园20万元。在师资培训方面,市教委委托教育部中学校长培训中心对校长、园长、教师进行形式和主题多样化的培训,各区(县)教育局负责保障本区(县)培训工作顺利开展,各区(县)教师进修院校协助管理培训实施工作。参训人员修满规定学时,积极参与培训过程中的各项教学活动、展示活动,认真完成培训作业,经考核合格者,统一认定市级学分。

这些创新的工作机制和推进措施,使第二轮民办学校特色创建有了新的动力和保障,也使第二轮创建工作站在更高的起点上。

(二)协会大力配合与支持

协会在民办学校特色发展中起着重要的组织和协调作用。上海市民办中小学协会积极配合市教委的相关工作,大力参与到民办学校特色建设之中,主要做了以下三方面工作。

一是根据市教委的相关文件精神,在全市民办学校中大力营造重视特色建设的氛围,鼓励民办学校根据自身特点,大胆探索有自己特色的内涵发展模式。

二是积极配合市教委组织民办学校参加特色展示活动,参加校长、骨干教师培训等,促进民办学校在特色建设方面的经验交流,提升学校校长和教师的专业能力。同时,通过这些活动的开展,也增强了他们创建学校的主体意识,激发了他们的实践智慧。

三是积极建设学科基地,促进民办学校特色课程建设。为了在民办中小学培育特色学科和高水平教师、促进中青年骨干教师专业成长、积聚优质教育资源并多渠道辐射、不断提升民办教育品质,在市教委支持下,上海市民办中小学协会于2013年3月启动了民办中小学学科基地建设项目,第一批确定13所民办中小学作为学科基地,进行重点建设。根据学科基地建设的需要,经市教委基础教育处协调,上海市民办中小学协会每年向每所学科基地建设立项学校资助研究经费5万元,并建议各区(县)根据实际情况给予相应的资助。

四是根据市教委、上海市民办教育发展基金会关于《上海市民办中小学(幼儿园)"萌芽计划"项目管理办法》的精神,2014年4月,上海市民办中小学协会向各民办中小学发出了《关于在上海民办中小学开展教师"萌芽杯"课题研究的通知》,并拟定具体的申报与评审办法。经过一段时间准备,至2014年9月底,全市共有70项课题申报。2016年协会在上海市民办教育发展基金会支持下,启动开展第二届中青年教师"萌芽计划"的申报评审工作,从中发现和发掘优秀中青年教师,使优质教育资源得到更多和更大的示范和辐射。截至2016年,全市民办中小学申报此项目的共65个。

2016年间,上海市民办中小学协会在10多所学校开展了特色学校办学和特色项目教学的展示交流活动。如上海外国语大学附属民办外国语小学"聚焦小学英语课堂、培养学科核心素养"、上海市民办童园实验小学"读书明理"、上海民办福山正达外国语小学"课堂单元教学计划改进"等教学展示活动,通过搭建平台,提升这类学校内涵发展的品质,为创建特色和品牌奠定基础。该协会还多次召开学科基地专家组会议,重点就"进一步提高新一轮学科基地展示活动的新水平,进一步激发教师课堂教学改革的新活力,进一步推进课题结题成果的新突破"为引领,发挥专家集体智慧的作用,经过多轮申报学校的面试答辩,从全市申报的 33 份基地建设的科研课题中,确定了 19 所学校为 2016 年的学科基地学校。这在加强民办中小学基地建设的同时,对发挥基地优质资源共享、加强学科教师团队合作、培养学科骨干群等都具有重要意义。

(三)科研院所积极提供智力支撑

华东师范大学和市教科院民办所在上海民办基础教育特色发展中发挥了重要作用,它们集中利用手中的专家智力资源,为民办中小学的内涵发展提供智力支撑。华东师范大学依托教育部中学校长培训中心这个平台,组织开展了第二轮民办中小学特色学校(项目)创建校、民办优质幼儿园创建园校(园)长培训活动,意在为上海民办基础教育培养一支德才兼备、专业突出、示范引领的民办中小学、幼儿园骨干校(园)长队伍,让这些优秀的民办学校、幼儿园校(园)长了解国家教育发展的宏观政策,优化知识结构,拓展知识视野与专业引领能力;另外,校长培训中心还多次主办相关论坛、参与民办学校特色展示活动,以帮助中小学校长和园长深化对我国中小学课程、教学及学校管理实际的认识,分享上海民办中小学、幼儿园特色创建的实践经验,帮助校(园)长凝练办学思想,形成创新特色办学思路,了解国内外民办中小学教育改革政策和学校发展经验,以充分发挥民办中小学、幼儿园体制机制优势,提升民办中小学、幼儿园的办学水平,形成一批注重内涵发展和特色建设、在全市乃至全国有影响力的高水平、高质量学校。76 所民办中小学在华师大专家学者的指导下,推进了学校内涵发展,创建了办学特色和学校品牌,提升了教师课堂教学专业素养和能力,起到了"办学特色品牌成果共享,教师专业能力提升共赢"的效果。

专栏 1　教育部中学校长培训中心举办民办特色学校校长论坛

2016 年 9 月 24 日,由教育部中学校长培训中心主办、光华教育集团承办的"中外教育融合与创新"民办特色学校校长论坛,在复旦校友俱乐部举行。第二轮上海市民办特色(项目)学校创建校校长培训班的学员受邀参加了本次论坛。上海民办学校校长们与来自北京海嘉国际双语学校、北京市北外附属外国语学校、成都华德福学校、东北育才外国语学校、南京汉开书院的校长们,进行了广泛的交流。

与会的校长们从国际化教育理念、未来人才核心素养、国际课程的融合与重构、国际学校的办学使命等方面阐述了各自对中外教育融合与创新的基础、价值、使命、方法的理论思考,以及在此基础上开展的丰富实践,并就"中国教育的独特价值""中外教育可能在何处相遇""西方教育理念在中国本土实践的可能性""国际学校的使命与价值"等问题进行了充分而热烈的探讨。

资料来源:华东师范大学新闻中心,http://news.ecnu.edu.cn/3d/46/c1833a81222/page.htm。

市教科院民办所作为专业的民办教育研究机构,也积极参加到民办中小学特色发展中来,组织相关专家进入民办学校指导特色建设工作。同时,民办所科研人员还承担了特色评估等方面的工作。

(四)学校特色发展日渐明显

在特色发展的"坐标系"中,越来越多的民办中小学开始摆脱单纯追求应试目的,积极发挥民办体制和机制优势,为构建以生为本、可选择、多样化、充满活力的教育生态进行积极的实践探索。现阶段,上海民办学校正处于创特色、树品牌的关键时期,政府的高度重视和多方扶持,使他们更坚定了内涵发展的决心。通过第一轮特色学校的示范和引领,第二轮民办学校更清楚了自己努力的方向,校长和教师踊跃参加培训班,学习先进的教育教学理念,拓宽视野,增强能力,积极参与特色创建的各项活动中来。

专栏 2　上海民办中小幼特色成果集中展示

上海外国语大学附属双语学校办学 13 年,从最初只有 6 个班级的办学规模发展成一所拥有 2 300 名学生,近 60 个教学班的小学、初中、高中一体的大型民办学校。据介绍,"人文"校本课程建设是该校实践育人目标的重要途径,即以人文精神的孕育为核心、以语言为载体、以艺术为表现形式的课程。该校本课程是将文化融合于语言与艺术之中、兼顾东西方背景的差异、具有特色的课程系列。

该校副校长表示,在民办特色项目创建的三年期间,随着课程实践的不断推进,已经能逐渐看到"人文"校本课程项目的实施为学校带来的变化。"它给予学校一个价值判断的标准,当面临教育的两难选择时,应该以'人'的内在和谐与丰富作为价值判断的准则,作出取舍。"

上海市民办东展幼儿园从办园开始,重点以"运动"为抓手,坚持开展春秋两季的室外混龄大活动。在开展活动时,老师们为了应对雨天、雾霾天,利用室内有限的空间设计了"小农场""野战区""乒乓球俱乐部""小脚丫健身房""射箭能手"等 50 多种混龄活动。此外,老师们还通过教研,总结出"安全意识""生活自理""运动兴趣和经验""行为习惯""人际交往"等五个方面,与孩子们进行互动、分享。

该幼儿园园长表示,"激趣健体"的课程理念是长期幼儿教育理念积淀的结果,学前教育不是精英教育,它具有奠基性和启蒙性,幼儿不能过早定性培养,而应是全面整合发展的。"我们希望孩子是强健勇敢的,希望孩子是积极主动'接地气'的,希望孩子是敢于合作、善于质疑、积极创新的。"

上海民办和衷中学参在总结原有的办学经验基础上,积极创新育人模式,以"弘扬科学精神,提升科学素养"为人才培养目标,以课程改革为载体,以创建活动为平台,构筑了学校科学教育的特色,呈现了民办学校坚守教育本原的"特色"突围之路。在本次创建总结展示活动中,该校师生重点展示了学校在科技小发明制作方面的成果,其中飞翼模型机冲浪表演吸引了众多专家的驻足观摩和亲身体验。兄弟学校的诸多特色亮点更让他们意识到:要让特色成为学校的一种可持续的办学风格,保持特色,优化特色,还需在今后的建设进程中更加开阔思路,整合开发更为丰富的资源,创造性地对特色进行优化和升华,使之与学校的整体、健康、和谐的发展并轨乃至完全交融。

资料来源:刘时玉.上海民办中小幼特色成果集中展示　聚焦"人"的发展.上海教育新闻网,http://new.shedunews.com/zixun/shanghai/zonghe/2014/12/21/1144035.html。

这些民办学校和幼儿园已经尝到了特色发展给学校带来的巨大变化和成功喜悦,它使民办学校和幼儿园在政府的高度重视和大力扶持下,在专家们的悉心指导下,通过全体师生不懈的探索和努力,终于清晰了自己的特色发展理念,找到了适合自己的特色发展之路,也使他们认识到只有通过特色建设,才能在激烈的竞争中找到自己的一席之地,并成为受家长和学生欢迎的优质学校和幼儿园。

二、特色发展凸显新内涵

经过第一轮的特色创建,民办学校对特色发展有了更深的思考和理解,使上海民办教育特色发展的内涵得到了进一步拓展,特色发展定位更加清晰、重点更加突出、成效更加明显。

(一)兼容并包的先进教育理念

上海民办教育的先进之处在于其蕴含的对基础教育和民办教育发展的前瞻性视野和先进的办学思

想。作为东部沿海开放城市，东西方前沿的教育理念在此交汇，给上海民办教育的发展提供了丰富营养。上海民办教育特色发展经过第一轮创建，学校办学定位更加清晰，主要体现在更加关注人的发展，关注学生和家长的多元需求，提供更加人性化的服务；更加关注国际教育发展的新动态，并开始融入中国传统教育的先进理念；更加注重学校特色师资队伍建设，为学校特色提供人力支撑。

专栏3　上海世界外国语小学的"特色"坐标系

以下是上海市世界外国语小学执行副董事长、学校创始人王小平在接受《上海教育》杂志采访时的对话：

我们把学校定位于"为培养21世纪的国际性人才打下坚实的基础"。我们首先提出要把学生培养成有教养的人，比如说自尊自爱、自信自强、诚实公正。第二是希望学生讲礼仪、有礼貌、热情大方，能够与人相处。第三是在学习上，要会学、善学。我们并不是看学生得多少分，而是让他们会学、善学，希望他们知识广博，同时也有个性。

也有不少家长来问我们为什么是这样的定位，我们会认真地跟家长解释，我们想培养的人是将来要走向世界的，而且是一个非常热爱祖国的人。对于这样的解释很多家长都很认同。我们还提出要培养有竞争力的人，就是希望我们的孩子敢于竞争、参与竞争、善于竞争，同时他应该有实力，从小要培养的实力是什么？就是自主的能力、自理的能力、自觉的能力，还有实践的能力，同时还要善于交往、自我调节，拥有一种创新的能力。

资料来源：徐晶晶，计琳.2014.民办的"特色"坐标系.上海教育，11(B)。

以上这段采访可以很好地反映出上海民办教育理念的先进之处。这批民办学校的领军人物站在东西方文化的交汇之处，站在历史与未来的转折点上，以其远见卓识，使上海民办教育站在了世界教育发展和中国教育改革的前沿。

（二）独具特色的学科建设

随着特色创建工作的不断深入推进，民办学校越来越强烈地意识到，特色建设必须以学科为依托，必须通过建设特色学科来凸显学校的个性和优势，因此，特色学科建设成为第二轮特色创建中的重点。在上海市民办教育协会和相关部门推动下，各民办学校踊跃开展特色学科建设。例如，上海外国语大学附属民办外国语小学基于自己的英语资源优势，申请成为小学英语学科特色建设基地，以塑造"大方、大度、大智"品质为目标，以外语特色课程为主渠道，以丰富多彩的双语活动为抓手，关注学生在课堂内的语言输入和课堂外的有效语言输出，努力打造具有"中国情结、国际视野"特质的英语学科特色文化。

上海市民办立达中学则以物理为重点学科，拓展立智课程，促进学生在物理方面学识的增加。学校充分发挥"课程育智"的重要功能，指导学生积累物理学科领域的基础知识，掌握学科的核心原理，形成并持续丰富其知识结构，同时开设了《趣味物理实验》《奇异的声音》《奇异的浮力》等系列校本课程。另外，学校还开设了物理方面的立能课程，来培养学生的能力。学校除原有的《机器人制作》课程外，还新引入和开发了《DI创新思维》，用以培养学生的"4C"技能（创新能力、批判性及问题解决能力、交流能力、合作能力），使物理知识的应用贯穿于"基础型—拓展型—探究型"的三维课程框架之中。

除以上2所学校之外，还有11所学校参加了学科基地建设，包括小学层面的上海市民办阳浦小学、上海市民办盛大花园小学的小学语文，上海市民办宏星小学的小学数学，上海外国语大学附属民办外国语小学的小学英语，上海市民办丽英小学的信息科技，上海市民办东展小学的小学品德与社会；中学层面则有上海市民办复旦万科实验学校、上海市民办明珠中学的中学语文，上海民办培佳双语学校、上海市进华中学的中学数学，上海市民办新世纪中学、上海市世界外国语中学的中学英语，以及上海市民办立达中学的中学物理等。随着这批学科基地建设的推进,可以想象在不远的将来,上海民办学校的学科特色和学科优势将更加明显。

(三)扎实精细的教师培训

上海民办学校的特色建设有先进的理念引路,有特色学科建设奠基,但关键还在于有没有一支素质优、效率高的教师队伍。因此,从上海民办学校第一轮特色创建开始,市教委就非常重视特色创建校校长和骨干教师的培训,并委托教育部校长培训中心负责教师队伍的培训,通过理论学习、外出考察、活动展示、经验交流等形式提升校长和教师的能力。同时,还邀请上海基础教育领域的知名专家组成专家团队为民办学校教师队伍建设把脉诊断,并提出合理的建议。

民办学校自身也非常重视教师队伍建设,以特色教师队伍将学校特色建设落到实处。例如,上海民办培佳双语学校将建设一支师德高尚、结构优化(知识结构、年龄结构、学科结构等)、具有卓越教育能力和水平的高效率教师团队作为学校战略目标之一,制订了骨干教师和优质外籍教师的引进和培养计划,着力培养市级品牌骨干教师,完善全员聘用合同管理和绩效考核机制,坚持过程考核与教师流动机制相结合,加强梯队教师群、跨学科备课组、教研组、年级组、项目任务团队和中外教育机构的教师聘用、培训的合作与建设,讲求团队的合作与共享。

上海市西南模范中学将高素质教师队伍建设作为特色发展的基石,将"陪伴学生主动成长"作为发展的保障。学校以培育教师文化自觉为切入口,引领教师实现人生价值并提升民办学校教师的幸福感。学校提出教师要有"爱国情怀、责任意识",要做到"学高为师、身正为范",要在教师队伍中培养一批学科德育课题研究者,引领学校学科育人价值研究的进一步深入;抓好骨干教师队伍,进一步完善教师职业化发展导向,进一步提高教师的反思能力和分析、处理教育教学问题的能力,提高教师培训活动的质量与水平。

由上至下、由内到外、由理论到实践的民办教师队伍建设使民办学校特色创建有了坚实的基础,也使民办学校的教师既具有较先进的教育理念,也具有较强实践动手能力和研究探索能力,使他们能在各自学科领域较好地发挥自己的特色,从而为学校特色创建贡献自己的智慧。

三、特色发展面临新挑战

上海民办学校特色创建已进入第二轮,相对于第一轮创建来说,第二轮创建应比第一轮更深入、更注重学校的个性化发展。如果说第一轮民办学校初步具备了特色学校的"形",那么第二轮就应注重民办学校特色的"神"。因此,政府对民办学校特色创建的支持,除现有的经费支持、人员培训等必选项目外,能否根据不同民办学校的需求,给予更个性化、特色性的支持,这就需要宏观政策和微观支持都发生相应的变化。

(一)政府如何尊重民办学校的差异,实现精准扶持

进入民办学校特色创建第二轮,民办学校之间的差异也将逐渐明显,遇到的问题也各有不同,政府如何针对民办学校存在的现实问题,在政策方面给予倾斜和支持,做到精准扶持,是考验政府智慧的重大问题。例如,如何将民办学校专项资金与特色建设奖励结合起来,并加大特色建设在专项扶持中的比重;又如,目前公民办学校之间在特色建设方面缺乏交流,相互隔绝,竞争多于合作与互帮,那么政府如何建立有利于促进公办与民办学校之间在特色建设方面的交流机制;再如,政府如果只根据预设的方式进行支持,就难以了解民办学校的实际要求,也难以了解民办学校亟须解决的现实问题。因此,政府如何从民办学校在特色创建中的需求出发,把握民办学校在特色创建中遇到的实际问题,从而出台有针对

性的政策,也是政府需要认真思考的问题。

(二)如何使过程指导更有利于民办学校特色发展

民办学校特色发展必须重视创建过程,民办学校最需要的也是过程中的指导,特别是要保证民办学校特色创建走在正确的方向和正确的轨道上,少走弯路,少出现失误。例如,如何处理传统教育与国际教育,本土课程与国际课程,国本课程、地本课程与校本课程的关系等。

部分民办学校在特色建设中有时为了适应市场的需要,同时也为了降低成本、追求较高的办学收益,会出现了一些急功近利的取向。例如,少数民办中小学在创办国际化特色的过程中,照搬西方课程体系,包括课程理念、价值观、教材、教学模式、师资队伍和评价方式等,完全不考虑我国的基本国情和学情以及自己的培养目标。这样做虽然受到了部分家长的欢迎,学校也获得了较不错的经济效益,但却在某种程度上忽略了我国教育传统,使学生无法接受到良好的中国文化教育。还有极少数学校为了创建特色,拼凑课程,缺乏科学的体系,也不贴近学生的需要,只是为了特色而特色。

上述现象虽然是少数,但在实践中确实存在,需要更多的专家深入基层,给民办学校更具体、更深层的指导,使民办学校在特色创建中能得到更好的帮助与支持。

另外,如何通过过程指导,培养和提升民办学校特色创建能力,"以创促建",使民办学校形成自我发展的良性机制,也是需要考虑的一个重要问题。

(三)如何使民办学校自身的特色发展更好地体现上海教育特点

上海民办教育要体现上海城市的特点,体现"海纳百川、追求卓越、开明睿智、大气谦和"的城市精神,同时还应围绕上海正在建设具有全球影响力的科创中心这个主题来开展特色建设工作。那么如何将上海的城市精神与学校发展的历史相融合,如何使学校特色文化建设也渗透上海精神,如何在学生的行为习惯培养、思想品德教育以及学校重大活动之中也体现上海精神,使学校特色建设与未来上海建设者和优秀市民紧密结合起来等,都是摆在人们面前的重大挑战。

另外,学校特色课程和课堂教学模式改革如何结合上海科创中心建设,从小培养学生的质疑意识和创新精神;如何通过校本特色课程的开设,使学生在感受科学实验和探究的过程,培养学生动手精神和合作精神等,也需各方持续探索。目前来看,上海民办学校特色创建工作虽然取得了丰富的成果,但离上海未来发展对学生的要求仍有一段距离,需要学校站在更高、更远的角度来认识这一工作的意义和价值。

三、特色发展需要新举措

民办学校特色发展进入了一个新的阶段,如果说前一阶段部分民办学校已经有了特色之"形",那么这一阶段则应该练"神",使民办学校的特色建设能形神兼备。"神"是内涵,是精髓所在。而随着分类管理的势在必行,如何鼓励和扶持不同类型的民办学校实现特色发展,更需要各方共同努力。

(一)持续创新特色建设激励机制

回顾上海民办学校特色发展的整个历程,政府的鼓励和扶持起到了导向和督促作用。随着分类管理的逐步推行,学前教育、义务教育和高中阶段的教育将出现分化,可以肯定的是,非营利性民办教育机构将成为今后民办教育机构的主流。如何加快推进这部分民办学校的特色建设和特色发展,需要政府进一步创新特色发展激励机制。是与公办学校等同激励,还是在规范前提下,放手让民办学校自由、自主创新,走自己的特色发展之路? 从实践经验来看,应该更偏重后者。市教委建立项目指导组,建立指导监管机制,凡是经评审确定为第二轮创建学校和幼儿园的应以积极的态度着力实施创建规划,扎实推进学校、幼儿园的内涵建设与特色发展，对努力推进创建，取得突出成效的学校、幼儿园进行表彰和鼓励，对进展不力或有特殊情况暂时无法落实创建工作的，将视情况中止创建。

各区（县）教育局按照《上海市民办中小学特色学校（项目）、民办优质幼儿园第二轮创建实施方案》的要求，将民办中小学特色学校（项目）、优质幼儿园创建工作纳入区（县）基础教育工作整体规划，加强对创建工作的过程管理，指导学校、幼儿园做好相关工作，将创建经费及时拨付到位，专款专用。市教委将按照市级财政专项经费管理的要求，对创建经费加强监督管理和绩效评价。

区（县）教育局应协同有关部门全程指导、支持、服务和监管民办学校与幼儿园的创建工作，本市将进一步完善和扶植民办学校的发展体系，放宽政策上的限制，在民办师资、收费、评估督导和税收问题上有所突破。其中，将根据上海教育综合改革方案，按照优质优价原则，统筹考虑办学成本、办学质量和办学层次等因素，进一步扩大民办学校收费自主权。

（二）深化强化过程指导的适切性

第二轮特色创建过程中面对的问题多为深层次问题，有时候依靠民办学校自身的力量难以解决，就需要借助外部力量来解决。因此，要充分利用校内外各种资源为学校特色创建工作服务，除整合学校内部资源、形成特色课程教育教学队伍和配套机制外，还要积极整合校外的专家力量，借智引力，开阔视野，大胆创新。另外，还要综合社区、科研机构、高等院校、社会团体等多方力量，为学校特色创建工作形成多方位、多维度的支撑力量，促进民办学校创建工作，形成资源共享的良性发展格局，丰富特色育人的有效资源供给。

尤其需要重视的是，特色建设要重点关注特色课程体系建设，要指导学校逐步探索与之相适应的课程运作机制、管理模式、队伍建设、资源开发利用、环境建设等，进而内化为稳定的办学风格，形成稳定的课程制度架构，逐步上升为学校文化的有机组成部分。

（三）不断推进特色学校交流合作

要借助教育部校长培训中心、市教科院民办所的力量，在上海市民办教育协会的组织和协调下，逐步形成本市民办学校和民办学校、民办学校和公办学校特色交流机制。同时，评选出特色发展示范学校，以示范学校为核心，在尊重区域内学校自愿的基础上，形成公办、民办学校特色发展联盟，促进区域内公办、民办学校协同和谐发展。

建立市级特色课程库，通过认真、严格地挑选，将一批优秀的民办学校特色课程作为示范课程，供全市公办、民办学校借鉴和学习。同时，通过大力宣传与传播，使这批特色能走出上海，走向全国，甚至走向世界。

深化民办中小学和幼儿园的教育教学改革，鼓励民办学校和幼儿园积极开展课程建设与教育实践，积极引进丰富多样的教育资源，创造性地探索形成有利于学生（幼儿）健康成长的培养方式，促进学校和幼儿园创特色、创优质、创品牌。以特色示范学校为主体，建立全市学校特色发展研训中心和教师研训基地，形成特色共享和辐射机制，使特色示范学校的经验更好地引领全市特色建设，全面提升我市基础教育水平。

（四）进一步推进教师队伍建设

教师是推进民办学校特色建设的重要力量，应将民办学校特色建设与民办学校名师队伍培养结合起来，通过这项工作，带动和培养一批上海自己的民办学校名师。要持续推进民办学校学科基地建设，并注意在学科基地发展过程中，发现和造就一批学科名师，以学科名师为骨干，形成市级学科教师培训中心和民办学校教师专业成长的长效机制。

同时，有条件的民办学校应建立名师工作室，对名师不仅在待遇方面给予倾斜和保障，还应围绕名师组建学科、课程建设团队,并给予团队建设经费支持,从而以点带面,推动整个学校的教师队伍建设。

另外,还应建立对上海民办优秀教师的激励机制,对特别优秀的民办教师解决上海市户口和养老保险等问题使其没有后顾之忧,能安心长期服务于上海民办中小学教育事业,潜心于自己的专业发展,为上海民办中小学特色建设贡献自己的智慧和力量。

附:

表 1　上海市民办中小学特色项目学校第二轮创建名单

区(县)	学　校　名　称
黄浦区	上海市民办永昌学校
静安区	民办上海上外静安外国语中学
徐汇区	上海市西南模范中学
长宁区	上海市民办新世纪小学 上海市民办新世纪中学 上海市民办新虹桥中学
普陀区	上海玉华中学
闸北区	上海市民办风范中学
虹口区	上海市民办瑞虹高级中学 上海市民办迅行中学 上海市民办新复兴初级中学
杨浦区	上海控江中学附属民办学校 同济大学附属存志学校 上海民办杨浦实验学校
闵行区	上海市民办协和双语尚音学校 上海闵行区教育学院附属中学
嘉定区	上海市民办嘉一联合中学 上海嘉定区怀少学校
宝山区	上海民办行知第二中学 上海市民办锦秋学校
浦东新区	上海市民办中芯学校 上海民办浦东交中初级中学 上海市民办丰华高级中学 上海民办洋泾外国语学校 上海民办常青中学 上海浦东新区民办协和双语学校
金山区	上海市民办师大实验中学 上海市交大南洋中学
奉贤区	上海帕丁顿双语学校

表 2　上海市民办优质幼儿园第二轮创建名单

区(县)	幼　儿　园
黄浦区	上海黄浦区民办徐家汇路幼儿园 上海黄浦区长颈鹿幼儿园
徐汇区	上海徐汇区民办胡姬港湾幼儿园 上海市徐汇区陇龙幼稚园 上海市徐汇区蓓蕾幼稚园 上海市徐汇区汇城苑幼稚园 上海市徐汇区杜鹃园幼稚园

续 表

区(县)	幼 儿 园
长宁区	上海市民办东展幼儿园
普陀区	上海普陀区民办金豆豆幼儿园 上海普陀区民办蘑菇亭幼儿园 上海普陀区古浪博士娃幼儿园
闸北区	上海市闸北区好时光—大拇指幼儿园 上海市震旦外国语幼儿园
虹口区	上海瑞虹幼儿园 上海市虹口区刘诗昆音乐艺术幼儿园
杨浦区	上海杨浦区民办乐又靓幼儿园 上海杨浦区民办波波嘟双语幼稚园 上海杨浦区民办小世界双语幼稚园 上海杨浦区大地幼儿园
闵行区	上海市闵行区依霖幼儿园 上海市闵行区绿世界实验幼儿园 上海市金汇实验幼儿园 上海市协和实验幼儿园 上海闵行区常春藤幼儿园 上海市闵行区龙柏西郊幼儿园 上海市闵行区龙柏雨林幼稚园 上海闵行区嘉臣爱伊幼儿园 上海市闵行区好时光金拇指幼儿园
嘉定区	上海市民办马荣金地格林幼儿园 上海市民办育英幼儿园
宝山区	上海宝山区大场贝贝马艺术幼儿园 上海市宝山博士娃幼儿园 上海宝山区七色花第二艺术幼儿园 上海宝山区实验幼稚园
浦东新区	上海浦东新区民办小风车金桥丽都幼儿园 上海民办胡姬港湾幼儿园 上海浦东新区民办贝贝树幼儿园 上海海富龙阳幼儿园 上海民办中福会幼儿园
松江区	上海西外外国语幼儿园 上海现代明珠幼稚园
金山区	上海市新金山幼稚园 上海金山区民办小哈佛幼儿园
青浦区	上海青浦区私立安乔幼儿园
奉贤区	奉贤民办好时光幼儿园 上海奉贤区贝贝幼儿园 奉贤民办同汇实验幼儿园
崇明区	上海盛源幼儿园

（执笔人：刘耀明）

上海市民办随迁子女小学发展状况

上海市民办随迁子女小学是过渡时期特殊类型的民办学校。这类学校享有政府提供的办学成本补贴，可以满足来沪人员随迁子女在上海接受免费义务教育的需求。然而，由于部分学校在政府改造、维修之前是由私人举办，基本办学条件难以达到政府设定的标准，而且这类学校数量较多，公办学校难以在短时间内吸纳这类学校的学生，为简化管理程序，上海将这类学校纳入民办学校管理。几年来，民办随迁子女小学在为上海义务教育事业作出重大贡献的同时，也在随着城市的发展而不断变化。

一、民办随迁子女小学主要发展情况

民办随迁子女小学是为适应人口流动变化而出现的，因此，它的学校数、在校生数和教师数必然随着外来人口的变化而变化。近年来，上海市民办随迁子女小学整体处于规模缩减的态势。

（一）学校数持续减少，规模变小

截至 2016 年底，上海市共有 7 个区（县）设立以招收随迁子女为主的民办小学，分别为闵行区、宝山区、嘉定区、浦东新区、金山区、松江区、奉贤区和青浦区。2016 年，崇明区长兴岛的原有的民办随迁子女小学被撤销后，上海有随迁子女小学的区从 9 个降为 8 个。2011 年，上海市有民办随迁子女小学 159 所；2016 年，则下降为 132 所，下降了 17%（见表 1）。从学校数量变化趋势看，2011—2015 年呈现小幅下降趋势，2015—2016 年呈现大幅下降趋势。上海市民办随迁子女小学的总趋势是持续减少，而且在可预见的未来几年，还会继续下降。

根据调查显示，随着招生数的减少，民办随迁子女小学规模普遍趋小，学生数在 200—800 人的学校占据多数，超过 800 人的较大规模学校较前几年大幅度减少。

表 1　2011—2015 年分区民办随迁子女小学校数　　　　　　　　　　单位：所

区（县）＼年份	2011	2012	2013	2014	2015
闵行区	16	16	16	16	16
宝山区	16	16	15	14	14
嘉定区	14	14	14	14	14
浦东新区	41	41	41	40	39

续 表

区（县）\年份	2011	2012	2013	2014	2015
金山区	10	10	10	9	9
松江区	19	19	19	19	19
青浦区	24	24	23	23	23
奉贤区	16	16	16	16	15
崇明区	3	2	2	1	1
全市总计	159	158	156	152	150

数据来源：上海市民办教育协会历年调研数据。

（二）学生数急剧下降，初始年级尤为明显

2014—2016 年，民办随迁子女小学在校生数呈逐年下降趋势，2014 年在校生数为 111 806 人，2015 年为 98 024 人，2016 年为 81 721 人，2016 年在校生数较 2014 年下降 26.9%（见表 2、图 1）。一、二、三年级的学生数下降尤其明显，2016 年一年级学生数较 2014 年下降了 32.7%，二年级则下降了 39.1%，三年级下降了 28.9%。

表 2　2014—2016 年民办随迁子女小学分年级班级数和学生数

	一年级		二年级		三年级		四年级		五年级		六年级		学生数总计（人）
	班级（个）	学生（人）	班级（个）	学生（人）	班级（个）	学生（人）	班级（个）	学生（人）	班级（个）	学生（人）	班级（个）	学生（人）	
2014	412	18 728	524	24 804	548	25 090	513	23 223	453	19 961	75	3 543	115 349
2015	342	14 799	426	19 354	507	22 649	501	22 050	447	19 172	0	0	98 024
2016	303	12 611	339	15 103	412	17 831	434	18 948	404	17 228	0	0	81 721

数据来源：上海市民办教育协会历年调研数据。

图 1　2014—2016 年民办随迁子女小学各年级学生数（人）

数据来源：上海市民办教育协会历年调研数据。

（三）教师数不断下降，流动频繁

受学生数下降的影响，民办随迁子女小学教师数也在不断下降。2014—2016 年，教师数以每年 15% 的速度下降。2014 年全市有民办随迁子女小学教师为 5 601 人，2016 年则为 4 039 人（见表 3）。

表3 2014—2016 年分区民办随迁子女小学教师数 　　　　　　单位：人

区（县）　　　　　年份	2014	2015	2016
闵行区	999	930	845
浦东新区	1 196	1 042	818
宝山区	572	479	472
嘉定区	601	461	389
金山区	127	103	74
松江区	974	875	803
青浦区	543	447	347
奉贤区	543	384	291
崇明区	46	32	0
总　计	5 601	4 753	4 039

数据来源：上海市民办教育协会历年调研数据。

　　民办随迁子女小学的教师队伍一直存在频繁流动的现象，最近几年情况依旧。2014—2016 年，每年教师流动都在千人以上，平均达到 1 360 人/年，占到整个教师队伍的 28.6％（以 2014 年教师数为基数）（见表4）。教师流动除了受到民办随迁子女小学整体压缩、招生数减少所致，也有教师薪酬下降等原因。

表4 2014—2016 年民办随迁子女小学教师流动情况 　　　　　　单位：人

2013—2014 年		2014—2015 年		2015—2016 年	
流入数	流出数	流入数	流出数	流入数	流出数
606	764	627	978	392	715

数据来源：上海市民办教育协会历年调研数据。
注：跨年度数据是从前一年的 9 月 1 日到次一年的 8 月 31 日期间收集的。

　　截至 2016 年，民办随迁子女小学教师中，小学高级教师占比 5.2％，小学一级教师占比 17.5％，小学二级教师占比 8.9％，未评职称的教师占比高达 68.3％（见表5）。民办随迁子女小学教师队伍的主流仍旧是对评职称没有愿意或者评职称受阻的教师。

表5 2014—2016 年民办随迁子女小学教师职称情况

年份	小学高级		小学一级		小学二级		未　评	
	教师数（人）	百分比（％）	教师数（人）	百分比（％）	教师数（人）	百分比（％）	教师数（人）	百分比（％）
2014	475	8.3	783	13.7	299	5.2	4 169	72.8
2015	289	6.1	709	14.9	460	9.7	3 303	69.4
2016	212	5.2	709	17.5	361	8.9	2 761	68.3

数据来源：上海市民办教育协会历年调研数据。
注：由于统计口径不同，此表中教师数加总与表3有出入。

　　值得注意的是，随着教师的流动，教师队伍的学历水平在这个过程中实际得到了提高。2014—2016 年，民办随迁子女小学教师中，大专以下的教师人数和占比出现"双下降"。2016 年，民办随迁子女学校中的大专以下教师数只有 179 人，占比为 4.4％。与此同时，本科学历的教师人数虽然也在下降，但是占比却相对提高，由 2014 年占 36.1％提高到占 47.3％（见表6）。这说明在教师需求量减少的情况下，学历层次较低的教师首先被淘汰。然而，根据实际调查的情况得知，学校反映"好教师"一般及早谋划新的出路，较一般教师更早离开学校。

表6　2014—2016 年民办随迁子女小学教师学历情况

年份	硕　士		本　科		大　专		大专以下	
	人数(人)	百分比(%)	人数(人)	百分比(%)	人数(人)	百分比(%)	人数(人)	百分比(%)
2014	0	0	2 024	36.1	3 090	55.2	487	8.7
2015	80	1.7	1 982	41.2	2 462	51.2	281	5.8
2016	21	0.5	1 932	47.3	1 949	47.8	179	4.4

数据来源：上海市民办教育协会历年调研数据。

注：由于统计口径不同,此表中教师数加总与表3有出入。

(四)办学成本补贴更高,但是学校办学面临诸多困难

近几年,上海对民办随迁子女小学的每年生均办学成本补贴为6 000 元。2014—2016 年,上海市区两级财政对全部随迁子女小学的在校生补贴高达17.7 亿元。对民办随迁子女小学的补贴制度由原来市区两级财政共同承担,到2015 年改为由区(县)统一发放。民办随迁子女小学获得生均办学成本补贴较往年有所提高,但是各区县在执行这以政策时也略有差异。如某区对民办随迁子女小学提供的财政补贴是5 500 元,其余500 元由各镇补足。由于各镇的扶持有所差异,部分民办随迁子女小学的办学成本补贴未完全到位。据介绍,某镇对随迁子女小学积极扶持,除了区里给予学校5 500 元的补贴外,镇里提供750 元,镇镇还另外提供100 万元用于学校维修。同一个区的另外一个镇则只有财政补贴的生均5 500 元,且没有其他专项财政补贴用于解决校舍租赁,为此学校必须从财政补贴中,每年拿出50 万元用于解决学校租赁费支出。在同一个区里,由于镇对学校的财政补贴程度不同,造成了学校之间的办学经费差距。

虽然财政给予民办随迁子女小学的生均办学成本补贴略有提高,但由于学校招生数、在校生数持续减少,随迁子女小学的办学经费仍旧不够充裕。教师缴纳社保、公积金等因素导致学校支出教师人头费占比并未下降。在教师队伍压缩的过程中,由于清退教师必须提供相应的赔偿金(目前赔偿金给付是按照教师每服务一年赔偿1 万元的标准计算),而财政没有安排专项用于解决此项额外支出,这增加了学校的经费负担。部分学校还有高额的租赁费需要从生均办学成本中支出。

二、民办随迁子女小学变化的原因分析

外来人口流动是近年上海民办随迁子女小学产生变化的直接原因。进一步分析可知,造成上海外来人口大量流走的原因中既有产业调整因素,也有城市管理因素。

(一)在上海产业结构调整过程中外来人口大量流走

2016 年全国两会期间,习近平总书记参加上海代表团审议时,寄语上海“保持锐意创新的勇气、敢为人先的锐气、蓬勃向上的朝气,贯彻落实创新、协调、绿色、开放、共享的发展理念,着力加强全面深化改革开放各项措施系统集成,着力加快具有全球影响力的科技创新中心建设步伐,着力推进供给侧结构性改革,当好全国改革开放排头兵、创新发展先行者”。以习近平总书记为核心的党中央对上海未来发展的定位和要求,为上海指明了发展方向。当前,上海正在全力以赴地开展推进自贸试验区建设和具有全球影响力的科技创新中心建设等具有重大战略意义的改革创新,必须以壮士断腕的勇气,实现轻装上阵,减负增效。

然而,上海已经是一个人口特大型城市,截至2014 年年底,上海常住人口达到2 425 万。同时,上海的土地资源极其稀缺,截至2014 年,上海市建设用地已经突破3 100 平方公里,按照“十三五”规划的

设定目标,到 2020 年,全市规划建设用地总量实现负增长,建设用地总量控制在 3 185 平方公里以内,现状低效建设用地减量 50 平方公里。上海必须调结构,补短板。2016 年,上海市委 1 号课题就是全市补短板。该课题聚焦两项任务:继续围绕整治"五违"问题,推进区域环境综合整治;从严加强综合交通管理。所谓"五违四必"是指,违法用地、违法建筑、违法经营、违法排污、违法居住;安全隐患必须消除、违法无证建筑必须拆除、脏乱现象必须整治、违法经营必须取缔。

2016 年,全市上下一齐整治"五违"问题。在中心城区、城乡结合部、城郊区乃至农村,大量的违法建筑被拆除。清理违法建筑是一举三得,既可以优化上海土地结构,也有利于优化上海的产业结构,同时还有利于优化上海的人口结构。拆除违法建筑所带来的直接结果,就是以劳动密集型为主业的外来人口大量减少。城市郊区经过整治的村,外来人口减少的数量往往以千计。大量外来人口的流走,必然带来随迁子女小学在校生数量下降。

(二)超大城市人口的公共服务规范化提高了相应门槛

《上海市国民经济和社会发展第十三个五年规划纲要》中提出,"人口总量和结构性矛盾凸显,老龄化程度加剧,高层次人才比重偏低",这是制约上海发展的明显短板和突出问题。规划提出要严格控制人口总量,"落实国家严格控制超大城市人口规模要求,统筹人口与产业发展、城市布局、公共服务和社会管理,到 2020 年将常住人口控制在 2 500 万人以内"。为了控制人口总量,规划提出要加强人口综合调控,"更好运用市场化、法治化手段,以产业升级调整人口存量,以功能疏解调控人口增量,有序疏解部分城市功能,促进人口合理分布"。"加快淘汰落后产能,优化人口结构。"完善人口管理,要"以'两个合法稳定'为基础,优化完善居住证政策,发挥居住证在凭证享有公共服务方面的主渠道作用,稳步推进基本公共服务覆盖符合条件的外来常住人口。积极推进户籍制度改革,探索深化积分管理,完善落户政策,构建以人为本、科学高效、规范有序的新型户籍制度,为符合条件的来沪人员提供可预期的公共服务"。在规划时间更加长远的《上海市城市总体规划(2016—2040)》中,同样提出"至 2020 年常住人口控制在 2 500 万人以内,至 2040 年控制在 2 500 万人左右"。

由此可见,上海城市发展中一个重要的方面是控制常住人口总规模。为此,上海市政府出台相应的人口管理政策。2013 年 5 月,上海市发布《上海市居住证管理办法》(上海市人民政府令第 2 号)。其中规定,境内来沪人员须办理居住登记,办理《居住证》并据此办理卫生、计划生育、社会保险和子女教育等相关事务。由于办理《居住证》必须符合一定条件,如合法稳定居住,合法稳定就业,参加本市职工社会保险满 6 个月;每年签注一次;实行《居住证》积分制度,根据持证人在本市居住年限、工作年限、缴纳社会保险年限的增加和学历、职称等的提升,累积相应分值。积分达到标准分值的,可以享受相应的公共服务待遇,如《居住证》持有人的随迁子女入学可以在本市享受义务教育等。《居住证》制度以及积分制度无疑提高了外来人口子女在上海入学的门槛。

在制定相关人口管理制度的同时,上海也对制度的严格执行加大监督和惩罚力度。如对办理灵活就业居住证(针对家政服务、农业合作社、医院护工、保险等特定行业的务工人员)的,如果一旦发现为外来人口提供假的灵活就业居住证,将对有关责任人进行追究。此举也在一定程度上造成了上海外来人口办理灵活就业居住证的难度加大。

三、当前需要应对的主要问题

民办随迁子女小学规模缩减是教育事业逐步发展的正常表现。然而,在学校数量减少,特别是由于这个过程而带来一些眼前困难的时候,政府部门必须做好各种应对措施,切实保障随迁子女和教师的合法权益,帮助举办者和校长树立正确观念,积极化解各种矛盾。

（一）妥善应对学校减招和停办过程中带来的问题

近年来,由于对民办随迁子女小学的入学条件提出更高要求,加上教育主管部门对部分学校采取停招、限招等措施,民办随迁子女小学的招生数普遍下降。民办随迁子女小学规模急剧减小。在校生数减少导致部分学校的五个年级不齐全,如上海宝山区民办海兰小学只有一年级和五年级,民办洛河桥小学只有三个年级。招生数减少带来的另一个变化是班级人数减少,原来50人一个班级,而现在只有30人一个班级。不少民办随迁子女学校面临着合并或关停的命运。

学校招生数减少影响到学校教师队伍。学校间显而易见的差距就是学校能否招到足够的学生。如果学校招生充足,学校教师队伍则相对稳定;如果学校招生大幅减少,不少教师担忧学校未来的发展前景,则部分优秀教师、年轻教师就会流失,仍旧留在学校的多是年龄较大的教师,或者另谋出路不具有优势的教师。在这种情况下,学校教师队伍质量呈现下降趋势。在班级减少、教师数量不足的情况下,学校也难以开展相应的教研活动,要提高办学质量也更难。区里组织的新教师培训,随迁子女小学也有因为人手不够等原因无法参加。

学校规模变小影响到教师的收入。上海民办随迁子女小学普通教师,每月实际到手收入3 600—5 000元,班主任教师或中层干部略高1 000—2 000元。学校基本都为任职教师缴纳社保和公积金,教师到手的年收入不低于4万,含缴金的年收入则有5万—7万。虽然对民办随迁子女小学的办学成本补贴有所提高,但是由于学生数的减少,实际上学校用于教师人头费的支出反而上升,教师年收入只能勉强维持。

校长们对办学前景不明,处于迷茫状态。接受调研的民办随迁子女小学校长们表示,学校未来究竟如何,他们不得而知。学校发展前途未定也使学校教师处于观望、迷茫状态,校长无法激励教师安心从事教育教学工作。"要么给他生命,要么让它死亡,但是千万不要让它半死不活。"接受调查的校长们多数这样表示。

（二）积极查处新出现的非法办学

随着部分民办随迁子女小学被停办、合并,部分随迁子女的就近入学也受到一定程度的影响,极少数郊区的非法培训机构看准家长需求,开始为随迁子女提供小学阶段的义务教育课程。这种培训机构自知公开办学会遭到教育行政部门的取缔,往往会在隐蔽场所,偷偷摸摸地招收少量学生,开展小规模教学,或者对外打着培训机构的幌子,而实际上开展小学教学活动。这种行为从家长角度来看,似乎可以满足家长不送孩子回老家就读的愿望;从市场角度来看,非法培训机构不具有开展相应教学活动的资质,属于无证无照经营;从教育教学角度来看,这种培训机构既不能保证随迁子女得到合格质量的义务教育,也不能为随迁子女提供安全、卫生的学习环境,具有非常大的隐患。从客观原因分析,部分家长嫌上学路途遥远,或者家长证件不齐全而无法满足民办随迁子女小学的入学要求,他们没有选择回到家乡或外地接受教育,他们选择了进入非法的办学机构,如培训机构接受教育。

对非法的培训机构或个人开展小学教学活动,教育行政部门应该会同工商、公安、消防、城管、房管等部门协同调查排摸,及时取缔。

（三）积极引导针对随迁子女学校的社会舆论导向

对外来人口实施居住证管理制度后,上海按照常住人口规划教育资源配置,在外来人口较多的区镇,新建了不少中小学校,用以容纳新增的学龄人口,使符合条件的外来人口随迁子女能够在当地的公办学校就读。作为历史过渡产物的民办随迁子女小学,因教学设施不合格、教师素质资质不够,教育质量难以保证而逐步退出历史舞台,符合条件的外来人口子女在上海享受到了更加公平和优质的义务教育服务,这是一个很自然、正常的发展趋势。然而,在这个过程当中,特别是 2015 年之后,如果舆论对上海市民办随迁子女小学数量及招生规模的下降解读不当,就可能会引起误解。国内外媒体、社会各界人士对上海市民办随迁子女小学的关注往往会形成舆论热点。如何应对社会舆论压力,是上海妥善处理民办随迁子女小学安置事项的一个重要组成部分。

针对社会舆论对民办随迁子女学校的关注,建议上海有关部门及新闻媒体要注意引导。需要从上海城市发展的战略高度看待民办随迁子女学校问题。看似是随迁子女的入学问题,背后其实与上海市的土地、产业、经济、人口政策的变化是联系在一起的。只有从战略高度,从历史发展的长远来看,才能认识到民办随迁子女小学规模缩小的目的和意义。

(执笔人:何金辉)

上海民办教育领域公民合作状况

教育领域公民合作指公共部门和民间机构合作办学。当前公营和民营之间的界限日趋模糊,纯粹的公营学校和纯粹的私营学校都较少[1],公私合作办学成为常态。政府、家庭、个人、企业等利益相关主体,在大部分国家、各级各类学校均参与教育成本分担。在非义务教育领域,教育成本分担多样化已经成为一股世界潮流;即使在义务教育领域,私人教育支出也是普遍现象。如 2014 年,OECD 国家中小学(含高中)私人教育支出占总支出的比例平均为 9%,只有挪威和瑞典为 0。[2] 在我国民办教育领域,政府以土地、税收、财政资金等要素参与办学,私人部门以资金或智力资本投资、管理与运营学校的现象大量存在,并因各地经济水平、制度环境的不同而呈现出形式多样、类型各异的特点。上海民办教育领域公私合作也有着自己独特的历史,展现了不同发展风貌。简要回顾发展历史,详细描述发展现状,并尝试总结经验、找出不足,以便为上海民办教育的良性发展贡献智慧,是本专题的主旨。

一、上海民办教育领域公私合作:框架与历史

鉴于教育领域公私合作的概念较为模糊、实践上也存在诸多争议,因此明晰其概念、框定其涵盖的不同类型,将有利于对上海民办教育公私合作实践进行阐释。而对上海历史上存在的不同公私合作类型进行描述,也有利于以史为镜,为今天的公私合作实践提供借鉴。

(一)分类框架

公私合作与公私合作伙伴关系(Public Private Partnership, PPP)不同,具有更广泛的外延;尤其对我国政府和社会资本合作而言,公私合作的外延要比它广的多。民办教育领域公私合作的范围也较为广泛,在实践中存在多种形式。各个机构和学者一般都用列举的方式呈现公私合作的不同类型。世界银行根据服务外包合同类型分为管理、专业和支持服务,运营服务,教育服务,基础设施可用性,基础设施可用性及教育服务。[3] 管理、专业和支持服务是软服务,教育服务是核心服务。我国财政部根据公共

---

① 程介明.2009.高等教育发展的新趋势:公私合作的政策选择.教育发展研究,(11).

② OECD. 2017. Education at a Glance 2017: OECD Indicators. OECD Publishing, Paris, http://dx. doi. org/10. 1787/eag - 2017 - en.

③ H. A. Patrinos, F. Barrera-Osorio, J. Guaqueta. 2009. The Role and Impact of Public-Private Partnerships in Education. The World Bank, 9.

资产的所有权/使用权的控制状态,将政府和社会资本合作模式分为委托运营(O&M)、管理合同(MC)、建设—运营—移交(BOT)、租赁—运营—移交(LOT)、建设—拥有—运营(BOO)、转让—运营—移交(TOT)、改建—运营—移交(ROT)、区域特许经营(Concession)等。[1] 我国研究者将我国教育领域曾出现过的公私合作实践项目分为公办托管、国有民办、公建民营、民办公助、教育券、股份制等。[2] 在民办教育领域,与教育领域其他公私合作运行方式不同的是,它必须包括核心服务,即教育服务。

综上,将我国民办教育领域公私合作进行如下分类(见表1)。

表 1　我国民办教育领域公私合作常见类型

运 行 方 式	具 体 特 征
股份制	由多个投资人以股份制形式联合出资设立以办学为主营业务的有限责任公司,公司举办学校;政府提供政策支持;运用企业制度充分吸引利用民间资金
教育券	对民办学校学生提供政府财政资助
管理合同/委托管理	政府拥有资产所有权;社会资本负责学校的运营、维护及学生教育;合同期限一般不超过 3 年
国有民办	学校国有、校长承办、经费自筹、办学自主;承办者享有相应办学的政策和条例,学校通过抽取学费和其他渠道来维持办学
民办公助	社会力量办学税收政策与公办学校相同;给予民办教师享受公办教师同等待遇的福利;广泛吸收社会资金,兴建民办学校
名校转制	通过契约形式而赋予学校独立的法人地位和充分的办学自主权;利用名校的影响力;吸引投资改善现代化的教学设备并加速扩张,以实现学校的规模经营
公建民营/公建配套	由各地政府出资建校,由教育集团负责运营
政府和社会资本合作	包括建设—运营—移交(BOT)、改建—运营—移交(ROT)、特许经营等。社会资本负责设计、建造(改扩建、租赁等)、融资、维护以及部分或所有运营;合同期限一般为 20—30 年

资料来源:根据《我国教育领域的公私合作伙伴关系审视》(高树昱,吴华.《教育发展研究》2010 年第 8 期)等综合整理。

(二) 历史回顾

自邓小平南巡讲话后,上海民办教育在政府推动下开始发轫,从 1992 年第一批五所民办中小学的诞生,到 1994 年第一所民办高校上海杉达学院正式建校,上海民办教育已经走过二十余年路程。从广义的公私合作概念而言,上海民办教育诞生之日便是民办教育公私合作运行之时。这种运行体现了实践先于理论、理论来源于实践的重要特征,是从自发盲目、仅具备公私合作某些特征的状态逐步走向理性自觉、在公私合作框架中良性运行的过程。其中,基础教育和高等教育又呈现了不同的运行方式和特征。

1. 基础教育

上海民办中小学的诞生首先是为了打破公办学校一统天下、一潭死水的办学格局,激发基础教育的办学体制活力。它是政府自上而下推动的,以借用公办校舍设施、由退休局长或校长担任学校校长、办学经费捉襟见肘为特征的办学体制改革探索。由于是政府自上而下推动,因此校舍都是免费使用,具有典型的民办公助特征;由于是初创期的民办学校,所以运行经费在依靠学生学费的同时,也有部分政府的财政资助;由于举办者很多都是退休老校长,创业激情、教育热情显著大于营利目的,加之创办初期学校条件简陋、举步维艰、资金缺口巨大,因此学校具有事实上的非营利性。最初的五所民办学校创办后,上海民办基础教育跨入快速发展阶段,企业、个人、党派团体等都加入了举办学校的洪流中。具体形式包括民办公助、委托管理、公建民营等。

---

① 财政部政府和社会资本合作中心网站,http://www.cPPPc.org/zh/pcjlx/2931.jhtml.
② 高树昱,吴华.2010.我国教育领域的公私合作伙伴关系审视.教育发展研究,(8).

另外,上海民办基础教育之所以有今天的发展状态,不得不提及转制学校改革试验。转制学校是指在保持政府对学校所有权不变的前提下,教育行政部门将一些公立学校交由企事业组织、社会团体或公民个人来承办,同时允许学校在招生、收费、校长和教师选聘及学校内部管理等方面参照民办学校的政策,享有较大的办学自主权,教育行政部门通过一定的形式(如签署协议等)规定学校承办者的权利和义务,学校承办者按规定办学并实施管理。[①] 转制学校的实践形式包括重点学校转制、薄弱学校转制、公建配套学校转制等。它发轫于 20 世纪 90 年代初,经过自上而下的推动而快速发展,又因出现诸多问题而被叫停。2006 年,转制学校逐渐式微。作为探索办学体制改革失败的尝试,转制学校虽然在发挥民办机制优势、提高教育质量、扩大办学自主权、激发教师积极性等方面取得一定成效,但从公私合作项目运行角度审视,转制学校存在如下不足:① 大规模学校转制,部分学校还是教育质量高的品牌学校,在政府未进行充分宣传、沟通的前提下,容易引起社会争议。② 部分区转制中后期在义务教育阶段采取使用者付费,完全按民办机制运行,提高学费以减轻财政负担,不符合教育成本分担原则。③ 对项目运行监管不严,成为部分校长和地方政府的皮夹子[②]。这些运行缺陷为以后上海民办教育领域公私合作的良性运行提供了宝贵经验。

2. 高等教育

自第一所全日制民办高校上海杉达学院创办以来,上海民办高等教育经历了从规模扩张到特色发展的阶段跃升。从项目运行的视角审视,上海民办高等教育公私合作呈现出如下特点。首先,学校项目的发起者多是社会资本方。如上海杉达学院是由上海交通大学、北京大学、清华大学部分教授发起创办的;上海建桥学院由温州企业家创办;上海东海职业技术学院由上海海事学院几位教授发起创办等。其次,政府在学校初创期主要以资本要素形式进入,如土地划拨、租金优惠、税收优惠等;在学校运行期间,作为一种对民办教育的扶持方式,以专项资金的形式进入,各校扶持力度不一。如上海杉达学院作为非营利民办高校,每年可获得几千万元财政补助;而有的学校却只有几百万元。再次,不同于基础教育,上海民办高校大多是以民间资金投入举办的所谓的"纯民办"学校,社会资本方包括企业、个人及企业之间的合作等。

总的来说,在上海民办教育发展历程中,具有公私合作部分特征的项目是大量存在的,并为满足人们多样化教育需求、激发上海教育体制机制活力作出了巨大贡献。然而,大部分项目一开始并未有完善的公私合作制度设计,政府和社会资本间也未曾签订合同,在项目运行失败即学校终止后实际上还是政府兜底。然而,近年来,随着国家大力推行公私合作项目,上海也逐渐出现了一些较为典型的公私合作实例,并具有了自己的发展特征。

二、上海民办教育领域公私合作:现状

经过二十余年发展,上海民办教育学校基础设施建设逐渐完成,部分品牌学校在硬件建设、师资水平上已经达到国内顶尖水平;上海民办高等教育也逐步完成了最初的规模扩张,进入到以质量求生存、以特色求发展的内涵建设阶段。2013—2016 年,上海民办教育领域公私合作现状如下。

(一)运行方式

1. 委托管理

委托管理的实质是政府购买具有资质的社会组织的专业管理服务。自浦东新区 2005 年启动第一

---

① 尹后庆.1998.对公立中小学转制工作的思考.中小学管理,(2).
② 胡卫,方建锋.2012.民办学校分类管理框架下上海公立转制学校深化改革政策评估.上海教育评估研究,(1).

个委托管理项目以来,委托管理实践在上海逐步铺开,呈现出制度逐步健全、范围日益扩大、深度不断延伸的特点。

(1)在制度设计上,2013年5月,浦东新区率先颁布了《浦东新区教育局关于进一步规范委托管理工作的实施意见》(浦教基〔2013〕25号),对委托管理的产生程序、项目期限、校长资格和工资支付、操作原则及监管等作出简要规定。随后,在国务院颁布了《国务院办公厅关于政府向社会力量购买服务的指导意见》(国办发〔2013〕96号),以及财政部颁布《政府购买服务管理办法(暂行)》(财综〔2014〕96号)后,上海市于2015年出台了《上海市人民政府关于进一步建立健全本市政府购买服务制度的实施意见》(沪府发〔2015〕21号),对购买主体、承接主体、购买内容、预算管理、绩效评价、信息公开、监督管理等作出较为详细的规定。

(2)在实践范围上,除浦东新区外,委托管理的范围进一步扩大。为促进上海市义务教育优质均衡发展、推动城区优质教育资源向郊区辐射,2015年,在前四轮农村义务教育学校委托管理基础上,启动实施了第五轮委托管理工作,颁布《上海市教育委员会关于实施第五轮农村义务教育学校委托管理工作的意见》,规定"已接受两轮委托管理(4年)的学校,原则上不再列入第五轮委托管理范围"。受此自上而下的推动,各区(县)教育局应声而动,新一批受援学校纳入了委托管理的范畴,进一步推动了上海义务教育均衡发展。

(3)在实践深度上,借上海教育综合改革之机,委托管理向纵深发展。各区(县)不断创新体制机制,促进优质资源向更大范围辐射。例如,在委托类型上,不仅包括教育中介组织托管薄弱公办学校,还有优质民办学校托管公办学校,从而促进义务教育向更加均衡发展。在项目实施上,措施更加细化,规定更为明确。如2014年,《浦东新区学前教育阶段政府向民办幼儿园购买服务的实施意见》(浦教基〔2014〕11号)规定,对招收地段生的民办幼儿园园舍租赁费进行减免,开办前三年的园舍租赁价格按每建筑平方米2.24元/月计算;开办第四年起,园舍租赁费按每建筑平方米5.85元/月计算,并根据园舍所在区域作适当调节;在园地段生人数占在园幼儿总数20%—30%的(含30%),其园舍租赁费单价下浮23%;在园地段生人数占在园幼儿总数30%—40%的(含40%),其租赁费单价下浮40%;地段生人数达40%以上比例的,其园舍租赁费为零。

2. 公建配套

公建配套是上海市政府在民办基础教育领域推行公私合作的又一重要方式。《上海市政府关于推进本市大型居住社区市政公建配套设施建设和管理若干意见》(沪府发〔2009〕44号)提出,"配套设施建成后,由建设基地所在区负责接管、开办和运营,其中经营性公建配套设施按成本价收购(大型商业设施除外),市政配套设施和公益性公建配套设施无偿移交","由建设基地开发主体按照市属配套商品房基地公建配套教育设施一次性装修验收移交标准实施建设,并在项目竣工验收后将设施移交建设基地所在区政府。相关区政府在市里下达给区里的教育经费转移支付中统筹安排经费,完善学校开班前的相关建设,并落实区教育部门接收开办。中小学、幼儿园的开办费用,由市教委、市财政局根据建设基地导入人口规模、建设要求,在原有标准基础上增加一倍。"据此规定,公建配套学校是由政府和开发商共同出资建设学校,学校建成后无偿转移给政府,由政府运营。在实际运行过程中,也出现一些公建配套学校交予社会资本方运营,成为民办学校,如X学校等。

专栏1 公建配套:X学校

2011年,闵行区发展和改革委员会批复新建X学校项目建议书:"基地面积为30 018平方米。学校办学规模为40个班。项目主要建设内容:新建教学楼、综合楼、地下设施及室外运动场工程等。

项目总建筑面积为 27 800 平方米,其中:地上建筑面积 21 000 平方米,地下建筑面积 6 800 平方米。根据项目实际情况,项目先期实施 14 000 平方米。项目建成后资产移交区教育部门。"X 集团从原学校举办方 C 公司受让股权,取得了学校经营权,招生范围为全市。据 X 学校官网介绍,学校是一所致力于提供 1—12 年级课程的高端民办学校,由著名校长领衔的资深团队承办管理,并拥有一支具备多年国际教育管理及国际课程实施经验的优秀师资队伍。学校收费为每学期小学 47 500 元/人,初中 52 500 元/人,高中 60 000 元/人。

资料来源:根据《2030 年战略:让民办高等教育更具活力、吸引力和创造力》(上海市民办高等教育强校战略课题组,2014)和上海星河湾双语学校网站整理。有改动。

从公私合作视角审视,公建配套的民办学校具有如下特征:一是从项目融资角度,学校由政府、房产开发商和社区居民共同出资建设;二是从项目运行角度,公建配套民办学校由政府发起(纳入区发展规划)、开发商建设、民办运营,建设完毕由专业机构评估后交付使用;三是从回报机制角度,社会资本方运营公建配套学校,是通过政府租赁优惠、税收优惠、财政扶持及学生学费获得回报。

3. 民办公助

上海市政府以土地划拨或低价租赁、税收优惠、财政补助等民办公助形式扶持民办学校发展,是上海民办教育领域公私合作的重要形式。对民办学校来说,土地和校舍是最重要的办学要素,一些民办学校之所以能够快速发展,就是因为以土地划拨或零租金、低租金租赁的方式,大大减少了办学初期成本,从而为学校内涵建设腾出了空间。特别在新修订的《中华人民共和国民办教育促进法》实施后,根据第四十七条"民办学校享受国家规定的税收优惠政策;其中,非营利性民办学校享受与公办学校同等的税收优惠政策",以及第五十一条"新建、扩建非营利性民办学校,人民政府应当按照与公办学校同等原则,以划拨等方式给予用地优惠。新建、扩建营利性民办学校,人民政府应当按照国家规定供给土地",非营利性民办学校在土地和税收方面将受到政府更大支持。

在扶持资金方面,近年来,上海财政资金扶持民办教育的幅度逐年提升,民办高校生均经费拨付标准也从 2012 年 500—1 500 元,提升至 2013 年 1 000—2 000 元,民办高校专项扶持资金标准增幅为 33.3%—100%;民办基础教育的专项资金主要包括对以务工人员随迁子女为主的民办学校的补贴以及课程改革、学生综合素质培养、教育教学内涵建设、特色学校和优质幼儿园创建等项目。上海各区(县)政府也建立了民办教育政府扶持专项资金,扶持民办中小学、幼儿园的内涵发展和学校建设,并对民办学校采取租金减免、大修补贴、地段生补贴、购买学位等多种形式的优惠政策。对义务教育阶段收费低于同级同类公办学校生均事业经费标准的民办中小学,按照生均公用经费定额的标准加以补贴,小学 1 600 元/生/年,初中 1 800 元/生/年。

(二)运作成效

国际上,普遍认为公私合作能够提高学校建设效率,在缩短学校建设时间、降低建设成本、节省政府开支等方面成效卓著。如英国公私合作在世界上处于领先地位,其严格的评估机制使得超时和超出成本预估的项目数量降到了最小;而当项目失败时,私人借贷者承担了部分风险,降低了政府损失。2003 年,英国传统程序下的建设项目,73% 超过了合同价,70% 交付延迟;相比而言,公私合作项目的这一比例分别为 22% 和 24%。2005 年、2006 年澳大利亚启动了两轮学校基础设施公私合作项目,共耗资 2.97 亿美元。经测算,第一轮公共部门比较基准(PSC)成本超过私人部门净现值 980 万,第二轮超过 4 880 万。另外,在学校运营方面,教育券、补助和公校私营三项在质量标准上对教育效果起到显著影响。[1]

---

[1] 根据 *The Role and Impact of Public-Private Partnerships in Education*(The World Bank, 2009)等综合整理.

可见,公私合作无论在学校建设还是运营方面都具有效率优势。目前上海不少民办中小学都是转制学校演变而来,它们的品牌、特色、质量受到了家长的"用脚投票"和社会公认,特别在民办初中,呈现出比公办更有竞争优势的现象。值得一提的是,公校私营或公建配套学校虽然具有效率优势,然而在公平方面却颇有争议。而委托管理却较好地发挥了民营效率机制并兼顾了教育公平责任。特别在民办学校委托管理公办学校方面更是如此,如上海世界外国语小学委托管理新建康健外国语实验小学。优质民办学校托管公办学校,利用民办学校较高品牌知名度、先进办学理念、较高师资水平、特色课程体系等,能在较短时间内提升公办学校教育质量。

专栏 2   徐汇区世外托管康外:实施品牌战略,促进均衡发展

在起草徐汇区深化教育综合改革方案之时,徐汇区传承多年教育改革经验,将"深化学校委托管理"定位为徐汇区推进教育优质均衡发展的重点改革项目。以促进资源流动、优化过程管理为特点,进一步推动委托管理向纵深发展。2013 年 5 月,上海市世界外国语小学(世外)启动委托管理新建康健外国语实验小学(康外)。托管过程中,康外借力世外 20 年国际化特色的办学基础和教育教学成功经验,通过孵化本土研发团队,构建并实施"4+1"国际融合课程,即每周 5 个学习日分为 4 天分科课程和 1 天主题式课程。通过问题研修,打造支持性的教师团队,形成教师"双向流动"机制。通过委托管理,康外在短短几年中迅速成长,2015 年学校正式成为上海市新优质学校项目学校。在一项名为"委托管理以来,您对学校办学声誉的总体评价"的测评中,家长满意率达 98.31%,学生满意率为 100%。

资料来源:徐汇区教育局。

三、上海民办教育公私合作:挑战与对策

随着政府和社会资本合作在我国的深入实施,教育领域分类管理政策逐步落实、综合改革系统推进,上海民办教育领域公私合作实践面临着诸多挑战。这些挑战唯有通过多措并举、多管齐下,才能应对。

(一)挑战

公私合作本身的制度供给不足、运行细节不完善、运营效率与教育公平的冲突,以及政府和社会资本方间的合作机制不健全,这一切都使得民办教育领域公私合作颇有争议、充满挑战。

1. 民办教育公私合作制度供给不足

民办教育公私合作制度是一个制度谱系,包括一系列制度安排。就公私合作本身而言,它包括预算、合同、政府购买服务、特许经营等相关法律,如全国人大颁布的《中华人民共和国预算法》《中华人民共和国合同法》《中华人民共和国政府采购法》,以及国务院及各部门颁布的意见、决定、条例、通知等。这些法律法规、政策文件等不乏冲突之处,尤其是 2014、2015 两年,由国务院、财政部和发改委牵头,出台了大量部门文件(见图 1)。这种情况,给公私合作实践造成了一定不良影响。

不仅如此,当公私合作进入民办教育领域,还必须受到《中华人民共和国教育法》《中华人民共和国义务教育法》《中华人民共和国高等教育法》《中华人民共和国民办教育促进法》等法律法规的制约。勿论这些法律法规间的冲突,单是《中华人民共和国民办教育促进法》本身就存在诸多需要细化之处。因此,如何寻找公私合作与它们的契合点,又是一项极富挑战性的工作。

2. 项目运行细节不完善

细节决定成败,公私合作项目是需要仔细设计、审慎施行的工作。然而,目前上海一些公私合作项

图 1　2006—2015 年各部门及发改委、财政部出台文件数量

数据来源：发改委和财政部网站。

目在运行细节方面存在诸多不完善之处。委托管理中，承接主体的资质如何确定、社会资本方选择有哪些原则、社会资本方的服务如何定价、委托管理的内容边界如何界定、委托效果的评估标准是什么等问题尚未有明确规定；各区（县）还是摸着石头过河。例如，上海某协会受教育局委托负责区域内民办非学历教育日常事务管理工作，其服务的定价便存在一些需要完善之处。

3. 效率与公平之间的冲突

公私合作注重效率，同时也要兼顾公平，它从来不是社会资本方获得暴利的工具，而是一种长期、稳定、合理取酬的制度安排，在教育领域更是如此。因此，民办教育领域公私合作在发挥社会资本方效率优势的同时，也要秉持公益性、公共服务均等的理念，兼顾公平。转制学校之所以被叫停，就是因为在招生、收费、运行等方面破坏了效率与公平之间的平衡。公建配套学校也是如此。

例如，公建配套民办学校，特别是义务教育阶段民办学校，在土地、学校基础设施建设、税收等方面受到了优惠；开发商将公建配套学校建校成本转移给了社区居民，因此学校本应以一定方式承担其子女教育责任。然而，实际上，对一些民办学校而言，社区居民虽然付费但却并未享受到相关服务。这一点，上海新世纪集团在瑞安瑞祥小学公私合作项目中的合同条款值得借鉴。规定"该配套地块施教区范围内的适龄入学儿童，就近统筹安排到班额尚宽裕的瑞祥实验学校（公立）就学；在公立学校学位饱和的情况下，政府采取购买服务方式向民办学校购买学位，费用为当年公立学校生均教育事业费支出金额，不足部分由家长自行承担。针对被征地村，符合条件的一年级新生可自愿选择到瑞安市新纪元小学就读，予以免收 6 年在校期间学费，所免学费由本级财政予以补助；住宿费、伙食代管费及其他费用自行负担"。这种合同条款的设计值得我们学习。

（二）对策

1. 加强制度建设，激发社会资本活力

目前，关于公私合作的顶层制度设计并不完善，在购买服务、特许经营方面的系列制度上还存在不少冲突；国务院法制办牵头的政府和社会资本合作立法工作正在进行，需要解决的问题也颇多。在此情形下，上海在制度建设方面或可有如下作为：一是完善委托管理制度。在《国务院办公厅关于政府向社会力量购买服务的指导意见》《上海市政府购买服务管理办法》基础上，针对浦东新区、徐汇区等区委托管理实践中出现的问题，制定系列标准，明确承接主体资质、社会资本方选择原则、社会资本方服务定价、委托管理的内容边界、委托效果评估等。二是借教育综合改革之机，在《国务院关于鼓励社会力量兴办教育　促进民办教育健康发展的若干意见》（国发〔2016〕81 号）提出探索多元主体合作办学、推广政

府和社会资本合作(公私合作)模式基础上,本着吸引社会力量办学的原则,出台相关鼓励措施,以吸引社会资本参与办学。

2. 注重合同设计,分类推进民办教育领域公私合作项目

合同是公私合作项目最重要的法律文本,是民办教育领域公私合作项目良性运行的重要保障。财政部已经出台了《政府和社会资本合作项目通用合同指南》(2014年版),对合同主体、合作关系、投资计划及融资方案、项目前期工作、工程建设等诸多环节进行了规定。然而,关于教育领域规定甚少。建议:一是制定教育领域政府和社会合作指南,为公私合作在教育领域的推行提供合同范本。二是积极推进委托管理,在完善相关制度、总结区(县)经验基础上,积极推进委托管理实践,增强优质教育资源辐射力度。三是稳妥实施基建类公私合作项目,在合同设计时一定要注意政府和社会资本的伙伴关系,遵循风险共担、利益共享原则;在实施领域上,应引导社会资本在农民工子弟学校、薄弱学校建设和运营上发挥资源配置的效率优势。

3. 注意教育属性,兼顾公平和效率

为避免公参民办学校在效率与公平的天平上失衡,体现民办教育的公益性,强调政府责任、学校义务,建议:一是在由政府以土地优惠、租金优惠进入的义务教育领域公建配套特色类民办学校,应承担就近入学责任;政府在购买民办学校学位时应当将此部分价格考虑在内。二是对公建配套的普惠性民办学校,政府应当收取低租金或减免租金,并在财政扶持上予以倾斜,以保障弱势群体受到公平待遇,并激发社会资本运营学校的积极性。三是探索教育领域公私合作社会资本回报新机制。紧密结合初级阶段基本国情,合理设计非营利性学校公私合作项目的社会资本回报机制。可采取片区开发策略,允许社会资本在运行教育公私合作项目时,同步参与配套小区建造、后勤设施建设等联合开发,以增强对教育公私合作的吸引力;同时,按照法无禁止皆可为原则,要进一步放宽社会力量参与办学的领域,建立健全社会资本退出机制。

4. 健全监管制度,保障各方权益

对委托管理、购买服务,特别是在实践范围较为广泛、形式较为多样而制度还不健全的上海而言,应建立健全相关监管制度。在政府购买教育服务过程中,建立监管体系,以确保购买过程的高质和高效。监管包括监管主体既包括教育中介组织,也包括政府部门;监管方式既包括购买教育服务全过程监管,也包括对重点环节的监管;监管工具既包括政府部门采取的正式监管,如年检、评估等,也包括公众、社会舆论的非正式监管。然而,全方位监管不同于重复监管,因此在具体监管实施过程中,应尽量避免对同一事项过多、低效的监管,以避免学校为应付检查而疲于奔命。这就需要政府不同部门的协同和协调,或者将一些事务性工作委托教育中介组织,从而提高监管效率。

(执笔人:刘荣飞、董圣足)

上海民办高等学校章程建设状况

为贯彻落实党的十八届三中全会精神,推动高等学校内部治理结构改革,落实《全面推进依法治校实施纲要》关于"加强章程建设,健全学校依法办学自主管理的制度体系"的部署,教育部自 2013 年起大力推进公办高校的章程建设及章程审核工作。2016 年,教育部发布《依法治教实施纲要(2016—2020年)》再次强调要"督促学校以章程为统领,完善内部治理结构和规章制度……到 2020 年,全面实现学校依据章程自主办学"。尽管这些工作主要集中在公办高校,但也形成了全国上下加强章程建设、重新审视校内治理、推动现代大学制度建设的氛围。大量的民办高校也加入到修订、完善章程,加强符合民办高校特色的现代大学制度建设的队伍中来。

一、上海民办高校章程建设现状

为具体描述和分析民办高校大学章程建设情况及其反映出的现代大学制度建设现状,本项目以上海尚有学生就读的 19 所民办高校为对象展开调研,采集了其中 17 所民办高校至 2016 年 6 月 30 日止现行有效的章程副本,样本覆盖率达 89.5%,并对相关章程体现出的现代大学治理要素进行梳理(见表 1)。

表 1　上海市民办高校章程要素梳理情况

主 要 要 素	具 体 情 况
决策机构	82.4%的学校决策机构为董事会,17.6%的学校决策机构为理事会 各校平均用 8 条的篇幅对决策机构的规定进行展开,其中最少的学校仅 2 条,最多的学校为 16 条,详细程度不一 相关条目主要涉及决策机构的组成、产生、罢免、职权、会议、决议、董(理)事长等,相关表述多与上位法的规定保持一致 决策机构中举办者代表可能大于等于 1/2 的学校占 23.5%,未注明举办者代表比例的学校占 58.8% 仅有 1 校规定了"亲属回避"制度
日常管理与执行机构	各校平均用 2 条的篇幅对校长及相关校长办公会等进行规定,内容主要涉及校长职权、任职条件等
政治保障	用 2 条及以上篇幅相对详细规定党组织政治保障作用的学校占 35.3%,内容主要涉及组成、职权等;仅用 1 条原则性带过党组织建设的学校占 35.3%;未提及党组织政治保障作用的学校占 29.4% 仅有 1 校对党组织成员与决策/管理层成员双向进入机制做出明确规定

主 要 要 素	具 体 情 况
民主参与及民主监督	35.3%的学校用1条的篇幅对教职工代表大会及其民主参与和监督职能作出原则性规定,17.6%的学校用2—3条的篇幅对教职工代表大会的组成、职权等做了拓展性规定,47.1%的学校未提及教职工代表大会及其作用 17.6%的学校设立监事会,主要对学校财务状况、校领导履职违规情况进行监督,但大多为原则性规定,仅有1所学校用4条的篇幅规定了监事会的人员构成、具体职权及运作方式 23.5%的学校章程涉及工会、共青团、学生组织等内容,平均篇幅为2条,但大多为原则性规定 各有1所学校将设置专业技术职务聘任委员会、决策咨询委员会、督导委员会、校友会等内容载入章程,但大多为原则性规定 17.6%的学校将检查、报告与信息公开等制度载入章程,但大多为原则性规定
学术权力	29.4%的学校对学术委员会、学位评定委员会、教授委员会等学术组织作出规定,平均篇幅为2条,多为原则性规定 在章程中对学术权力做出规定的学校主要为民办本科院校
权力分配与二级管理	17.6%的学校对二级学院的设置作出规定,多为原则性规定,其中仅有1所学校用6条的篇幅对二级学院设置与管理作出较为明确的规定
专业设置与教学管理	41.2%的学校对专业设置与教学管理做出规定,平均篇幅为6条
教师评聘与管理	41.2%的学校对教师评聘与管理做出规定,平均篇幅为7条,内容涉及对劳动用工、待遇与发展、职务评聘、权益保障等的原则性规定
学生管理	学生管理一般散见于章程关于学生组织、学籍、教育教学的部分条款,仅11.8%的学校有学生管理的专门章节,平均篇幅为8条
资产使用与管理	各校资产使用与管理的平均篇幅为7条,内容涉及开办资金及其来源、资产使用、法人财产权、财务管理、会计核算等内容,相关表述多与上位法的规定保持一致 所有学校章程均明确"举办者放弃合理回报",但明确表态办学经费用于教育教学、不予分配的学校仅占17.6%
终止及资产处理	各校终止及资产处理的平均篇幅为6条,内容涉及终止的原因、清算程序等内容,相关表述多与上位法的规定保持一致 明确表态终止后"剩余财产用于社会公益事业"的学校仅占35.3%

从表1可以看出,民办高校现代大学制度建设的主要特点及问题在于以下几个方面。

(一)实行董(理)事会决策和校长负责制,但组织科学程度参差不齐

根据《中华人民共和国民办教育促进法》的规定,民办高校均实行董(理)事会决策和校长负责制,但各校章程表述的组织机构及相关制度的科学程度参差不齐。部分学校董(理)事会仍主要由举办者代表主导,组织机构单一,呈现"为章程而章程"的表述风格,条款较为原则、流于形式;部分学校董(理)事会人员组成丰富、民主集中的决策机制建设相对完善、组织机构相对多样,章程表述具有实质性内容。此外,各校普遍存在校长地位明显弱于董(理)事会的现状,其相对独立行使学校管理的职权无法得到保证。

(二)党组织政治保障逐渐得到重视,但缺乏具体机制保障

近年来民办高校党组织建设的重要性在《教育部关于鼓励和引导民间资金进入教育领域促进民办教育健康发展的实施意见》《中共中央组织部、中共教育部党组关于加强民办高校党的建设工作的若干意见》《关于新形势下进一步加强上海市民办高校党建工作的若干意见》等文件中被多次重申,民办高校党组织在学校应当发挥政治核心作用,主要是在学校的党建、思想政治工作和德育工作中起领导作用,在学校的办学方向和改革发展中起保证作用,在学校的依法办学和维护各方权益中起

监督作用。目前民办高校虽普遍按照规定设置党组织,但如何发挥上述作用,仍缺乏具体机制保障。接受调研的民办高校中,只有1所学校的章程规定了党组织成员与决策或管理层成员双向进入机制。

（三）民主参与及民主监督初步形成有益探索,但有待进一步深化和落实

除了外部监管,民办高校内部权力的制约及民主化建设也是一直以来的重要命题。部分学校探索了以教职工代表大会为主,工会、共青团、学生组织为辅的民主参与及民主监督机制;也有部分学校设立监事会对学校财务状况、校领导履职违规情况进行监督,或组建专门的委员会行使民主参与及民主监督的部分职能,形成了有本校特色的有益探索。然而,就整体而言,章程涉及民主参与及民主监督的表述较为原则,相关机制仍有待进一步深化和落实。

（四）按规定设置了相关学术组织,但整体而言学术权力较弱

尽管设立学术委员会、学位评定委员会等是教育部对于本科院校的规定,民办本科院校也按规定设置了相关学术组织,但从学校章程中可以看出,相较于该类学术组织在公办高校中的地位和话语权,学术权力在民办本科院校中尚未受到重视,更不用提民办高职高专中学术权力地位的缺失。

（五）二级学院管理处于起步阶段,权力主要由校级层面掌握

将学校权力部分下放到二级学院,使二级学院在人、财、事权上有一定的自主性,有助于推动二级学院及相关学科专业发展,凝聚队伍,提高办学水平,这是现代大学制度建设的重要组成部分。然而,相较于公办高校在这方面的探索,民办高校二级学院管理整体还处于起步阶段,权力仍主要集中在校级层面,仅有部分学校对二级学院的设置作出原则性规定,仅有1所学校对二级学院的管理、职权等作出了相对明确的规定。

（六）按规定形成了资产使用与管理原则,但关于非营利性的表述并不完整

基于对政府扶持及多方面因素考虑,上海所涉民办高校均承诺"举办者放弃合理回报",但仍有部分学校出现"对相关人员给予奖励"等语义模糊的表述;此外,不同的学校在资产使用与管理上的表述也有较大区别,部分学校笼统迎合上位法关于开办资金、资产使用、法人财产权、财务管理等方面的原则性表述;仅有部分学校作出"办学经费用于教育教学、不予分配""剩余财产用于社会公益事业"等明确表态。应当认识到,尽管"合理回报"及资产处置等内容因上位法的不完善,多年来一直存有较大争论,但在分类管理正式推行后,选择营利性还是非营利性办学,将不再存有灰色地带,相关举办者和学校在资产财务的使用和管理方面,将迎来一场新的思考和变革。

二、我国法律法规对民办高校章程的基本要求

目前我国法律法规对民办高校章程要素的规定主要集中在《中华人民共和国高等教育法》《中华人民共和国民办教育促进法》《中华人民共和国民办教育促进法实施条例》《民办非企业单位登记管理暂行条例》等法律、法规、规章中(见表2)。教育部于2011年颁布《高等学校章程制定暂行办法》,对公办高校章程应当载明的内容做了详细要求,民办高校可以参照执行、但不做硬性要求。除此之外,由于民办高校在民政部门予以登记,民政部门致力于推进的章程范本,相关要素也可以作为民办高校完善章程的参考。

表 2　我国法律法规对民办高校大学章程要素的直接规定

章 程 要 素	《中华人民共和国高等教育法》	《中华人民共和国民办教育促进法实施条例》	《民办非企业单位登记管理暂行条例》
学校名称、校址	✓	✓	✓
办学宗旨	✓	✓	✓
办学规模	✓	✓	—
办学层次	—	✓	—
办学形式	✓	✓	
业务范围	—	—	✓
学科门类的设置	✓		
内部管理体制	—	—	✓
理事会、董事会或者其他形式决策机构的产生方法、人员构成、任期、议事规则	—	✓	—
法定代表人及其产生、罢免程序	—	✓	✓
学校资产的数额	—	✓	—
资产/经费来源	—	✓	—
资产/经费性质	—	✓	—
财务制度	✓	—	—
资产管理和使用的原则	—	—	✓
出资人是否要求取得合理回报	—	✓	—
举办者与学校之间的权利、义务	✓		
学校自行终止的事由	—	✓	—
终止程序和终止后资产的处理	—	✓	
章程修改程序	✓	✓	✓

通过表 2 的梳理，可以看到我国法律法规对民办高校章程的基本要求主要包括以下几个方面。

（一）章程应当载明学校办学的基本要素

虽然部分用词及表述方式不同，但无论是《中华人民共和国高等教育法》、《中华人民共和国民办教育促进法》及其实施条例，还是《民办非企业单位登记管理暂行条例》等，对民办高校章程最基本的要求都是应当载明学校的基本办学信息。其中，《民办非企业单位登记管理暂行条例》所要求的"业务范围"在高校办学的范畴，则可对应为《中华人民共和国民办教育促进法》及其实施条例规定的"办学规模、层次及形式"。

（二）章程应当载明学校内部治理的基本规则

民办高校与公办高校最大的不同在于内部治理体系的差异，在这一点上，虽然《中华人民共和国高等教育法》未对此作出明确规定，但《中华人民共和国民办教育促进法》及其条例则明确了决策机构的产生、构成、任期及议事规则（即《民办非企业单位登记管理暂行条例》所称"内部管理体制"在民办教育领域的体现），以及法定代表人相关规则。这不仅是法律法规对民办高校章程的基本要求，也是民办高校基于章程进行大学治理的基石所在。然而需要说明的是，法律法规仅对高校权力来源——决策机构及法定代表人纳入章程作出最基本的规定，而一部科学的章程还应当对权力的行使、权力的监督等进行完整描述。

（三）章程应当就是否营利进行明确表态并配套相应的资产与财务管理制度

《中华人民共和国民办教育促进法》及其实施条例对民办高校财务和资产管理都有较大篇幅的制约条款，尽管诸如"合理回报"和终止后资产处理等规定在现实中缺乏可操作性，在办学实践中引起了较大争议，相关条款在《中华人民共和国教育法》和《中华人民共和国高等教育法》修订后，将随着民办教育分类管理的格局进行调整，但仍可看到，无论是现行尚未修订的法律法规，还是未来民办教育的分类管理，都要求民办学校及其举办者就是否营利（目前表述为是否取得合理回报）作出明确表态。在未来，这种是否营利的表态将直接导致学校适用不同的财务管理规范、会计核算准则和产权制度。而在尚未改革的今天，民政部门试图通过推行章程范本、联合税务部门配套免税政策等方式，来要求民办学校对是否取得合理回报、是否分配办学结余、如何处理剩余资产等在章程中作出主动的公益性承诺①。

三、现代大学制度背景下民办高校章程的要点

在教育综合改革和教育治理能力现代化的大背景下，在现代大学制度建设开展得如火如荼的今天，将民办高校章程作为推进民办高校现代大学制度的重要突破口，是大势所趋，也是为了满足民办高校谋求科学治理、高水平发展的内在需求。2015 年 12 月，市教委会同上海市民政局、上海市社会团体管理局共同发布《关于印发〈上海市民办高等学校章程要点〉的通知》（沪教委民〔2015〕25 号，以下简称"《要点》"），对推进上海市各民办高校以章程为载体构建现代大学治理结构作出引导。

（一）载明章程必备的学校及其举办者基本信息

根据《中华人民共和国高等教育法》、《中华人民共和国民办教育促进法》及《中华人民共和国民办教育促进法实施条例》、《民办非企业单位登记管理暂行条例》、《高等学校章程制定暂定办法》等相关法律、法规的要求，《要点》要求民办高校应当在其章程中载明学校及其举办者的基本信息（见表 3）。

表 3　《要点》要求民办高校应当在其章程中载明的学校及其举办者的基本信息

章程要素	主要内容
学校名称	包括登记名称、简称、曾用名、英文译名等
学校地址	包括学校法人登记证上的住所地、办学许可证上载明的所有校区地址等
学校性质	包括学校的经费性质、是否营利的属性、业务领域、法人类型等
举办者信息	包括举办者历史沿革、举办者姓名/名称、投入资产的种类及数额、举办者权利义务等　相关金额应当根据验资报告、评估报告等确定，捐赠适用《公益事业捐赠法》，捐赠协议需经公证
办学宗旨	包括学校发展定位、培养目标、办学方向等
办学规模、办学层次、形式与范围	以教育主管部门审批为准
管理机关	学校的行业主管部门是上海市教育委员会，登记管理机关是上海市民政局

---

①　以上海市社会团体管理局在其网站上公布的《民办非企业单位（法人）》章程示范文本为例，将"本单位的资产必须用于章程规定的业务范围和事业的发展，除符合规定的支出外，财产及其孳息不得用于分配，增值部分不得分红，注销时剩余财产用于公益性或者非营利性目的"，"本单位从事社会服务取得的收入除用于合理的工资薪金、福利支出和与本单位有关的、合理的支出外，全部用于登记核定或者章程规定的公益性或者非营利性事业"，"本单位注销后的剩余财产由登记管理机关组织捐赠给予本单位性质、宗旨相同的其他社会组织，并向社会公告"等条款作为章程范本予以推广。

（二）构建民主、自律、制衡的内部法人治理结构

以民办高校章程及相关配套制度为载体，界定董（理）事会、校长等大学领导管理层、监事会等机构的权责界限，建立民主决策、独立运作、相互制衡的内部治理结构；在章程中对学校内部治理结构作出框架性、重点性描述，并为制定配套的校内规章制度留出空间，构建"1＋N"的民办高校章程及相关配套制度体系，推进依法治校，为民办高校决策、执行、监督、管理、教学质量保障等各方面提供运行依据。

1. 构建多方参与、体现民主管理、代表学校各方面利益的决策机构

民办高校与公办高校的基本区别在于投入方式与治理方式的不同，治理结构的有效性和科学性极大程度上影响着民办高校的发展，现代大学制度精神要求民办高校以民主、自律、制衡为原则构建引领学校发展的内部治理框架，在这之中，构建多方参与、体现民主管理、代表学校各方利益的决策机构尤为重要。《要点》引导民办高校在章程中载明决策机构的组成及其运作规范（见表4）。

表4 《要点》要求民办高校应当在其章程中载明的决策机构的组成及其运作规范

章程要素	主要内容
决策机构的形式及人员构成	董（理）事会成员不少于五人，需明确举办者或其代表、校长、教职工代表、中共党组织代表的人数，其中举办者代表所占比例一般不超过二分之一
决策机构的产生方法	一般情况下，举办者代表由举办者委派，教职工代表由学校教职工代表大会推选，党组织代表由学校党组织推荐；董（理）事长由董（理）事会成员推选产生 相关人选及其职务于30日内报教育主管部门备案，经教育主管部门备案后生效
决策机构的任期	一般情况下，董（理）事会成员每届任期4年，任期届满时应按照章程规定开展换届工作；董（理）事会成员可以连选连任
决策机构的职权	包括董（理）事会的职权及董（理）事长的职权，可以在法律法规的既有规定上予以扩充，以体现学校自治
决策机构会议的召开	包括决策机构会议的召开频率、召开情形、召集程序、通知方式等，一般情况下，会议需有三分之二以上成员出席方为有效 会议实行会议材料存档制度，存档材料包括签到记录、会议记录、会议决议及相关支撑材料等，汇总整理后由学校档案管理部门存档保管
决策机构议事规则	会议讨论的事项中属学校重大事项的，应经董（理）事会全体成员的三分之二及以上同意方可通过；其他事项应经二分之一以上成员同意方可通过 会议决定应形成书面决议，由董（理）事会成员签名并注明是否同意的意见 章程应当根据法律法规的要求就学校重大事项的类型作出明确规定

2. 保障校长及学校领导班子独立行使学校管理的权力

通过正规程序遴选有能力领导学校的、适格的校长，保证校长遴选过程正规、公开透明，落实校长及学校关键管理岗位亲属回避制度，保障校长得以按照章程、董（理）事会决议、相关制度对学校进行日常管理，不受干涉。《要点》引导学校在表5中的各方面完善章程关于校领导及相关行政管理层制度建设。

表5 《要点》要求民办高校应当在其章程中载明的校长及学校管理层制度建设要点

章程要素	主要内容
校长的聘任	学校聘任专职校长，校长与副校长由董（理）事会讨论决定，相关人选应当符合法律法规对校长资质的要求 校长负责学校教育教学和日常行政管理工作，不受举办者、董（理）事会个别成员或其他方面的干涉
其他内部机构	学校根据办学需要设立校长办公室、人事部门、财务部门、教务部门等行政管理部门和二级学院、系等教学部门，各机构根据相应职权与制度开展工作 内部机构的设置及调整由校长提出，报董（理）事会讨论决定

章 程 要 素	主 要 内 容
亲属回避制度	学校实行亲属回避制度,校长、副校长、监督机构成员及学校财务、人事、各院系等部门主要负责人间应不具有近亲属关系
法定代表人	章程应当载明学校法定代表人由董(理)事长或校长担任,依法代表学校行使职权

3. 大力推进民办高校党组织及群众组织建设

在新的发展时期,民办高校党组织建设的重要性日趋凸显;此外,群众组织也成为民主参与的重要主体。应当进一步明确民办高校党组织地位,加强党组织的政治领导和内部协调作用,大力发展群众组织,为党组织及群众组织建设及其实际履行职能提供章程基础,构建保障党组织代表及群众组织代表参与或影响决策机构、校内行政管理机构的机制(见表6)。

表6 《要点》要求民办高校应当在其章程中载明党组织及群众组织建设及实际履行职能的机制

章 程 要 素	主 要 内 容
党组织的领导与保障	学校建立中国共产党党组织,设立纪委、组织部、宣传部、统战部等工作部门,配备必要的工作人员 党组织领导学校党的建设工作、思想政治工作和德育工作,在学校中发挥政治核心作用;在学校明确办学方向、推动改革发展、依法办学中发挥监督保障作用 学校董(理)事会、校长与副校长、各级部门积极配合支持党组织行使法律法规及章程赋予的职权
群众组织的民主参与	学校建立教职工代表大会、工会、共青团、学生代表大会、妇女联合会、校友会等多种组织,依法保障其活动条件、积极支持其工作开展,实行民主管理、开展民主监督,保障教职工与学生的合法权益 章程应当就前述组织的运作依据、形式、职权等作出规定

4. 探索建立能够独立运作行使监督职能的监督机构

监督机构系《要点》参照现代大学制度关于建设科学、民主、制衡的大学治理结构的精神、借鉴其他法律法规的立法精神引导学校在章程中予以创设,目前没有直接的上位法依据供学校参考,学校亦可根据本校情况设置相应的监督机构(见表7)。

表7 《要点》引导民办高校在其章程中载明监督机构的形态、职责及议事规则

章 程 要 素	主 要 内 容
监事会的组成	建议学校设立监事会,由不少于3人组成。监事会成员由举办者、学校教职工代表大会、其他相关单位分别推选代表(如外部独立董事、督导专员等),其中举办者代表不超过三分之一
监事会的职权	检查学校财务、人事、教学等办学管理工作,向董(理)事会、校长与副校长、学校内部相关组织机构负责人等提出意见与建议 对董(理)事会成员、校长与副校长、各内部组织机构负责人等的履行职责与遵纪守法情况进行监督,制止、纠正损害学校利益的行为,对违反法律法规、学校章程或董(理)事会决议的人员提出罢免建议,并向相关部门报告 列席董(理)事会会议,对会议讨论事项提出意见与建议
监事会议事规则	一般情况下,监事会决议需经二分之一以上监事会成员同意,方可通过 决议应由监事会成员签名并注明是否同意的意见,监事会成员不可委托他人代为行使职权

(三) 推进民办高校教育教学水平稳步提升

1. 保障学术权力在学校发展与治理中的话语权

学术话语权是现代大学制度重要的精神内涵之一,民办本科院校应当按照教育部相关规程要求建

立健全学术委员会、学位评定委员会等学术组织,提倡教授治学;民办高职高专应当探索构建符合自身实际及办学特色的学术组织,提高学术水平,该些内容应当在章程中予以体现(见表8)。

表8 《要点》引导民办高校在其章程中载明学术机构的形态、职责及议事规则

章程要素	主要内容
本科院校建设学术委员会	学校设立学术委员会,负责审定学科、专业设置方案,审定教育教学、科学研究计划和人才培养方案,评定教育教学、科学研究成果等有关学术事项 学术委员会应符合《高等学校学术委员会规程》等法律法规的要求,建议制定符合学校实际的本校学术委员会规程 专科层次民办高校可予参照
本科院校建设学位评定委员会	学校设立学位评定委员会,负责审议本校拟规划建设以及拟申报的新增学位授予权的学科、专业,制定本校学位申请、授予工作的规章制度和实施办法,受理学生对相应学士学位的申请,审查并作出是否同意其申请的决定等 学位评定委员会应符合《中华人民共和国学位条例暂行实施办法》等法律法规的要求,建议制定符合学校实际的本校学位评定委员会规程

2. 有序推进教育教学质量的提升

民办高校应当以内涵建设、特色发展为基础形成从长期稳步发展的优势,学科与专业建设、质量保障体系建设也应当成为学校章程重要的组成部分。《要点》引导民办高校在其章程中载明学科专业发展、质量保障体系建设的相关内容(见表9)。

表9 《要点》要求民办高校应当在其章程中载明学科专业发展及质量保障体系建设相关内容

章程要素	主要内容
学科与专业	章程应当明确学校主要学科门类、设置和调整学科、专业的原则、程序,根据经济建设、社会发展需要和人才市场需求设置学科门类,按照国家有关规定自主设置专业,并报教育行政部门备案 学校以教学工作为中心,贯彻"需学研产"一体化方针,围绕社会和市场的人才需求,开展学科建设及教学与科研,为社会提供适用人才和可转化为社会产品的教学与科研成果
质量保障体系建设	学校按照教育行政部门的有关要求,建立教学管理规范,采用目标管理和考核办法组织与管理教学,建立并不断完善教学质量监控保障体系 章程应当根据本校实际载明质量保障体系建设的具体内容

(四)保障教职工与受教育者的合法权益

教师和学生作为民办高校中最庞大的两大群体,保障其合法权益是学校治理的重中之重,章程应当就教师队伍建设、学生管理的整体框架及重要问题作出基本规定,并配套制定相应的校内制度,进一步提升师资队伍水平、保障师生权益、稳定安全管理秩序(见表10)。

表10 《要点》要求民办高校应当在其章程中载明师生发展及权益保障的主要内容

章程要素	主要内容
教师聘用	学校实行聘任制度,与教职员工签署聘用合同,自主确定薪金、津贴、福利标准和分配办法,依法保障教职工的工资、福利待遇并按照国家有关规定为教职工办理社会保险和补充保险,为教职工缴纳社会保险等有关费用
教师发展	学校执行国家教师资格制度和教师专业技术职务评、聘制度,对教职工实行"培训上岗"原则 支持和鼓励教职工参加国家组织的各类专业技术资格认证,支持和鼓励教师从事科学研究、学术交流,参加专业学术团体
学生的权利及义务	章程应当就涉及学生权利义务的相关内容作出规定,包括学生日常活动与管理、奖励与惩罚、授予学历与学位、就业指导等内容

章 程 要 素	主 要 内 容
权益保障	建立以工会组织为教职工校内申诉的主渠道,依法妥善处理教职工提出的申诉,维护教职工的合法权益 依据《普通高校学生管理规定》成立学生申诉委员会,保障学生权益 章程亦可就进一步扩宽诉求渠道、建立符合学校实际的纠纷处理工作制度作出具有本校特色的规定
安全保卫	涉及应急管理、安全稳定工作机制建设、突发事件应急预案的制定等

（五）配套建设符合学校属性的资产与财务管理体系

规范发展一直以来都是民办高校发展的重要原则之一。无论是在现阶段选择是否取得合理汇报,抑或是未来选择营利性或非营利性办学道路,均需作出谨慎思考,并配套相应的财务管理规范,有严格的财务管理和会计核算制度,建立内部审计和监督制度等。《要点》在各法律法规的基础上,对民办高校章程应当载明的资产与财务管理要素进行了梳理(见表11)。

表 11 《要点》要求民办高校应当在其章程中载明资产与财务管理的主要规范

章 程 要 素	主 要 内 容
资产/经费来源及属性	章程应当注明学校开办资金的数额、来源及性质,出资可使用货币(经验资/审计确定)、实物(经评估后确定价值)、无形资产(经评估后确定价值)、办学积累转增开办资金(经验资/审计确定)等方式 涉及捐赠的应当符合《中华人民共和国公益事业捐赠法》的规定 开办资金是登记管理机关的登记事项
法人财产权	学校资产由举办者出资、接受国家直接或间接支持形成的资产、接受捐赠形成的资产、学费收入、办学积累以及其他合法收入构成 学校对上述资产享有法人财产权,所有资产由学校依法管理和使用,任何组织和个人不得侵占
学杂费的制定和公示	学校依法制定收费项目和收费标准,做好公示公告工作
财务管理	学校建立和完善财务管理制度,财务部门定期向校长汇报财务计划执行情况,依法编报财务报表 学校的资金资产主要用于教育教学活动和改善办学条件,除符合规定的支出外,财产及其孳息不用于分配,增值部分不予分配
会计核算	学校执行国家及上海市规定的会计制度,依法进行独立的会计核算,建立健全内部会计监督制度,保证会计资料合法、真实、准确、完整 学校配备具有专业资格的会计人员,会计不兼任出纳 会计人员调动工作或离职时,应与接管人员办清交接手续
资产登记	学校对举办者投入学校的资产、国有资产、受赠的资产、办学积累等按照国家及上海市的相关规定分别登记建账,并存入相应银行账户
审计监督	学校财产的使用接受有关部门的监督,学校在每一会计年度终了时制作财务会计报告,委托会计师事务所依法进行审计,并向有关部门报告审计结果

（六）明确学校终止及章程修改的相关程序设计

"学校终止"及"章程修改"是民办高校章程重要的组成部分,《中华人民共和国高等教育法》《中华人民共和国民办教育促进法实施条例》《民办非企业单位登记管理暂行条例》都对相关内容须在章程中予以体现作了规定,其共同点在于通过"程序"保障"实体秩序",符合现代大学制度的基本精神(见表12)。

表 12 《要点》要求民办高校应当在其章程中载明学校终止及章程修改的相关程序

章 程 要 素	主 要 内 容
终止的情形	学校终止的法定情形包括被吊销办学许可证、因资不抵债无法继续办学等,章程还应当载明学校自行终止的情形
安置与清算	学校终止时,在教育主管部门等有关部门的指导下依法妥善安置在校学生与教职工、进行财务清算、清偿债务 学校自行终止时,由学校在行业主管部门和有关部门的指导下成立清算组织,组织清算;被教育主管部门依法撤销时,由教育主管部门组织清算;因资不抵债无法继续办学而被终止时,由人民法院组织清算;清算期间,学校不开展清算以外的活动 清算工作完成后,清算组织应提交清算报告提请原董(理)事会审核通过,并报教育主管部门审查同意
财产的处理	学校按照受教育者学杂费等费用、教职工工资与社会保险保障费用、其他债务的顺序清偿债务 学校清偿上述债务后的剩余财产,捐赠给其他非营利性教育机构、继续用于社会公益教育事业
注销登记	学校完成清算工作后,向行业主管部门交回学校办学许可证,并至登记管理机关依法办理法人登记注销手续
章程修改的程序	章程修改属于学校重大事项,由学校董(理)事会按照董(理)事会议事规则讨论决定修改意见 章程修改后 30 日内报登记管理机关核准,并于登记管理机关核准后 15 日内报教育主管部门备案

(七) 规范与个性并重,形成校本章程特色

尽管章程要素为多部法律法规明确要求,旨在为各校搭建现代大学制度中的"根本法"提供依据,但仍应当看到,章程是基于本校实际所立,应当反映学校的个性、特色,而非"千校一面"。以治理结构为例,尽管法律法规要求党组织保障、民办高校建立理(董)事会领导、校长负责的治理结构,但部分学校仍可根据自身实际,建设各类咨询委员会等机构,以开拓创新的思维深化落实民主参与,这与法律法规及相关政府规范性文件所体现和引导的"章程要点"是不冲突的。体例上的创新、架构上的突破、文字表述上的打磨,都可能成为民办高校深化章程建设的突破口,规范与个性并重,形成校本章程特色,构建百花齐放的现代大学制度建设格局,才是民办高校章程建设的重点所在。

(执笔人:王歆妙)

上海民办教育社会组织发展状况

在政府、学校、社会三方教育治理主体中,社会和市场主体缺位,社会组织自身能力建设不足,独立于政府之外的有效教育监督和评价体系尚不健全。以问题解决为导向,以促进民办教育健康、绿色发展为目标,上海通过经验借鉴、顶层设计和实践探索,大力推动了民办教育社会组织的发展

从上海的实践探索经验看,当前民办教育公共治理格局已初步形成。从2012年开始,民办教育行业协会、民办教育发展基金会、民办教育服务中心以及民办教育第三方评估机构相继成立,在推动上海民办教育治理现代化中已经发挥着重要作用。更为重要的是,在扮演政府与学校连接桥梁角色之外,这些社会组织机构还初步探索出一套相互支持、相互协作的工作机制,共同推动一些扶持上海各级各类民办学校内涵发展的项目和举措,如萌芽计划、海峡两岸论坛等。这些项目都受到政府、民办学校以及社会各界的好评。

一、民办教育现代治理变革的趋势

在全球国家治理重心下移的背景下,"多元、共治、高效"是现代教育治理变革的核心目标。民办教育作为社会主义教育事业的重要组成部分,也是教育治理的先行实践者。国内外成功经验表明,民办教育领域拥有连接政府、学校、社会、市场的先天优势,是教育治理现代化变革的重要试验田。

(一)公共治理是国际教育现代治理变革的主要趋势

近30年来,为迎接全球化、信息化、国际竞争加剧的挑战,以及摆脱财政困境和提高政府效率,世界主要国家和地区相继掀起了政府"3E"(economy, efficiency, effectiveness,即经济、效率和效益)的改革浪潮,目标是要使公共服务变得更适应市场和社会需要。因此,政府制定社会政策的角色和治理能力发生了根本性的转变。正如赫斯特和汤普森指出:"人们通常把'政府'等同于控制和管制一定地域人民生活的国家机构。然而,治理不仅仅是国家的职权,也是指利用一些手段来对某一活动进行控制从而达致既定的结果。公共事务治理是可以通过各种公立与私立、政府与非政府、国家与国际的机构和做法来执行的。"

这意味着,借助社会其他组织力量来管理公共事务,已成为世界公共管理的趋势。伊尔·卡瓦斯从政治学的角度,从政府与学校间双向作用分析出发,认为社会中介组织就是"一个正式建立起来的团体,它的建立主要是加强政府部门与独立组织的联系,以完成一种特殊的公共目的"。面对越来越复杂和急

迫的社会问题,政府往往需要把有关公共管理职权转交给其他主体行使,这就出现了授权和委托,即行政分权。这种形式的分权被称为"公务分权"或"功能性分权"。

从教育中介组织与政府之间的关系来看,两者之间应当是行政委托关系。由于教育公共事务和行政事务的庞大、复杂和专业化,教育行政部门已经没有足够的人力、能力和财力直接操作和管理各项教育事务,诸如学校专业与课程评估、师资水平鉴定、证书和资格认定等,这些事务都可以交给教育中介组织来承担。此对政府来说,权力的下放和分离恰恰显示了国家力量的强大,而不是它的软弱,因为政府通过一小部分力量就可以发动更多社会力量来发展公益事业。总体来说,治理变革的核心价值就是强调政府的监督职能,采取远程操控,重视评价制度与绩效责任,引进市场竞争机制,以提升效率与效能。

(二)国家大力推动和壮大民办教育社会组织

与国际背景和趋势相符的是,我国也在自上而下大力推动社会领域公共治理体制的变革。2013年12月,党的十八届三中全会通过的《中共中央关于全面深化改革若干重大问题的决定》(以下简称"《决定》")中提出,"全面深化改革的总目标是完善和发展中国特色社会主义制度,推进国家治理体系和治理能力现代化"。在深化教育领域综合改革中,《决定》提出,"深入推进管办评分离,扩大省级政府教育统筹权和学校办学自主权,完善学校内部治理结构。强化国家教育督导,委托社会组织开展教育评估监测"。

更为具体的表述体现在《国家教育中长期改革发展规划纲》(2010—2020)中,它明确了健全统筹有力、权责明确的教育管理体制的目标。具体路径包括,以转变政府职能和简政放权为重点,深化教育管理体制改革,提高公共教育服务水平;推进政校分开管办分离。适应中国国情和时代要求,建设依法办学、自主管理、民主监督、社会参与的现代学校制度,构建政府、学校、社会之间新型关系;培育专业教育服务机构;完善教育中介组织有准入、资助、监管和行业自律制度;积极发挥行业协会、专业委员会、基金会等各类社会组织在教育公共治理中的作用。

这种改革精神也贯彻到具体领域的改革文件中。国务院出台《国务院关于鼓励社会力量兴办教育 促进民办教育健康发展的若干意见》(国发〔2016〕81号)进一步指出:"发挥行业组织作用。积极培育民办教育行业组织,支持行业组织在行业自律、交流合作、协同创新、履行社会责任等方面发挥桥梁和纽带作用。依托各类专业机构开展民办学校咨询服务等工作。支持非营利性民办高等学校联盟等行业组织及其他教育中介组织在引导民办学校坚持公益性办学、创新人才培养模式、提升人才培养质量等方面发挥作用。"

一方面,我们要正视,当前国家社会组织发育还不够健全;另一方面,也要看到,社会组织在民办教育治理现代化发展中将发挥越来越重要的作用。因此,政府有责任,也有能力鼓励、扶持民办教育社会组织的发展。在此方面,上海已经走在全国前列,各个社会组织建设成效显著。

二、上海民办教育协会发展情况

(一)组织架构逐步完善,协会功能设计系统、高效

上海市民办教育协会(以下简称"协会")在上海民办中小学协会和上海民办高等教育协会基础上,在市教卫党委,市教委的关心指导下,于2012年4月18日正式成立。协会确立办会宗旨,根据咨询、服务、培训、评估等主要职能不断健全工作机制,逐步完善组织体系和制度建设。

协会不断加强制度建设,先后制定了《上海市民办教育协会章程》《上海市民办教育协会会议制度》

《上海市民办教育协会会员自律公约》《上海市民办教育协会经费管理制度》等,实现了依法、依章办会,切实履行民办行业组织职能,为上海民办教育的健康发展打下良好基础。

与此同时,协会在组织机构建设方面也取得较大成绩。协会成立后即改制组建了高等教育专业委员会、中小学教育专业委员会,并先后于 2012 年 7 月 15 日成立了上海市民办教育研究院,2012 年 8 月 28 日正式成立了学前教育专业委员会,2013 年 1 月 25 日成立师资培训中心和后勤服务中心,2013 年 3 月 22 日成立培训教育专业委员会,2014 年 3 月 26 日成立法律事务中心。截至 2016 年年底,协会基本框架如图 1 所示。

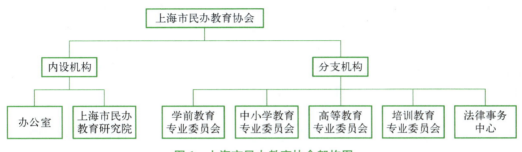

图 1 上海市民办教育协会架构图

各内设机构和分支机构是协会履行职能的重要载体,体现出协会组织建设及其运行机制的专业性。

1. 中小学教育专业委员会

中小学教育专业委员会(以下简称"中小委员会")是协会章程起草、组织框架酝酿的重要参与者。中小委员会以"贴近学校,善于发掘内涵发展的新动向;贴近校长,善于协调共享教改的新经验;贴近教师,善于发现课堂教学的新亮点"为宗旨,以"协助行政政策调研,服务学校内涵发展,发掘教改亮点经验,统筹协调难点问题,推进特色品牌建设"为指导思想,在协会大平台上不断强化功能,在推动上海民办中小学的内涵发展过程中发挥了更为重要的作用。至 2016 年底,中小委员会发展会员单位共 265 家,其中全市民办中小学 132 所,民办随迁子女小学 133 所。

自成立以来,中小委员会积极配合市教委,参与到课题研究、方案制定、文件起草、大会动员、材料审核、校长培训等各个环节,有序推进特色学校创建工作。

(1)持续开展课题研究,完成了来沪人员随迁子女在沪享受教育的公共服务、民办小学招生政策、民办高中国际课程及民办中小学依法规范办学等级评估等课题,并组织专家指导民办学校申报、完成各级科研项目,积极组织成果经验交流活动,通过科研推动学校内涵发展。

(2)积极组织开展优秀德育工作者、南都公益基金项目、中青年教师教学评比、民办中小学"突出贡献奖""优秀校长"等评选工作,通过组织长三角地区民办教育论坛中小学分论坛、"基于课程标准的教学与评价"、学校校长管理素养等论坛、专题培训,以及中小学设立语文、数学、英语学科基地(仅 2016 年确定了 19 所学校为学科基地学校)等举措,不断提升民办中小学内涵发展能力。

(3)积极发挥行业引领功能,如参与编印纳民学校《规范管理手册》,举办"上海民办中小学 20 周年巡礼"活动,以及公布了认真做到"两个自觉""三个抵制"和"四个不"的联合声明,向社会承诺行业自律的守则,得到媒体的重视和社会各界的认可。

2. 高等教育专业委员会

高等教育专业委员会(以下简称"高专委")围绕教育部、市教卫党委、市教委关于促进民办高校改革发展的工作部署,加快民办高校内涵建设的步伐,积极推进民办高校师资队伍建设工作,不断提升教育教学质量。其工作抓手主要在于以下几点。

(1)提升民办高校科研水平,针对民办高校研究力量非常薄弱的现状,委员会与研究院组织对参加课题研究的教师进行培训,请有关专家讲课并规范课题研究工作程序等。

(2)多次组织民办高校校长进行各类研究及培训机构交流,如赴澳大利亚、德国、瑞士等国家进行高等职业教育考察,国内前往西安、湖南等民办高等教育发达省市学习。

(3)多次举办了"长三角地区高水平民办大学研修班"、双语教学短期培训和竞赛、"寝室人际关系的团体辅导"、"校长沙龙"活动、"海峡两岸民办(私立)大学校长论坛"等论坛、培训活动。

(4)为加强师资队伍建设,高专委创新协作组工作机制,先后成立民办高校师资队伍建设协作组、信息化建设协作组、心理健康教育协作组,各协作组做了大量工作推动各校加强合作,如先后出版了《上海市民办高校就业服务研究论文集》(37篇)、《上海市民办高校毕业生创业案例》(42位创业者),推动各校间优势互补、合作共赢良性竞争局面的形成;此外,还多次组织"上海民办高校学生专业英语竞赛""全国民办高校国际商务专业教师双语教学技能竞赛"等教学竞赛,不断提高教学水平,尤其是民办高校中青年教师的教学技能得到质的提升。目前,高专委已开展民办高校的评估试点工作,取得初步成效。

3. 学前教育专业委员会

学前教育专业委员会(以下简称"学专委")坚持服务会员、服务政府、服务社会的宗旨,以推进本市学前教育队伍建设为重点,形成系统的工作体系。

(1)定期举办面向民办幼儿园园长、民办三级幼儿园举办者及骨干教师等培训班,组织"推进社会力量办园健康发展"系列培训活动,尤其是重点推进民办园保育员队伍的职后培训。

(2)为托幼园所保育人员提高持证率与持证等级,不断完善和拓展"致立学前教育职业技能培训中心"的职能,坚持为远郊区(县)送教上门,年度完成培训量千人以上,鉴定合格率95.0%以上,高出市平均合格率的10多个百分点。

(3)与华东师范大学合作,开展非学前专业从事学前教育人员的岗位培训;开展"上海市托幼机构优秀保育工作者"、"民办园优秀教研组"等评选表彰活动,指导民办幼儿园教师开展协会及民办幼儿园教师"萌芽杯"等课题研究的申报工作,努力做到以评、以科研促进民办幼儿园优秀教师的成长。

(4)参与民办校特色与民办优质园的创建,全面进入优质园创建实施方案、评定标准制定的全过程,指导民办幼儿园申报、创建中期评估及验收等。另外,学专委还设计了"上海市三级园情况调查表",开展了民办三级幼儿园基本概况调查,掌握了幼儿园班级数、幼儿数、占地面积、建筑面积、教师和保育人员的学历和持证率等信息,为开展相关工作提供依据;为会员单位发送一年四期《上海市托幼协会简报》,帮助会员单位及时了解政策、办学需求等变化。

4. 培训教育专业委员会

培训教育专业委员会(以下简称"培专委")不断完善培专委副主任、常务理事、理事及会员的组织发展和建设工作,建立了培专委章程和议事规则,构建了详细的会员档案,梳理了培专委组织架构,明确了会员征集、申报、登记、会费及退出机制,真正建立一个热心行业发展,促进信息交流,有门槛、有高度,肯担当的行业组织。培专委于2016年7月,对副主任单位进行了统一授牌,对于激发副主任单位发挥示范引领作用,促进全行业健康稳定发展起到了推动作用。培专委的运行主要围绕以下五个方面开展。

(1)深入调研,摸清行业需求。完成对全市培训教育行业机构的调研,初步了解培训机构的基本情况及其特点,并对部分机构在发展中遇到的困难及需求进行了分析研究。

(2)加强宣传,树立行业标杆。制定上海市培训教育机构优秀品牌遴选的评估标准,2015年推出上海市民办培训教育机构优秀品牌评选活动,督促和引导民办培训教育机构的举办者端正办学思想、增强依法办学意识、加强行业发展的规范与自律。

(3)开展研究,提升行业水平。如积极参与并协助各项调研与课题研究,参与协会评鉴中心关于上海教育培训行业机构评估标准制定的调研工作,并协同上海市民办教育协会、上海市教育评估协会、上海市教育人才交流协会共同发起举办民办培训教育机构校长上岗培训及培训师培训项目。

（4）促进交流,学习先进经验。组织部分培训机构校长赴北京、郑州、西安等地的相关单位学习考察和研讨交流。如参观考察了新东方、学而思、中公教育、阳光翰文、阳光喔等国内著名的培训教育机构总部,效果显著。

（5）举办活动,增强行业组织凝聚力。如举办首届沪上民办培训教育机构足球联赛。

5. 上海市民办教育研究院

上海市民办教育研究院(以下简称"研究院")自成立以来,紧紧依托市教科院民办所,整合各方面资源、坚持虚实结合,发挥综合优势,集中力量抓好"4＋1"工作,即要办好 1 本会刊、搞好 1 个网站、出好 1 本绿皮书、开好 1 个论坛,以及强化民办高等教育热点难点焦点问题的研究,为教育行政部门作好决策咨询服务。研究院的职能具体体现在以下几个方面。

（1）负责会刊《民办教育新观察》杂志的出版工作。自 2012 年 7 月起,研究院对会刊进行了版面、栏目及内容的全新改版。改版后,会刊更好地服务于协会大局及中心工作,汇聚全国及本市各地民办教育发展动态、信息及重大问题,重点推介有特色的民办学校办学经验、区域探索经验及最新研究成果,为塑造民办教育发展良好舆论环境发挥了重要作用。

（2）承担协会网站运营工作。2012 年 6 月,由研究院承建的上海民办教育协会官方网站正式开通。截至 2017 年 3 月 22 日,网站点击率已超过 760 万次,网站建设以"发挥行业服务、加强自律管理"为宗旨,重在搭建全市民办教育的宣传窗口与交流平台。

（3）负责协会课题申报评审工作。根据协会年度总体工作安排,研究院在协会秘书处统一协调下,会同各专委会,认真组织多年度课题研究申报及评审工作。

（4）举办高端论坛。研究院会同市教科院民办所多次举办"区域民办教育制度创新"等论坛,在国内产生广泛影响力,已成长为民办教育政策研究领域的品牌论坛。

（5）完成行业研究报告。研究院陆续出版跨年度报告《上海民办教育发展报告》(绿皮书),这是国内第一套以区域民办教育发展为主题公开出版的发展报告,发挥了上海经验辐射载体的作用。

6. 法律事务中心

上海市民办教育协会法律事务中心(以下简称"法律中心")揭牌成立于 2014 年 3 月 26 日,作为民办教育协会的专业机构,为民办教育法律服务提供平台。法律中心自成立以来不断加强组织建设,下设 4 个部门和 1 个团队:办公室、法律咨询室、维权服务室、政策研究室和法律事务专家团。专家团目前拥有来自市人大、市高院、华东政法大学、华东师范大学、上海政法大学、著名律师事务所、部分区(县)法院的十多位法律和教育专业人士,为法律事务中心工作提供决策参考和专业服务。针对中心的职能定位和民办学校实际,法律中心的法律服务项目以提供间接的、指导性的服务为主,目前项目包括学校管理、劳动人事、校园伤害、举办者公司法务、政策指引、知识产权、对外合作和争议解决等,开展日常民办教育法律事务咨询、个案纠纷解决、应诉指导、宏观决策咨询等多种方式。其中,法律中心四个主要职能定位是"宣传、咨询、维权、服务",具体内容如下。

（1）在民办学校和市民中宣称民办教育法律和政策,培训专业法律人士掌握民办教育理念与要求。

（2）为民办学校和市民提供教育法律咨询服务。

（3）通过搭建平台与律师协会合作,培养了解民办教育的法律专业人士,为民办学校提供高质量的法律诉讼与案件代理服务,帮助民办学校处理疑难案件。

（4）为管理民办教育的行政部门提供法律建议和意见,提高决策科学性和有效性。

（二）引导行业自律,出台多项举措推动民办教育改革发展

协会自 2012 年 4 月 18 日正式成立以来,在市教卫党委、市教委的关心指导下,按照协会的办会宗

旨,根据协会咨询、服务、培训、评估等主要职能,在加强调查研究、组织师资培训、开展交流研讨等方面卓有成效地开展工作,取得了一定进展,主要体现在五个方面。

一是多渠道加强宣传引导,规范行业发展,着力推动行业自强自律。引导行业自律是协会的核心功能之一。协会积极配合市教委有关部门开展各项督促检查,组织互查、促进自纠、加强服务师生、推进规范管理,自觉维护民办学校安全稳定;支持协会法律中心立足"三个服务",开通专项网站,宣传解读民办教育政策法规,支持各专委会围绕党和国家的时事新政和相关要求,深入学习统一认识,引导各级各类民办教育机构增强大局意识,依法规范办学;与此同时,积极学习借鉴兄弟省市行业协会先进经验,组织力量积极探索民办教育机构示范性合同管理,标准化后勤服务等多项行业机构规范自律评价体系;此外,还通过网站、杂志和信息简报等多种渠道,积极宣传有关民办教育改革发展的一系列方针政策,引导各类民办学校加强规范管理、提高办学质量、注重内涵建设、深化改革创新。

二是深入调查研究,聚焦热点难点,主动服务决策咨询需求。在政府专项资金、民办教育基金会及协会自由资金的支持下,协会通过年度发布课题的方式,推动政府部门和民办学校普遍关注课题研究,协会建立了课题立项、中期检查、结题评审和成果评奖等一系列严格规范的程序,资助课题数量和资助金额逐年增长。受教育主管部门委托,协会还积极组织编撰《上海民办教育发展报告》(绿皮书),及时总结、反映上海民办教育事业发展取得的成绩、经验。此外,协会多次组织深入各级各类民办学校开展调研、巡视活动,现场指导学校的改革发展,这成为了解民情民意、掌握一线情况的重要途径,也是探索问题反馈意见、充分发挥协会桥梁纽带作用的有效载体。

三是组织培训研修,促进强师强校,积极推动内涵建设特色发展。协会举办各类培训研修和学习交流活动,为广大民办教育工作者相互学习、共同提高搭建平台。一方面,支持各专业委员会和直属机构通过培训竞赛、论坛沙龙、学习考察、成果展示等多种形式积极开展活动;另一方面,重点支持、指导各民办学校积极推动民办高校"强师工程"和"强校工程",继续推动民办中小学、学前教育机构"特色校"和"优质园"创建工作,继续开展一系列有需求、多层次、求实效的培训竞赛学习交流活动,年度投入总量达到近100万元。

四是开展研讨学习,促进交流合作,推动民办学校深化改革科学发展。协会以推进职业教育和国际教育为重点,学习借鉴各方先进办学理念和教育经验,组织开展了一系列富有成效的研讨交流活动。先后举办、承办、协办的"全国首次民办高校党的建设研讨会""民办高等职业学院国际论坛""海峡两岸民办(私立)高校校长论坛""长三角地区高水平、有特色民办学校研讨会"及"民办高校现代大学制度建设研讨会"等会议论坛取得成功,部分论坛已经成长为国内具有广泛影响力的品牌论坛,得到教育部、上海市委领导以及各兄弟省市同行的高度好评。此外,协会还开展系列民办学校办学成绩展示活动,促进了学校间的交流合作,如"中学数学学科基地展示"、全市民办中小学特色校创建大型展示和总结交流活动等,相关媒体做了跟踪报道,社会影响广泛,为深入推进特色校创建活动奠定了良好基础。

五是拓展行业评估,推动民办教育现代治理体系发展。根据中央有关精神及教育改革发展需要,实现社会组织承担第三方评估的趋势越发凸显。2015年,协会评估咨询中心成立后,先后开展了"民办院校多维度评价"和"民办高校质量认证"的研究,经试点实测取得了初步成果,受教育部门委托开展的"民办学校第三方独立评价机制研究"课题也取得进展。评估咨询中心功能也不断得到拓展延伸,对民办学校的多维评价向专业领域拓展,以期促进专业教学改革;同时,启动对民办培训教育机构的评优评估,并积极探索研究各级各类民办学校第三方独立评价机制及评估体系。

三、上海民办教育服务中心发展情况

上海建立民办教育专业服务机构在全国尚属创新之举。上海民办教育服务中心(以下简称"服务中心")是一所民办教育专业服务机构,接受市教委民办教育管理处的业务指导,通过政府委托项目、政府购买服务项目,开展民办学校许可证复核申领管理、督导管理服务、教育培训、信息化建设、政策咨询、课题研究等业务,为上海民办教育事业发展提供优质的专业服务。

(一)坚持创新精神,成立民办教育服务中心

上海历来支持社会组织参与民办教育治理,积极培育行业协会、专业服务机构等社会组织,鼓励引导协会组织在行业自律、宣法维权、业务服务、决策咨询、质量评估、风险防范、合作交流等方面全面参与民办学校治理。在此背景下,在市教卫党委、市教委的支持和领导下,服务中心于2014年8月在上海市教育科学研究院正式挂牌成立。

服务中心自成立以来,通过坚持不懈地努力,不断壮大专业团队,目前中心共有专业人员7名,专职人员5名;初步建立了涵盖政府、行业组织以及各级各类民办学校等方面咨询专家库,形成了较为完善的工作网络。与此同时,中心的业务水平不断提升,服务中心以服务决策、创新理论、指导实践为工作目标,以务求实效为核心理念,以民办教育发展中的热点、难点、创新点为推进重点,以项目为依托,在常规管理工作基础上,针对政府决策和学校社会咨询主动开展科学研究和创新实践。

(二)紧扣服务宗旨,不断拓展服务职能

服务中心自成立以来,在市教委民办教育管理处的指导下,稳步而有效地推进民办学校党建管理、督导服务、业务咨询与服务、科研项目管理等工作,充分发挥了民办教育社会组织的专业作用,为政府决策、社会咨询、学校管理提供了优质服务。

1. 对督导专员提供后勤、协助等服务

上海建立并不断完善了民办高校党建督查制度和督导制度。2015年,服务中心在民办高校党工委与民办教育管理处的指导下,协助配合民办高校督导专员开展工作,做好后勤保障与服务工作。例如,协助政府督导专员开展相关工作;参与协助各类民办高校安全生产、食品安全大检查及督导工作,以及对民办高校后勤食堂和技防安全的日常指导工作;参与全年敏感时间节点内各民办高校安全稳定工作,完善每日零报告及汇总报告制度;协助安排相关领导同志对民办教育系统内困难党员、老党员、老同志在元旦、春节期间的慰问走访工作等。

2. 提供广泛的专业性业务咨询

以专业性服务为导向,服务中心主要开展以下工作。

(1)负责民办学校办学许可证换发。受市教委委托,服务中心自2014年开始承担上海市民办学校办学许可证复核申领的相关工作。仅2015年度,服务中心就对全市1 410所各级各类民办学校网上递交的办学许可证申领材料进行复核,并打印发放办学许可证。经过所属区(县)教育局审批和市级备案的民办学校,市教委将其办学许可证信息在"上海教育"官网中的"公共服务事项"栏和民办教育信息管理网上进行公示,供公众查询。与民办教育管理信息网的技术维护方业务对接,2016年,服务中心除对办学许可证到期换证模块、信息公示模块以及民办教育信息管理网的全面优化升级外,还与市政大厅对接,完成了"民办学校的设立、分立、合并、变更、终止审批"等事项的上线工作,进一步对接了网上政务大厅的日常运营维护,为民办学校和区(县)教育管理人员提供服务。此外,服务中心每个季度组织市区两级教育行政主管部门、市级备案工作专家和技术运维部门召开全市民办学校管理工作例会,每年更新《上海市各区县教育局民办教育管理部门通讯录》《上海市民办高校通讯录》《全市民办学校办学许可证申领备案情况专报》《全市民办学校办学许可证申领备案情况通报》等。

(2)编制上海市民办学校信息指南。受市教委委托,服务中心对全市2 000余所民办高校、中小学、幼儿园、早教中心和非学历教育机构开展信息采集和汇总审核工作,编制《上海市民办学校办学信息指

南(2016版)》。该指南信息采集范围覆盖全市各级各类民办学校,就公众普遍关注的民办学校基本信息、专业培训项目、招生信息、依法办学情况等内容进行了信息采集,为建立上海市民办学校信息收集和更新机制奠定基础,确保公开信息的合规性、准确性、及时性和有效性。

(3)组织上海市民办非学历教育机构院校长培训。服务中心制订了《上海市民办非学历教育机构院校长培训方案》《上海市民办中小幼校长培训方案》,对课程设置、组织实施、考核发证等内容进行科学设计,开设了《教育培训市场的发展与管理》《品牌建设与市场竞争》《培训市场的新特点、新策略、新趋势》《民非院校校长工作实务》《新形势下民办非企业单位的规范发展》和《国家民非院校设置的政策现状与改革趋势》等课程。服务中心于2015年12月开展了对宝山区、崇明区、金山区、嘉定区和青浦区5个区(县)的民办非学历教育机构院校长的培训,2016年8月及12月开展了面向全市民办中小幼和民办非学历教育机构的院校长培训。截至2016年底,培训工作已覆盖全市所有区(县)民办非学历院校,学员对培训工作"满意"和"基本满意"占比为98%。

(4)民办高校学生"创新、创业"共享课程资源包研发。受市教委委托,服务中心组织专业团队,开展了民办高校学生"创新、创业"共享课程资源包的研发工作。服务中心在充分调研基础上,借鉴已有优秀资源,组成研发团队,研发具有科学性、适用性和区域性的创新创业教育系类课程,制作出了以"创业基础、创业实践"为两大类主题的15个课程视频学习课件,为培养学生的创新和创业能力提供资源。

(5)提供行政业务辅助服务。受市教委委托,服务中心对本市各民办高校申请学校举办者、章程、决策机构、法定代表人、校长等相关事项的变更进行审核,出具供市教委参考的审核报告。2016年度完成了上海工商职业技术学院、上海电影艺术职业学院和上海工商外国语职业学院的决策机构成员变更审核工作。此外,中心参与民办高校年检工作,如协调财务组实地检查工作和年检后的学校整改等工作等。

(6)为教育行政部门和民办学校提供专业咨询。根据各区(县)教育行政部门和民办学校提出的关于依法办学、终止合并、法律纠纷、信息管理、改革发展等问题组织相关领域的专家,开展深入研究,为教育管理部门和民办学校提供专业咨询。走访17个区(县)教育局了解民办教育管理中的难点问题,接受电话咨询、信访、来访百余次,为教育管理部门和民办学校答疑解惑,提供了专业的咨询服务,有效解决了民办学校发展与管理过程中的实际问题。

3. 承担各类应用性课题,推动合作交流

服务中心以服务决策、创新理论、指导实践为科研工作目标,着重以民办教育发展中的热点、难点、创新点为研究重点,围绕决策咨询与应用研究两个维度主动开展科学研究。

(1)承担政府委托课题项目,服务政府决策。服务中心开展多个层次的决策咨询研究,如以依法治教为起点,开展上海市民办教育地方立法及制度建设,参与《上海市民办学校分类登记管理办法》的编制工作;开展民办学校信用监管机制研究,研究成果应用于我市民办教育信息系统管理平台;开展上海市政府购买民办学前教育服务制度研究,以问题解决为导向,建立了全阶段、系统性的政府购买民办学前教育服务的制度体系和政策模型;开展上海市民办学校骨干教师激励计划研究。

(2)开展应用研究,密切联系实践。服务中心充分发挥专业社会组织作用,承接各类横向课题,服务和指导实践。如服务中心承接了上海市民办教育发展基金会委托课题"上海市民办高校教师从教奖励制度研究",研究制定了上海市民办高校专职教师从教奖励实施方案;开展了"民办学校办学许可证信息分析——民办学前教育资源配置优化建议项目"研究,建立民办学前教育资源预估模型,分析预测民办学前教育资源整体需求情况。此外,中心通过联合研究,服务于民办学校科研能力提升,如通过上海民办高校统一身份认证建设推进方案研究、上海民办高校政府扶持项目状态数据库建设研究、上海民办高校联合购买信息化服务模式研究等课题研究等,并实现了民办高校信息、科研等资源共享。

四、上海民办教育发展基金会建设情况

上海民办教育发展基金会(以下简称"基金会")是全国首家由民办学校联合发起、用以发展民办教育的非公募基金,成为独立于"第一部门"政府、"第二部门"企业之外的"第三部门"社会组织力量。从私立教育发达地区和国家的经验来看,私立学校的资金来源由学费收入、社会捐赠和公共财政三部分组成,其中社会捐赠比例通常占 30%—40%。上海民办学校大多由企业投资举办,经费来源主要靠学费和办学积累,后续发展资金普遍不足;上海市财政对民办高校的扶持资金约占学费收入的 15%,与日本、美国等国对民办教育投入的比例大致相当,扶持民办教育政府公共财政资助体系已基本形成。因此,在上海民办教育发展的现阶段,急需建立政府、民办学校、社会等多方共同投入支持民办教育发展的新机制。

(一)上海民办教育发展基金会应运而生

在此背景下,2014 年 6 月,上海杉达学院、上海视觉艺术学院、上海东海职业技术学院、上海工商职业技术学院(原上海新侨职业技术学院)、上海济光职业技术学院、禾佳民办教育联盟和上海培佳双语学校等非营利性民办学校发起并捐赠 7 730 万元,成立上海市民办教育发展基金会。截至 2017 年 4 月,基金会净资产为 9 299.78 万元人民币。运行三年来,基金会依法筹措各方资金,充分利用社会资源,资助本市民办教育改革和发展,助推上海民办教育事业发展。其中,公益性支出为 1 527.32 万元人民币,占三年总资产的 8.24%,超出了国家规定的公益支出标准。

(二)基金会的组织架构、定位与功能

上海民办教育发展基金会理事会是基金会的最高权力机构,由主要发起学校负责人,市教委、市财政局等相关职能部门负责人,社会贤达人士和专业理财人士担任理事会成员。理事每届任期 3 年,任期届满,连选可以连任。理事会设理事长 1 名、副理事长 6 名、秘书长 1 名。为保障民办教育发展基金会合法有序地运作,基金会建立外部与内部相统一的监督体系。基金会设立监事会作为专门监督机构,由市教委、市发改委、市审计局、市社团局相关职能部门负责人和发起学校相关负责人担任监事会成员。监事会设监事长 1 名、副监事长 1 名、监事共 11 名,监事任期与理事任期相同,期满可以连任。基金会是非政府组织、非营利机构。基金会 2014 年取得了免税资格和捐赠税前扣除资格,这为争取更多的社会资源奠定了政策性基础。

基金会的成立有利于推动上海民办教育治理现代化。基金会旨在促进民办教育与经济、社会及公共教育的整体发展紧密结合,充分发挥民办教育体制机制优势,满足社会公众多元化、多层次教育需求。其功能包括以下四个方面。

(1)"蓄水池"功能:积极筹集社会资源和资金,积聚力量支持上海民办教育重大改革发展项目;接受终止办学(退出办学)的民办学校形成的国有资产、社会资产、捐赠资产,保障公共教育资源不流失。

(2)"助推器"功能:利用筹措的资金和筹集的资源,全方位助力上海市民办教育和民办教育机构的发展。重点为本市非营利性民办学校重大改革发展项目、特色创新项目提供支持。

(3)"孵化器"功能:为公益性强、办学特色突出、符合社会需求的新创办的非营利性民办教育机构和中小幼民办教育机构提供资助,促进此类机构健康成长,做大做强。

(4)"宣传器"功能:积极倡导非营利性民办学校发展模式,大力倡导社会力量兴办教育,鼓励企业、个人通过非营利机构捐资办学、捐资助学,对支持民办教育发展的组织和个人进行宣传和奖励,在民办教育与社会公众之间架起理解和沟通的桥梁,营造新时期民办教育文化精神。

(三)基金会推动民办教育发展的重要举措

基金会充分发挥自身作为行业的非政府组织、非营利机构特点,为民办学校排忧解难;积极协助政府主管部门,化解民办教育改革发展过程中面临的矛盾,一定程度释放或者缓和矛盾,探索建立第三方(非政府组织)参与民办教育管理的新模式。

1. 探索多元筹资机制,助力民办学校发展

基金会成立以来,不断拓展筹集资金渠道,如与浦东发展银行战略合作,有序推进保值增值工作,三年共收益 1 141.95 万元;积极争取社会资源,三年来获得社会捐赠款 1 330 万人民币,并探索实物捐赠工作,获得捐赠实物折合人民币 600 万元。

2. 利用基金会平台积极开发资源,拓展民校发展空间

如设立安居工程,基金会会同上海教育工会,共同建设民办高校"教工之家",为教师提供一个健康的交流休息场所。三年中,基金会已完成 7 所民办高校的教工之家建设,2017 年还将建设 4 所民办学校的教工之家。与"平安好房"电子商务有限公司和浦东发展银行合作为民办学校教师购房提供支付优惠,为民办学校教师争取首套房贷利率优惠和租房优惠搭建了平台。与"平安创赢"资产管理有限公司合作,为民办学校的规模发展提供优惠的贷款服务。同时,基金会还为民办中小学、幼儿园争取校车购置和租赁优惠搭建平台。

专栏1 "居者有其屋"项目

长期以来,师资队伍不稳定始终是影响民办教育发展的因素之一。记者从上海市民办教育发展基金会获悉,为了创造民办教师安居乐业的环境,今后,凡是本市民办学校教职工,买房时将获得优惠。该基金会将与平安好房(上海)电子商务有限公司和浦东发展银行第一营业部展开合作,为民办学校的教职工(含中小幼、大学教师和外籍教师)提供独家专属的优惠房源,并提供房贷利率折扣。

上海市民办教育发展基金会秘书长杨永明介绍,此举旨在以社会力量,缓和本市民办学校教师队伍建设中的稳定性矛盾。根据"平安好房"提供的优惠计划,民办学校教职工购房房贷利率享受中国平安员工同等的最低利率,并根据征信情况略有调整;首付有抵押贷款最高可达 70%,贷款期限为 12 个月,无抵押贷款最高可达 30 万元,时限最长 36 个月;在租金贷项目中对跨行转账、异地转账一律免手续费。

这一合作项目在具体操作中实行区域划分及合作对接机制,即各个区都有一个具体的联络员及联系方式。了解详情可登录"平安好房"网站(www.pinganfang.com)和上海市民办教育发展基金会网站(www.shngedf.edu.sh.cn),或者下载"平安好房"APP。

与此同时,浦东发展银行第一营业部承诺,凡是上海市民办教育发展基金会成员和民办学校教师,信用记录良好、商业贷款金额 100 万元以上者,在经过资格认定后,首套房贷低于市场 9 折利率。

资料来源:《新民晚报》2015 年 09 月 02 日,第 A12 版。

---

3. 科学设计资助项目,推动各级各类民办学校内涵发展

基金会实施"六大项目"助推民办学校内涵发展与质量提升。其中,"同舟计划"将资助民办高校科研团队,推进民办高等教育内涵发展;"萌芽计划"将助推民办中小学、幼儿园教师专业发展和创新能力提升;"追梦行动"将扶持有创新、实践性强的学生社团项目。三年中,基金会共资助民办学校教师科研 679 万元人民币,占三年总公益支出 46.43%,惠及 229 所民办学校。其中,以"同舟计划"和"协同计划"为主题,共支持民办高校科研项目 55 个,资助项目资金 470 万元人民币;以"萌芽计划"为主题,共支持民办中小幼学校科研项目 212 个,资助资金 159 万元人民币。

专栏2 上海市民办教育基金会与上海市民办立达中学、上海民办培佳双语学校签署特色课程开发项目资助协议

依据上海市民办教育发展基金会2016年第一次理事会通过的基金会工作要点,按照"扶持科技、创新(实验)特色团队和相关特色课程开发"的具体要求,学校自主申报,本会组织专家评审,确定资助项目为上海市民办立达中学的DI项目和微视频课件研发应用项目,上海民办培佳双语学校的STEAM课程群开发与实践项目。

DI项目是一项近年引入我国的旨在培养青少年创新能力的国际性教育项目,对培养青少年科技创新思维具有促进作用;微视频课件,不仅是信息技术与学科的深度融合,对改变教师的教学方法、解决物理等学科忽视实验现象只看结果的弊端、激发学生学习兴趣、培养学生创新思维、利用网络环境自主探索等方面有积极作用,同时,也是教师提升专业素养的有效载体;STEAM课程群整合了科学、技术、工程、艺术、数学各类课程,并对各年级的教学内容分别作了翔实的计划和安排,对提升学生的综合素养有积极意义。

资料来源:上海市民办教育发展基金会网站,www.shngedf.edu.sh.cn,2016/5/13。

此外,基金会建立本市民办教育系列丛书项目,资助出版了《上海民办教育发展的实践探索和理论思考》一书。2017年拟资助出版由本市八所民办高校组成的护理专业教育协作组编写的、中美合作的《新编当代护理学》,为中美两国广大临床护理人员、护理院校教育工作者、护理科研人员、在校护理专业学生提供参考和学习资料。基金会会同上海民办教育协会积极支持民办教育理论与实践研究,以及经验交流平台的建设;开展本市民办高校专业教师薪酬制度研究,拟联合教育工会、民办教育协会等方面出台相应的指导意见,为民办高校专业教师的建设创造发展生态。

4. 搭建育人平台,不断提升民办学校育人质量

基金会围绕学生成长平台建设,3年中共资助180万元人民币,占慈善总支出的12.3%。例如,作为上海市"星光计划"职业技能大赛四个主办方之一,基金会将"星光计划"与学生就业创业等结合起来。基金会同活动组委会为这些获奖学生及其指导老师编撰了《获奖感言》一书,以鼓励学校和师生。又如"七彩计划",基金会支持学生社团的活动开展,所资助的3个学生社团中,上海建桥学院版画社的作品《上海印象》已成为市领导出访礼品和得到临港地区政府肯定的旅游纪念品;上海工商职业技术学院"创客社"的"扎染"作品已获得当地政府的认同,并开始走向市场;上海杉达学院"希德讲坛"针对学生和社会热点每月设2—3次的演讲,获得其他高校学生和社区居民的欢迎2016年,"希德讲坛"的工作被评为全国民办高校学生思政理论建设的一等奖。此外,基金会与上海市保安押运有限公司协商,从2016年起,在民办高校学生中招募银行运钞车司机,押运员等;与上海市轮渡有限公司协商在民办高职学生中招募技术人员。帮助解决民办高校学生就业问题。

5. 以评奖评优激励民办学校教师专业发展

基金会开展了民办教育突出贡献者和民办高校优秀辅导员的评选奖励活动。在市教委指导下和民办教育协会支持下,共评选出10位民办教育突出贡献者和10位民办教育优秀工作者,20位优秀辅导员,6位教师获优秀辅导员提名奖。计划奖励220万元人民币,其中,已发奖励费10万元。

五、上海民办教育评鉴中心发展情况

教育质量是民办学校的立足之本。民办教育的办学理念、办学定位、生源特点、学校管理、师资队伍等,与公办学校相比有许多不同特点。现有教育质量评估标准基本上套用或参照公办模式进行,在一定

程度上制约了民办教育创新活力潜能的发挥,这需要民办教育主管、举办、质量评鉴等各相关方,在"创新、协调、绿色、开放、共享"新发展理念的指导下,构建一个更加适应现阶段民办教育可持续快速发展的评估标准和指标体系。

(一)民办教育评鉴中心探索的重要意义

《国家中长期教育改革和发展规划纲要(2010—2020 年)》指出,要培育专业教育服务机构,完善教育中介组织的准入、资助、监管和行业自律制度,积极发挥行业协会、专业学会、基金会等各类社会组织在教育公共治理中的作用。党的十八届三中全会也明确提出要深入推进"管、办、评"分离。引入第三方力量对教育开展专业评估与认证,是对该纲要精神和党的十八届三中全会精神的贯彻落实。建立第三方评估机制,改变现有民办学校评价由教育行政系统内部完成的现状,将有利于政府转变职能,淡化教育评估的行政色彩。

从实践角度来看,教育评估是一种保障和提高教育质量的教育管理和评价机制,近年来受到了国际组织和各国政府的广泛关注。在向教育强国转变的路程上,与发达国家相比,我国教育还有较大差距。如何提高教学质量,建立系统化的国际人才培养体系是目前教育面临的主要任务之一。教育认证可以保证和提高教育质量;保证教育的学术价值;避免受到政治的影响和干预;为公众利益和需要提供服务等。作为一种独立的教育质量保障机制,发展教育认证,建立专业的教育认证机构成为必要。因此,从理论发展和实践发展两个层面上,扶持和推动民办学校第三方认证评价机构的建立和发展,都对推动上海民办教育综合改革具有重要的意义。

(二)充分开展多种形式的前期探索

以上海市民办教育协会评估中心和专项课题研究为依托,在 2013—2014 年完成了对本市 12 所民办高职高专多维评价的试点工作。多维评价的核心理念是避免以规模、身份和绝对数论英雄的做法,不套用公办院校指标体系,正视民办高校师资队伍建设的多样化等特点,主要关注民办高校的办学效益与办学水平(见图 2)。整体来说,多维评价有利于民办高校发挥优势、找出问题、明确改革方向,有利于社会各界(包括学生、家长等)深入了解民办高校,选择合适的高校。有针对性地提高办学效益、办学质量和管理水平,促进高校健康发展;引导产学融合人才培养;鼓励高校为企业服务,增加社会评价指标。

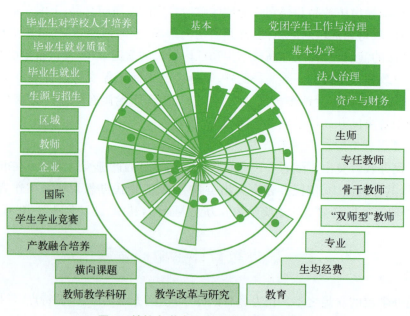

图 2　某校办学水平在多维评价中的结果

（三）正式成立与未来发展方向

为了进一步促进民办教育质量提升和可持续发展，积极响应"管、办、评"分离的教育综合改革方向，研讨当前国际教育评估标准、特点，技术和制度安排，评价体系等专题，由上海市民办教育协会主办、上海建桥学院承办的2016年上海民办教育质量保障国际研讨会在上海建桥学院举行。会上，中国民办教育协会副会长季平、上海市民办教育协会会长李宣海共同为"中国民办教育协会教育评鉴中心"揭牌。该中心成立后，将坚持公益服务和专业服务基本导向，积极探索建立具有中国特色、科学精神和现代教育理念的中国民变教育评估鉴证体系；将本着依法依规和双方自愿的原则，开展对民办教育机构的评鉴工作，提出有效改进建议，促进我国民办教育事业健康有序的可持续发展。其主要使命是，为全国各级各类民办教育机构提供质量评估与鉴证服务，并将坚持公益服务和专业服务的基本导向，积极探索建立具有中国特色、科学精神和现代化教育理念的中国民办教育评估鉴证体系。

《新民促法》第四十一条规定："教育行政部门及有关部门依法对民办学校实行督导，建立民办学校信息公示和信用档案制度，促进提高办学质量；组织或者委托社会中介组织评估办学水平和教育质量，并将评估结果向社会公布。"这为上海民办教育评鉴工作提供良好的平台。在今后，民办教育评鉴的发展要以满足民办教育新发展阶段的需要为中心，如推动上海民办教育由外延发展向内涵建设的转变，走质量、特色发展之路。进一步推动上海民办学校第三方认证机构的建设，完善上海民办教育质量保障体系，健全民办教育质量保障机制，促进民办教育质量保证；以评估/认证等教育评价方法，评价、诊断（教育教学工作状态、学校/专业办学质量等），引导、服务（标准、指标体系，咨询、研讨、建议），促进上海市民办大、中、小学，学前教育机构及非学历教育培训机构其规范办学，不断改进和完善教育和教学工作；打造一批优秀的有口碑有品牌的教育机构和学校，实现民办学校的健康、可持续发展。

（执笔人：潘奇、李爱铭）

区域案例

浦东新区民办教育改革与发展报告

民办教育是教育事业发展的重要增长点和促进教育改革的重要力量。浦东新区政府一直把发展民办教育作为重要工作职责,积极贯彻国家对民办教育"积极鼓励、大力支持、正确引导、依法管理"的指导方针,依法规范和完善对民办教育的管理,提高民办学校办学水平,促进民办教育健康发展。2013—2016 年,浦东新区民办学校获得稳步发展,与公办教育齐头并进,使浦东教育朝着"开放、多样、优质"的方向加速发展,形成了更富有生机和活力的多元办学格局,更好地满足了人民群众日益多元化的教育需求。

一、浦东新区民办教育发展变化概况

近几年,在政府的大力支持下,浦东新区民办教育整体发展稳中有升。2016 年,浦东新区各级各类民办教育机构共计 369 家,其中民办幼儿园 109 所,普通民办中小学 28 所,纳入民办教育管理的随迁子女小学 35 所,民办非学历教育机构 197 家(见表 1)。

表 1　2013—2016 年浦东新区各级各类民办学校数　　　　　　　　　　　单位:所

学校 ＼ 年份	2013	2014	2015	2016
民办幼儿园	98	98	105	109
民办中小学	26	27	30	28
随迁子女小学	41	40	39	35
民办非学历教育机构	131	153	167	197
总计	296	318	341	369

数据来源:工作统计,《浦东教育统计手册》2013—2014 学年度、2014—2015 学年度、2015—2016 学年度、2016—2017 学年度。

(一)民办学前教育发展

浦东新区民办幼儿园的数量正在逐步增多。2016 年,全区共有民办幼儿园 109 所,占全区公办、民办幼儿园总数的 36.57%(全区公办、民办幼儿园总数 298 所)。其中可提供社会进行多元选择的普通民办幼儿园 55 所,含 1 所中外合作幼儿园,占全区民办幼儿园总数的 50.46%;共有接收外来务工人员随迁子女的民办三级幼儿园 54 所,占全区民办幼儿园总数的 49.54%。全区共有一级及以上民办优质园

12 所,占全区优质园总数的 7.59％(全区一级以上幼儿园总数 158 所),其中 1 所为浦东新区示范幼儿园,11 所为上海市一级幼儿园。

浦东新区民办幼儿园在园人数呈上升趋势。随着人口的导入及二胎政策放开,浦东新区迎来入园高峰,公民办幼儿园招生数都呈递增态势,民办幼儿园生源增加,但学生数占总体比例较为稳定,维持在21％左右。2016 年,全区民办幼儿园在园幼儿共计 26 856 人,比 2013 年增加 3 700 多人,占全区幼儿总数的 21.58％(见表 2)。

表 2　2013—2016 年浦东新区民办幼儿园在园幼儿数

年　份	在园幼儿数(人)	幼儿总数(人)	民办幼儿园学生数所占比例(％)
2013	23 143	108 715	21.29
2014	22 971	109 807	20.91
2015	26 861	119 113	22.55
2016	26 856	124 425	21.58

数据来源:《浦东教育统计手册》2013—2014 学年度、2014—2015 学年度、2015—2016 学年度、2016—2017 学年度。

(二)普通民办中小学发展

浦东新区普通民办中小学稳步发展。2016 年,全区有普通民办学校 28 所,其中高中 4 所、完全中学 3 所、十二年一贯制学校 7 所、九年一贯制学校 4 所、初中 7 所和小学 3 所;共有学生 21 514 人,其中高中 2 789 人、初中 9 673 人和小学 9 052 人(见表 3)。随着人民群众对教育的需求日益多元,对"上好学"的诉求日益强烈,选择入读民办学校的学生趋于增加。特别是在义务教育阶段,2016 年,民办学校学生数量占全区义务教育阶段学生总体数量的比例较往年都有明显上升。

表 3　2013—2016 年浦东新区普通民办中小学学生人数情况

年份	小 学			初 中			高 中			合 计		
	民办学校学生数(人)	小学学生总数(人)	民办小学学生数所占比例(％)	民办学校学生数(人)	初中学生总数(人)	民办初中学生数所占比例(％)	民办学校学生数(人)	高中学生总数(人)	民办高中学生数所占比例(％)	民办学校学生数(人)	学生总数(人)	民办学校学生数所占比例(％)
2013	6 504	195 725	3.32	10 095	107 475	9.39	2 759	34 903	7.90	19 358	338 103	5.73
2014	7 323	201 261	3.64	9 367	104 855	8.93	2 371	34 569	6.86	19 061	340 685	5.59
2015	7 937	201 482	3.94	9 156	100 807	9.08	2 644	35 273	7.50	19 737	337 562	5.85
2016	9 052	199 804	4.53	9 673	101 025	9.57	2 789	34 982	7.97	21 514	335 811	6.40

数据来源:《浦东教育统计手册》2013—2014 学年度、2014—2015 学年度、2015—2016 学年度、2016—2017 学年度。

(三)纳民小学发展

浦东新区纳民小学在数量和规模上均呈递减趋势。2016 年,全区共有以招收进城务工人员随迁子女为主的民办小学 35 所,分布在 16 个镇。随着乡镇开发及环境整治工作的推进,学校数逐年减少,从2013 学年的 41 所减少到目前的 35 所。2016 年秋季,35 所纳民小学共有学生 14 209 人,班级 381 个(见表 4)。随着上海人口调控政策的实施,纳民小学在籍学生数逐年递减,从 2013 年的 2.77 万人减少到目前的 1.4 万余人,占全区小学学生人数的比例逐年下降,从 2013 年的 14.17％下降至目前的7.11％。

表4 2013—2016 年浦东新区纳民小学学生人数情况

年 份	学生数(人)	小学学生总数(人)	纳民小学学生数所占比例(%)
2013	27 735	195 725	14.17
2014	24 019	201 261	11.93
2015	19 480	201 482	9.67
2016	14 209	199 804	7.11

数据来源:《浦东教育统计手册》2013—2014 学年度、2014—2015 学年度、2015—2016 学年度、2016—2017 学年度。

(四)民办非学历教育机构发展

浦东新区民办非学历教育机构呈现出明显的增长势头。随着市场需求的迅速增加,《上海市经营性民办培训机构管理暂行办法》的发布,登记为经营性民办培训机构的数量直线上升,全区民办非学历培训机构(含经营性)从 2013 年的 131 家迅速发展到 2016 年的 197 家。非经营性教育机构则数量稳定,学费收入和税收稳步增长,呈现出健康发展的态势(见表5)。

表5 2013—2016 年浦东新区民办非学历教育机构(非经营性机构)发展变化情况

年 份	机构数(所)	培训量(万人次)	学费收入(万元)	税收总额(万元)
2013	126	25.328 4	39 602.19	1 423.65
2014	119	22.106 1	39 834	1 844.23
2015	121	29.221 0	47 109	1 922.96
2016	122	27.568 8	49 819.08	2 424.30

数据来源:工作统计。

二、浦东新区促进民办教育发展的做法与经验

在“积极鼓励、大力支持、正确引导、依法管理”的十六字方针指导下,浦东新区政府主要通过加大扶持力度、加强监督管理、创新体制机制等做法,扶持与规范并重、服务与管理并重,促进民办教育健康、稳定、有序发展。

(一)加大扶持力度,助力民办学校健康发展

1. 完善民办城乡义务教育经费保障机制

为推动浦东新区民办义务教育持续健康发展,满足居民对教育的多元需求,根据《上海市人民政府关于进一步完善本市城乡义务教育经费保障机制的通知》文件精神,区教育局研究出台了《关于进一步完善浦东新区民办城乡义务教育经费保障机制的通知》(浦教综计〔2016〕103 号),明确了对民办城乡义务教育学校的学生实行两免一补,对本区义务教育阶段政府购买学位的民办学校进行基本办学成本补贴,对其他义务教育阶段的民办学校,按其学费收费标准分别给予生均公用定额补贴。具体为:① 对学费收费标准低于同级同类公办学校生均经费拨款的学校,按学费收费标准与同级同类公办学校生均经费拨款的差额及在籍在读的学生人数给予补贴。补贴标准最低不低于上海市义务教育公办学校生均公用经费标准,最高不高于浦东新区义务教育公办学校生均公用经费标准。② 对学费收费标准高于或等于同级同类公办学校生均经费拨款的学校,按上海市义务教育公办学校生均公用经费标准及在籍在读的学生人数给予补贴。2016 年上海市确定的义务教育公办学校生均公用经费标准为:小学 1 600 元/生/年,中学 1 800 元/生/年;2016 年浦东新区确定的义务教育公办学校生均公用经费标准为:小学 3 000 元/生/年,初中 3 200 元/生/年。在上述补贴基础上,对寄宿制学校按照寄宿生年生均 200 元标

准,增加公用经费补助。对农村地区不足 100 人的规模较小学校按照不低于 100 人补助公用经费。

2. 实施政府购买民办学校学位补贴政策

近几年,浦东新区购买民办教育机构学位的实践主要分布在两个学段:一是政府向民办幼儿园购买学位,二是政府向义务教育阶段民办学校购买学位,主要为向以招收进城务工人员随迁子女为主的民办学校购买学位。对于政府购买学位的民办幼儿园和学校按一定标准进行补贴,资金列入区教育局每年财政预算加以保障。

根据浦东新区教育局和浦东新区财政局《浦东新区教育事业发展财政专项补贴操作办法》和《浦东新区学前教育阶段政府向民办幼儿园购买服务的实施意见》(浦教基〔2014〕11 号),通过实行"地段生"专项补贴,鼓励具有合法的办学资质民办幼儿园优先招收对口地段内具有常住户籍且具有房产权证、经适房产权证明或廉租房租赁证明的适龄儿童(以下简称"地段生"),并按公办幼儿园收费标准向对口地段内符合条件的适龄儿童收取保育教育费,使适龄儿童可就近就读民办幼儿园并享受与公办幼儿园同等的收费标准和待遇。2016 年,浦东新区 32 所民办幼儿园共接收区域内地段生 3 917 人,根据《浦东新区教育事业发展财政专项补贴操作办法》中,地段生不满 40%(含 40%)按照 3 000 元/生/年补贴的标准,超过 40% 则按 4 000 元/生/年补贴的标准,共给予民办幼儿园地段生补贴 1 258.4 万元。

根据《关于进一步完善浦东新区民办城乡义务教育经费保障机制的通知》(浦教综计〔2016〕103 号),对本区义务教育阶段政府购买学位的民办学校(含以招收进城务工人员随迁子女为主的民办学校)按市教委规定的标准给予基本办学成本补贴,给予民办学校财政支持和物质保证,同时保障了随迁子女接受义务教育的权利。办学补贴标准从 2013 年 5 000 元/生/年提高到了 2016 年 6 000 元/生/年。2016 年,浦东新区近 40 所接受政府委托招生的民办中小学共有在籍在读学生约 15 000 人,共给予基本办学补贴约 9 000 万元。

3. 加大对民办学校办学条件的扶持力度

民办教育事业是社会主义教育事业的重要组成部分,为营造公民办学校公平、有序、共同发展的良好环境,鼓励民间资金进入教育领域举办民办学校,根据《中华人民共和国民办教育促进法》精神,依据《浦东新区教育局(体育局)房屋(场馆)出租管理暂行办法》《上海市以招收进城务工人员随迁子女为主的民办小学财务与资产管理若干问题的意见》研究制订了《浦东新区教育局关于义务教育(学前教育)民办学校校舍扶持的实施意见》(浦教基〔2015〕49 号)。对具有合法办学资质,义务教育阶段的民办中小学、接受教育局委托招收进城务工人员随迁子女的民办小学、按公办幼儿园收费标准向对口地段内符合条件的适龄儿童收取保育教育费的民办幼儿园实施校舍扶持,改善办学条件。具体为:① 租赁教育局园舍开办的民办幼儿园,开办前三年的园舍租赁价格按建筑面积每平方米 2.24 元/月计算;开办第四年起,园舍租赁费按建筑面积每平方米 5.85 元/月计算,并根据园舍所在区域作适当调节,幼儿园在内环线与中环线之间的,调整系数为 1;幼儿园在内环线内的,调整系数为 1.2;幼儿园在其他地段的,调整系数为 0.8。租赁教育局园舍的民办幼儿园,在园地段生人数占在园幼儿总数 20%—30%的(含 30%),其园舍租赁费单价下浮 23%;地段生人数占在园幼儿总数 30%—40%的(含 40%),其租赁费单价下浮 40%;地段生人数达 40%以上比例的,其园舍租赁费为零。② 对租赁教育局校舍举办义务教育阶段民办中小学的,实施校舍租金优惠,校舍租赁费为按建筑面积每平方米 2.24 元/月;开办第四年起,校舍租赁费按建筑面积每平方米 5.85 元/月计算。义务教育阶段民办学校在籍在读新区户籍学生数超过学生总数 80%(含 80%)的,校舍租赁费给予 50%的减免;超过学生总数 90%(含 90%)的按 70%减免;超过学生总数 95%(含 95%)的按 100%减免。③ 对接受教育局委托招收进城务工人员随迁子女的民办小学按其在籍在读人数以 500 元/生/年为标准进行专项补贴,用于校舍租赁、维修、安全方面等办学成本的支出。

（二）加强监督管理，促进民办学校规范办学

根据《中华人民共和国民办教育促进法》《中华人民共和国民办教育促进法实施条例》和《上海市人民政府关于印〈中华人民共和国民办教育促进法〉〈中华人民共和国民办教育促进法实施条例〉若干问题的暂行规定》中对民办学校变更、年检、日常监管等要求，区教育局通过购买第三方服务的方式，委托有资质的社会团体或中介机构对民办教育机构日常事务提供服务，对民办学校的办学质量和办学水平进行评估，并定期将结果向社会公布。

1. 民办学前教育机构管理

（1）日常事务管理：由教育局委托浦东新区学前教育协会承担民办学前教育机构的年检、变更、办学许可证换领、招生备案、收费监督等日常事务，为民办学校提供服务。

（2）专项检查评估：针对普通民办幼儿园和民办三级幼儿园的不同类型，进行分类管理。

普通民办幼儿园：通过公开招标的方式，由教育局委托有资质的评估机构对民办学前教育机构进行办园质量评估和财务专项检查，具体内容包括行政管理、后勤管理、财务管理、队伍管理等各方面，评估结果作为对民办学前教育机构办学成果认定的依据。2016年，制定出台《浦东新区民办学前教育机构质量认定评估参考指标（试行）》（浦教基〔2016〕54号），作为对民办学前教育机构进行质量认定和财务检查的评估依据，使评估和检查真正起到帮助幼儿园"规范办园，依法办园，健康发展"的作用。

民办三级幼儿园：由于民办三级幼儿园办园起点低，人员流动频繁，办园条件相对较差，因此对于民办三级园幼儿园的管理，聚焦依法办园和安全管理，由教育局委托浦东新区学前教育协会，组建由优秀园长、财务人员、教研人员等组成的专家团队，对民办三级幼儿园依法办园专项视导，评估结果作为对民办学前教育机构办学成果认定的依据。2015年，出台《关于进一步加强民办三级幼儿园规范管理的通知》（浦教基〔2015〕48号），从加强审批管理、规范招生行为、规范收费行为、规范保教行为、规范安全管理、规范财务管理等方面对民办三级幼儿园的规范办学提出明确的要求，同时通过公民办结对制度、教育署日常巡视制度等，进一步加强对民办三级幼儿园的规范管理和指导。

2. 民办普通中小学管理

（1）日常事务管理：通过公开招标，由教育局委托有资质的第三方社会机构对民办普通中小学的日常事务进行管理，具体包括学校存续期间的变更、备案、申领换发许可证以及年检、统计等常规工作以及对浦东新区学校日常办学进行指导帮助。

（2）定期走访巡查：由第三方社会机构负责浦东新区学校存续期间的监管督查，包括监督检查学校的办学行为、财务状况，及时防范办学风险。组织实地走访巡查，对学校办学行为的合法性、办学现状以及信用状况进行信息采集、结果分析，建立民办学校基本信息数据库，定期报告、风险预警、适时公示。结合民办非企业单位年检，根据《浦东新区民办中小学年度检查评分细则（试行）》每年对学校进行专项抽查。

3. 纳民小学管理

（1）日常事务管理：由教育署牵头，按照《浦东新区教育局关于进一步加强以招收进城务工人员随迁子女为主的民办小学管理的实施意见》，各部门分工协作推进，从学校管理机制、课程与教学管理、安全卫生工作、资产与财务管理、师资队伍建设等方面着手加强纳民小学的管理，提高教育教学质量，保障在校学生依法接受义务教育的权益。为每所纳民小学落实公办结对学校，指导、帮助纳民小学提高办学水平。

（2）财务管理：按照《浦东新区教育局关于以招收进城务工人员随迁子女为主的民办小学资产与财务管理的实施意见》及《浦东新区民办农民工子女小学委托集中核算细则（试行）》的有关要求，实行财务"统一报账、委托集中核算"，由教育局会计核算中心统一对学校的各项收入、成本费用、资产及负债等进

行核算监管。教育局监察审计室每年组织专业机构对学校进行财务审计。

（3）专项检查评估：通过公开招标，每年委托第三方社会机构开展年度评估、招生和学籍管理专项检查等工作。2016 年 4 月起，经公开招标，教育局委托浦发教育评估中心管理纳民小学事务性工作，负责开展年度检查、招生和学籍检查、许可证换领、日常监管督查等工作。

（三）创新体制机制，探索科学有效的管理模式

1. 开展非营利性民办学校试点工作

2013 年，在承担国家教育体制改革试点项目《创新教育公共治理结构，完善教育公共服务体系》研究基础上，制定了《浦东新区关于民办学校适用非营利制度的指导意见》。而且，在全区范围内征集了上海新竹园中学、上海民办浦东交中初级中学、上海民办建平远翔学校、上海民办进才外国语中学、上海民办福山正达外国语小学 5 所民办中小学作为非营利试点学校，同时在区和学校两个层面推进非营利试点和实践。经过几年的探索实践，学校办学取得了理想效果，行政管理也获得了宝贵的民办学校分类管理经验。

2. 委托专业组织开展服务管理工作

为加快行政管理体制改革、深入推进政府职能转变、充分发挥行业协会和社会组织的作用，浦东新区通过委托管理将部分民办教育管理事务转移给社会中介组织，搭建为民办教育机构提供服务的平台，加强对民办教育机构的日常管理，促进民办教育健康发展。浦东新区成人教育协会承担了浦东新区民办非学历教育机构管理中除行政审批事项外的管理事务，至 2016 年，已圆满完成了第七轮委托管理项目，充分发挥了在民办非学历教育行业中宣传引导、组织协调、培训服务和督查监管作用。浦东新区学前教育协会承担了民办学前教育机构的年检、变更、办学许可证换领、招生备案、收费监督等日常事务，为民办学校提供服务；组织各类培训、调研、研究等活动，为政府决策提供支持。2016 年，该协会共完成各类日常事务管理事项共计 276 件。上海浦发教育评估中心则承担了普通民办中小学、纳民小学的日常管理事务，加强对民办中小学依法办学、规范办学的检查和指导，促进学校健康发展；为民办中小学组织校长和管理人员业务培训，开展教学交流活动，促进学校特色发展。

三、下一阶段浦东新区民办教育发展面临的挑战及应对举措

2016 年 11 月 7 日，第十二届全国人大常委会第二十四次会议审议通过《关于修改〈中华人民共和国民办教育促进法〉的决定》，对原法案共作出 16 项修订。有关配套文件《关于鼓励社会力量兴办教育促进民办教育健康发展的若干意见》《民办学校分类登记实施细则》《营利性民办学校监督管理实施细则》陆续出台，从制度上解决了我国民办教育发展中的法人属性不明、财产归属不清及政府扶持不到位等问题，对其发展产生了深远影响，也标志着我国民办教育进入了新的发展阶段。民办教育发展迎来了前所未有的机遇，民办教育管理也迎来了前所未有的挑战。如何在新政策背景下，进一步加强民办学校规范管理，促进民办教育健康发展，从而进一步满足人民群众多元化的教育需求，将是下一阶段工作的重点。

（一）加强党的建设，不断规范民办学校党建工作

《中华人民共和国民办教育促进法》的修订明确了要进一步加强民办学校党的建设。强调民办学校中的中国共产党基层组织按照党章开展党的活动，发挥党组织的政治核心作用，确保民办学校始终坚持社会主义办学方向。

在学校建立党组织和加强党组织领导，对于学校发展有积极的促进作用，特别是在协调学校和政府

关系、协调学校内部师生关系和加强社会对学校信任度等方面，既保障了方向，也促进了民办学校的发展。从目前浦东新区民办学校党组织设置情况看，其党组织覆盖率还不是很高，党建工作还不是很完备。因此，在下一阶段工作中进一步加强民办学校党组织建设，从设立审批到日常管理两手抓起，努力实现两个覆盖：一是党组织的全覆盖，完善民办学校党组织设置，使党组织的覆盖率提高到100％；二是党组织工作全覆盖，同步开展民办学校党建工作，要确实发挥引领方向、凝聚力量、推动发展和服务群众作用。

（二）实行分类管理，平稳推进现有学校过渡

《中华人民共和国民办教育促进法》的修订确立了分类管理的法律依据。明确实行非营利性和营利性民办学校分类管理，允许举办实施学前教育、高中阶段教育、高等教育以及非学历教育的营利性民办学校，不得设立实施义务教育的营利性民办学校。

在前一阶段探索实践的基础上，根据《中华人民共和国民办教育促进法》的最新精神，浦东新区将继续深化对普通民办学校的分类管理制度。主要从以下两方面入手：① 实现现有学校平稳过渡。根据上海市政府制定的具体办法，指导现有学校在规定过渡期内选择登记为非营利性或营利性民办学校，依法修订学校章程、完善法人治理结构和内部管理制度，保证现有学校办学稳定。② 实行差别化扶持与管理。对非营利性和营利性民办学校在财政、税收优惠、用地、收费等方面的差别化扶持政策，在支持内容和形式上有所区别。同时，为保障师生权益，给予教师和学生的扶持政策，不因民办教育机构性质不同而区别对待。用良好的政策环境来引导民办学校明确发展定位，去除摇摆和等待心理。对于享受政府配套优惠政策的非营利性民办学校，建立规范严格的监管制度。例如，对学校经费收支情况进行严格监管，不得分红；对民办学校年度经费实行审计制，加强对民办学校经费使用情况的检查监督等。

（三）加强部门协调，不断提高民办教育治理能力

在新政策背景下，为进一步鼓励支持社会力量兴办教育、优化民办教育发展环境、推进民办教育改革发展，需不断完善制度政策，建立相应的部门协调机制，提高民办教育治理能力。

在政府层面，改进政府管理方式，提高服务效率，规范行政许可工作，及时主动公开行政审批事项；强化教育、民政、市场监管等部门协调机制，积极转变职能，减少事前审批，加强事中事后监管，提高政府管理服务水平；强化教育督导，执行年度报告和年度检查制度，完善财务会计、内部控制、审计监督、风险防范、信息公开、失信惩戒、联合执法等各方面制度，健全监督管理机制；支持行业组织在行业自律、交流合作、协同创新、履行社会责任等方面发挥桥梁和纽带作用，注重发挥行业协会的自治自律作用等。

（浦东新区教育局供稿）

金山区民办教育改革与发展报告

长期以来,金山区贯彻落实国家对民办教育实行"积极鼓励、大力支持、正确引导、依法管理"的方针,认真执行《中华人民共和国民办教育促进法》《民办教育促进法实施条例》,促进民办教育事业蓬勃发展,初步形成了教育结构的多元化和多样性格局,形成了以政府为主体、社会力量共同参与办学的结构体系。民办教育的发展基本满足了社会对高质量教育的要求,取得了较好的社会效果,为建设"和谐金山"发挥了积极作用。

一、金山区民办教育发展概况

(一)民办中小学发展情况

金山区的民办教育发端于 1993 年成立的朱泾南光职业学校。1997 年撤县建区后,民办基础教育始于 1999 年成立的民办金盟学校。2000—2002 年,上海交大南洋中学、上海市民办师大实验中学和民办金中中学相继成立,其中上海市民办金中中学由于地理位置和生源等问题于 2012 年停办。2013—2015 年,上海枫叶国际学校和民办永昌中学成立。到 2016 年底,金山区共有 5 所普通民办中小学,其中上海交大南洋中学为高级中学,上海市民办金盟学校为九年一贯制学校,上海市民办师大实验中学为初级中学,上海枫叶国际学校、民办永昌中学为完全中学。学生数共有 2 752 人,占全区学生数的 5.54%,其中小学 317 人,占全区小学生的 1.27%;初中 1 690 人,占全区初中学生的 9.21%;高中 745 人,占全区高中学生的 11.88%(见表1、表2)。

表 1　2013—2016 学年金山区民办中小学学生数和教职工数一览表　　　　单位:人

序号	学 校 名 称	建校时间	学　生　数				教　职　工　数			
			2013学年	2014学年	2015学年	2016学年	2013学年	2014学年	2015学年	2016学年
1	民办金盟学校	1 999.04	1 230	1 146	1 083	1 140	139	127	115	116
2	民办交大南洋中学	2 000.08	360	339	351	382	68	62	63	68
3	民办师大实验中学	2 001.08	869	763	709	633	86	82	78	70
4	上海枫叶国际学校	2 013.03	94	237	426	531	41	70	111	141
5	民办永昌中学	2 015.03	—	—	14	66	—	—	13	11
	合　　　计		2 553	2 485	2 583	2 752	334	341	380	406

表 2　2013—2016 学年金山区民办中小学学生数占比情况汇总表

学　年	小　学			初　中			高　中			合　计		
	民办小学学生数（人）	全区小学学生总数（人）	民办小学学生数所占比例%	民办学校学生数（人）	全区初中学生总数（人）	民办初中学生数所占比例%	民办学校学生数（人）	全区高中学生总数（人）	民办高中学生数所占比例%	民办学校学生数（人）	全区学生总数（人）	民办学校学生数所占比例%
2013 年	359	28 629	1.25%	1 742	17 749	9.81%	452	6 075	7.44%	2 553	52 453	4.87%
2014 年	303	27 733	1.09%	1 603	17 773	9.02%	579	6 141	9.43%	2 485	51 647	4.81%
2015 年	308	26 519	1.16%	1 566	18 005	8.70%	709	6 216	11.41%	2 583	50 740	5.09%
2016 年	317	25 040	1.27%	1 690	18 351	9.21%	745	6 270	11.88%	2 752	49 661	5.54%

（二）民办随迁子女小学发展情况

随着金山区城市化进程及经济的快速发展,金山区农民工学校从无序走向规范,从低层次的个体办学逐步走向内涵发展。全区民办小学数量上得到有效控制,基本做到均衡发展,与公办小学的差距不断缩小。

2007 年,金山区农民工子女学校共有 16 所,学生 9 821 人。2008 年起实施"纳民计划",两年内关闭了 8 所不符合办学要求的简易农民工子女学校,对基本符合办学要求的 6 所农民工子女小学列入"纳民计划",同时挖掘教育资源,新开办 5 所民办随迁子女小学。随后通过"停、撤、转、并",民办随迁子女小学减少至 6 所。2016 年底,全区义务教育阶段小学随迁子女共 11 176 人,在公办学校就读的随迁子女 10 150 人,占随迁子女的 90.82%;在民办随迁子女学校就读 1 026 人,占随迁子女的 9.18%。

（三）民办幼儿园发展情况

2013—2016 年,金山区民办幼儿园变化相对不大。至 2016 年底,金山区共有民办幼儿园 11 所,其中二级幼儿园 5 所,教职工 234 人,学生 1 614 人;三级幼儿园 6 所,教职工 139 人,学生 1 362 人;学前看护点 9 个,教职工 105 人,学生 1 209 人。所有民办幼儿园教职工实现了 100% 持有健康证(见表 3、表 4)。

表 3　2013—2016 年金山区民办幼儿园办园类型与数量

年　份	民办二级园				民办三级园				学前看护点			
	园所（所）	班级（个）	幼儿（人）	教职工（人）	园所（所）	班级（个）	幼儿（人）	教职工（人）	数量（家）	班级（个）	幼儿（人）	教职工（人）
2013 年	4	36	916	155	6	52	1 702	155	13	64	2 075	153
2014 年	4	39	961	159	6	58	1 921	163	13	73	2 262	161
2015 年	4	47	1 161	185	7	62	1 892	179	12	61	1 826	143
2016 年	5	61	1 614	234	6	47	1 362	139	9	46	1 209	105

表 4　2013—2016 年金山区民办幼儿园教职工持证情况

年　份	民办二级园					民办三级园					学前看护点				
	教职工	上岗证		健康证		教职工	上岗证		健康证		教职工	上岗证		健康证	
		人数（人）	占比（%）	人数（人）	占比（%）		人数（人）	占比（%）	人数（人）	占比（%）		人数（人）	占比（%）	人数（人）	占比（%）
2013 年	155	133	86	155	100	155	86	55	153	98	153	72	47	127	83
2014 年	159	136	86	159	100	163	72	44	163	100	161	93	58	161	100
2015 年	185	154	83	185	100	179	128	72	179	100	143	102	71	143	100
2016 年	234	211	90	234	100	139	110	79	139	100	105	83	79	105	100

（四）民办非学历教育发展情况

至 2016 年底，金山区共有民办非学历培训机构 41 家，其中经金山区教育局审批设立民办教育培训机构（非经营性）30 家，经由工商注册登记并征求教育行政部门意见的（经营性）教育培训有限公司 11 家。区域内培训机构主动适应经济增长方式转变和产业结构调整，积极开展各类社会培训，据统计，"十二五"期间培训各类学员达 10 万余人。其中，学科类、综合素质提升类、专项职业能力及各类高级工培训近 2 万人，为区域经济促进就业、稳定发展作出了贡献（见图 1）。

图 1　2013—2016 年民办非学历培训机构基本情况（家）

二、金山区民办教育发展的经验与成效

（一）民办中小学教育：加强扶持，规范管理，促进健康发展

1. 政策支持，改善民办学校办学条件

（1）加强政府支持力度。金山区政府和教育行政部门把发展民办教育放在与发展公办教育同等重要的位置，把发展民办教育作为重要工作职责，并将民办教育发展纳入全区教育统一规划之中。区领导多次深入民办中学，在积极支持、正确引导和规范管理等方面发挥了重要作用。为鼓励和扶持民办学校发展，金山区人民政府于 2011 年 1 月制定《金山区关于促进民办基础教育健康发展的若干意见》（金府〔2011〕1 号），以进一步鼓励民办基础教育做优做强，支持民办学校多样化发展；加强管理，规范办学，进一步提高民办学校办学水平；形成民办教育与公办教育优势互补、协调并进的办学格局，不断满足广大人民群众多样化的教育需求。

（2）改善学校办学条件。区教育局为金盟中学和师大实验中学分别提供校区面积分别为 26 217 平方米和 10 441 平方米、建筑面积分别为 13 806 平方米和 8 743 平方米的学校校舍，节省了民办学校的原始投入，避免了高额的投资债务负担，由此产生的经济效益用以改善学校的办学条件、提高教师的待遇，形成相对优良的教学环境和相对稳定的优秀师资队伍，为学校的健康发展提供了保障。

（3）加大经费支持力度。从 2010 年起，区政府设立了民办学校专项资金。2013—2016 年，区级扶持资金分别为 476.97 万元、354.22 万元、445.67 万元、413.00 万元（见表 5），主要用于资助民办学校的生均公用经费，对发展民办教育做出贡献的学校、教师给予奖励和表彰，以扶持学校特色发展、课程建设、实验室建设、图书馆建设及相关配套的课程资源，资助民办学校教师学历进修、专题培训和开展课题研究等，帮助民办学校进行校舍维修、设备添置等，改善办学条件，促进民办学校稳步发展。

表 5　2013—2016 年金山区民办中小学扶持资金情况统计表　　　　　　　单位：万元

序号	学 校 名 称	区级扶持资金				市级扶持资金			
		2013学年	2014学年	2015学年	2016学年	2013学年	2014学年	2015学年	2016学年
1	民办金盟学校	222.24	156.96	257.66	188.78	196.85	197.66	188.16	184.86
2	民办师大实验中学	188.12	156.60	137.16	127.62	168.14	173.17	148.05	145.48
3	民办交大南洋中学	66.61	40.66	50.85	81.84	85.01	89.17	73.79	76.94
4	上海枫叶国际学校	0	0	0	12.24	0	0	0	0
5	民办永昌中学	0	0	0	2.52	0	0	0	12.72
	合　　计	476.97	354.22	445.67	413.00	450.00	460.00	410.00	420.00

2. 规范管理，促进民办教育健康发展

（1）加强民办学校招生管理。民办学校依法根据市教委文件进行招生，区行政部门在招生过程中起到监督指导的作用，对招生材料的发放、招生过程的规范性、招生学额的控制等各方面进行监督和管理。民办学校的自主招生办法在向区教育局申报备案后，由区教育局审核并向社会公布后实施。民办学校可以跨学区选择生源，从而确保了民办学校有一大批优质的生源。

（2）加大民办学校监管力度。在"积极鼓励、大力支持、正确引导、依法管理"的办学思想指导下，规范民办学校管理，进一步强化五个方面工作：一是要进一步加强政策法规意识，规范办学行为；二是要进一步加强内部管理，提高管理效能；三是要进一步加大培训力度，强化队伍建设；四是要进一步提高教育教学质量，增强竞争力；五是要进一步加强正面宣传，提升社会影响力。区教育局在指导民办学校依法办学的同时，又给予学校办学自主权，使得民办学校在办学过程中不违规不走弯路，为民办学校发展提供了一个广阔的空间。

（3）完善民办学校管理制度。逐步加强民办教育的统筹、规划和管理工作，积极探索营利性和非营利性民办学校分类管理。规范民办学校法人登记，完善民办学校法人治理结构。民办学校依法设立理事会或董事会，保障校长依法行使职权，逐步推进监事制度，落实民办学校教职工参与管理、民主监督的权利。依法明确民办学校变更、推出机制，切实落实民办学校法人财产权，依法建立民办学校财务、会计和资产管理制度。同时建立民办学校办学风险防范机制和信息公开制度。

3. 吸纳民资，激发民办学校办学活力

民办教育的真正意义在于引入民资，激活教育竞争机制，激活办学主体的内驱力。区教育局鼓励出资、捐资办学，支持民办学校创新体制机制和育人模式，提高办学质量，办出学校特色，办好高水平民办学校，对民办教育实行"积极鼓励、大力支持、正确引导、依法管理"的方针。民办交大南洋中学、上海枫叶国际学校、民办永昌中学的所有办学资金都由民资注入，金盟学校和师大实验中学的注册资金也是由民资注入，不要任何回报，用最少的钱办最多的事，自觉地把竞争机制引入教师队伍建设和教学管理。

4. 平等对待，促进民办教师专业发展

从大教育观的角度出发，把民办学校的校长、教师纳入区统一的教师培训进修渠道，校长、教师培训费按公办学校标准执行，确保民办学校骨干教师队伍的稳定。依据《中华人民共和国民办教育促进法》制定相关政策，确保校长、教师在职称评聘、评优、奖励等方面享有与公办学校平等的权利。从 2011 年起，金山区大力推进民办学校教师年金制度，支持和鼓励民办学校全面实施教师的年金制度，以保证民办教师的稳定性。

近年来，由于得益于政府大力扶持和社会力量尽心尽力的爱护，金山区民办学校由小到大、由弱到强、乘势发展，尤其是一些民办初中成为全区小学毕业生择校的首选目标，赢得了社会广泛的认同与信任，创建了可信的品牌，取得了可观的社会效益。本区办校较早的两所民办初中在区各级各类学科竞赛

中取得了优异成绩,几乎包揽了前几名,并在全市产生了影响;在历届毕业生中,考取市重点和区重点高中的学生也远远超过公办初中的录取率。各民办学校不仅以提高学生学习成绩为己任,还注重培养学生健康的心智,重视德育,为国育才。上海交大南洋中学、上海市民办金盟学校、上海市民办师大实验中学都被评为上海市五A级社会组织,也被评为上海市民办中小学依法办学专项评估"优良学校",上海市民办师大实验中学还被评为上海市民办教育先进单位。

(二)民办随迁子女小学:统一管理,注重内涵,提升办学水平

1. 形成区域管理模式

为切实保障农民工随迁子女接受义务教育的权利,金山区在推进体制改革和制度创新方面进行积极探索。区教育局成立了民办农民工子女教育服务中心(以下简称"民管中心"),注重在"管"、"办"、"评"上下工夫,逐步走出了一条适合区情发展"民办农民工子女小学"的新路径。金山区着力建立四级管理体制:一是区教育局统筹管理,依据市教委、区政府相关政策法规,妥善解决辖区内农民工同住子女接受义务教育免费入学问题,规划学校发展布局,对学校的硬件、经费、师资等方面展开积极扶持,组织专项督导,总结经验,查找问题,提出整改意见,保证良性运行。二是民管中心统一管理,具体负责学校的日常管理指导工作,指导本区民办农民工子女小学正确贯彻党的教育方针,规范办学行为,保障农民工子女接受义务教育权利,同时充分挖掘公办学校的优质资源,为民办小学的可持续发展牵线搭桥,提供优质服务。三是结对学校委托管理,指定辖区内公办学校与民办农民工子女小学"结对子",即一所公办学校托管一所民办农民工子女小学,通过派遣管理干部与教学骨干,帮助民办学校建章立制,充分发挥托管学校在管理、教育教学、师资培训、财务管理等方面的优势,同时对民办随迁子女小学的招生、收费、财务、课程设置、师资、教育教学质量等加以监管。四是民办小学自主管理,借助外力推动,充分发挥民办小学办学主体的积极性,进一步端正思想,统筹好学校人、财物等管理要素间良性运行,处理好学校长远发展与近期目标的关系,向管理要效益,追求学校的内涵发展。

2. 完善各项管理制度

为了进一步规范民办小学办学行为,金山区先后制订《金山区民办农民工学校服务中心职责》《金山区民办农民工学校财务管理条例》《金山区民办农民工子女学校经费预算流程》《金山区民办农民工子女学校人均经费预算标准》《关于进一步加强民办农民工子女学校管理工作的意见》《金山区民办农民工子女学校教学管理要求》等一系列制度,使各校有章可循,有力地促进了学校的健康发展。2016年,区教育事务中心制订了《金山区民办学校人事管理制度》,对学校领导班子建设、教师聘任、考核、奖励、培训、待遇等有了明确规定,并统一了教职工合同签约文本。同时制定了《金山区民办随迁子女小学教职工工资福利指导意见》,统一全区六所学校教职工工资福利待遇。

3. 规范民办小学管理

自"纳民计划"实施以来,区教育局每年聘请第三方评估单位对11所随迁子女小学进行年检。通过年检,发现个体举办者办学的五所学校存在教育教学管理、经费使用不规范等问题,不利于学校发展。2013年至2014年,将东升小学、金安小学、红扬小学、金龙小学回收至金教公司统一管理,同时撤并民办蒙山小学和金工小学,学生安排到就近的公办小学。2016年,通过撤销合并的方式,停止金山嘴小学、东升小学、金安小学三所学校的办学。开展教师资格专项检查,对民办小学所有教师进行教师资格证审查,发现十几个不符合要求的教师,及时给予清退。

4. 提高课堂教学质量

定期开展教学展示活动,每年由一所民办小学承办,开展课堂教学展示活动。如查山小学承办了劳技、艺术教育课程等拓展课教学展示活动,学生的手工制作、编织、十字绣、理发、维修车辆、民乐演奏等丰富活动,给观摩老师留下了深刻印象。新联小学承办"基于课程标准 提高课堂实效"的课堂教学研

讨活动,三位青年教师精彩课堂教学令来宾们刮目相看。民办随迁子女小学定期开展校间教研、校本教研活动,加强课堂教学研究,着力提升民办学校的课堂教学质量。

5. 重视校园文化建设

设立校园文化建设专项经费,支持民办小学开展校园文化建设。各学校组建了鼓号队、鼓乐队、电子琴队、口风琴队、腰鼓队、民乐队、舞蹈队、合唱队、乒乓球队、科技小组等学生社团,在此基础上,各校形成了学校自己的品牌,如九阳小学"鼓乐"、查山小学"民乐"、新联小学"腰鼓"、水库小学"书法"、金龙小学"合唱"等凸显出学校特色。学生在活动中学到了知识,学会了技能,也获得了较好的成绩,如九阳小学鼓乐队荣获上海市学生民族鼓乐大赛一等奖、第32届上海之春国际音乐节少儿音乐精品专场评选银奖、上海市中小学生打击乐展示活动二等奖,查山小学、九阳小学的舞蹈荣获市"六一节"文艺汇演一等奖,九阳小学科技队在市少年宫参加上海青少年STEM实践展示交流活动中荣获创意设计小学组冠军等。

(三)民办幼儿园:创新机制,加强监管,规范办园行为

1. 建立规范管理机制

出台幼儿园举办者准入门槛,对举办者个人的诚信、经济基础、文化素养等方面进行审查,对条件不符合的看护点,联合多部门坚决取缔。实行属地公办园与民办园结对帮扶,双方签署公办、民办幼儿园结对协议,发挥公办园管理优势,辐射结对园、片区。成立"帮帮团",由从事园长岗位工作30年、经验丰富、德高望重的老园长们组成"帮帮团",对民办幼儿园展开帮扶工作;实现分片分区全覆盖,按照金山区区域划分,"帮帮团"分成若干小组,各自负责一个片区,覆盖了整个区域的民办幼儿园和看护点;实行月检制度,对每个幼儿园每个月至少两次全方位检查指导,发现问题,提出整改,需要分阶段整改的问题,提交整改计划和时间表。

2. 强化校园安全管理

为了确保民办园和看护点的校园安全,区教育局对民办园和看护点定期不定期开展安全方面的专项检查。如在春秋季节交换期间,开展传染病防控检查,从幼儿晨检、日常观察和消毒、传染病的防控宣传教等方面进行了全面检查与指导,有效督促民办园、看护点做好传染病的防控工作,有效防控了幼儿传染病的发生,为幼儿健康成长保驾护航。开展食品安全和消防安全专项检查,时常提醒、督促民办园和看护点高度重视食堂安全卫生工作,增强民办园和看护点的食品安全和消防安全意识。

3. 规范教师保教行为

充分发挥公办教育资源的示范辐射作用,实现"资源共享,制度共建,教研共进,结对双赢",规范民办幼儿园的日常管理和教学管理,使区域学前教育得以均衡发展,使外来务工人员子女享受到优质服务。每学期开展"民办园、看护点教学月活动",教学月活动分四个片区进行,尽管活动地点、组织者、执教者、执教班级、执教内容不同,但活动流程、组织形式、内容要求、评价标准却是一致的,从而保证了活动的质量。结对公办园园长带领她的团队亲临结对民办园、看护点,从活动方案的制定、教学活动的设计、教具准备、教师的语言到各个细小方面给予意见与指导,让民办园、看护点从负责人到教师都受益匪浅。

4. 规范办园日常行为

针对每一所民办园自身的情况,拉长画同心圆的半径,采用"3+1基础加特需"的模式开展不同形式的结对活动。3项基础结对活动:一是管理层结对抓规范。管理层结对对每所民办园每月至少进行一次全方位检查指导,发现问题,提出整改意见,在下一次的检查中回访整改情况。二是班班结对抓教学。为了把结对工作落实落细,公办园的每个班级老师分别和民办园的班级老师结对,在班级环境创设、常规培养、实践展示活动等方面进行相互交流和学习,在班级老师互访过程中通过答疑解惑、为你支招、案例点

评、启发引导等促进全体教师专业素养的提升;三是后勤结对抓培训。为了提高民办园的执行力,对营养员和保健员进行了专门培训,内容涉及菜谱制定、主题食材烹饪、营养分析、传染病控制与预防等,切实保障民办园幼儿的安全和健康。1项特需就是根据每所民办园的特殊需求提供适时专业支持,如幼儿园、看护点"六一"庆祝活动的策划,幼儿园、看护点自制运动小器械的培训和室内运动开展的要点等。

(四)民办非学历教育:注重培训,动态管理,形成合作机制

1. 注重两级培训,提升管理水平

2015年,金山区有18位民办院校长参加市教委组织的院校长培训班,系统学习院校长"工作实务"、相关法律法规文件、各级人员岗位职责、各类规范文本等。区级层面针对机构财务人员流动性大的特点,组织财务人员培训班,聘请会计事务所专家对社会服务性组织会计制度工作规范要素进行指导。对民办教育机构院校长实现市、区两级业务培训相结合,起到积极的作用。

2. 加强日常监管,强化信息公开

教育行政部门对经本部门审批设立的民办教育培训机构,每季度进行不定期巡查,巡查结果记录存档。每年4月到6月聘请第三方进行规范办学督查评估,督查结果分三个层次,对督查结果为"良好"的机构,可享有第二年免督查的机会。督查结果通过教育局门户网站、《金山报》及"乐学金山"微信推送平台向市民公告,作为市民选择培训机构的依据,同时抄报市场监督管理局。

3. 建立风险预警,实行动态管理

每年定期对民办教育机构进行学杂费专用账户的专项督查工作,加强对学杂费账户的监管。通过和银行建立良好的工作关系,每个月定期进行数据对接,对最低余额账户(保证金)每年按10%收益重新核准一次,对账户出现的异常情况银行会及时沟通,实现动态管理,建立风险预警。

4. 部门协同合作,形成共管机制

配合民政社团局做好年检工作,2015年开始要求培训机构除递交书面材料外,对财务审计报告中出现异常且信访集中的机构安排专家面谈,指导机构规范日常办学和财务制度。对碰触红线违规机构及时函告市场监督管理部门,进行约谈、整改,甚至撤销办学许可等。

三、金山区民办教育发展面临的困难及应对举措

(一)面临的困难

1. 教育经费投入相对不足

虽然区政府对民办教育投入逐年加大力度,但民办学校教育经费还是面临着较大困难。随着经济社会的发展、教育现代化的推进,学生培养成本逐年增加,教育现代化设备费用也随之大幅增加;然而民办中学学费标准几年不变,经费不足造成的困难已然凸显,影响了民办学校办学条件的改善和教师待遇的提高。同时,随着公办教师绩效工资的实施,民办教师的收入优势已经完全丧失,目前要提高民办教师收入、改善办学条件已显得力不从心。

2. 教师待遇存在一定差距

2002年《中华人民共和国民办教育促进法》第二十七条规定:民办学校的教师、受教育者与公办学校教师、受教育者有同等的法律地位,然而事实上还是有许多差别。在户口、人事档案管理、养老保险、医疗保险、教龄确认、继续教育、流动等缺乏统一明确的政策规定,不少教师对在民办学校任教和谋求发展缺乏信心,流动频繁,因而大多数民办学校难以引进和留住高素质的教师,中青年骨干教师比较缺乏,不利于民办学校可持续发展。

3. 民办非学历机构监管比较困难

近年来市教委相继出台一系列法律法规,让民办非学历培训机构办学行为得到规范,市场秩序逐步走向有序,金山区把经营性教育培训公司的日常业务监管同样纳入民办教育培训机构的管理范畴。然而,对民办非学历机构市场监管的瓶颈问题依旧存在,主要表现在以下几个方面:一是市场监管比较难,监管主体缺失,尚未建立起有效的经常性监管机制,目前仅仅依靠教育行政部门,受人力及行政权等因素限制,难以实施有效监管。二是行业自律规范差,目前本区民办非学历培训机构办学条件和办学能力良莠不齐,市、区层面尚未建全正规的行业组织,民办非学历培训机构的经营行为缺乏自律约束,导致了不正当竞争行为的发生。三是非法办学取证难,"无证无照"非法办学行为存在一定隐蔽性,且面广量大,取证较为困难。

(二)应对举措

1. 加强领导,统一规划,依法规范管理

引导民办学校根据区域教育总体规划,切实制定民办学校近期和中期的发展目标和措施,把民办教育从自发发展纳入到有序发展的轨道上来。进一步规范民办学校办学行为,积极引导学校举办者端正办学思想,全面贯彻国家教育方针,引导民办学校以教育质量求生存、以特色办学求发展。

合理规划、布局民办学校办学规模,既要保证学生、家长更多的选择权,又要避免民办学校过度扩张带来潜在的危机和无序的校际竞争,以免造成生源无继,浪费社会投资并加大办学成本现象的发生。争取3—5年,关闭所有民办随迁子女小学,让外来随迁子女全部到公办学校就读,让随迁子女享有平等、优质的教育资源。

适时成立教育局民办教育管理办公室或管理小组,制定管理办法,明确责任,畅通信息沟通渠道。一旦条件成熟,建立上海市民办中小学协会金山分会,加强教育行政部门与民办学校之间的联系和沟通。

2. 规范管理,政策倾斜,加大财力支持

在教育发展过程中,民办学校对缓解公办学校招生压力、提供优质教育等方面作出了不少贡献。在下一阶段,区政府将综合施策,进一步鼓励、支持民办学校发展。

加大资金支持力度,在规范基础上对民办学校进行扶持,补贴生均公用经费、减免校舍设备设施租赁费、补贴民办学校(人才交流中心挂编)购买补充养老保险,以及开设课程改革、教学科研、规范管理等特色项目经费等。利用政府设立的民办教育发展专项基金,资助民办学校的发展、奖励和表彰有突出贡献的集体和个人。按照统一标准收取校舍(建筑面积和土地面积)租金,用于发展民办教育事业,对部分教学设备设施实行"零租金"租赁制度,保障民办学校健康发展。

实施教师年金制度。大力推进民办学校教师的年金制度建设,支持鼓励民办学校全面实施教师的年金制度,以保证民办学校教师的稳定性。

3. 完善机制,明确职责,强化联合监管

针对民办非学历机构办学情况,采取多种措施加大监管力度。

(1)健全工作机制。强化账户监管,建立民办非学历机构专用存款账户,向"培训机构"、行政审批管理部门提供专用账户状态查询和学杂费存款资金使用管理情况定期通报制度。建立区域教育行政执法机构,加强事中、事后监管。

(2)明确部门职责。建立教育、人力资源与社会保障、市场监管、公安、税务、物价、民政等多部门联席会议制度,明确各部门的职责分工,加强部门间的联合执法,逐步完善各项监管制度,促进民办非学历教育健康发展。

(金山区教育局供稿)

杨浦区民办教育改革与发展报告

杨浦区紧随上海率先实现教育现代化的步伐,围绕建设国家创新型试点城区、上海科创中心重要承载区、国家双创示范基地的奋斗目标,按照"建设上海基础教育高地、形成优质教育集聚区"的教育发展定位,着力探索教育综合改革,先行先试,全面打造"知识杨浦"的发展品质,不断提高民办教育整体发展水平。

全区在推进与区域经济发展相协调的现代化教育发展进程中,积极体现政府依法优先发展教育、履行公共服务的责任担当,把民办教育作为区域教育中不可或缺的重要组成部分予以促进和推动,注重内涵发展,提高办学质量,突显教育的公益性质。经过政府部门和民办学校教育工作者共同努力,民办学校得到健康和稳步发展,涌现出一批质量上乘、特色明显、品牌优质、社会声誉好的民办教育机构,在扩大教育资源总量、丰富教育生态、激发教育活力、促进民生事业等方面发挥了重要作用,为推进区域教育综合改革、加快学习型城区建设,为人民群众提供能满足多样化、选择性需求的教育,在解决就学、就业等民生利益问题和适应区域经济社会发展要求上,进行了具有区域特点的实践探索,做出了成绩和贡献。

一、杨浦区民办学校发展情况

(一)民办中小学发展情况

近几年杨浦区民办中小学一共有 12 所(到 2016 学年度缩减为 11 所),其中民办小学有 2 所(上海市民办阳浦小学、上海民办打一外国语小学);民办初中有 5 所;中小学一体民办学校有 2 所;初中、高中一体的民办学校有 2 所;有小学、初中、高中学段的民办学校有 1 所。在 12 所民办中小学中,教师总人数 837 人,其中公办编制教师人数 333 人,占总数的 39.8%。2016 学年最新统计数据显示,民办小学学生总人数 4 113 人,占全区该学段学生总数的 12.17%;民办初中学生总人数 4 854 人,占该学段学生总数的 25.19%;民办高中学生总人数 148 人,占学生总数的 1%(见表 1)。近几年民办学校招生热度并未见明显降低,民办学校和学生数量占比没有发生很大变化,因此也倒逼民办学校提供较高质量和较高水平的教育,更好地满足市民对教育选择的多样性和优质教育的需求。

年 份	民办学校总数（所）	民办初中学生总数（人）	区初中学生总数（人）	占比（%）	民办小学学生总数（人）	区小学学生总数（人）	占比（%）
2013	12	5 447	21 535	25.29	3 648	28 048	13.01
2014	12	5 218	20 304	25.70	3 822	30 214	12.65
2015	12	4 927	19 269	25.57	4 075	32 418	12.57
2016	11	4 854	19 268	25.19	4 113	33 793	12.17

经过各学校努力,近几年杨浦区民办学校获得的荣誉是有目共睹的。如上海民办兰生复旦中学荣获全国百所最具特色中学、市安全文明校园、市"金爱心集体"等称号;同济大学附属存志学校荣获市教委系统文明单位称号;上海市民办阳浦小学荣获市安全文明校园、平安示范单位及全市学校体育大赛优秀奖项;上海民办打一外国语小学荣获市安全文明校园和"上海市少先队红旗大队"称号;同济大学实验学校荣获市安全文明校园和依法治校示范校等称号,还有多位师生荣获全市中小学科技、诗文阅读等大赛优胜奖等。

（二）民办学前教育发展情况

随着社会生育高峰的到来,幼儿入园人数已经连续几年呈不断增长的趋势。杨浦区采取多种途径挖掘潜力,以解决"入园难"的矛盾(见表2—表4)。

表2　2013—2016年杨浦区民办园所数与幼儿入园数

年 份	园所数（所）	民办园在全区幼儿园占比（不含托儿所）（%）	幼儿数（人）	民办园幼儿在全区在园幼儿数占比（不含托儿所）（%）
2013	22	29.72	6 383	30.38
2014	22	29.33	6 848	32.11
2015	22	29.33	7 323	32.43
2016	22	29.33	7 808	32.85

表3　2013—2016年杨浦区民办幼儿园等级评定情况　　　　　　　　单位:所

年 份	示范园	一级园	社会组织等级3A	社会组织等级4A	社会组织等级5A
2013	1	3	2	0	1
2014	1	4	2	3	1
2015	1	4	4	4	2
2016	1	4	4	5	2

表4　2013—2016年杨浦区民办幼儿园招收地段生情况

年 份	地段生数量（人）	地段生数量在民办园幼儿数占比（%）	地段生数量在全区在园幼儿数占比（%）
2013	1 854	29.05	8.82
2014	2 343	34.21	10.97
2015	2 669	36.49	11.82
2016	3 136	40.16	13.19

（三）民办培训教育机构发展情况

近年来,随着培训教育市场的竞争日趋激烈,加强规范管理的要求一再强调,加之市政府在全国率先出台设立经营性培训教育公司新政的鼓励,杨浦区培训教育机构的发展正逐步呈现优胜劣汰之势。机构数量虽逐年减少,但是办学规模却不断扩大,为区域经济社会发展作贡献的势头不减(见表5)。

表5　2013—2016年杨浦区民办教育培训机构发展

年　份	院校数(所)	学费收入(万元)	税收总额(万元)	解决就业人数(人)
2013	119	11 775	8 573	2 486
2014	117	12 127	9 872	2 839
2015	114	13 341	8 954	2 989
2016	104	14 380	14 025	5 592

自2013年以来,杨浦区已经设立经营性培训教育公司71家,其中67家总公司,4家分公司。其中,2013年设立2家,2014年设立10家,2015年设立25家,2016年设立30家。

二、杨浦区民办教育发展总体政策设计和工作重点

近几年,杨浦区教育综合改革得到市教委和区委区政府的关心和支持,从制度完善、机制创新、政策扶持等多方面加强探索研究,进一步促进区域民办教育实现新的发展。特别是在"十二五"迈向"十三五"之际,杨浦区在制定顶层规划时,特别强调要坚持"价值引领,创新发展""以人为本,协调发展""评价突破,绿色发展"和"合作共享,开放发展"这四大原则,适时提出了区教育的总体发展方向和指导思想。即要着眼于每一个学生创新素养的培育,以率先实现教育现代化为目标,以建成基础教育创新区为主线,以全面推进整体教育综合改革为抓手,以高位稳定教育质量为内核,牢固树立并切实贯彻创新、协调、绿色、开放、共享的发展理念,使杨浦教育在实践中开创新局面、实现新突破、迈上新台阶。预期达到的发展目标是,到2020年全面完善基础教育体系,全面实现整体教育综合改革,全面建成基础教育创新区,全面提升终身教育品质,率先实现教育现代化。

(一)民办中小学

杨浦区重视从区域民办中小学实际出发,制定相关政策措施,推进教育综合改革。通过调研,以问题为导向,出台了相关应对政策。如制订实施非营利民办中小学试点实施办法、完善民办学校教师"年金制"等社会保障制度;完善并出台公共财政对于民办中小学的专项扶持管理办法。以年检和换发许可证为契机,加强民办中小学的日常监管,进一步提升学校办学规范。组织学校积极参加社会组织规范化评定,目前全区共有8所学校参加评定,其中上海民办兰生复旦中学等4所学校获5A称号,同济大学实验学校等3所学校获4A称号,充分体现了民办中小学的办学规范和实力。

另外,杨浦区还规定和组织民办中小学校现职校长参加市、区两级组织的岗位培训和专题研修,全面提升学校管理水平和内涵发展领导力;定期举行民办中小学工作例会和各项专题研讨活动,发布信息,部署工作,听取意见,交流经验;有关领导和科室每学期深入基层学校,走访、座谈、调查,保持与学校的经常性沟通联系。

在民办中小学特色发展上,杨浦区已有上海民办兰生复旦中学等5所学校被批准创建上海市民办中小学特色学校;已有同济大学附属存志学校等3所学校被批准创建上海市民办中小学特色项目学校。以上8所民办学校分别从自主学习平台建设、多元化教育、科技创新、特色活动、创新课程等方面来探索和创建学校的品牌与特色,将统一的办学模式拓展成与众不同的办学个性,努力使鲜明的办学特色成为学校领导和全体教师的自觉追求,提高区域办学整体效益。

（二）民办幼儿园

制订《杨浦区学前教育三年行动计划》，提出总体目标是：到 2018 年，形成普惠、充足、优质、多元的学前教育公共服务保障体系，充分满足区域内符合条件常住孩子的入园需求，促进幼儿园主动发展，为区域孩子健康快乐成长奠基。强调坚持学前教育的普惠性与公益性，坚持学前教育的规范性和可持续性相结合，积极推进学前教育高位优质均衡发展，合力建设学前教育优质区。

制订《关于杨浦区推进学前教育集团化办园的实施意见》，决定在全区公办、民办幼儿园中建立以市示范园为核心园的学前教育集团，更好地促进学前教育的优质均衡发展，优化人才队伍结构，推动内涵建设和特色发展。现已有 5 所民办园加盟到学前教育集团，占民办园总数的 22.73%。

出台提高办学质量相关举措。包括建立日常督查和年检相结合的监管制度，全面促进民办园依法规范办园；确保民办幼儿园在教师培训、职称评定、评优选优、校舍维修等方面，享受与公办园同等待遇；鼓励校舍达标的幼儿园积极提高办园等级层次，争创一级园，提高区域优质园（含"家门口的好幼儿园"）比例。通过区第二轮优质民办园创建活动，已有 3 所民办幼儿园争创成为上海市一级园，大大提升了民办园的管理与保教质量。

加大经费投入力度。包括细化对普惠性民办园的支持政策，有针对性解决突出问题；提高大房修标准，突破性解决设施困难；逐年提高生均定额标准。依据幼儿园办园成本核算，规范地段生收费标准和完善民办园接收地段生的经费补贴政策并举，全方位积极应对持续入园高峰。相应采取的政策措施，包括向民办园购买学额，2011—2015 年共投入经费 7 158.05 万元；通过购买专业服务方式，共投入确保学前教育保育质量及校园安全经费 14 889.19 万元。

（三）民办培训教育机构

始终重视学校的规范办学行为，以此作为日常监管的主要关注点，加强对民办非学历院校的指导和管理。主要做法包括以下几个方面。

以开展年度检查初审为抓手，指导民办非学历院校规范和落实各项管理。做到预先部署到位，全面细致的动员和布置，提出有针对性的年检具体要求，指导做好年检的准备工作；督查到位，每年会同民政部门，对上年度检查"不合格"和"基本合格"的院校、办学许可证已失效又未按时办理的院校、近年新设置或举办者发生变更的院校以及提交年检材料存在疑问的学校等，委托第三方评估机构开展实地检查；反馈到位，召开民办非学历院校长会议，汇总和反馈检查情况，对办学情况良好单位进行表彰，对存在的共性问题鲜明指正并提出改进方向，使各院校引以为戒；善后跟进到位，检查后教育行政部门再以发整改通知书、重点约谈警示和适时再组织随访等方式，继续进行跟踪督查，促进学校守住底线，规范办学。

以换发许可证为契机，加强民办非学历院校的日常监管工作。办学许可证到期换证，均严格依照法规要求和规定流程，办理相关事项。其他各类变更事项，经学校按规定申请后，委托区、市第三方评估机构依法参与评审，由市、区两级进行审核后，方批准和发放相关证照。

加强行业自律，发挥教育培训行业协会引领作用。协会定期召开理事会、成员大会，加强自我培育、自我约束，提高各成员单位的自主管理能力。指导协会组织校院长培训，定期组织各种论坛，探讨教育培训机构管理和发展的重要问题，聘请专家组织开展对民办非学历学校院校长的培训指导，提升领导管理能力，让广大校长获益匪浅；同时也解决不少院校长无任职资质问题，提高了他们实际管理能力。2016 年，协会依据法规精神，由新东方进修学校作为会长单位，由秘书长管理变更为协会成员自主管理。

三、近几年杨浦区民办教育发展的主要经验

（一）将民办教育发展融入区域教育发展的大格局中，依法履行公共服务职能

在推进和加快区域教育事业发展的进程中，我们重视把改革发展民办教育纳入整个区域教育发展中加以统筹运作，先行先试。《上海市杨浦区教育发展"十三五"规划（2016—2020 年）》明确提出了民办教育的具体目标是"为学生个性化发展提供更多的选择"，并为此规定了三大主要任务——健全公共财政对民办教育的扶持政策、完善民办教育管理和运行机制及加强区域民办教育评估并予以有力落实。

围绕奋斗目标，杨浦区为履行公共服务职能，做了大量具体工作。从建设服务政府的要求出发，转变行政职能，增强服务意识，提供政策咨询、宣传指导等服务；依法完善行政规范，尽力发挥引导和保障作用，提高工作效率。定期召开各类民办学校工作会议，及时通过专网发布政策与工作信息，加强互动联系，让学校了解政策法规导向与规定，了解行政部门工作要求，知晓自身应有的作为，形成共识和行动。

对于个别学校出现的特殊困难、突发事件及矛盾纠纷，区教育局领导和职能部门，深入一线及时了解情况，分辨是非，支持公道，指导帮助，妥善解决发生的问题，维护学校应有的合法权益，稳定了区域教育和谐发展局面。前几年，曾发生某民办非学历学校员工和家长冲击，毁损学校校舍设施，导致无法正常开展教学的事件。事发后，区教育局、区公安局等部门联合行动，及时依法制止了违法行为，同时吁请和委托多所同行培训机构给予分担培训业务的友情援助，让所有的付费学员顺利地得到完整的、较好的服务，维护了学员合法权益，平稳地解决了矛盾。

（二）在管理中加强沟通、联动和协调，促进公、民办教育共同发展

杨浦区对涉及民办教育的重大事项，坚持按照管理权限和实施程序予以落实，集体慎重研究决策，职能部门依法各司其职、各负其责，建立沟通共商议事机制，加强联动和合作，做好统筹协调。区教育局与区发改委、民政、社团、财政、人事、工商、人保、物价、税务、规土、公安等各政府行政部门，加强经常性工作沟通与合作协同，重视向区委区政府和市教委相关处室与业务部门及时请示报告，积极争取对相关工作的领导和支持。每年局长办公会都有数次专题研究区域民办教育发展的工作内容，相关领导都会进行认真审议和决策部署。

为了确保义务教育阶段学校的教育质量、学前教育的保教质量，区教育局对民办学校，从教师、校长研修培训提升专业水平，到课程计划制定和实施，再到课堂教学监测、指导和教学评价、改进，均一视同仁，给予同样的要求和机会，力保底线标准，同时鼓励冒尖和创优。在年终绩效考核中，所有学校放在同一个评价系统中客观公正考评，使那些优质和进步显著的民办学校，同样可以脱颖而出，获得荣誉和奖励。

民办学校也在行政支持下建立了相互之间基于共同提高的协作机制。民办中小学参与的集团化办学、民办幼儿园的园际联盟、民办非学历教育机构的行业协会及其网络小组、经营性教育培训公司的联系群组等，都能开展有制度保证的各种活动，加强了相互交流学习，促进了师资专业培训和学生综合素质提高，成为助推民办教育发展的一种有益资源和积极力量。

（三）改进和创新管理，加大扶持力度与依法加强监管并举，增强民办教育健康发展的正能量

秉持"让优质均衡公平惠及每个学生"的理念，通过"管、办、评"分离的机制变革实现共治，激发每一所学校的办学内驱力。杨浦区自 2005 年开始在全市率先开展的集团化办学创新试验，由小学拓展到初

中学校,由公办带民办、名校扶弱校,已覆盖全区义务教育阶段学校总数的 66%,受惠学生接近全区学生的 80%。经过多年不断深化实践探索,有效化解了"择校"之难,改变了一批薄弱困难学校的办学面貌,深化了内涵发展,推动了教师成长,提高了教育教学质量。

杨浦区积极鼓励和指导民办中小幼争创上海市特色学校、特色幼儿园、非营利性制度试点学校,建立名师工作室和学科、师训基地,积极鼓励民办幼儿园提升办园水平评定等级,积极鼓励民办教育机构申报市区社会组织规范化建设等级评定,并出台与市相关的配套政策给予扶持激励。2014 年修订下发的《民办教育专项资金管理办法》,进一步完善操作机制,统一纳入年度区教育经费预算,用于改善办学条件、加强师资队伍建设、开展教育教学改革试验和表彰为民办教育作出贡献的学校(见表 6)。

表 6　2012—2015 年杨浦区民办中小学专项扶持情况表　　　　单位：元

年份	专项经费（市专项及区级配套经费）	房修工程	生均补助	绩效考核	减免书簿费	安保补贴	地段生补贴	其他（内涵发展、特色奖励、课题经费、帮困金等）	合 计
2012	1 270.00	295.16	1 612.66	88.56	321.72	126.76	14.8	91.74	3 821.40
2013	1 362.92	675.9	1 581.78	96.28	311.45	151.23	4.14	65.16	4 248.86
2014	1 560.83		1 558.40	102.84	303.94	161.9		51.87	3 739.78
2015	1 781.67		1 539.40	118	303.57	170.88		103.58	4 017.10
民办中小学小计	5 975.42	971.06	6 292.24	405.68	1 240.68	610.77	18.94	312.35	15 827.14

杨浦区已经全面实行公、民办中小学教师进修同等待遇机制。将民办中小学教师培训列入全区中小学教师队伍建设范畴,对民办中小学学校教师的各类培训统一纳入年度教师进修工作计划,使公、民办教师享受同等进修培训机会和待遇(见表 7)。

表 7　2013—2016 年杨浦区民办中小学教师参加培训及获奖情况　　　　单位：人次

2014 年培训			2015 年培训			2016 年培训			2013 年获奖		2014 年获奖	
市	区	校	市	区	校	市	区	校	市	区	市	区
2	5	12	3	3	12	4	4	12				
10	15	15	12	15	15	15	16	16				
44	44	44	42	42	42	42	42	42	1	0	4	2
4	22	25	5	24	27	5	26	28	1	1	0	3
12	26	51	12	26	53	15	27	53				1
2	51	51	2	51	51	2	50	50	2	7	5	13
37	37	37	45	45	45	49	49	49	1	3	1	4
18	18	18	18	18	18	18	18	18				
	10	20		12	20		10	22	2	4	3	8
8	8	24	18	11	21	12	10	19				
		18		2	20		4	20				
81	81	81	76	76	76	79	79	79	3		5	10
1	14	17	1	8	20	2	14	19				1
26	26	26	28	28	28	28	28	28				
3	6	10	2	6	10	2	5	10				
14	82	82	15	80	80	16	82	82	9	4	5	7
17	18	17	16	16	16	17	16	16				1
279	463	548	298	463	554	306	480	563	19	27	24	49

杨浦区建立了教育系统校舍出借和基础设施专项维修机制,制定《关于民办学校租赁教育校舍基础设施专项维修试行办法》,对租赁区教育系统校舍办学的民办校,按公办校大修周期,对其校舍进行基础设施专项维修,统一纳入教育年度预算(见表8)。

表8 杨浦区校舍房产情况

学 校 名 称	校舍产权所有者	学校租赁费用(每年)
上海市杨浦民办凯慧初级中学	杨浦区教育资产管理中心	53万
同济大学附属存志学校	自有	0
上海外国语大学附属双语学校	杨浦社会事业发展投资有限公司	300万
上海民办打一外国语小学	杨浦区教育局	56万元
同济大学实验学校	同大实验	0
上海市民办沪东外国语学校	杨浦区教育局	50万
控江中学附属民办学校	杨浦区教育局	190万
上实剑桥外国语中学	上海市名师教育咨询有限公司	600万
上海市民办阳浦小学	杨浦社发	无偿租赁
上海民办杨浦实验学校	杨浦区教育局	51万
上海民办兰生复旦中学	杨浦区教育局	80万

杨浦区重视依法对民办学校全面实施各项规范管理,从日常监管到年度检查,从专项督查、财务审计到突发事件处置,全方位、全过程强化规范管理。杨浦区反复强调民办中、小、幼等各级各类民办学校必须坚持教育公益性和依法保护法人资产的法定要求,强化执行各类民办教育机构相应的财务会计管理办法和会计核算办法规范,规范民办学校学费专户和政府扶持资金专户管理制度,引导民办中小学建立教职工年金制度,改善教职工待遇。

对已经出台政策措施在实施过程中加强动态监督。特别是加强和完善对政府扶持的各项资金的管理,从各专项资金的申报、核拨、使用、核算等各个环节规范操作,定期监控,督促有问题的学校及时整改,确保政府扶持资金规范管理、有效使用。

与此同时,杨浦区重视典型引领,发扬先进,使一批优质的民办学校更好发挥示范辐射作用,让他们规范、优质、特色办学的成功经验和有效做法在区内外得到分享。同时也及时就个别违规违法情况进行案例剖析和举一反三,及时对某些不利于健康发展的苗子和不良现象给予预警和提醒,引导各所学校自觉做到规范办学,落实法规的刚性要求。

杨浦区多年来重视发挥社会组织作用,在管理中充分依靠社会组织发挥积极作用,搭建共同参与和促进民办教育发展的有效平台。坚持政府购买委托服务,依靠区内外教育评估机构提供专业资源,承接民办中小学和民办非学历院校、经营性培训公司等各类教育评估服务业务,协助主管部门加强监管。总体看,杨浦区各类民办教育办学因违法违规原因而产生的重大恶性事件能得到有效管控,反映了学校办学的规范性有了进一步提高。

(四)重视内涵发展和教育质量,追求经济效益与社会效益共同提高

杨浦区非常重视民办中小学贯彻政府关于"减负增效",推进素质教育的要求。本着"义务教育为学生健康成长推进公平优质教育"的宗旨,着力提高每一所学校的办学水平,使每一个学生都得到全面而充分的发展。通过不断深入推进义务教育组团式发展、整体推进新优质学校集群式发展、深化学生综合素质评价改革和深化"创智课堂"探究实践等区域性重大改革创新措施,引导民办中小学试点非营利性制度办学,鼓励学校在深化、优化课程改革,提高课堂教学质效上下工夫、花力气、显特色、出经验。多所中小学依托复旦大学、同济大学、上海外国语大学等高校的优质资源,提升课程、教学、师资等内涵发展水平。连续多年,教育局每学年组织对包括民办中小学在内的所有学校进行课程计划制订、实施评审和

监督、指导和确保国家课程计划全面执行。部分民办中小学的特色建设与教育教学经验,已经多次在市、区做主题现场展示和推广,得到行政部门和同行学校的好评。几年来,杨浦区中小学整体教学质量能够持续保持高位稳定,与民办学校的共同努力和付出是密不可分的。

民办幼儿园在教育局组织、指导和引领下,同样站位在为孩子的快乐成长、幸福发展奠定基础的高度,重视加强内涵发展,提高保教、保育和保健质量。依靠区内外专家资源,发挥集团、联盟和名园的"孵化"效应,加强有针对性的培训、指导、检查和帮扶,严格落实制度性的健康检查,严格执行传染病防范措施,加强幼儿营养状况的监控,并且扩展到对家长与学生的教育,较好地达到国家规定的保健工作标准。行政部门督促学校严把教师任职资质关,各类人员任职资格和人员配置及师生比基本符合法规要求。指导学校依法与教师和员工签订聘用合同,保障员工合法权益。重视家园合作互动,发挥家委会作用,提供家教服务和亲子示范,形成育儿合力,共同促进幼儿健康发展。

对民办非学历办学机构无论是非营利性还是经营性培训机构,同样引导他们提高教学效能,通过改进和强化教学管理,保证培训教学的规范性、有效性,满足学员多元、有选择的受训需求,学有所获,学有所成,更好地适应社会和市场对于人才适用的需要。

四、杨浦区民办教育面临的挑战和对策

2017年开始,民办教育进入了以分类管理为导向的转型发展新阶段。面对新形势、新要求,我们将在国家关于民办教育促进和发展的大政方针和地方落地政策指引下,进一步促进杨浦区民办教育改革和发展。

杨浦区作为上海教育综合改革试点先行区域,肩负着重要的使命和责任。区域民办教育发展也面临着一系列新的挑战和考验,表现在生育和入学高峰接踵而来,将继续凸显进一步实现教育公平和基础教育均衡优质高位发展的要求,现有民办中小学存量需要合理调整;深化基础教育改革和推进发展,将给民办教育机构提出对办学方向正确定位和提高素质教育品质的更高要求;民办教育分类管理新政的颁布实施,将对民办教育机构办学的理性选择及今后发展趋向提出新的预期,促进区域民办教育结构、布局更趋合理和更具适应性;不断保证和提高民办学校的办学效益和教育质量,仍然将是当前和今后教育改革发展的重中之重,需要硬软件建设并重,从体制、机制创新中突破瓶颈,破解难题,取得更好进展。

(1)将进一步贯彻落实国家和上海的政策法规,做好区域民办教育的顶层设计和统筹协调,构建与区域整体发展相匹配的、具有杨浦特点的民办教育体系。通过对民办教育发展现状的深度调研和全面筹划,完善未来中长期区域民办教育改革发展的总体发展设想,制订具有创新性、科学性和可行性的实施方案,整体设计,分步实施,重点突破,攻坚克难。对于目前存量的民办中小学布局、结构和规模,进行总体筹划与逐校"度身定制"相结合的调整、改革,逐步达到全市基本要求。尤其要加快改革创新步伐,加大对于民办教育的扶持和激励,突破在管理体制、资金投入、师资建设、场地设施等方面的瓶颈与难题,更加有力地推进民办教育新发展。

(2)将进一步贯彻实施民办教育新政新规,推进区域民办教育机构分类管理改革。通过调研和试点,协调联动,总结和推广成功做法与经验,以创新政策和激励措施,形成具有导向性、可行性的有效措施,继续积极扶持非营利性民办学校办学,兼顾营利性民办教育机构有序发展,实现差别化、特色化办学发展。重视并有效引导和鼓励民办教育机构加强现代社会组织制度建设,加强行业自律,遵循市场运行规则,优胜劣汰,维护市场公平秩序,办人民满意的民办教育;培育一批在各学段和办学类型中能够体现办学规范性好、绩效明显、影响力强的优质民办教育机构,发挥"枢纽型""龙头型"的示范带头和辐射引领作用。

(3)将进一步加强对民办学校的引导和扶持。引导民办学校依法自主办学、特色办学、优质办学,

营造有利于师生科学发展、健康成长的教育环境和办学氛围,重视提升内涵发展水平,提高办学效益和教育教学质量,提高办学诚信度以及对社会公益性服务的贡献度。鼓励学校进行教育教学资源整合和共享,研发和开设更多适应现代化建设事业需要和满足市民终身教育多样化、选择性学习需求的专业体系、课程产品;加强对办学人员的岗位培训和继续教育,加快培养具有综合素养和发展后劲的师资队伍,让一些专业性、生长性较强的民办教育机构办得更具规模、更有特点和影响力;建立相关专业和公、民办院校之间的合作联盟,建设好若干具有区域优势或特点的专业和课程项目,开展好适应培训市场和国民素质提高需求的多样化培训,形成教育服务业态的新格局。

(4)将进一步推进"管、办、评"分离的综合改革。完善和创新政府管理方式和工作机制,依法规范和落实行政职能,做好购买优质教育的服务工作。重视发挥第三方开展教育认证、评估对于改进学校教育与管理的积极促进作用。更多依托高校、企业和其他社会力量,调动区内外的优质教育资源,为发展我区民办教育提供多方面支持和资助。强化和优化监管工作,依靠方方面面形成合力,建立健全管理的长效机制,完善社会协同治理体系,形成齐抓共管和行业自律相结合的系统。不断增强风险防范和控制能力,规范和净化教育秩序。

杨浦区对今后民办教育新政所带动的发展充满期待,将继续以深化教育改革为举措坚持扎实细致的工作作风,稳步推进发展,让民办学校通过分类管理的合法通道和合理路径,各展其能、各得其所,增强民办教育的适应性和服务能力,加大对区域经济社会建设的支持和贡献,为满足市民多样化、选择性学习需求提供更多服务。

(杨浦区教育局供稿)

闵行区民办教育改革与发展报告

一、基 本 情 况

（一）民办中小学发展概况

近些年来，闵行区民办中小学发展迅速。在区委、区政府的高度重视和直接领导下，闵行区教育局贯彻落实了《中华人民共和国民办教育促进法》《中华人民共和国民办教育促进法实施条例》的精神，通过积极创设民办教育健康发展的良好社会环境，推进民办教育办学体制和管理体制改革，提升民办学校的办学水平和教育质量，有效促进了民办中小学的健康有序发展，也为优化区域教育生态、提升闵行教育品质奠定了坚实基础。

2013 年，闵行区共有各级各类民办中小学 15 所，学生数 15 217 名，占全区基础教育阶段学生总数的 13.5％；到 2016 年，经过整体布局、优化整合，全区共有各级各类民办中小学 24 所，学生数 18 910 名，占全区基础教育阶段学生总数的 15.8％。民办中小学已成为闵行区教育事业的重要组成部分，为促进闵行区教育事业发展作出了重要贡献。

（二）民办随迁子女学校发展概况

随着闵行区城市化进程及经济的快速发展，外来流动人口急剧增加。三年来，区委、区政府高度重视随迁子女教育，积极、严谨地贯彻落实《中华人民共和国义务教育法》和市教委的相关文件精神，将上海义务教育阶段的进城务工同住随迁子女教育纳入区教育事业发展的整体规划，切实履行政府职责，逐年加强对民办随迁子女小学的规范管理，不断完善管理体制和管理机制，努力推动学校内涵发展。

截至 2016 年 2 月，闵行区共有 16 所以招收随迁子女为主的民办小学，随迁子女共计 2.5 万余名，义务教育小学阶段在校人数为 22 839 人，初中阶段人数为 2 097 人。纳入上海市学生学籍管理，实行全国学生学籍系统联网。区内教师人数为 1 000 余名，全部具有教师资格证，其中 200 多名教师为党员。

（三）民办幼儿园发展概况

伴随教育改革不断深入推进，民办教育已成为教育事业的重要组成部分。闵行区以优越的地理位置、宽松的投资环境、优惠的扶植政策、公平的竞争机制、自主的办学模式和科学的管理理念，吸引了社会各方资源和资金积极参与办园。2013 年民办幼儿园 94 家；2014 年民办幼儿园 99 家；2015 年幼民办幼儿园 103 家;2016 年民办幼儿园 107 家。近年来,在公民办幼儿园协调发展的思路引领下,坚持政府主导、社会参与、公共财政支撑、多渠道投入相结合的原则,闵行区优质民办园的比例逐年上升,至 2016 年底已有 13 家成为上海市一级幼儿园。

(四)民办非学历教育发展概况

近年来,闵行区经济社会及各项民生事业快速发展,加上一定的区位优势,闵行民办非学历教育呈现出稳步发展的态势。2013 年闵行区共有民办非学历院校 107 家,因经营性教育机构登记管理办法的出台,截至 2016 年,民办非学历院校有 105 家,另新设经营性培训机构 58 家,充分体现了教育培训机构市场化的属性。这些正规培训机构办学业务涵盖语言类、艺术类、职技类、文化学科类、社会生活类等各行各业,百花齐放,百家争鸣,有的小而精,有的大而全,有的走精英教育路线,有的以服务外来务工人员为主,满足了各类各层次受教育学生和群众的需求,成为基础教育、职业教育、社区教育和终身教育的重要补充和组成部分。

二、经验和成效

(一)民办中小学在规范发展中求特色求品质

1. 依法规范管理,促进民办学校健康发展

坚持公益性、非营利性原则,不断完善体制机制建设,形成管、办、评分离的管理机制,依法规范管理与服务。一是严格准入和退出制度,执行各级各类民办学校的设置标准和审批程序,引导民办学校诚信办学;二是建立服务平台,加强对民办学校的信息服务和业务指导,帮助民办学校健全和完善各项规章制度;三是规范民办学校财务管理,建立健全财务制度、会计制度和资产管理制度;四是加强行业管理,建立和完善民办学校社会评估制度,完善民办学校考核体系。

进一步完善民办教育社会评估与政府教育督导有机融合的评价机制,通过制定科学合理的评估标准,提高民办学校管理的规范化水平。例如,近年来随着民办教育的快速发展,区内民办双语学校数量也在不断增加。为进一步规范双语学校的课程实施,区教育局委托上海市基础教育国际课程比较研究咨询中心对区内 11 所双语学校进行课程评估,以保障义务教育阶段国家标准的主体地位。我们还建立了境外教材审查机制。对于区内实施国际课程教育的民办高中,学校成立了教材审查部门,对引进的境外教材进行严格审查和管理。在学校自查的基础上,区教育局委托闵行区教育学院邀请区内外国际课程教育专家,对各类境外教材进行复查。对于在审查过程中发现的问题,要求学校及时整改,认真总结,进一步规范教材使用的标准。

2. 坚持多元办学,促进公民办学校协调发展

结合区域经济社会发展现状,确立了"政府主导,社会参与,多元办学"的公、民办教育协调发展思路。发展民办教育,既有助于满足人民群众多元化教育需求,也有利于增强闵行区教育改革与发展活力,进一步优化区域教育生态。正是基于以上思考,闵行区坚持"积极鼓励,大力支持,正确引导,依法管理"的方针,将民办教育纳入区域经济社会发展和教育发展整体规划,通过整合区内民办教育资源,优化民办学校设点布局,推进教育投资主体多元化,鼓励和集聚全社会资源共同参与办学,充分调动社会机构特别是非营利机构投资教育的积极性,逐步形成了公办、民办教育协调发展的格局。

此外,区教育局还充分发挥民办学校优质教育资源和品牌优势,通过委托管理、教师柔性流动、互助共建等方式,带动区域内公办学校共同发展。如上海市民办复旦万科实验学校、上海市文来中学通过托管的方式,带动马桥复旦万科实验中学、上海市文来实验学校等新学校共同发展,诺德安达双语学校将

校内优质教育资源辐射到区域内公办学校。通过建立健全优质教育资源共享辐射机制,扩大区域内学生享受优质教育资源的机会。

3. 积极破解难题,建立民办学校扶持机制

针对民办教育在发展中存在的问题,闵行区在政策层面加大对民办学校的扶持力度。一是建立政府购买服务和教育经费补贴机制,民办高中学校,由政府对学生实施学费补贴;民办义务教育阶段学校,政府补贴生均公用经费。二是建立奖励机制,设立民办学校奖励专项资金,用于扶持民办学校发展和民办学校教师队伍建设;通过社会评估,对办学具有特色的非营利性优质民办学校实行奖励。

在扶持民办学校实现优质和特色发展过程中,闵行区积极鼓励民办教育走品牌化和特色化道路,使优质民办学校做强、做大,形成有品牌的教育集团。通过营造促进民办教育发展的良好氛围,给教育集团应有的自主权和统筹权,支持其开展多种形式的联合办学,鼓励教育集团内地域相近的同层次学校实行资源共享、合作办学,带动整个闵行地区民办教育的发展壮大。

4. 注重内涵建设,积极推动学校争创特色

为进一步营造社会组织培育发展的良好环境,闵行区积极引进和培育优秀社会组织,为社会提供多样化的社会事业项目。近年来,闵行区先后引进、培育一批优秀办学机构开办各类学校,包括协和教育集团举办的上海市民办万源城协和双语学校、创意颢桥(上海)文化传播有限公司举办的上海星河湾双语学校等办学实体,提供优质教育服务,满足多元教育需求,得到社会广泛认同。区教育局也十分注重民办学校内涵发展,鼓励民办学校创建精品和特色,不断提升办学质量。如今区内不少民办学校都已成为特色鲜明的优质学校,如上海市民办万源城协和双语学校、上海市民办复旦万科实验学校等学校坚持优质、特色发展,已成为能为国内外学生提供多元优质教育服务的现代化民办学校;上海市民办上宝中学、上海市以创建优质为办学定位,已成为让学生喜爱、家长满意、社会信任的民办中学;上海七宝德怀特高级中学、上海星河湾双语学校的高中国际课程以规范的办学、良好的品质受到了家长好评。

(二)民办随迁子女学校在依法办学中提升内涵品质

1. 完善管理体制,统筹规划学校布局

针对闵行区进城务工人员总量大、流动性强的特点,依据闵行区教育局《关于进一步加强以招收进城务工人员随迁子女为主的民办小学管理意见》,建立健全区教育局、街(镇)协同管理模式,按照业务条线指导和属地化管理相结合的原则,各街(镇)要将随迁子女学校列入区域教育事业发展规划,加强教育管理,负责好本街(镇)随迁子女学校办学规范、改善学校办学条件、指导学校校园安全、加大学校经费投入等工作。区教育局努力推动学校教育均衡发展、深入学校教学管理,规范学校业务指导;同时与街(镇)教委及其他相关职能部门密切配合,定期对这类学校出现的新情况、新问题,切实加强管理、指导与服务。帮助随迁子女学校解决实际问题,形成指导和管理工作合力,共同为随迁子女学校健康发展创造良好环境。

2. 创新办学模式,促进学校健康发展

为促进民办随迁子女小学健康发展,闵行区推行了由镇政府委托社会力量、区内公办小学委托管理民办随迁子女学校为主的办学新模式。16 所学校中,12 所学校由镇的集体资产投资经营公司举办,委托公办校长担任法人,学校校舍等固定资产免费使用,学校开办运转前期不足费用由政府全额补助,正常运转后按民办机制运作。4 所学校由个人举办,全部聘用公办学校退休校长,校舍等设施设备由政府提供其使用,并按国有资产管理要求统一管理。16 所学校办学经费全部纳入区结算中心统一核算管理。同时,完善管理机制,制订了调研分析、制度创新、育师强校、结对扶持、爱心支助、质量监控六大项目的工作方案。

3. 加大经费投入,改善学校办学条件

区政府将民办随迁子女小学的办学经费纳入义务教育经费保障范围,逐步增加财政投入,加大扶持

力度。2013 年至今,市区财政对 16 所学校共投入 25 500 多万元,其中区投入 12 100 多万元,主要用于这些学校办学成本的补贴以及设施设备的改造。目前闵行区对随迁子女的生均补贴每年达到近 1.4 亿(6 000 元/年/人)。

16 所学校生均建筑面积均达到沪教委基〔2008〕3 号文件规定的设立标准,校舍建筑均通过安全检测评估,与公办学校同步实施校舍安全加固工程。依据闵行区城镇化进程、人口分布变化趋势和随迁子女入学的数量等因素,通过改扩建校园、迁入办公校舍,充分满足随迁子女入学需求。同时教育局安全中心还为 16 所学校安装了校园视频监测系统,周边电子围栏,建立了校园网络,开通教育信息平台,累计投入达 2 200 多万。

4. 关注内涵发展,推进学校办学品质

区教育局各职能部门各司其职,全方位加强对学校规范办学的过程性管理和指导,推动学校完善组织建设,帮助学校在规范办学基础上逐步走可持续的发展道路。一是在教师成长方面,帮助教师在学历、教育教学方法、教育科研能力、教师综合素养、职称评审等方面有所提高。通过骨干教师"牵手引领",公办、民办学校结对帮扶,学历进修,创建"区优秀教研组"等途径整体推进区域民办随迁子女学校师资队伍发展。二是课堂教学改进方面,开展"加强课程管理、提高教学有效性"的系列研讨活动,如"提高课程执行力、推进教学有效性"基础型课程;课堂教学评优,扎实落实教学"五环节",提高办学质量。在学校的艺术、信息技术、体育、德育等方面开发适合随迁子女教育的校本教材。三是在公民教育方面,16 所学校整体推进"随迁子女小公民教育"课题,扎实有效开展德育工作。区域内成立六个"小公民教育"项目实验基地,推动校园文化建设。其中上海市闵行区华星小学等 6 所基地学校的论文在 2013 年"现代教学"第 306—307 期杂志上发表,浦江文馨学校举办了市级研讨会,闵行区教育系统不断提升随迁子女学校的内涵建设,积极引入课题、教育专家团队、社会资源为学校的内涵发展建设出谋划策。

(三)民办幼儿园在规范发展中创优质、树品牌

1. 坚持标准、健全制度,促进园所健康发展

民办幼儿园的发展提高了区域学前教育的办学质量,也为家长提供了丰富、多元的学前教育资源。加大支持的同时,也加强了管理监督,通过创新机制、完善制度,规范办学行为,提高办学质量。依据《中华人民共和国民办教育促进法》,制定了"闵行区民办幼儿园设立、变更、终止、咨询一览表"等一系列规范审批制度,做到审批程序有章可循、有法可依。实行"评估—批准"程序与职能分开,严格审查办学主体、资金、条件、师资等,对办学理念、目标和举办者等方面进行全方位考察,严格把好准入关。本着"公开、公平、公正"的原则,以招投标的形式来选择申办者,引进优质教育资源,推进闵行区民办学前教育事业的新发展。明确和落实局内相关科室的职责,建立和完善民办园党、工、团的组织体系,成立了民办教育党委。所有民办园都组建了工会和团支部,部分建立了党支部。依据《闵行区民办幼儿园年度规范化建设监督检查的通知》文件精神,制订年度规范化建设监管检查方案和指标。① 自查与检查相结合。对照该文件自评打分,撰写自查报告。组织专家对园所实地检查,给出结论。② 各相关职能部门联合打分,综合打分情况给予评定。③ 现场检查与日常管理相结合。根据"重常态、重规范"的原则,对相关政策的执行及办学情况进行综合打分。通过规范化建设监管,进一步规范办学行为,健全自律机制。对新开办一年的园所进行办学等级评定;对定级已满五年的进行办学等级复验。委托教育评估所对其办园水平进行评估,结果向社会公示。

2. 依法管理、社会监督,规范园所办园行为

建立收费备案公示、财务管理、资产管理、财务年审等制度;除每年审计外,还必须接受教育局的财务监督,严格规范收费和财务制度。联合其他委办局出台了一系列规范性文件,如《闵行区人民政府关于进一步促进民办教育健康发展的若干意见》《闵行区民办幼儿园收费管理实施办法》等,进一步规范收

费行为。主要举措包括：一是加强社会监督，每学期进行电话调查，及时纠正不规范的办园行为。二是发挥教育评估作用，建立淘汰机制，推行各项公示制度。三是开展"闵行区民办非企业单位自律与诚信建设评选活动"，促使民办园所增强诚信意识，提高社会公信力，树良好形象，回报社会。在教师评聘、培训、评优等方面与公办教师享受同等待遇。对骨干、优秀教师给予一定比例的事业编制。为防止特色课程"学科化""小学化"，规定特色教育项目设置需经上海市教育评估院评估认证。依据《一日活动作息时间安排要点》等规范性文本，密切关注课程的平衡性。

3. 机制创新、政策扶植，营造良好办园环境

为解决公建配套地区居民子女入园难的矛盾，区教育局和区财政局研究制定了"小区生"财政补贴政策，采取政府财政补贴、幼儿家庭合理负担的办法。至 2015 年，先后出台了《闵行区对公建配套民办幼儿园实行财政补贴方案（试行）》《闵行区对公建配套民办幼儿园实行财政补贴的管理办法》《民办学校财政补贴资金使用管理办法》等，对参照相同等级公办园收费标准接收本公建配套规定划区内幼儿即可获财政补贴，此标准从 2005 年 2 000 元/生/年提升至 2015 年 3 000～9 000 元/生/年。为进一步加强科学管理，在调研分析办学状况基础上，出台了《民办幼儿园财务会计管理制度》，规定各项财务支出比例，明确了人员工资及福利支出占经常性经费支出的比例不低于 70％等一系列标准；《民办幼儿园园舍管理办法》提出免交园舍租赁费，每年按房屋建筑面积，预留每平方米 40 元的幼儿园发展基金，用于支付园舍维修经费等。对受家长欢迎、办园质量高、有特色的民办园给予一定奖励：评上一级园的奖励 10 万，二级一类的奖励 5 万；获先进单位奖励 15 万等。此外，还免费配备两名专业保安、安装光纤、技防设备等。

4. 创立特色、树立品牌，打造民办优质资源

民办幼儿园从单一化的办学格局向多元化发展。目前区内有公办、民办、集体办、中外合作办等多元化的办园体制；有个人投资、集体投资、企业投资、集团投资、引进外资等多元化的投资方式；有艺术、双语、蒙氏等多元化的办园特色。近年来，随着二胎政策开放及外来人口导入，闵行区学前教育资源总量出现严重不足。民办园以其灵活的办学体制、明确的发展目标、鲜明的办园特色等优势，很好地弥补了公办学前教育资源的不足。同时，有特色、有品牌的优质民办幼儿园为家长提供了多元化选择，进一步优化学前教育的资源布局。进一步明确了政府主导、社会各方参与的发展机制，坚持协调发展，加强财务、师资、课程等方面的统筹管理；坚持依法规范，完善审批、评估、招投标、规范化建设监管等制度；坚持鼓励扶持，对优秀人员及教师给予编制；对公建配套民办园实行财政补贴；对优质民办园给以奖励等。

（四）民办非学历教育坚持规范和服务并举

1. 以审批为抓手，突出源头管控

贴近社会需求，坚持适度发展。在民办非学历教育机构设立，举办者、办学形式、办学场所等变更的审批、审核方面，发挥专家咨询和把脉作用，利用第三方评估，确保民办非学历教育的质量和水平，做到宁缺毋滥。严格执行好许可证延期换发的政策标准和要求，做好换发资料信息的初审、复核，对触碰"黄线""红线"的民办非学历机构，限期整改到位，才能换证。做细做实民办非学历教育机构教学点、分公司的备案、注册的审核，推行教学点备案有效期制度，密切与兄弟区县的联动和配合，做好教学点和分公司的跨区管理。

2. 以规范为目的，强化过程监管

与民政、工商联动，做实做细民办非学历教育机构年度检查工作，将年检与许可证延期换发紧密结合，切实发挥年检的制约作用。对管理混乱、违规办学，按情节严重情况，分别给予年检基本合格、不合格的处理。按"两年一次"全覆盖的频率，对民办非学历教育机构开展督查评估，从依法办学、校舍设施、建章立制、队伍建设、教学管理、财务管理等方面对民办非学历教育机构规范办学全面"体检"，对体检出来的问题限期整改，情况严重的，下发书面整改通知书，整改不到位的，不予换发许可证。严格落实学杂

费"两个账户"工作,把"两个账户"的落实纳入年检、督查、许可证换发的必备要求和条件。

3. 以服务为牵引,提升办学能力

定期对民办非学历院校的校长、法人、管理人员、教学人员开展专项、专业培训,加强民办非学历教育机构"两支队伍"(管理人员和教学人员)队伍,切实提升民办非学历教育的管理能力和内涵发展水平。突出民办非学历教育信息的公示公开,所有正规民办非学历教育机构推行"证照公示"制度,采用标准模板在办学住所醒目地方张贴机构的办学证照、收费标准、收费和退费办法。严格做好民办非学历教育机构黄页信息采集和审核,利用民办教育信息管理系统网、闵行区教育信息网公示民办非学历教育机构的基本信息。推行民办非学历院校划片分组活动常态化,依托民办非学历教育专业委员会和片区工作小组会,促进民办非学历院校自治管理和健康发展。

4. 坚持条块结合,探索治理长效机制

教育、工商、民政、人保等职能部门既"守土有责",又密切联动。充分发挥街镇属地化作用,利用街镇"大联动""网格化"平台,建立"村居—街镇—区级部门"三级巡查员、管理员、督察员队伍,构建教育培训市场前端发现、基层调处、区级督导的三级网络处理机制,突出做好教育培训机构违法违规办学的查处,切实维护办学者、教职工、求学者多方利益,保障教育培训市场规范有序发展。

三、问题与挑战

(一)民办中小学外籍教师管理机制有待进一步完善

教师是决定学校健康有序发展的重要因素。随着双语学校和以外语为特色的民办学校的迅速发展,闵行区外籍教师队伍也日益庞大,在民办学校教师中所占比例呈上升趋势。外教的整体水平已成为影响民办学校教育教学质量的关键因素。然而,外籍教师在聘用、监管、培训、评价等方面,缺乏完善的机制。如何加强外籍教师管理,提升外教整体水平,是目前需要研究和解决的问题。

(二)民办随迁子女学校办学成本需进一步调整

多年来,区教育局始终贯彻市教委对于民办随迁子女学教育的总体工作目标和要求,基础规范、内涵发展、凸显特色,在办学水平上努力缩小与区域公办学校的差距。然而,面对着闵行区进城务工人员随迁子女数量多、教育压力大、依法全额缴纳教职工公积金与社保等办学成本的现状,仍不能满足区民办随迁子女现有教育经费投入的需求,学校在办学成本结构上依然存在着不合理、不均衡的现象,这在一定程度上影响了民办随迁子女学校的教育质量,阻碍学校的发展。为了保证教职工收入分配机制上规范运作,闵行区也努力提高教职工的工资福利待遇,确保队伍稳定,服务于学校健康发展,为闵行乃至上海义务教育的高位均衡发展作出成绩和社会效益。

(三)民办幼儿园发展中品质差异逐步凸显

民办幼儿园在迅速发展过程中,由于办园理念、办园思想的不同,出现了办园质量的差异性和不均衡。一部分民办幼儿园因为高质量、高品质获得了社会和家长的认可,但也有一部分民办幼儿园由于办园质量不高、社会公信度差,无法得到社会和家长的认可,不能满足家长对优质学前教育的需求。同时,由于民办幼儿园教师不能享受国家事业编制,社会保障体制不够完善,出现了民办幼儿园教师队伍不稳定、人员流动频繁的局面,影响了民办幼儿园保教质量的提高,也是造成民办园所品质逐步凸显的主要原因之一,一定程度上阻碍了民办幼儿园的可持续发展。

（四）民办非学历教育发展不够均衡协调

从区域上看，七宝、莘庄、梅陇、古美等商务地段各类培训机构非常密集，竞争异常激烈，而吴泾、马桥、华漕等相对偏远地段培训机构较少，尤其是优质民办非学历教育资源不足；从办学质量上看，具有一定规模、形成品牌、在全市具有较大影响力的机构不多，大多数机构仍处于不断探索、蓄势发展的阶段；从办学内容上看，外语类、学科类、艺术类占据了主导地位，办学范围仍待进一步拓展；从办学秩序上看，一些违规违法办学机构仍时有发生，教育培训市场的治理任重而道远。

四、未 来 展 望

闵行区民办教育近几年得以健康持续快速发展，是坚持合理定位、科学谋划、改革创新的结果，更是区政府采取了一系列对民办学校人才鼓励政策和公共财政资助政策支撑的结果。然而，闵行区仍然存在着一些制约民办教育健康发展的体制机制性因素，民办教育还面临着深化内涵发展、规范管理制度、优化办学环境等问题。在民办教育的发展中，闵行区将继续坚持改革创新，加强统筹规划，分类管理，促进公民办教育协调发展，进一步完善民办教育非营利机制，积极培育社会组织，构建公平、普惠、完备、优质的公共教育服务体系，实现民办教育健康和谐可持续发展，办好闵行人民满意的教育。

（闵行区教育局供稿）

嘉定区民办教育改革与发展报告

嘉定区立足科创中心重要承载区和现代化新型城市发展战略,以"传承教化之风,镕铸品质教育"为理念,以"做强核心区、优化三区、提升北部"为策略,以提升教育品质为核心,以优化教育资源配置为抓手,以合理科学规划民办教育为重点,逐步形成"办学主体多样化,投资渠道多元化,公办学校与民办学校优势互补、共同发展"的新格局,促进了嘉定区民办教育的进一步健康、有序、平稳发展,为每一位学习者的终身发展创造了优质的学习环境。

一、嘉定区民办教育发展概况

嘉定区委、区政府本着"积极鼓励、大力支持、正确引导、依法管理"方针,立足经济社会发展实际,制定了《嘉定区民办教育专项规划(2013—2020 年)》,不断优化民办教育资源配置,丰富教育多样生态,满足嘉定人民的教育需求。

1. 民办学校数量更趋合理化

面对人口导入区和外来人口聚居区的双重压力,嘉定区在加大公办中小学和幼儿园建设的同时,根据区域经济发展和社会及家长的实际需求,科学、合理地规划民办学校或非学历培训的教育机构数量(见表1),促进民办教育的稳步发展。

表 1 2013—2016 年金山区各级各类民办学校数   单位:所

学校＼年份	2013	2014	2015	2016
幼儿园	8	9	10	10
初中	2	2	2	2
九年一贯制	3	3	3	3
十二年一贯制	1	1	2	2
随迁子女小学	14	14	13	13
民办非学历机构	57	55	51	47

2. 民办学校布局更趋均衡化

自 2013 年起,嘉定区教育局按照区域发展规划,分析常住人口实际,研判"一核三区"(即嘉定新城核心区和科技城自主创新产业化示范区、国际汽车城产城融合示范区、北虹桥商务示范区)的未来人口布局,合理规划民办学校的资源布局(见表2)。同时,为提升北部,把民办桃李园实验学校从中心城区向北迁,促进北部教育质量整体提升。

表2 2016年嘉定区区域民办教育资源列表

数据 / 区域	中小学数量(所)	占比(该区域整体中小学教育资源)%	幼儿园数量(所)	占比(该区域整体幼儿园教育资源)%	民办非学历机构数量(所)
"一核"区域	4	19.04	3	15.8	30
"三区"区域	2	7.7	6	15.4	14
北部区域	1	8.3	1	11.1	3

3. 民办学校发展更趋品牌化

在嘉定新城核心区,引入华东师范大学第二附属中学、蒙特梭利教育优质资源,举办上海民办华二初级中学和上海私立蒙特梭利幼儿园。为优化"三区",在安亭地区引进华东师范大学的教育资源,开办华东师范大学附属双语学校;在南翔地区引进上海市世界外国语学校优质品牌,开办上海嘉定世界外国语学校。以此不断扩大高端民办学校设点,增加优质教育资源总量,让本区民办学校的发展向品牌化方向发展,打造与城市发展相匹配的高品质教育。

4. 民办教育格局更趋联动化

坚持"分级管理,分级负责",形成区、镇两级联动、各尽其责的民办教育工作格局。坚持部门配合,财政、民政、劳动和社会保障、物价、卫生等部门联动,齐抓共管,推动民办教育事业发展。坚持发挥行业管理组织的作用,充分发挥其在牵线搭桥、行业引导、维权服务和自律管理等方面的积极作用。坚持加大执法监督力度,严厉整治民办学校周边环境,维护民办学校正常工作和教学秩序。

5. 教育协会发展更趋常态化

嘉定区民办教育协会成立于2006年,目前由上海市民办桃李园实验学校、上海市民办嘉一联合中学、上海嘉定区怀少学校、上海远东学校、中村小学、上海市嘉定区娄塘小学、上海马荣金地格林幼儿园等七所学校、幼儿园组成理事会,设会长一人,由上海市民办嘉一联合中学校长兼任;副会长1人,由上海市民办桃李园实验学校校长兼任;设秘书长2人和监事会成员3人。至2016年底,该协会共有成员单位30家,其中民办中学(含一贯制)7家,民办小学13家,民办幼儿园10家。嘉定区民办教育协会以"传承教化之风,熔铸品质教育"为目标,深化教育综合改革,在学校管理、队伍建设、学校特色创建等方面不断实践探索,努力提升办学品质。2016年度嘉定区民办教育先进集体、先进个人评选中,6所学校被评为民办教育先进集体,31名教师被评为民办教育先进工作者,31名教师被评为民办教育优秀德育工作者。

二、嘉定区民办教育改革发展举措与成效

(一)把准目标导向,从机制上保障民办学校科学发展

贯彻落实国家和上海市民办教育政策,研究区域实际,制定并出台一系列民办教育政策,为区域民办教育发展提供政策保障和制度约束。

1. 严格执行准入机制

嘉定区教育局严格按照《中华人民共和国民办教育促进法》《中华人民共和国民办教育促进法实施条例》等相关法律法规,依法管理民办教育办学。严把审批关,区教育局组织专家委员会评议,针对举办者条件、资金来源、办学条件、设置标准、学校章程、理(董)事会或决策机构人员的合法性、教育管理人员资格认定、财务管理、后勤及安全管理等方面,严格执行民办学校办学准入制度。借助第三方评估,对有

证民办学校的办学条件、招生情况、财务管理、办学规范等方面,加强审核力度,依法办学者方予以换证。

2. 实施办学全过程监督

一是优化完善年检评估,每年委托第三方机构,通过听取民办学校办学情况汇报,查阅学校有关资料,召开学生、教职员工座谈会,开展家长、学生、教师问卷调查等形式,从政策执行、董(理)事会履职、行政、教育教学、安全、财务等方面进行专业评估,形成较为全面、科学的评估结果,发现问题督促其及时整改。近年来,尤其加强了对民办中小学绿色学业指标落实情况的评估,邀请教研员和学科带头人、骨干教师等共同参与民办学校的年检评估,加强过程指导和监督。二是实行责任督学制,为每一所民办学校(幼儿园)聘任责任督学,指导和监督学校日常管理,责任督学共同参加年检,为学校发展综合把脉。目前,嘉定区民办幼儿园有督学5名,民办中小学有督学5名,民办随迁子女小学有督学6名。

3. 完善办学评价机制

一是每年修订《嘉定区民办中小学办学水平评价指标》,设立依法规范办学、教学工作、德育工作、师资队伍建设、办学特色、党建工作等11项一级指标,下设具体二级指标,依据综合评价结果确定民办学校办学等第,如嘉定区办学优秀单位、嘉定区办学先进单位、嘉定区教育综合改革示范创建校等。二是开展专项检查指导和办学规范督导,定期组织相关科室人员对学校办学情况、资产使用和财务收支管理进行检查指导,对政策执行、课程建设、学校管理等方面进行专项督导,对检查中发现的问题及时反馈并要求限时整改。如区教育局督导室2013年9月开始,每年对全区14所民办随迁子女小学办学情况进行专项督导,督导内容包括行政管理、资产财务、师资队伍建设、教育教学、安全卫生等6个方面;每年5月对全区所有民办学校(包括民办随迁子女小学)的招生入学工作进行专项督导;每逢春季、秋季开学,组织全体责任督学就课程计划的实施、校园安全卫生、食品卫生、设施设备的保养与维护进行专项督导;2016年10月,对全区7所民办学校的初中部开展"规范课程教学,实施素质教育"专项督导,督导内容有合理安排学生作息时间、规范有效实施课程计划、控制作业总量、科学开展教与学评价、家校互动等情况,通过访谈,学生、家长问卷调查,查阅资料等多种形式进行全方位督导,规范办学与提升质量并重。

(二)确立管理重点,从举措上提升民办教育品质

区教育局出台多项管理办法,在师资培训、职称评审、课程建设和学校特色等方面,给予相关政策和专项经费支持,扶持民办学校健康可持续发展。

1. 加大基金扶持力度

一是专门设立嘉定区民办教育扶持基金,列入财政预算,适度减轻民办中小学办学经费压力。参考公办学校的生均公用经费标准,对七所义务教育阶段的民办学校进行生均费用的全额补贴,民办随迁子女小学按照6 000元/生/年的标准进行拨付,民办二级幼儿园按照1 200元/生/年的标准进行拨付,民办三级幼儿园按照200元/生/年的标准进行拨付。二是设立民办教育奖励基金,每年总额6万元,奖励作出突出贡献的优秀民办教师和民办教育工作者。三是实行专项补贴,2013年区政府出台《关于鼓励街镇增加和完善基础教育资源加大区级财政投入的若干意见》,明确对民办中小学、幼儿园及看护点的设备添置、校舍维修、师资队伍建设等专项项目政府补贴比例(见图1—图4)。

2. 重视教师队伍建设

嘉定区教育局将民办学校教师教育工作纳入区域教师教育管理体系。一是培养骨干教师梯队。在区域学科带头人评审、市"双名工程"学员推荐、市"优青项目"学员选拔和骨干教师的评选中,提供与公办教师同等的机会。2016年,区第六届骨干教师中民办教师共有12名,第二届学科新星中民办教师有2名。二是鼓励教师合理流动,工龄连续计算。民办教师在教师资格认定、业务进修、表彰奖励、科研立项、职业技能鉴定等方面均与公办学校教师享有平等权利。三是表彰奖励民办教育的先进典型。不仅

图 1　2013—2016 年嘉定区民办学校补贴情况表（万元）

图 2　2013—2016 年嘉定区民办随迁子女学校补贴情况表（万元）

图 3　2013—2016 年嘉定区民办中小学学校补贴总额情况表（万元）

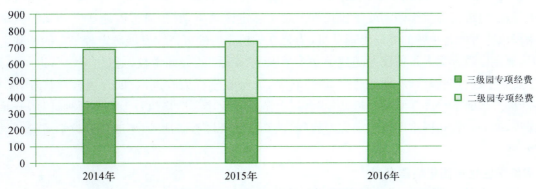

图 4　2014—2016 年嘉定区民办幼儿园扶持专项经费情况表（万元）

把民办教育纳入了嘉定区教育表彰奖励范畴,如园丁奖、师德标兵、优秀班主任等,而且区教育奖励基金会每年开展民办教育先进单位和个人的专项评选,进一步激发教师提高专业水平的主动性积极性。

3. 着力打造课程特色

一是义务教育阶段学校课程与区域文化紧密结合。如上海市民办桃李园学校"课程群建设",以语文和英语为核心课程,构建模块式外围课程和语言学科系列延伸活动;上海市嘉定区怀少学校的"涟漪课程",融入南翔的历史文化,丰富课程内涵和形式,全面提升办学质量和品位;上海市民办嘉一联中始终坚持打造科技教育,将科技教育与其他教育融合,形成了"三个一"教育培养格局;上海市嘉定区娄塘小学"小蜜蜂"课程,基于课程评价的三个维度与学科特点相融合,努力培育学生核心素养。二是民办二级幼儿园课程与国际文化相互连通。如上海育英幼儿园在引进蒙特梭利课程的同时,融合中国文化内容,改进学具,形成别具一格的蒙特梭利课程;华东师范大学附属双语幼儿园多元文化课程,培养学生国际视野,拓展孩子学习宽度;上海青草地双语幼儿园影视培养课程,为孩子培养表演兴趣提供舞台。

4. 不断完善管理制度

嘉定区教育局依据国家教育部和市教委颁发的关于民办中小学管理的一系列政策法规要求,结合区域实际情况,出台了系列管理制度,如《嘉定区民办学校财务、会计核算办法》《嘉定区民办学校年检实施办法》《嘉定区教育局关于加强以招收进城务工人员随迁子女为主的民办小学规范管理的实施意见》《嘉定区以招收进城务工人员随迁子女为主的民办小学财务管理规定》等,有力推动了民办教育规范长足发展,实现"规范管理上台阶,提高质量求实效"的发展愿景。

(三)明确办学责任,从权责上促进民办教育均衡发展

1. 确保义务教育阶段招生公平

一是规范民办学校招生。区教育局每年严格审核民办学校招生方案、招生广告和招生简章等,要求学校反复修改后备案,并向社会公布。各民办学校开展校园开放日和面谈当天,区督导室、基础教育科、区家长委员会协同开展专项督导。同时,严格督促执行民办招生"三个承诺",未发生任何违规事件。二是规范民办随迁子女小学招生。严格按照市教委统一部署,进行信息审核、信息登记、学生分配、报名复验等工作,规范随迁子女学校招生入学工作。三是民办幼儿园招生按照政府指导与学校自主相结合原则,满足社会基本入园需求,民办幼儿园成为公共教育资源的多元组成。

2. 开展委托管理项目

充分发挥民办优质教育资源的辐射引领作用,开展民办学校对公办薄弱学校的委托管理,促进民办教育和公办教育的融合互动。上海嘉定区怀少学校托管上海市嘉定区留云中学,将成熟的校本课程内容有机地植入留云中学,帮助其积极进行课程改进,进一步提升学校的课程领导力;上海市民办嘉一联合中学托管上海市嘉定区外冈中学,通过联合式教研活动、联合式校本培训等形式,转变教师观念、课堂教学方法等;上海市民办桃李园实验学校托管上海市嘉定区华亭学校,通过课题研究和课程共享,提升教师的课程执行力。有主题的委托管理项目,为公办学校今后的可持续发展奠定较坚实的基础。

同时,嘉定区教育局为每所民办随迁子女小学确定"牵手"的公办学校,通过"牵手",进一步指导民办随迁子女小学进行问题诊断、课程建设、课堂转型、教师教学行为改进,定期开展教育管理、课堂教学研讨,不断提升薄弱学校办学水平。近几年,各民办随迁子女小学严格执行上海市课程计划,开足、开好基础型课程,努力开设拓展型课程和探究型课程,认真扎实开展教研活动,不断提升教学质量,取得了阶段性成效。

3. 实施学区化集团化集群发展

2016 年 4 月,嘉定区出台《嘉定区推进学区化集团化办学的实施方案》,计划通过 3 年时间打造"两

圈四区"优质教育生态圈。在实施过程中,将义务教育阶段的民办学校纳入其中,发挥优质资源辐射力度,建立发展共同体。如上海市嘉定区怀少学校,成为南翔学区初中学校"绿色学业质量研究"项目领衔学校;上海市民办嘉一联合中学和上海市民办桃李园实验学校成为中科·嘉一教育集团成员校,是集团贯通课程建设的初中主要承担者;华东师范大学附属双语学校成为安亭学区的成员校,共同打造"人文特色";上海民办华二初级中学成为新城教育集团的成员校,在提升教研质量方面发挥作用。各学区、集团的办学哲学再思考、办学目标整体设计、特色与内涵发展的科学定位,促进民办学校在集群发展过程中重新定位,实现了区域教育和内涵发展的同步提升。

近年来,借助市教委、市托幼协会举行"优质民办园创建工作",我区民办幼儿园不断提升办学品质,2015 年在总结第一期上海市优质民办园创建工作的基础上,组织全区民办幼儿园现场研讨。2016 年第二期上海市优质民办园评审过程中,上海马荣金地格林幼儿园、上海育英幼儿园双双上榜。

(四)监督管理跟进,从成效上规范民办非学历教育发展

进一步规范民办非学历机构办学行为,严格审批、控制总量,鼓励一批民办非学历教育培训学校努力办出特色。

1. 监督管理与积极引导相结合,提高政策执行力

开展全覆盖年检工作,充分发掘办学口碑好、收费规范的典型机构,颁发奖状,树立优秀典型;开展专题培训,解读政策,明确任务。通过专项督查,上门解读政策,加强机构与主管部门沟通。政府职能部门适当介入,引导人民群众理性选择。近四年来,嘉定区的民办非学历机构总数呈下降趋势,并不是市场需求减少,而是嘉定区针对在年检中发现的办学条件差、硬件不达标、师资力量薄弱、群众口碑差、投诉多、管理混乱、长期亏损等情况的机构,科学、合理引导他们退出。而对优质的教育机构则鼓励他们兴办分支机构。所以全区民办非学历机构绝对数字呈下降,但是部分优质机构的做多、做大、做强,充分填补了关停机构的市场功能。

2. 对外公布和对内交流相结合,提高工作实效性

区教育局利用教育网、微信公众号等平台,通过信息公开,对社会公布本区正规办学机构名单,让家长和社会克服盲目和盲从,作出正确选择,有效地抵制了非法机构办学。同时,建立区内各教育机构的沟通平台,打通机构与机构之间、机构与主管部门之间的沟通渠道,及时将相关政策、制度和信息通过平台高效传递给每个机构,促使办学机构明确政策、规范办学、有序发展。

3. 完善渠道和非法整治相结合,提高办学公信度

积极响应市委市政府、市教委的有关工作精神,对全区民办非学历机构进行走访排摸,建立区内办学机构档案,全面掌握区域民办教育(机构)数量与实际办学情况。同时,区教育局采用多种渠道受理投诉,做到"四个第一",即第一时间做出回应、第一时间落实情况、第一时间进行整治、第一时间予以反馈,保障人民群众合法权益。同时,联合街镇教委、工商等部门,共同对非法机构进行查处和取缔。

三、嘉定区民办教育发展面临的挑战与应对举措

随着教育综合改革推进深化,民办教育转型势在必行。然而,受多方因素影响,民办教育发展仍存在诸多困境。

1. 家长"唯成绩论"的诉求禁锢学校特色发展

当下,民办学校虽然办学自主性很强,但义务教育阶段民办学校仍未摆脱原有教育传统思维限制,往往会忽视对学生核心素养的培育,与公办学校存在着较严重的同质化发展倾向。在国家三类课程实施过程中,拓展型、研究型课程与办学特色、育人目标的功能性、紧密度略显不足。

2. 民办学校教师高流动性困扰民办教育发展

近年来,由于嘉定区基础教育和学前教育资源急剧扩张、教师队伍人员紧张等因素影响,民办中小学、幼儿园教师流动呈上升趋势,这对学校建设稳定带来较大影响,民办学校、幼儿园培养优秀教师积极性受挫,课程实施水平提升难度加大。

3. 非法培训机构扰乱民办非学历教育市场

在利益驱使下,民办非学历培训市场尚不规范,存在有证无照违规办学、无证无照非法办学现象。有些非法机构利用家长渴望提高成绩心理,签订所谓"保分协议",收取高昂学费,破坏教育生态。

针对上述问题,嘉定区在总结经验、发现问题的基础上,进一步做好如下民办教育规范发展工作。

(1) 加强正面舆论引导。依托教育综合改革背景,宣传民办教育方针、政策和法律法规,树立民办教育先进典型,推广民办教育改革发展的经验做法,营造良好舆论环境,打造绿色民办教育生态圈。

(2) 充分尊重办学自主。依托民办学校的体制机制优势和办学自主权,加强学校内涵建设,在价值追求、学制设计、内容选择、课程建设、评价方式等方面,探索特色办学实践创新。加强民办学校的课程改革,培养学生的核心素养,创造性地探索有利于学生健康成长的培养方式,办出学校的特色与品牌。

(3) 建立长效协作机制。与区市场监督管理局、区民政局、区人社局等多部门协调合作,多管齐下。针对有证有照、有证无照、无证无照培训机构,逐一进行分层整改,逐步净化培训机构生态环境。

未来,嘉定区将继续根植人文科创底蕴,把握区域发展优势,深化教育综合改革实践,支持民办教育适度发展、健康发展、规范发展,助力每一位学习者的知识积淀和素养提升,嘉定的民办教育永远在路上!

（嘉定区教育局供稿）

长宁区民办教育改革与发展报告

长宁区教育局在区委、区政府的领导和市教委的指导下，围绕办好人民满意的教育总目标和为了每个学生更好地学习与成长的核心理念，积极贯彻实施国家、上海市和长宁区《中长期教育改革和发展规划纲要（2010—2020 年）》，全面深化以"活力教育　成就梦想"为主题的区域教育综合改革，有力推进好校长、好学校、好教师、优势学科、优秀团队成长发展，促进学校教育内涵进一步发展。对作为长宁活力教育不可或缺的组成部分——民办教育而言，长宁区教育局认真贯彻落实《中华人民共和国民办教育促进法》《中华人民共和国民办教育促进法实施条例》精神，积极扶持和规范区域民办学校依法办学、特色发展，区域民办学校总体发展势头良好，稳中有升。

一、长宁区民办教育发展概况

长宁区坚持依法促进民办教育发展，不断满足各类群众对区域优质教育的多元需求，确保区域民办教育规模适度。长宁区民办学校总体小而精，成为区域公办教育的有益补充。截至 2017 年，长宁区共有民办中小学 5 所，民办幼儿园 5 所，学校情况见表 1、表 2。

表 1　2016 学年长宁区民办学校基本情况

序号	学　校　类　别	学　校　名　称	设立年份
1	民办完全中学	上海市新虹桥中学	2003
2	民办九年一贯制学校	上海包玉刚实验学校	2007
3	民办初中	上海市民办新世纪中学	1992
4	民办小学	上海市民办新世纪小学	1992
5		上海市民办东展小学	2003
6		上海新世纪虹桥幼儿园	2001
7		上海市民办东展幼儿园	2003
8	民办幼儿园	上海市格林菲尔幼儿园	2003
9		上海长宁区贝尔幼稚园	2010
10		上海长宁民办哈比桥治幼儿园	2013

表 2　2016 学年长宁区民办学校规模

学校类别	学校数（所）	占全区同类别学校比（%）	学生数（人）	占全区同学段学生比（%）
中　学	3	11.54	1 577	9.28
小　学	2	7.41	1 796	8.18
幼儿园	5	13.51	1 402	10.22

注：1. 以上表格按 2016 年上交市教委、国家教委数据填列，其中上海包玉刚实验学校作为九年一贯制学校，机构数计入初中，学生数、教职工数分别计入初中、小学。

2. 民办中学占全区同类学校比＝3÷26×100％＝11.54％

3. 民办小学占全区同类学校比＝2÷27×100％＝7.41％

长宁区民办中小学办学层次多样，小学、初中、完中、一贯制学校均有所覆盖；区域分布较为合理。在市教委关于上海市民办中小学特色学校（项目）第二轮创建工作中，长宁区有 4 所学校成功创建上海市民办中小学特色项目学校，入选率在全市范围内居于领先。

在非学历培训教育方面，目前，长宁区办学许可在有效期内的机构为 68 所，注册在本区的培训总公司为 28 所，外区总公司在本区注册分公司为 7 所。长宁区非学历教育培训迅速发展，旺盛的市场需求吸引了社会各界出资办学，积极推动长宁区继续教育稳步发展。作为终身教育体系和学习型城区建设以及现代服务业的组成部分，民办非学历教育培训机构以课程培训的形式为民众提供教育服务。非学历教育培训在满足受教育者多元化教育培训需求的同时，提高了市民整体文化层次、职业技能、人文素养。在继续教育培训的过程中，尝试教育体制机制创新，既增强了教育活力，又创造了非常可观的社会效益和经济效益。长宁的民办非学历培训教育机构在培训学习中进步与发展，打造了国学、艺术、校外教育、职业技能培训等各类精品课程。孕育的特色品牌教育培训机构在上海市、长三角乃至全国教育培训市场都具有影响力。

二、长宁区促进民办教育依法办学的主要举措

在区教育党工委和教育局的领导下，教育行政各职能部门职责明确，各司其职，各尽其能，合力推进区域民办教育良性发展。

（一）夯实工作基础，满足群众多元需求，促进区域民办教育健康发展

自 1992 年上海市民办新世纪小学和新世纪中学作为上海市首批民办中小学被批准成立以来，在 20 多个春秋的实践探索中，积淀了一些好的工作模式，有效推动了各级各类民办学校全面、协调、健康、有序发展。民办教育在扩大教育资源总量、丰富教育生态、激发教育活力等方面发挥了重要作用。因此，夯实基础工作一直是长宁民办服务管理的特色之一，主要表现在以下三方面。

一是不断健全管理机制。首先，依托"上海市民办教育信息管理网"（以下简称"民教网"）对拟筹设和要求变更或换证的民办中小幼形成市、区两级审批（核）、上报指导的服务管理网络。其次，以年检为抓手，由政府购买服务，委托第三方教育评估机构对区域民办中小幼办学许可证进行换证评估，实施事中监管；每年对区域民办中小幼进行年检评估，实施事后监管。第三方教育评估机构根据《中华人民共和国民办教育促进法》《中华人民共和国民办教育促进法实施条例》和《民办非企业单位登记管理暂行条例》等法律法规和文件规定，围绕市教委关于民办中小学（幼儿园）年度检查的通知要求开展评估，诊断建议，整改提升。几年来，第三方教育评估机构做出的许可证换证评估和年检评估结论，客观、公正、全面地反映了学校基本办学情况，为教育主管部门了解、评价学校和事中事后监管提供了依据。通过年检实现了区域内民办教育健康、有序、可持续发展。再次，从 2016 年开始，在市政府教育督导室的领导下，区督导室围绕政策执行情况、教学实施情况、学校管理情况，以自评汇报等形式对区域内民办中小学开

展"规范课程教学　实施素质教育"的专项督导,进一步推进了教育综合改革,规范了区域义务教育阶段民办中小学办学秩序,促进素质教育的全面实施。

在民办非学历培训教育机构规范管理方面,长宁区增强岗位意识、责任意识和服务意识,注重加强事中事后监管,不断创新监管方式,促进非学历教育培训机构持续健康发展。① 推进网上审批。加强与上级部门有效对接,实现审批事项上网,依据互联网和民办教育管理平台,实行外网受理、内网办理和平台监管,并进行审批流程再造,真正实现"两高一少"。② 完善监管监督。不断完善常态化监管机制,采取随机抽查、专项督查、专项审计、专项整治等方式监管,结合委托第三方评估、信用分级管理等渠道,逐步建立科学、规范的抽查机制,积极开展行政指导,创新监管模式,提高行政监管效能。③ 形成监管合力。充分运用"12345"市民投诉举报热线,针对突出问题及时组织专项检查,加强监管;充分发挥成人教育协会等行业组织的自律作用,社会专业化服务组织工作和舆论的监管作用,促进办学主体自我约束、诚信办学;完善协同监管机制,建立与民政部门、市场监管部门的对接机制,发挥多方面力量,完善行政执法、行业自律、舆论监督、群众参与相结合的市场监管体系。

二是持续加大扶持力度。长宁区教育局出台多项办法和举措,对区域民办学校的建设和运营投入了极大的关注和支持,督促学校用好促进和扶持民办中小学的专项奖励经费,激励学校在教育综合改革的大背景下深化内涵发展,加快特色发展;继续执行民办中小幼的各类补贴经费(包括义务教育书簿费、校园修缮费、体检费、高中帮困助学费等)享有公办同等政策。此外,长宁区还结合实际情况提高了民办义务教育阶段生均经费,小学学段从1 600元/生/年提高到2 400元/生/年;初中学段从1 800元/生/年提高到2 600元/生/年,与公办生均持平。区教育局租赁给区域民办中小幼校舍租金低于同类物业租赁费,并按公办校大修周期,进行基础设施专项维修,统一纳入年度预算。随着长宁精品城区的建设要求,区教育局坚决落实区委区府教育优质均衡目标和民办布局,对内挖掘和统筹教育资源,对外协调和争取教学用地,提升区域民办学校办学规模发展空间,为区域民办学校不断涌现增长点提供硬件保障。"十三五"期间,区教育局围绕"活力教育　成就梦想"的教育目标,通过多渠道扩大民办教育的经费投入全面促进民办教育发展,用于区域内具有学科优势的民办中小学加强基地建设,全面提升教师素养,在一定程度上满足公众对教育服务的多样化需求,为孩子提供可选择的、有竞争力的、适合的教育。

三是积极创设提升平台。组织参加上海市民办中小学特色学校(项目)和优质民办幼儿园创建活动,鼓励民办中小学、幼儿园创新体制、机制,提升办学水平,进一步提高社会满意度。长宁区教育局以"为了每个学生更好地学习与成长"为理念,着力优化民办中小学发展环境,充分发挥民办中小学的主观能动性,鼓励推进民办中小学的学科基地建设,着力提高师资队伍水平,全面提升教师素养。在市教委推出的上海市民办中小学特色学校(项目)第二轮创建工作中,上海市民办东展小学被评为上海市民办中小学特色学校创建校,上海市民办新世纪小学、新世纪中学和上海市新虹桥中学被评为上海市民办中小学特色项目学校创建校,入选率在全市范围内居于领先。同时根据"依法落实民办学校学生、教师于公办学校学生、教师平等的法律地位"的要求,长宁区教育局在教育学院专设民办教育专管员,协调落实民办中小学、幼儿园在课程建设、师资培训、教育科研,评优评奖等方面与公办学校同等待遇。培训、评优等提升平台对民办学校的开放性和民办学校的自主选择性相辅相成,充分调动了区域民办教育的依法办学的主观能动性,显示了多元、特色发展的优势。在长宁区教育党工委、教育局大力推进"三好两优"系统工程的引领下,区域民办教育将在"好学校""好校长""好教师"和"优势学科""优秀团队"建设中再攀高峰,再铸辉煌。

(二)面对社会热点,坚持保障优质供给,促进区域民办教育特色发展

为积极回应社会关注的中小学生过重课业负担以及"小五班"等市民关心的热点问题,进一步指导区民办中小学依法规范办学,根据市教委关于印发《关于贯彻落实教育部〈严禁中小学校和在职中小学

教师有偿补课的规定〉的实施办法》的通知要求(沪教人〔2015〕年 85 号)和市教委历年来关于义务教育阶段学校招生入学工作的意见,长宁区教育局严格规范学校办学行为、强化底线要求,对区域内 5 所民办中小学开展了签订承诺书和办学规范的自查工作。在严格规范学校办学行为,规范招生入学工作方面,区教育局进一步落实如下举措。

一是落实 9 项要求。严格落实市教委关于义务教育阶段民办中小学招生规范工作 9 项要求。将"三个承诺"(即不提前开展报名和面谈等工作、不收取各种特制的学生个人简历及各类获奖证书、招生录取不与任何社会教育培训机构挂钩)作为规范民办学校招生工作的重要举措,加以落实和监管。要求学校将"三个承诺"放在"校园开放日"活动通告(通知)、招生简章的显著位置,"校园开放日"期间将"三个承诺"通过书面形式发给每一位参与的学生和家长。

二是规范面谈程序。面谈前,要求学校将面谈方案和面谈具体形式和内容,以书面稿形式用档案袋密封盖骑缝章,交区教育局备案。面谈期间,要求各校严格按照市教委精神,规范面谈程序和方法,面谈应结合本校办学理念与办学特点,通过活动考察、面谈交流等方式,从行为习惯、学习习惯、团队合作、实践能力、身心素质、兴趣爱好、家庭教育等方面,选择符合条件的学生。严禁学校利用面谈进行任何形式的学科知识考试或测试。民办小学的面谈过程向市和区两级教育行政、督导、监察部门及学校家委会代表等公开,自觉接受社会监督,并使用录音录像设备完整保存面谈环节,留存备查。

三是实施"双减"措施。民办小学在招生录取过程中未兑现"三个承诺"的,或以考试(测试)方式选拔录取学生的,或录取学生时以学生奥数成绩、英语星级考等各类竞赛获奖证书、各类等级考试证书为依据的,或招收无学籍材料学生,或利用招生入学违规收费,或擅自在学校招生计划外招收学生等违规招生行为的,区教育行政部门根据《中华人民共和国民办教育促进法》等有关规定,责令校长或有关责任人员及时纠正;拒不纠正的,实施"双减"措施,即核减该校第二年 30% 的招生计划数,取消当年政府专项扶持资金。

三、长宁区民办学校内涵特色发展的成效

经过区教育相关主管部门的长期努力、民办学校自身的不懈耕耘,在长宁这片各级各类教育机构百花争艳的沃土上,区域民办中小学(幼儿园)正迸发出勃勃生机,在区域内拥有一定的社会知名度和品牌影响力。在市第二轮民办优质幼儿园创建中,上海市民办东展幼儿园的"激趣健体"的园本课程体系在实践中不断丰满,传统强项——混龄体育大活动有所突破,并在"激趣健体"多元文化课程体验上做了实践与探索。上海市民办东展幼儿园分别在 2013—2014 年、2014—2015 年、2015—2016 年成为长宁区的文明单位;参加了中国学前教育研究会"十二五"重点研究课题、市教研室的《学前教育质量评价体系重构与评价实施的研究》;《基于幼儿认知经验推进幼儿思维发展的实践探索》荣获市托幼协会、市民办教育发展基金会(2014—2015)"萌芽计划"课题评选的一等奖;《上海托幼》对园长做了专访专刊;在2013—2016 年有 7 人次获"区教书育人"奖、区师德十佳、区教育系统优秀党员、区第 12 届教学工作研讨活动的"先进教育工作者"、区园丁奖等荣誉。近三年家长的满意度逐年提升,家长对教师的满意率平均在 98.3%,其中家长对教师满意度中的优秀率平均为 90.6%。

上海市民办东展小学面对不同文化背景家长对学校的不同需求,结合民办学校的特色发展,定位"多元化、高质量、高品位的精品学校",以"让每个孩子都有一个快乐的童年"为办学宗旨,"立人为本,成人于品"为办学理念,将培养学生做人作为学校的根本任务,制定了富有东展小学个性的培养目标:爱笑会玩,爱学会说,爱生活会做人。学校先后以"多元文化背景下小学生人品教育的实践与研究""多元文化背景下人品教育课程建设的研究""东展学子形象的研究与实践"为龙头课题,把教会孩子做人作为全体员工的首要任务。学校建立了"民办东展小学学生培养目标体系",勾画了人品教育的蓝图,通过三

类课程的统整,全面落实人品教育,学校人品教育初显品牌。

上海市民办新世纪中学是上海市恢复民办学校后市教委批准的第一批民办中学之一,接受市、区有关部门屡次督导评估,均得到高度评价,已成为长宁区办学质量高、社会声誉好的一所民办中学。学校充分发挥民办学校用人机制优势,不断调整师资队伍结构,充分发挥资深教师的影响力和带教作用。学校的"初中英语沙龙"特色项目于 2014 年顺利结题并通过市专家组评估。2015 年,学校启动"发挥英语特色项目的引领作用,推进校本课程建设"第二轮特色项目研究与实践,被列为上海市第一批"初中学科基地",教学质量持续处于区域领先地位,家长满意率 97％以上。近四年来,学校先后荣获 2014—2015年上海市安全文明校园、2015 年区文明单位、社会力量办学 5A。学校涌现出国家级优秀辅导员 1 人、优秀指导教师 4 人(次);市级园丁奖 1 人、教师优秀指导奖 37 人(次);区级优秀班主任 3 人、优秀德育工作者 4 人、优秀党员 4 人、青年教师优秀团员(干部)8 人;上海市优秀少先队员(长)3 人;长宁区优秀少先队员(长)6 人;学生参加全国性各学科竞赛获等第奖 250 余人次;学生参加上海市各学科竞赛获等第奖 420 余人次。

上海新虹桥中学是长宁区教育局九所普通高中唯一一所有高中的民办学校,唯一一所有国际课程班的民办学校,唯一一所有国际部外籍学生独立编班的民办学校。国际部独立编班的外籍学生,每年HSK 考试成绩列全市前茅,高考改革元年的高三学生报考复旦大学、上海交通大学、上海财经大学等大学 100％录取。国际部高中国际课程班积累六年的国际课程办学经验,目前学校高中国际课程班的课程设置、教材教法、教育教学管理、评价方式等已经形成一套比较完整的成熟的教育教学体系,满足了家长学生的需求。学校这几年创建的"多元文化相融的教育国际化"的办学特色,日渐彰显;学校创设的"学生静心读书、教师潜心育人、师生共创温馨教室和谐校园"的校园文化,已蔚然成风。

四、进一步促进长宁区民办学校发展的思考

对接《上海市民办教育发展"十三五"规划》和《上海市深化民办教育综合改革指导意见》,长宁区民办中小学、幼儿园将不断补齐短板,做足长板,充分发挥民办学校办学体制机制优势,不断提升民办学校办学活力、动力和市场竞争力,在以下几个方面重点研究和推进。

(一)统筹区域教育资源,做好民办学校布局调整

随着上海包玉刚实验学校(初中部)虹桥路校区的逐步迁入,加大协调和调整力度,统筹和统整好各方教育资源,不断满足优质民办教育发展需求,满足特色(项目)学校进一步内涵发展需求。科学合理布局民办教育,不断满足长宁人民对特色化、多样化、精品化、选择性活力教育的需求。

(二)立足精品城区要求,加强民办学校内涵建设

精准对接长宁精品城区建设要求,立足长宁优质教育高地,引导民办学校建立健全教学质量保障体系,继续关注民办学校教师专业发展,推进现代学校制度建设。加强优质民办教育资源在全市乃至全区教育的辐射力,加强民办特色(项目)学校在区域教育的影响力,加强公、民办教育的交流,形成民办教育内部和公、民办教育共生共融、共享共赢、互促互进的绿色发展生态。

(长宁区教育局供稿)

参考文献

财政部政府和社会资本合作中心网站.http://www.cpppc.org/.

程介明.2009.高等教育发展的新趋势：公私合作的政策选择.教育发展研究,(11).

当前教育培训市场问题调查：繁荣背后的隐忧.中国教育网,http://www.edu.cn/zhong_guo_jiao_yu/zong_he/zong_he_news/201008/t20100830_515608.shtml.

高树昱,吴华.2010.我国教育领域的公私合作伙伴关系审视.教育发展研究,(8).

沪1/4受访者遭遇教育培训纠纷.东方网,http://www.315.sh.cn/news/detail.aspx? id＝48.

胡卫,方建锋.2012.民办学校分类管理框架下上海公立转制学校深化改革政策评估.上海教育评估研究,(1).

上海华东师范大学新闻中心.http://news.ecnu.edu.cn/3d/46/c1833a81222/page.htm.

贾康,孙洁.2015.公私合作伙伴关系理论与实践(修订版).北京：经济科学出版社.

经济合作与发展组织网站.www.oecd.org/edu.

刘时玉.上海民办中小幼特色成果集中展示聚焦"人"的发展.http://new.shedunews.com/zixun/shanghai/zonghe/2014/12/21/1144035.html.

浦东新区教育局.2014.浦东教育统计手册(2013—2014学年).内部资料.

浦东新区教育局.2015.浦东教育统计手册(2014—2015学年).内部资料.

浦东新区教育局.2016.浦东教育统计手册(2015—2016学年).内部资料.

浦东新区教育局.2017.浦东教育统计手册(2016—2017学年).内部资料.

阙明坤.2017.推进民办学校分类管理需处理的三大关系.教育发展研究,(3).

孙锦明,谢小连.2006.英美日三国教师社会保障体制比较及其借鉴意义.外国中小学教育,(3).

中国民办教育协会培训教育专业委员会,上海市教育科学研究院民办教育研究所.2016.中国民办培训教育概论.北京：外语教学与研究出版社.

上海市教育委员会.2014.上海教育年鉴2014.上海：上海教育出版社.

上海市教育委员会.2015.上海教育年鉴2015.上海：上海教育出版社.

上海市教育委员会.2016.上海教育年鉴2016.上海：上海教育出版社.

上海市教育委员会.2011.上海教育统计手册(2011).内部资料.

上海市教育委员会.2012.上海教育统计手册(2012).内部资料.

上海市教育委员会.2013.上海教育统计手册(2013).内部资料.

上海市教育委员会.2014.上海教育统计手册(2014).内部资料.

上海市教育委员会.2015.上海教育统计手册(2015).内部资料.

上海市民办高等教育强校战略课题组.2014.2030 年战略：让民办高等教育更具活力、吸引力和创造力.

上海市民办教育发展基金会网站.http://www.shngedf.edu.sh.cn/.

上海市民办教育协会.上海非学历教育培训师行业评定方案(试行稿).http://www.shmbjy.org/item-detail.aspx? NewsID=5469.

上海市民办教育信息管理网.http://www.mbjy.gov.cn/mbjyw_sh/schlicsearch.aspx.

上海市统计局.2014.上海统计年鉴 2014.上海：上海统计出版社.

上海市统计局.2015.上海统计年鉴 2015.上海：上海统计出版社.

上海市统计局.2016.上海统计年鉴 2016.上海：上海统计出版社.

上海市统计局,国家统计局上海调查总队.2013 年上海市国民经济和社会发展统计公报.

上海市统计局,国家统计局上海调查总队.2014 年上海市国民经济和社会发展统计公报.

上海市统计局,国家统计局上海调查总队.2015 年上海市国民经济和社会发展统计公报.

上海市统计局,国家统计局上海调查总队.2016 年上海市国民经济和社会发展统计公报.

上海星河湾双语学校网站.http://www.ctiku.com/shxhw/.

上海震旦职业技术学院网站.http://www.aurora-college.cn/.

时钟教室网.http://51shizhong.com/aboutus.html.

王诺斯,张德祥.2017.制度创新视域下民办高校分类管理的现实困境分析.中国高教研究,(2).

徐汇教育网站.http://www.xhedu.sh.cn/cms/

徐晶晶,2014.计琳.民办的"特色"坐标系[J].上海教育,(11B).

许沁.涉嫌非法办学"百花学习塾"为何能在上海开 9 年? 解放日报,2016-5-26.

尹后庆.1988.对公立中小学转制工作的思考.中小学管理,(2).

中国教育科技现状蓝皮书：在线教育项目超 3 000 个.中国新闻网.http://www.chinanews.com/sh/2015/12-04/7656870.shtm.

中国教育学会开展辅导机构教师认证试点.搜狐网.http://mt.sohu.com/20161020/n470787344.shtml.

H. A. Patrinos, F. Barrera-Osorio, J. Guaqueta. 2009. The Role and Impact of Public-Private Partnerships in Education. The World Bank,9(100).

OECD.2017. Education at a Glance 2017：OECD Indicators. Paris：OECD Publishing.

附　录

附录一　2005—2015 年上海民办教育统计数据

一、各级各类民办学校校数

附表 1　2005—2015 年上海各级各类民办学校校数(一)

年 份	幼 儿 园					小 学				
	全市（所）	年增减（所）	民办（所）	年增减（所）	民办占比（％）	全市（所）	年增减（所）	民办（所）	年增减（所）	民办占比（％）
2005	1 035	18	277	52	26.76	640	−8	19	2	2.97
2010	1 252	141	396	69	31.63	766	15	184	13	24.02
2011	1 337	85	459	63	34.33	764	−2	181	−3	23.69
2012	1 401	64	500	41	35.69	761	−3	180	−1	23.65
2013	1 446	45	524	24	36.24	761	0	178	−2	23.39
2014	1 462	16	532	8	36.39	757	−4	174	−4	22.99
2015	1 510	48	562	30	37.22	764	7	173	−1	22.64

附表 2　2005—2015 年上海各级各类民办学校校数(二)

年 份	中 学					中 专				
	全市（所）	年增减（所）	民办（所）	年增减（所）	民办占比（％）	全市（所）	年增减（所）	民办（所）	年增减（所）	民办占比（％）
2005	807	−15	129	2	15.99	81	−1	3	1	3.70
2010	755	−7	109	−2	14.44	65	−5	3	0	4.62
2011	754	−1	106	−3	14.06	64	−1	3	0	4.69
2012	760	6	107	1	14.08	61	−3	3	0	4.92
2013	762	2	103	−4	13.52	55	−6	3	0	5.45
2014	768	6	107	4	13.93	54	−1	2	−1	3.70
2015	790	22	117	10	14.81	51	−3	2	0	3.92

注：中学校数含初中和高中。

附表3　2005—2015年上海各级各类民办学校校数（三）

年份	职 业 高 中					普 通 高 校				
	全市（所）	年增减（所）	民办（所）	年增减（所）	民办占比（％）	全市（所）	年增减（所）	民办（所）	年增减（所）	民办占比（％）
2005	36	－5	3	0	8.33	60	1	16	0	26.67
2010	26	0	2	0	7.69	66	0	20	－1	30.30
2011	28	2	2	0	7.14	66	0	20	0	30.30
2012	28	0	2	0	7.14	67	1	20	0	29.85
2013	28	0	3	1	10.71	68	1	21	1	30.88
2014	28	0	3	0	10.71	68	0	20	－1	29.41
2015	27	－1	3	0	11.11	67	－1	20	0	29.85

二、各级各类民办学校在校生数

附表4　2005—2015年上海各级各类民办学校在校生数（一）

年份	幼 儿 园					小 学				
	全市（人）	年增减（人）	民办（人）	年增减（人）	民办占比（％）	全市（人）	年增减（人）	民办（人）	年增减（人）	民办占比（％）
2005	287 001	21 167	42 174	9 759	14.69	535 041	－2 355	26 281	3 901	4.91
2010	400 312	46 502	99 099	25 147	24.76	701 578	30 333	164 206	13 169	23.41
2011	444 177	43 865	120 470	21 371	27.12	731 131	29 553	166 712	2 506	22.80
2012	480 560	36 383	136 356	15 886	28.37	760 377	29 246	169 791	3 079	22.33
2013	501 000	20 440	147 281	10 925	29.40	792 476	32 099	167 028	－2 763	21.08
2014	502 900	1 900	150 035	2 754	29.83	802 960	10 484	156 010	－11 018	19.43
2015	535 900	33 000	168 348	18 313	31.41	798 686	－4 274	139 437	－16 573	17.46

附表5　2005—2015年上海各级各类民办学校在校生数（二）

年份	初 中					高 中				
	全市（人）	年增减（人）	民办（人）	年增减（人）	民办占比（％）	全市（人）	年增减（人）	民办（人）	年增减（人）	民办占比（％）
2005	461 999	－55 083	57 028	4 739	12.34	308 207	－2 528	35 317	－934	11.46
2010	425 463	－618	61 881	－1 293	14.54	168 899	－8 690	16 839	－2 188	9.97
2011	430 585	5 122	62 098	217	14.42	161 056	－7 843	14 493	－2 346	9.00
2012	432 686	2 101	60 912	－1 186	14.08	157 709	－3 347	13 869	－624	8.79
2013	436 696	4 010	61 572	660	14.10	156 817	－892	13 607	－262	8.68
2014	426 789	－9 907	60 776	－796	14.24	157 416	599	13 589	－18	8.63
2015	412 345	－14 444	59 663	－1 113	14.47	158 201	785	14 222	633	8.99

附表6　2005—2015年上海各级各类民办学校在校生数（三）

年份	中 专					职 业 高 中				
	全市（人）	年增减（人）	民办（人）	年增减（人）	民办占比（％）	全市（人）	年增减（人）	民办（人）	年增减（人）	民办占比（％）
2005	136 730	－3 720	2 904	132	2.12	57 255	－6 381	1 386	－182	2.42
2010	109 054	－5 989	1 390	－182	1.27	37 622	－3 619	1 091	－49	2.90
2011	102 230	－6 824	1 487	97	1.45	35 099	－2 523	1 178	87	3.36

年份	中　专					职　业　高　中				
	全市（人）	年增减（人）	民办（人）	年增减（人）	民办占比（%）	全市（人）	年增减（人）	民办（人）	年增减（人）	民办占比（%）
2012	98 815	−3 415	1 458	−29	1.48	35 415	316	985	−193	2.78
2013	92 324	−6 491	1 346	−112	1.46	32 278	−3 137	1 361	376	4.22
2014	77 382	−14 942	1 160	−186	1.50	27 145	−5 133	1 362	1	5.02
2015	72 400	−4 982	1 118	−42	1.54	23 200	−3 945	1 094	−268	4.72

附表 7　2005—2015 年上海各级各类民办学校在校生数（四）

年份	普　通　高　校				
	全市（人）	年增减（人）	民办（人）	年增减（人）	民办占比（%）
2005	442 620	26 919	66 941	13 049	15.12
2010	515 661	2 852	93 961	−1 220	18.22
2011	511 283	−4 378	90 418	−3 543	17.68
2012	506 596	−4 687	87 805	−2 613	17.33
2013	504 771	−1 825	88 291	486	17.49
2014	506 644	1 873	92 228	3 937	18.20
2015	511 623	4 979	100 105	7 877	19.57

三、各级各类民办学校招生数

附表 8　2005—2015 年上海各级各类民办学校招生数（一）

年份	幼　儿　园					小　学				
	全市（人）	年增减（人）	民办（人）	年增减（人）	民办占比（%）	全市（人）	年增减（人）	民办（人）	年增减（人）	民办占比（%）
2005			13 732	1 513		103 600	−1 900	5 933	870	5.73
2010	144 540	22 759	37 386	11 054	25.87	150 465	11 867	35 125	3 716	23.34
2011	156 915	12 375	42 787	5 401	27.27	169 430	18 965	37 250	2 125	21.99
2012	164 879	7 964	48 229	5 442	29.25	172 297	2 867	37 643	393	21.85
2013	166 124	1 245	46 524	−1 705	28.01	181 037	8 740	34 781	−2 862	19.21
2014	165 862	−262	47 988	1 464	28.93	163 370	−17 667	27 806	−6 975	17.02
2015	188 332	22 470	58 886	10 898	31.27	155 792	−7 578	23 690	−4 116	15.21

附表 9　2005—2015 年上海各级各类民办学校招生数（二）

年份	初　中					高　中				
	全市（人）	年增减（人）	民办（人）	年增减（人）	民办占比（%）	全市（人）	年增减（人）	民办（人）	年增减（人）	民办占比（%）
2005	109 600	−3 200	410	−148	0.37	99 400	−5 900	14 831	2 048	14.92
2010	109 424	240	15 511	−9	14.18	53 853	−1 989	4 906	−536	9.11
2011	116 210	6 786	16 176	665	13.92	52 224	−1 629	4 336	−570	8.30
2012	117 489	1 279	15 614	−562	13.29	52 497	273	4 470	134	8.51
2013	120 266	2 777	15 912	298	13.23	53 092	595	4 318	−152	8.13
2014	112 213	−8 053	15 088	−824	13.45	52 857	−235	4 579	261	8.66
2015	115 278	3 065	15 921	833	13.81	53 439	582	5 147	568	9.63

附表 10　2005—2015 年上海各级各类民办学校招生数（三）

年 份	中　专					职　业　高　中				
	全市（人）	年增减（人）	民办（人）	年增减（人）	民办占比（%）	全市（人）	年增减（人）	民办（人）	年增减（人）	民办占比（%）
2005	33 298	−5 374	14 831	2 048	44.54	18 238	−80	410	−148	1.47
2010	29 870	31	4 906	−536	16.42	12 161	−201	425	99	0.03
2011	27 767	−2 103	4 336	−570	15.62	12 344	183	433	8	0.04
2012	27 637	−130	4 470	134	16.17	12 194	−150	358	−75	0.03
2013	25 098	−2 539	446	−4 024	1.78	10 624	−1 570	398	40	0.04
2014	22 538	−2 560	303	−143	1.34	7 841	−2 783	391	−7	0.05
2015	22 200	−338	335	32	1.51	6 600	−1 241	325	−66	0.05

附表 11　2005—2015 年上海各级各类民办学校招生数（四）

年 份	普　通　高　校				
	全市（人）	年增减（人）	民办（人）	年增减（人）	民办占比（%）
2005	131 804	1 225	26 299	1 619	0.20
2010	144 649	1 152	28 166	−203	0.19
2011	141 136	−3 513	27 133	−1 033	0.19
2012	139 841	−1 295	25 852	−1 281	0.18
2013	140 879	1 038	28 024	2 172	0.20
2014	141 931	1 052	30 928	2 904	0.22
2015	140 709	−1 222	32 052	1 124	0.23

四、各级各类民办学校毕业生数

附表 12　2005—2015 年上海各级各类民办学校毕业生数（一）

年 份	幼　儿　园					小　学				
	全市（人）	年增减（人）	民办（人）	年增减（人）	民办占比（%）	全市（人）	年增减（人）	民办（人）	年增减（人）	民办占比（%）
2005			10 747	2 743		109 300	−400	4 228	1 090	3.87
2010	104 562	6 033	19 120	3 466	18.29	124 353	10 795	26 614	10 441	21.40
2011	125 499	20 937	28 668	9 548	22.84	130 857	6 504	29 888	3 274	22.84
2012	136 897	11 398	36 358	7 690	26.56	129 542	−1 315	27 658	−2 230	21.35
2013	157 650	20 753	44 531	8 173	28.25	134 504	4 962	30 018	2 360	22.32
2014	165 810	8 160	48 149	3 618	29.04	131 246	−3 258	28 103	−1 915	21.41
2015	167 245	1 435	50 468	2 319	30.18	137 911	6 665	29 265	1 162	21.22

附表 13　2005—2015 年上海各级各类民办学校毕业生数（二）

年 份	初　中					高　中				
	全市（人）	年增减（人）	民办（人）	年增减（人）	民办占比（%）	全市（人）	年增减（人）	民办（人）	年增减（人）	民办占比（%）
2005	152 900	−13 500	393	−249	0.26	101 000	10 600	16 547	5 122	0.16
2010	98 913	−971	15 443	−84	15.61	62 375	−8 002	7 283	−2 064	0.12
2011	96 244	−2 669	15 195	−248	15.79	58 523	−3 852	6 244	−1 039	0.11
2012	94 645	−1 599	14 974	−221	15.82	54 416	−4 107	5 274	−970	0.10

年 份	初　　中					高　　中				
	全市 （人）	年增减 （人）	民办 （人）	年增减 （人）	民办占比 （%）	全市 （人）	年增减 （人）	民办 （人）	年增减 （人）	民办占比 （%）
2013	94 135	−510	14 472	−502	15.37	52 675	−1 741	4 498	−776	0.09
2014	92 226	−1 909	14 069	−403	15.25	50 971	−1 704	436	−4 062	0.01
2015	94 274	2 048	14 438	369	15.31	51 227	256	4 199	3 763	0.08

附表 14　2005—2015 年上海各级各类民办学校毕业生数（三）

年 份	中　　专					职 业 高 中				
	全市 （人）	年增减 （人）	民办 （人）	年增减 （人）	民办占比 （%）	全市 （人）	年增减 （人）	民办 （人）	年增减 （人）	民办占比 （%）
2005	33 863	3 053	930		2.75	22 946	−157	29 440	7 107	1.28
2010	33 413	−456	669	−16	2.00	13 738	−3 418	343	−78	0.02
2011	31 371	−2 042	422	−247	1.35	12 324	−1 414	440	97	0.04
2012	27 670	−3 701	195	−227	0.70	10 351	−1 973	229	−211	0.02
2013	27 598	−72	538	343	1.95	10 138	−213	401	172	0.04
2014	35 466	7 868	453	−85	1.28	10 390	252	470	69	0.05
2015	24 900	−10 566	403	−50	1.62	9 700	−690	497	27	0.05

附表 15　2005—2015 年上海各级各类民办学校毕业生数（四）

年 份	普 通 高 校				
	全市（人）	年增减（人）	民办（人）	年增减（人）	民办占比（%）
2005	103 435	14 790	12 526	4 686	0.12
2010	133 716	9 560	28 293	3 716	0.21
2011	139 027	5 311	29 354	1 061	0.21
2012	136 697	−2 330	26 905	−2 449	0.20
2013	133 794	−2 903	25 576	−1 329	0.19
2014	132 411	−1 383	25 301	−275	0.19
2015	128 711	−3 700	22 633	−2 668	0.18

附表 16　2005—2015 年上海民办普通高校本专科在校生变化情况

年 份	本 科 在 校 生					专 科 在 校 生				
	全市 （人）	年增减 （人）	民办 （人）	年增减 （人）	民办占比 （%）	全市 （人）	年增减 （人）	民办 （人）	年增减 （人）	民办占比 （%）
2005	268 030	22 866	9 424	4 562	3.52	174 590	4 053	63 517		36.38
2010	354 940	7 518	32 168	2 141	9.06	160 721	−4 666	61 793	−3 361	38.45
2011	357 218	2 278	33 518	1 350	9.38	154 065	−6 656	56 900	−4 893	36.93
2012	359 007	1 789	36 153	2 635	10.07	147 589	−6 476	51 652	−5 248	35.00
2013	362 742	3 735	38 723	2 570	10.68	142 029	−5 560	49 568	−2 084	34.90
2014	364 679	1 937	41 178	2 455	11.29	141 965	−64	51 050	1 482	35.96
2015	367 233	2 554	43 373	2 195	11.81	144 390	2 425	56 732	5 682	39.29

五、各级各类民办学校专任教师数变化情况

附表17 2005—2015年上海民办学校专任教师数变化情况(一)

年 份	幼 儿 园					小 学				
	全市(人)	年增减(人)	民办(人)	年增减(人)	民办占比(%)	全市(人)	年增减(人)	民办(人)	年增减(人)	民办占比(%)
2005	17 020	1 494	3 139	822	18.44	37 407	−138	1 273	−1 044	3.40
2010	26 724	3 092	7 161	1 399	26.80	45 239	961	7 181	551	15.87
2011	29 221	2 497	8 073	912	27.63	46 254	1 015	7 368	187	15.93
2012	31 289	2 068	8 785	712	28.08	48 066	1 812	7 869	501	16.37
2013	32 900	1 611	9 284	499	28.22	49 772	1 706	8 141	272	16.36
2014	34 861	1 961	9 689	405	27.79	51 481	1 709	8 176	35	15.88
2015	36 602	1 741	10 353	664	28.29	52 321	840	7 661	−515	14.64

附表18 2005—2015年上海民办学校专任教师数变化情况(二)

年 份	初 中					高 中				
	全市(人)	年增减(人)	民办(人)	年增减(人)	民办占比(%)	全市(人)	年增减(人)	民办(人)	年增减(人)	民办占比(%)
2005	33 131	−495	2 173	321	6.56	18 055	404	952	252	5.27
2010	34 012	395	3 278	151	9.64	16 729	−167	1 305	−56	7.80
2011	34 506	494	3 430	152	9.94	16 596	−133	1 195	−110	7.20
2012	35 202	696	3 814	384	10.83	16 588	−8	1 264	69	7.62
2013	35 203	1	4 147	333	11.78	16 589	1	1 255	−9	7.57
2014	37 133	1 930	4 533	386	12.21	16 981	392	1 483	228	8.73
2015	37 564	431	4 633	100	12.33	17 398	417	1 613	130	9.27

附表19 2005—2015年上海民办学校专任教师数变化情况(三)

年 份	中 专					职 业 高 中				
	全市(人)	年增减(人)	民办(人)	年增减(人)	民办占比(%)	全市(人)	年增减(人)	民办(人)	年增减(人)	民办占比(%)
2005	5 312	39	125	−19	2.35	3 193	−163	97	0	3.04
2010	4 952	9	98	−2	1.98	2 850	−7	25	−8	0.88
2011	4 974	22	81	−17	1.63	2 874	24	23	−2	0.80
2012	4 797	−177	47	−34	0.98	2 858	−16	23	0	0.80
2013	4 762	−35	45	−2	0.94	2 848	−10	36	13	1.26
2014	4 815	53	49	4	1.02	2 838	−10	41	5	1.44
2015	4 796	−19	51	2	1.06	2 814	−24	41	0	1.46

附表20 2005—2015年上海民办学校专任教师数变化情况(四)

年 份	普 通 高 校				
	全市(人)	年增减(人)	民办(人)	年增减(人)	民办占比(%)
2005	31 815	3 078	3 041	976	9.56
2010	39 170	1 036	3 906	133	9.97
2011	39 626	456	3 922	16	9.90
2012	40 118	492	3 968	46	9.89

年份	普通高校				
	全市（人）	年增减（人）	民办（人）	年增减（人）	民办占比（%）
2013	40 297	179	3 972	4	9.86
2014	40 558	261	4 041	69	9.96
2015	41 570	1 012	4 461	420	10.73

（方建锋整理）

附录二 2013—2016 年重要民办教育法规文件

全国人民代表大会常务委员会关于
修改《中华人民共和国民办教育促进法》的决定

（2016 年 11 月 7 日第十二届全国人民代表大会常务委员会第二十四次会议通过）

第十二届全国人民代表大会常务委员会第二十四次会议决定对《中华人民共和国民办教育促进法》作如下修改：

一、第一章增加一条，作为第九条："民办学校中的中国共产党基层组织，按照中国共产党章程的规定开展党的活动，加强党的建设。"

二、将第十八条改为第十九条，修改为："民办学校的举办者可以自主选择设立非营利性或者营利性民办学校。但是，不得设立实施义务教育的营利性民办学校。

"非营利性民办学校的举办者不得取得办学收益，学校的办学结余全部用于办学。

"营利性民办学校的举办者可以取得办学收益，学校的办学结余依照公司法等有关法律、行政法规的规定处理。

"民办学校取得办学许可证后，进行法人登记，登记机关应当依法予以办理。"

三、将第十九条改为第二十条，修改为："民办学校应当设立学校理事会、董事会或者其他形式的决策机构并建立相应的监督机制。

"民办学校的举办者根据学校章程规定的权限和程序参与学校的办学和管理。"

四、将第三十条改为第三十一条，修改为："民办学校应当依法保障教职工的工资、福利待遇和其他合法权益，并为教职工缴纳社会保险费。

"国家鼓励民办学校按照国家规定为教职工办理补充养老保险。"

五、将第三十七条改为第三十八条，修改为："民办学校收取费用的项目和标准根据办学成本、市场需求等因素确定，向社会公示，并接受有关主管部门的监督。

"非营利性民办学校收费的具体办法，由省、自治区、直辖市人民政府制定；营利性民办学校的收费标准，实行市场调节，由学校自主决定。

"民办学校收取的费用应当主要用于教育教学活动、改善办学条件和保障教职工待遇。"

六、将第四十条改为第四十一条，修改为："教育行政部门及有关部门依法对民办学校实行督导，建立民办学校信息公示和信用档案制度，促进提高办学质量；组织或者委托社会中介组织评估办学水平和教育质量,并将评估结果向社会公布。"

七、将第四十五条改为第四十六条,修改为:"县级以上各级人民政府可以采取购买服务、助学贷款、奖助学金和出租、转让闲置的国有资产等措施对民办学校予以扶持;对非营利性民办学校还可以采取政府补贴、基金奖励、捐资激励等扶持措施。"

八、将第四十六条改为第四十七条,修改为:"民办学校享受国家规定的税收优惠政策;其中,非营利性民办学校享受与公办学校同等的税收优惠政策。"

九、将第五十条改为第五十一条,修改为"新建、扩建非营利性民办学校,人民政府应当按照与公办学校同等原则,以划拨等方式给予用地优惠。新建、扩建营利性民办学校,人民政府应当按照国家规定供给土地。

"教育用地不得用于其他用途。"

十、删去第五十一条。

十一、将第五十九条第二款修改为:"非营利性民办学校清偿上述债务后的剩余财产继续用于其他非营利性学校办学;营利性民办学校清偿上述债务后的剩余财产,依照公司法的有关规定处理。"

十二、将第六十二条修改为:"民办学校有下列行为之一的,由县级以上人民政府教育行政部门、人力资源社会保障行政部门或者其他有关部门责令限期改正,并予以警告;有违法所得的,退还所收费用后没收违法所得;情节严重的,责令停止招生、吊销办学许可证;构成犯罪的,依法追究刑事责任:

"(一)擅自分立、合并民办学校的;

"(二)擅自改变民办学校名称、层次、类别和举办者的;

"(三)发布虚假招生简章或者广告,骗取钱财的;

"(四)非法颁发或者伪造学历证书、结业证书、培训证书、职业资格证书的;

"(五)管理混乱严重影响教育教学,产生恶劣社会影响的;

"(六)提交虚假证明文件或者采取其他欺诈手段隐瞒重要事实骗取办学许可证的;

"(七)伪造、变造、买卖、出租、出借办学许可证的;

"(八)恶意终止办学、抽逃资金或者挪用办学经费的。"

十三、将第六十三条修改为:"县级以上人民政府教育行政部门、人力资源社会保障行政部门或者其他有关部门有下列行为之一的,由上级机关责令其改正;情节严重的,对直接负责的主管人员和其他直接责任人员,依法给予处分;造成经济损失的,依法承担赔偿责任;构成犯罪的,依法追究刑事责任:

"(一)已受理设立申请,逾期不予答复的;

"(二)批准不符合本法规定条件申请的;

"(三)疏于管理,造成严重后果的;

"(四)违反国家有关规定收取费用的;

"(五)侵犯民办学校合法权益的;

"(六)其他滥用职权、徇私舞弊的。"

十四、将第六十四条修改为:"违反国家有关规定擅自举办民办学校的,由所在地县级以上地方人民政府教育行政部门或者人力资源社会保障行政部门会同同级公安、民政或者工商行政管理等有关部门责令停止办学、退还所收费用,并对举办者处违法所得一倍以上五倍以下罚款;构成违反治安管理行为的,由公安机关依法给予治安管理处罚;构成犯罪的,依法追究刑事责任。"

十五、删去第六十六条。

十六、将第十一条改为第十二条,将第七条、第八条、第十二条中的"劳动和社会保障行政部门"修改为"人力资源社会保障行政部门"。

本决定自 2017 年 9 月 1 日起施行。

本决定公布前设立的民办学校,选择登记为非营利性民办学校的,根据依照本决定修改后的学校章程继续办学,终止时,民办学校的财产依照本法规定进行清偿后有剩余的,根据出资者的申请,综合考虑在本决定施行前的出资、取得合理回报的情况以及办学效益等因素,给予出资者相应的补偿或者奖励,其余财产继续用于其他非营利性学校办学;选择登记为营利性民办学校的,应当进行财务清算,依法明确财产权属,并缴纳相关税费,重新登记,继续办学。具体办法由省、自治区、直辖市制定。

国务院及其教育行政等有关部门和各省、自治区、直辖市在依照本决定实施民办学校分类管理改革时,应当充分考虑有关历史和现实情况,保障民办学校受教育者、教职工和举办者的合法权益,确保民办学校分类管理改革平稳有序推进。

《中华人民共和国民办教育促进法》根据本决定作相应修改,重新公布。

国务院关于鼓励社会力量兴办教育
促进民办教育健康发展的若干意见

国发〔2016〕81 号

各省、自治区、直辖市人民政府,国务院各部委、各直属机构:

社会力量兴办教育是指各种社会力量以捐赠、出资、投资、合作等方式举办或者参与举办法律法规允许的各级各类学校和其他教育机构。改革开放以来,作为社会力量兴办教育主要形式的民办教育不断发展壮大,形成了从学前教育到高等教育、从学历教育到非学历教育,层次类型多样、充满生机活力的发展局面,有效增加了教育服务供给,为推动教育现代化、促进经济社会发展作出了积极贡献,已经成为社会主义教育事业的重要组成部分。同时,民办教育也面临许多制约发展的问题和困难。为鼓励社会力量兴办教育,促进民办教育健康发展,现提出如下意见。

一、总体要求

(一)指导思想。全面贯彻落实党的十八大和十八届三中、四中、五中、六中全会精神,深入贯彻习近平总书记系列重要讲话精神,按照"四个全面"战略布局和党中央、国务院决策部署,牢固树立并切实贯彻创新、协调、绿色、开放、共享五大发展理念,全面贯彻党的教育方针,坚持社会主义办学方向,坚持立德树人,培育和践行社会主义核心价值观。以实行分类管理为突破口,创新体制机制,完善扶持政策,加强规范管理,提高办学质量,进一步调动社会力量兴办教育的积极性,促进民办教育持续健康发展,培养德智体美全面发展的社会主义建设者和接班人。

(二)基本原则。

育人为本,德育为先。把立德树人作为根本任务,把理想信念教育摆在首要位置,形成全员、全过程、全方位育人的工作格局,提高学生服务国家服务人民的社会责任感、勇于探索的创新精神和善于解决问题的实践能力。

分类管理,公益导向。实行非营利性和营利性分类管理,实施差别化扶持政策,积极引导社会力量举办非营利性民办学校。坚持教育的公益属性,无论是非营利性民办学校还是营利性民办学校都要始终把社会效益放在首位。

优化环境,综合施策。统筹教育、登记、财政、土地、收费等相关政策,营造有利于民办教育发展的制度环境。

依法管理,规范办学。简政放权、放管结合、优化服务,依法履职,规范办学秩序,全面提高民办教育治理水平。

鼓励改革,上下联动。依靠改革创新推动发展,坚持顶层设计与基层创新相结合,共同破解民办教育改革发展难题和障碍。

二、加强党对民办学校的领导

(三)切实加强民办学校党的建设。全面加强民办学校党的思想建设、组织建设、作风建设、反腐倡廉建设、制度建设,增强政治意识、大局意识、核心意识、看齐意识。完善民办学校党组织设置,理顺民办学校党组织隶属关系,健全各级党组织工作保障机制,选好配强民办学校党组织负责人。民办学校党组织要发挥政治核心作用,强化思想引领,牢牢把握社会主义办学方向,牢牢把握党对民办学校意识形态工作的领导权、话语权,切实维护民办学校和谐稳定。民办高校党组织负责人兼任政府派驻学校的督导专员。实现学校基层党组织全覆盖、党建工作上水平,有效发挥基层党组织的战斗堡垒作用和共产党员的先锋模范作用。积极做好党员发展和教育管理服务工作。坚持党建带群建,加强民办学校共青团组织建设。各地要把民办学校党组织建设、党对民办学校的领导作为民办学校年度检查的重要内容。

（四）加强和改进民办学校思想政治教育工作。把思想政治教育工作纳入学校事业发展规划,把思想政治工作队伍建设纳入学校人才队伍培养规划,全面提升思想政治教育工作水平。切实加强思想政治理论课和思想品德课课程、教材、教师队伍建设,深入推进中国特色社会主义理论体系进教材、进课堂、进头脑,把社会主义核心价值观融入教育教学全过程、教书育人各环节,不断增强广大师生中国特色社会主义道路自信、理论自信、制度自信、文化自信。提高思想政治教育的针对性、实效性和吸引力、感染力,切实加强理想信念、爱国主义、集体主义、中国特色社会主义教育和中华优秀传统文化、革命传统文化、民族团结教育,引导学生树立正确的世界观、人生观、价值观。大力开展社会实践和志愿服务,积极开展心理健康教育。创新网络思想政治教育方式,大力弘扬主旋律、传播正能量,全面提高教书育人、实践育人、科研育人、管理育人、服务育人的水平。

三、创新体制机制

（五）建立分类管理制度。对民办学校(含其他民办教育机构)实行非营利性和营利性分类管理。非营利性民办学校举办者不取得办学收益,办学结余全部用于办学。营利性民办学校举办者可以取得办学收益,办学结余依据国家有关规定进行分配。民办学校依法享有法人财产权。

举办者自主选择举办非营利性民办学校或者营利性民办学校,依法依规办理登记。对现有民办学校按照举办者自愿的原则,通过政策引导,实现分类管理。

（六）建立差别化政策体系。国家积极鼓励和大力支持社会力量举办非营利性民办学校。各级人民政府要完善制度政策,在政府补贴、政府购买服务、基金奖励、捐资激励、土地划拨、税费减免等方面对非营利性民办学校给予扶持。各级人民政府可根据经济社会发展需要和公共服务需求,通过政府购买服务及税收优惠等方式对营利性民办学校给予支持。

（七）放宽办学准入条件。社会力量投入教育,只要是不属于法律法规禁止进入以及不损害第三方利益、社会公共利益、国家安全的领域,政府不得限制。政府制定准入负面清单,列出禁止和限制的办学行为。各地要重新梳理民办学校准入条件和程序,进一步简政放权,吸引更多的社会资源进入教育领域。

（八）拓宽办学筹资渠道。鼓励和吸引社会资金进入教育领域举办学校或者投入项目建设。创新教育投融资机制,多渠道吸引社会资金,扩大办学资金来源。鼓励金融机构在风险可控前提下开发适合民办学校特点的金融产品,探索办理民办学校未来经营收入、知识产权质押贷款业务,提供银行贷款、信托、融资租赁等多样化的金融服务。鼓励社会力量对非营利性民办学校给予捐赠。

（九）探索多元主体合作办学。推广政府和社会资本合作(PPP)模式,鼓励社会资本参与教育基础设施建设和运营管理、提供专业化服务。积极鼓励公办学校与民办学校相互购买管理服务、教学资源、科研成果。探索举办混合所有制职业院校,允许以资本、知识、技术、管理等要素参与办学并享有相应权利。鼓励营利性民办学校建立股权激励机制。

（十）健全学校退出机制。捐资举办的民办学校终止时,清偿后剩余财产统筹用于教育等社会事业。2016年11月7日《全国人民代表大会常务委员会关于修改〈中华人民共和国民办教育促进法〉的决定》公布前设立的民办学校,选择登记为非营利性民办学校的,终止时,民办学校的财产依法清偿后有剩余的,按照国家有关规定给予出资者相应的补偿或者奖励,其余财产继续用于其他非营利性学校办学;选择登记为营利性民办学校的,应当进行财务清算,依法明确财产权属,终止时,民办学校的财产依法清偿后有剩余的,依照《中华人民共和国公司法》有关规定处理。具体办法由省、自治区、直辖市制定。2016年11月7日后设立的民办学校终止时,财产处置按照有关规定和学校章程处理。各地要结合实际,健全民办学校退出机制,依法保护受教育者的合法权益。

四、完善扶持制度

（十一）加大财政投入力度。各级人民政府可按照《中华人民共和国预算法》、《中华人民共和国教育法》、《中华人民共和国民办教育促进法》等法律法规和制度要求,因地制宜,调整优化教育支出结构,加大对民办教育的扶持力度。财政扶持民办教育发展的资金要纳入预算,并向社会公开,接受审计和社会监督,提高资金使用效益。

（十二）创新财政扶持方式。地方各级人民政府应建立健全政府补贴制度,明确补贴的项目、对象、标准、用途。完善政府购买服务的标准和程序,建立绩效评价制度,制定向民办学校购买就读学位、课程教材、科研成果、职业培训、政策咨询等教育服务的具体政策措施。地方各级人民政府可按照国家关于基金会管理的规定设立民办教育发展基金,支持成立相应的基金会,组织开展各类有利于民办教育事业发展的活动。

（十三）落实同等资助政策。民办学校学生与公办学校学生按规定同等享受助学贷款、奖助学金等国家资助政策。各级人民政府应建立健全民办学校助学贷款业务扶持制度,提高民办学校家庭经济困难学生获得资助的比例。民办学校要建立健全奖助学金评定、发放等管理机制,应从学费收入中提取不少于5%的资金,用于奖励和资助学生。落实鼓励捐资助学的相关优惠政策措施,积极引导和鼓励企事业单位、社会组织和个人面向民办学校设立奖助学金,加大资助力度。

（十四）落实税费优惠等激励政策。民办学校按照国家有关规定享受相关税收优惠政策。对企业办的各类学校、幼儿园自用的房产、土地,免征房产税、城镇土地使用税。对企业支持教育事业的公益性捐赠支出,按照税法有关规定,在年度利润总额12%以内的部分,准予在计算应纳税所得额时扣除;对个人支持教育事业的公益性捐赠支出,按照税收法律法规及政策的相关规定在个人所得税前予以扣除。非营利性民办学校与公办学校享有同等待遇,按照税法规定进行免税资格认定后,免征非营利性收入的企业所得税。捐资建设校舍及开展表彰资助等活动的冠名依法尊重捐赠人意愿。民办学校用电、用水、用气、用热,执行与公办学校相同的价格政策。

（十五）实行差别化用地政策。民办学校建设用地按科教用地管理。非营利性民办学校享受公办学校同等政策,按划拨等方式供应土地。营利性民办学校按国家相应的政策供给土地。只有一个意向用地者的,可按协议方式供地。土地使用权人申请改变全部或者部分土地用途的,政府应当将申请改变用途的土地收回,按时价定价,重新依法供应。

（十六）实行分类收费政策。规范民办学校收费。非营利性民办学校收费,通过市场化改革试点,逐步实行市场调节价,具体政策由省级人民政府根据办学成本以及本地公办教育保障程度、民办学校发展情况等因素确定。营利性民办学校收费实行市场调节价,具体收费标准由民办学校自主确定。政府依法加强对民办学校收费行为的监管。

（十七）保障依法自主办学。扩大民办高等学校和中等职业学校专业设置自主权,鼓励学校根据国家战略需求和区域产业发展需要,依法依规设置和调整学科专业。民办中小学校在完成国家规定课程前提下,可自主开展教育教学活动。支持民办学校参与考试招生制度改革。社会声誉好、教学质量高、就业有保障的民办高等职业学校,可在核定的办学规模内自主确定招生范围和年度招生计划。中等以下层次民办学校按照国家有关规定,在核定的办学规模内,与当地公办学校同期面向社会自主招生。各地不得对民办学校跨区域招生设置障碍。

（十八）保障学校师生权益。完善学校、个人、政府合理分担的民办学校教职工社会保障机制。民办学校应依法为教职工足额缴纳社会保险费和住房公积金。鼓励民办学校按规定为教职工建立补充养老保险,改善教职工退休后的待遇。落实跨统筹地区社会保险关系转移接续政策,完善民办学校教师户籍迁移等方面的服务政策,探索建立民办学校教师人事代理制度和交流制度,促进教师合理流动。民办学校教师在资格认定、职务评聘、培养培训、评优表彰等方面与公办学校教师享有同等权利。非营利性民办学校教师享受当地公办学校同等的人才引进政策。民办学校学生在评奖评优、升学就业、社会优待、医疗保险等方面与同级同类公办学校学生享有同等权利。依法落实民办学校师生对学校办学管理的知情权、参与权,保障师生参与民主管理和民主监督的权利。完善民办学校师生争议处理机制,维护师生的合法权益。

五、加快现代学校制度建设

(十九)完善学校法人治理。民办学校要依法制定章程,按照章程管理学校。健全董事会(理事会)和监事(会)制度,董事会(理事会)和监事(会)成员依据学校章程规定的权限和程序共同参与学校的办学和管理。董事会(理事会)应当优化人员构成,由举办者或者其代表、校长、党组织负责人、教职工代表等共同组成。监事会中应当有党组织领导班子成员。探索实行独立董事(理事)、监事制度。健全党组织参与决策制度,积极推进"双向进入、交叉任职",学校党组织领导班子成员通过法定程序进入学校决策机构和行政管理机构,党员校长、副校长等行政机构成员可按照党的有关规定进入党组织领导班子。学校党组织要支持学校决策机构和校长依法行使职权,督促其依法治教、规范管理。完善校长选聘机制,依法保障校长行使管理权。民办学校校长应熟悉教育及相关法律法规,具有5年以上教育管理经验和良好办学业绩,个人信用状况良好。学校关键管理岗位实行亲属回避制度。完善教职工代表大会和学生代表大会制度。

(二十)健全资产管理和财务会计制度。民办学校应当明确产权关系,建立健全资产管理制度。民办学校举办者应依法履行出资义务,将出资用于办学的土地、校舍和其他资产足额过户到学校名下。存续期间,民办学校对举办者投入学校的资产、国有资产、受赠的财产以及办学积累享有法人财产权,任何组织和个人不得侵占、挪用、抽逃。进一步规范民办学校会计核算,建立健全第三方审计制度。非营利性和营利性民办学校按照登记的法人属性,根据国家有关规定执行相应的会计制度。民办学校要明晰财务管理,依法设置会计账簿。民办学校应将举办者出资、政府补助、受赠、收费、办学积累等各类资产分类登记入账,定期开展资产清查,并将清查结果向社会公布。各地要探索制定符合民办学校特点的财务管理办法,完善民办学校年度财务、决算报告和预算报告报备制度。

(二十一)规范学校办学行为。民办学校要诚实守信、规范办学。办学条件应符合国家和地方规定的设置标准和有关要求,在校生数要控制在审批机关核定的办学规模内。要按照国家和地方有关规定做好宣传、招生工作,招生简章和广告须经审批机关备案。具有举办学历教育资格的民办学校,应按国家有关规定做好学籍管理工作,对招收的学历教育学生,学习期满成绩合格的颁发毕业证书,未达到学历教育要求的发给结业证书或者其他学业证书;对符合学位授予条件的学生,颁发相应的学位证书。各类民办学校对招收的非学历教育学生,发给结业证书或者培训合格证书。

(二十二)落实安全管理责任。民办学校应遵守国家有关安全法律、法规和规章,重视校园安全工作,确保校园安全技术防范系统建设符合国家和地方有关标准,学校选址和校舍建筑符合国家抗震设防、消防技术等相关标准。建立健全安全管理制度和应急机制,制定和完善突发事件应急预案,定期开展安全检查、巡查,及时发现和消除安全隐患。加强学生和教职员工安全教育培训,定期开展针对上课、课间、午休等不同场景的安全演练,提高师生安全意识和逃生自救能力。建立安全工作组织机构,配备学校内部安全保卫人员,明确安全工作职责。

六、提高教育教学质量

(二十三)明确学校办学定位。积极引导民办学校服务社会需求,更新办学理念,深化教育教学改革,创新办学模式,加强内涵建设,提高办学质量。学前教育阶段鼓励举办普惠性民办幼儿园,坚持科学保教,防止和纠正"小学化"现象。中小学校要执行国家课程方案和课程标准,坚持特色办学优质发展,满足多样化需求。职业院校应明确技术技能人才培养定位,服务区域经济和产业发展,深化产教融合、校企合作,提高技术技能型人才培养水平。鼓励举办应用技术类本科高等学校,培养适应经济结构调整、产业转型升级和新产业、新业态、新商业模式需要的人才。充分发挥民办教育在完善终身教育体系、构建学习型社会中的积极作用。

（二十四）加强教师队伍建设。各级人民政府和民办学校要把教师队伍建设作为提高教育教学质量的重要任务。各地要将民办学校教师队伍建设纳入教师队伍建设整体规划。民办学校要着力加强教师思想政治工作，建立健全教育、宣传、考核、监督与奖惩相结合的师德建设长效机制，全面提升教师师德素养。加强辅导员、班主任队伍建设。加强教学研究活动，重视青年教师培养，加大教师培训力度，不断提高教师的业务能力和水平。学校要在学费收入中安排一定比例资金用于教师培训。要关心教师工作和生活，提高教师工资和福利待遇。吸引各类高层次人才到民办学校任教，做到事业留人、感情留人、待遇留人。

（二十五）引进培育优质教育资源。鼓励支持高水平有特色民办学校培育优质学科、专业、课程、师资、管理，整体提升教育教学质量，着力打造一批具有国际影响力和竞争力的民办教育品牌，着力培养一批有理想、有境界、有情怀、有担当的民办教育家。允许民办高等学校和中等职业学校与世界高水平同类学校在学科、专业、课程建设以及人才培养等方面开展交流。

七、提高管理服务水平

（二十六）强化部门协调机制。各级人民政府要将发展民办教育纳入经济社会发展和教育事业整体规划，加强制度建设、标准制定、政策实施、统筹协调等工作，积极推进民办教育改革发展。国务院建立由教育部牵头，中央编办、国家发展改革委、公安部、民政部、财政部、人力资源社会保障部、国土资源部、住房城乡建设部、人民银行、税务总局、工商总局、银监会、证监会等部门参加的部际联席会议制度，协调解决民办教育发展中的重点难点问题，不断完善制度政策，优化民办教育发展环境。各地也应建立相应的部门协调机制。要将鼓励支持社会力量兴办教育作为考核各级人民政府改进公共服务方式的重要内容。

（二十七）改进政府管理方式。各级人民政府和行政管理部门要积极转变职能，减少事前审批，加强事中事后监管，提高政府管理服务水平。进一步清理涉及民办教育的行政许可事项，向社会公布权力清单、责任清单，严禁法外设权。改进许可方式，简化许可流程，明确工作时限，规范行政许可工作。建立民办教育管理信息系统，推广电子政务和网上办事，逐步实现日常管理事项网上并联办理，及时主动公开行政审批事项，提高服务效率，接受社会监督。

（二十八）健全监督管理机制。加强民办教育管理机构建设，强化民办教育督导，完善民办学校年度报告和年度检查制度。加强对新设立民办学校举办者的资格审查。完善民办学校财务会计制度、内部控制制度、审计监督制度，加强风险防范。推进民办教育信息公开，建立民办学校信息强制公开制度。建立违规失信惩戒机制，将违规办学的学校及其举办者和负责人纳入"黑名单"，规范学校办学行为。健全联合执法机制，加大对违法违规办学行为的查处力度。大力推进管办评分离，建立民办学校第三方质量认证和评估制度。民办学校行政管理部门根据评估结果，对办学质量不合格的民办学校予以警告、限期整改直至取消办学资格。

（二十九）发挥行业组织作用。积极培育民办教育行业组织，支持行业组织在行业自律、交流合作、协同创新、履行社会责任等方面发挥桥梁和纽带作用。依托各类专业机构开展民办学校咨询服务等工作。支持非营利性民办高等学校联盟等行业组织及其他教育中介组织在引导民办学校坚持公益性办学、创新人才培养模式、提升人才培养质量等方面发挥作用。

（三十）切实加强宣传引导。深入推进民办教育综合改革，鼓励地方和学校先行先试，总结推广试点地区和学校的成功做法和先进经验。加大对民办教育的宣传力度，按照国家有关规定奖励和表彰对民办教育改革发展作出突出贡献的集体和个人，树立民办教育良好社会形象，努力营造全社会共同关心、共同支持社会力量兴办教育的良好氛围。

鼓励社会力量兴办教育，促进民办教育健康发展，是一项事关当前、又利长远的重要任务。国务院有关部门要进一步解放思想,凝聚共识,加强领导,周密部署,切实落实鼓励社会力量兴办教育的各项政策措施。地方各级人民政府要根据本意见,因地制宜,积极探索,稳步推进,抓紧制定出台符合地方实际的实施意见和配套措施。

国务院

2016 年 12 月 29 日

教育部等五部门关于印发
《民办学校分类登记实施细则》的通知

教发〔2016〕19 号

各省、自治区、直辖市教育厅（教委）、人力资源社会保障厅（局）、民政厅（局）、编办、工商行政管理局：

2016 年 11 月 7 日,全国人民代表大会常务委员会通过了《全国人民代表大会常务委员会关于修改〈中华人民共和国民办教育促进法〉的决定》,规定对民办学校实行非营利性和营利性分类管理,并以国家主席习近平签署的中华人民共和国主席令(第五十五号)予以公布。《国务院关于鼓励社会力量兴办教育促进民办教育健康发展的若干意见》(国发〔2016〕81 号,以下简称《若干意见》),全面部署了民办教育改革发展的各项政策措施。为深入贯彻落实党中央、国务院的决策部署,稳妥推进民办学校分类管理改革,特研究制定《民办学校分类登记实施细则》,现予印发。

民办学校分类管理是党中央、国务院确定的重大改革方向,是贯彻落实《民办教育促进法》修法精神的重要举措,是深化教育领域综合改革的重要内容。请各地务必高度重视,紧密结合《民办教育促进法》和《若干意见》的贯彻落实,做好民办学校的分类管理与分类登记工作,明确任务,细化要求,落实责任,确保党中央、国务院决策部署的切实落地和教育系统的和谐稳定。

教育部　人力资源社会保障部

民政部　中央编办

工商总局

2016 年 12 月 30 日

民办学校分类登记实施细则

第一章　总　则

第一条　为贯彻落实《国务院关于鼓励社会力量兴办教育促进民办教育健康发展的若干意见》,推动民办教育分类管理,促进民办教育健康发展,根据《中华人民共和国教育法》《中华人民共和国民办教育促进法》和 2016 年 11 月 7 日《全国人民代表大会常务委员会关于修改〈中华人民共和国民办教育促进法〉的决定》等法律法规,制定本细则。

第二条　民办教育是社会主义教育事业的重要组成部分。民办学校应当遵守国家法律法规,全面贯彻党的教育方针,坚持党的领导,坚持社会主义办学方向,坚持公益性导向,坚持立德树人,对受教育者加强社会主义核心价值观教育,培养德、智、体、美等方面全面发展的社会主义建设者和接班人。

第二章　设立审批

第三条　民办学校分为非营利性民办学校和营利性民办学校。民办学校的设立应当依据《中华人民共和国民办教育促进法》等法律法规和国家有关规定进行审批。经批准正式设立的民办学校,由审批机关发给办学许可证后,依法依规分类到登记管理机关办理登记证或者营业执照。

第四条　设立民办学校应当具备《中华人民共和国教育法》《中华人民共和国民办教育促进法》和其他有关法律法规规定的条件,符合地方经济社会和教育发展的需要。

第五条　民办学校的设立应当参照国家同级同类学校设置标准,无相应设置标准的由县级以上人民政府按照国家有关规定制定。申请设立民办学校,应当提交《中华人民共和国民办教育促进法》等法律法规和学校设置标准规定的材料、学校党组织建设有关材料。

第六条　审批机关对批准正式设立的民办学校发给办学许可证;对不批准正式设立的,应当以书面形式向申请人说明理由。

第三章　分类登记

第七条　正式批准设立的非营利性民办学校,符合《民办非企业单位登记管理暂行条例》等民办非企业单位登记管理有关规定的到民政部门登记为民办非企业单位,符合《事业单位登记管理暂行条例》等事业单位登记管理有关规定的到事业单位登记管理机关登记为事业单位。

第八条　实施本科以上层次教育的非营利性民办高等学校,由省级人民政府相关部门办理登记。实施专科以下层次教育的非营利性民办学校,由省级人民政府确定的县级以上人民政府相关部门办理登记。

第九条　正式批准设立的营利性民办学校,依据法律法规规定的管辖权限到工商行政管理部门办理登记。

第十条　登记管理机关对符合登记条件的民办学校,依法依规予以登记,并核发登记证或者营业执照;对不符合登记条件的,不予登记,并以书面形式向申请人说明理由。

第十一条　民办学校的名称应当符合国家有关规定,体现学校的办学层次和类别。

第四章　事项变更和注销登记

第十二条　民办学校涉及办学许可证、登记证或者营业执照上事项变更的,依照法律法规和有关规定到原发证机关办理变更手续。其中,民办本科高等学校办学许可证上除名称外需核准的其他事项变更,由省级人民政府核准。

第十三条　民办学校终止办学应当及时办理撤销建制、注销登记手续,将办学许可证、登记证或者营业执照正副本缴回原发证机关。

第五章　现有民办学校分类登记

第十四条　现有民办学校选择登记为非营利性民办学校的,依法修改学校章程,继续办学,履行新的登记手续。

第十五条　现有民办学校选择登记为营利性民办学校的,应当进行财务清算,经省级以下人民政府有关部门和相关机构依法明确土地、校舍、办学积累等财产的权属并缴纳相关税费,办理新的办学许可证,重新登记,继续办学。

第十六条　民办学校变更登记类型的办法由省级人民政府根据国家有关规定,结合地方实际制定。

第六章　附　则

第十七条　本细则所称现有民办学校为2016年11月7日《全国人民代表大会常务委员会关于修改〈中华人民共和国民办教育促进法〉的决定》公布前经批准设立的民办学校。本细则所称的审批机关包括县级以上教育、人力资源社会保障部门以及省级人民政府。本细则所称的登记管理机关包括县级以上民政、编制、工商行政管理部门。

第十八条　本细则由教育部、人力资源社会保障部、民政部、中央编办、工商总局负责解释。

教育部　人力资源社会保障部　工商总局
关于印发《营利性民办学校监督管理实施细则》的通知

教发〔2016〕20 号

各省、自治区、直辖市教育厅（教委）、人力资源社会保障厅（局）、工商行政管理局：

2016 年 11 月 7 日，全国人民代表大会常务委员会通过了《全国人民代表大会常务委员会关于修改〈中华人民共和国民办教育促进法〉的决定》，规定对民办学校实行非营利性和营利性分类管理，并以国家主席习近平签署的中华人民共和国主席令（第五十五号）予以公布。《国务院关于鼓励社会力量兴办教育促进民办教育健康发展的若干意见》（国发〔2016〕81 号，以下简称《若干意见》），全面部署了民办教育改革发展的各项政策措施。为深入贯彻落实党中央、国务院的决策部署，确保分类管理改革的有序推进，特研究制定《营利性民办学校监督管理实施细则》，现予印发。

民办学校分类管理是党中央、国务院确定的重大改革方向，是贯彻落实《民办教育促进法》修法精神的重要举措，是深化教育领域综合改革的重要内容。请各地务必高度重视，紧密结合《民办教育促进法》和《若干意见》的贯彻落实，科学稳妥做好营利性民办学校监督管理各项工作，明确任务，细化要求，落实责任，确保党中央、国务院决策部署的切实落地和教育系统的和谐稳定。

教育部　人力资源社会保障部　工商总局

2016 年 12 月 30 日

营利性民办学校监督管理实施细则

第一章　总　　则

第一条　为贯彻落实《国务院关于鼓励社会力量兴办教育促进民办教育健康发展的若干意见》，规范营利性民办学校办学行为，促进民办教育健康发展，根据《中华人民共和国教育法》《中华人民共和国民办教育促进法》和 2016 年 11 月 7 日《全国人民代表大会常务委员会关于修改〈中华人民共和国民办教育促进法〉的决定》等法律法规，制定本细则。

第二条　社会组织或者个人可以举办营利性民办高等学校和其他高等教育机构、高中阶段教育学校和幼儿园，不得设立实施义务教育的营利性民办学校。

社会组织或者个人不得以财政性经费、捐赠资产举办或者参与举办营利性民办学校。

第三条　营利性民办学校应当遵守国家法律法规，全面贯彻党的教育方针，坚持党的领导，坚持社会主义办学方向，坚持立德树人，对受教育者加强社会主义核心价值观教育，培养德、智、体、美等方面全面发展的社会主义建设者和接班人。

营利性民办学校应当坚持教育的公益性，始终把培养高素质人才、服务经济社会发展放在首位，实现社会效益与经济效益相统一。

第四条　审批机关、工商行政管理部门和其他相关部门在职责范围内，依法对营利性民办学校行使监督管理职权。

第二章　学　校　设　立

第五条　批准设立营利性民办学校参照国家同级同类学校设置标准，一般分筹设、正式设立两个阶段。经批准筹设的营利性民办学校，举办者应当自批准筹设之日起 3 年内提出正式设立申请，3 年内未提出正式设立申请的，原筹设批复文件自然废止。

营利性民办学校在筹设期内不得招生。

第六条　审批机关应当坚持高水平、有特色导向批准设立营利性民办学校。设立营利性民办高等学校，应当纳入地方高等学校设置规划，按照学校设置标准、办学条件和学科专业数量等严格核定办学规模。中等以下层次营利性民办学校办学规模由省级人民政府根据当地实际制定。

第七条　营利性民办学校注册资本数额要与学校类别、层次、办学规模相适应。

第八条　举办营利性民办学校的社会组织或者个人应当具备与举办学校的层次、类型、规模相适应的经济实力，其净资产或者货币资金能够满足学校建设和发展的需要。

第九条　举办营利性民办学校的社会组织，应当具备下列条件：

（一）有中华人民共和国法人资格。

（二）信用状况良好，未被列入企业经营异常名录或严重违法失信企业名单，无不良记录。

（三）法定代表人有中华人民共和国国籍，在中国境内定居，信用状况良好，无犯罪记录，有政治权利和完全民事行为能力。

第十条　举办营利性民办学校的个人，应当具备下列条件：

（一）有中华人民共和国国籍，在中国境内定居。

（二）信用状况良好，无犯罪记录。

（三）有政治权利和完全民事行为能力。

第十一条　申请筹设营利性民办学校，举办者应当提交下列材料：

（一）筹设申请报告。内容主要包括：举办者的名称、地址或者姓名、住址及其资质，筹设学校的名称、地址、办学层次、办学规模、办学条件、培养目标、办学形式、内部管理机制、党组织设置、经费筹措与管理使用等。

（二）设立学校论证报告。

（三）举办者资质证明文件。举办者是社会组织的，应当包括社会组织的许可证、登记证或者营业执照、法定代表人有效身份证件复印件，决策机构、权力机构负责人及组成人员名单和有效身份证件复印件，有资质的会计师事务所出具的该社会组织近2年的年度财务会计报告审计结果，决策机构、权力机构同意投资举办学校的决议。举办者是个人的，应当包括有效身份证件复印件、个人存款、有本人签名的投资举办学校的决定等证明文件。

（四）资产来源、资金数额及有效证明文件，并载明产权。

（五）民办学校举办者再申请举办营利性民办学校的，还应当提交其举办或者参与举办的现有民办学校的办学许可证、登记证或者营业执照、组织机构代码证、校园土地使用权证、校舍房屋产权证明复印件，近2年年度检查的证明材料，有资质的会计师事务所出具的学校上年度财务会计报告审计结果。

（六）有两个以上举办者的，应当提交合作办学协议，明确各举办者的出资数额、出资方式、权利义务，举办者的排序、争议解决办法等内容。出资计入学校注册资本的，应当明确各举办者计入注册资本的出资数额、出资方式、占注册资本的比例。

第十二条　申请正式设立营利性民办学校，举办者应当提交下列材料：

（一）正式设立申请报告。

（二）筹设批准书。

（三）举办者资质证明文件。提交材料同本细则第十一条第（三）项。

（四）学校章程。

（五）学校首届董事会、监事（会）、行政机构负责人及组成人员名单和有效身份证件复印件。

（六）学校党组织负责人及组成人员名单和有效身份证件复印件，教职工党员名单。

（七）学校资产及其来源的有效证明文件。

（八）学校教师、财会人员名单及资格证明文件。

第十三条　直接申请正式设立营利性民办学校的,须提交本细则第十一条第(二)项规定的材料、第十二条除第(二)项以外的材料。

第十四条　审批机关对批准正式设立的营利性民办学校发给办学许可证;对不批准正式设立的,应当书面说明理由。经审批正式设立的营利性民办学校应当依法到工商行政管理部门登记。

第十五条　设立营利性民办学校,要坚持党的建设同步谋划、党的组织同步设置、党的工作同步开展。

第三章　组 织 机 构

第十六条　营利性民办学校应当建立董事会、监事(会)、行政机构,同时建立党组织、教职工(代表)大会和工会。

营利性民办学校法定代表人由董事长或者校长担任。

第十七条　营利性民办学校董事会、行政机构、校长应当依据国家有关法律法规和学校章程设立和行使职权。

第十八条　营利性民办学校监事会中教职工代表不得少于1/3,主要履行以下职权:

(一) 检查学校财务。

(二) 监督董事会和行政机构成员履职情况。

(三) 向教职工(代表)大会报告履职情况。

(四) 国家法律法规和学校章程规定的其他职权。

第十九条　有犯罪记录、无民事行为能力或者限制行为能力者不得在学校董事会、监事会、行政机构任职。一个自然人不得同时在同一所学校的董事会、监事会任职。

第二十条　营利性民办学校应当切实加强党组织建设,强化党组织政治核心和政治引领作用,在事关学校办学方向、师生重大利益的重要决策中发挥指导、保障和监督作用。推进双向进入、交叉任职,党组织书记应当通过法定程序进入学校董事会和行政机构,党员校长、副校长等行政机构成员可按照党的有关规定进入党组织领导班子。监事会中应当有党组织领导班子成员。营利性民办学校应当加强共青团组织建设,充分发挥教职工(代表)大会和工会的作用。

第四章　教 育 教 学

第二十一条　营利性民办学校应当以培养人才为中心,遵循教育规律,不断提高教育教学质量,增强受教育者的社会责任感、创新精神、实践能力。

第二十二条　营利性民办学校应当抓好思想政治教育和德育工作。加强思想政治理论课和思想品德课教学,推进中国特色社会主义理论体系进教材、进课堂、进头脑。深入开展理想信念、爱国主义、集体主义、中国特色社会主义教育和中华优秀传统文化、革命传统文化、民族团结教育,引导师生员工树立正确的世界观、人生观、价值观。

第二十三条　实施学历教育的营利性民办学校应当按照国家规定设置专业、开设课程、选用教材。营利性民办幼儿园应当依据国家和地方有关规定科学开展保育和教育活动。

第二十四条　营利性民办学校招收学历教育学生、境外学生应当遵守国家有关规定,招生简章和广告应当报审批机关备案。其中,本科高等学校的招生简章和广告应当报省级人民政府教育行政部门备案。

第二十五条　营利性民办学校聘任的教师应当具备国家规定的教师资格或者相关专业技能资格,学校应当按照《中华人民共和国教师法》《中华人民共和国劳动合同法》等国家法律法规和有关规定与教职工签订劳动合同。学校应当加强教师师德建设和业务培训,依法保障教职工工资、福利待遇和其他合法权益。学校聘任外籍教师应当符合国家有关规定。

第五章　财 务 资 产

第二十六条　营利性民办学校执行《中华人民共和国公司法》及有关法律规定的财务会计制度。学校应当独立设置财务管理机构,统一学校财务核算,不得账外核算。

第二十七条　营利性民办学校应当建立健全财务内部控制制度,按实际发生数列支,不得虚列虚报,不得以计划数或者预算数代替实际支出数。

第二十八条　营利性民办学校按学期或者学年收费,收费项目及标准应当向社会公示 30 天后执行。不得在公示的项目和标准外收取其他费用,不得以任何名义向学生摊派费用或者强行集资。

第二十九条　营利性民办学校收入应当全部纳入学校财务专户,出具税务部门规定的合法票据,由学校财务部门统一核算、统一管理,保障学校的教育教学、学生资助、教职工待遇以及学校的建设和发展。学校应当将党建工作、思想政治工作和群团组织工作经费纳入学校经费预算。

第三十条　营利性民办学校拥有法人财产权,存续期间,学校所有资产由学校依法管理和使用,任何组织和个人不得侵占、挪用、抽逃。营利性民办学校举办者不得抽逃注册资本,不得用教育教学设施抵押贷款、进行担保,办学结余分配应当在年度财务结算后进行。

第三十一条　营利性民办学校应当建立健全学校风险防范、安全管理制度和应急预警处理机制,保障学校师生权益、生命财产安全,维护学校安全稳定。学校法定代表人是学校安全稳定工作的第一责任人。

第六章　信　息　公　开

第三十二条　营利性民办学校应当依据法律法规建立信息公开制度及信息公开保密审查机制,公开的信息不得危及国家安全、公共安全、经济安全、社会稳定和学校安全稳定。

第三十三条　营利性民办高等学校信息公开内容应当执行《高等学校信息公开办法》等国家有关规定,其他营利性民办学校信息公开办法由地方人民政府学校主管部门制定。

第三十四条　营利性民办学校应当按照《企业信息公示暂行条例》规定,通过国家企业信用信息公示系统,公示年度报告信息、行政许可信息以及行政处罚信息等信用信息。

第三十五条　营利性民办学校信息应当通过学校网站、信息公告栏、电子屏幕等场所和设施公开,并可根据需要设置公共阅览室、资料索取点方便调取和查阅。除学校已经公开的信息外,社会组织或者个人可以书面形式向学校申请获取其他信息。

第七章　变　更　与　终　止

第三十六条　营利性民办学校分立、合并、终止及其他重大事项变更,应当由学校董事会通过后报审批机关审批、核准,并依法向工商行政管理部门申请变更、注销登记手续。其中,营利性民办本科高等学校分立、合并、终止、名称变更由教育部审批,其他事项变更由省级人民政府核准。

第三十七条　营利性民办学校分立、合并、终止及其他重大事项变更,应当制订实施方案和应急工作预案,并按隶属关系报学校主管部门备案,保障学校教育教学秩序和师生权益不受影响。

第三十八条　营利性民办学校有下列情形之一的,应当终止:

(一)根据学校章程规定要求终止,并经审批机关批准的。

(二)被吊销办学许可证的。

(三)因资不抵债无法继续办学的。

第三十九条　营利性民办学校终止时,应当依法进行财务清算,财产清偿依据《中华人民共和国民办教育促进法》等法律法规和学校章程的规定处理,切实保障学校师生和相关方面的权益。

第四十条　营利性民办学校终止时,应当及时办理建制撤销、注销登记手续,将学校办学许可证正副本、印章交回原审批机关,将营业执照正副本缴回原登记管理机关。

第四十一条　营利性民办学校发生分立、合并、终止等重大事项变更,学校党组织应当及时向上级党组织报告,上级党组织应当及时对学校党组织的变更或者撤销作出决定。

第八章　监　督　与　处　罚

第四十二条　教育、人力资源社会保障行政部门依据《中华人民共和国民办教育促进法》规定的管理权限,对营利性民办学校实施年度检查制度。工商行政管理部门对营利性民办学校实施年度报告公示制度。

第四十三条　教育、人力资源社会保障行政部门依据《中华人民共和国民办教育促进法》规定的管理权限,加大对营利性民办学校招生简章的监管力度,对于使用未经备案的招生简章、发布虚假招生简章的民办学校依法依规予以处理。

第四十四条　教育、人力资源社会保障行政部门依据《中华人民共和国民办教育促进法》规定的管理权限,加强对营利性民办学校办学行为和教育教学质量的监督管理,依法依规开展督导和检查,组织或者委托社会组织定期进行办学水平和教育教学质量评估,并向社会公布评估结果。

第四十五条　教育行政部门应当加强对实施学历教育的营利性民办学校执行电子学籍和学历证书电子注册制度情况的监督,对非法颁发或者伪造学历证书、学位证书的营利性民办学校依法予以处理。

第四十六条　地方教育、人力资源社会保障及其他相关部门应当通过实施审计、建立监管平台等措施对营利性民办学校财务资产状况进行监督。

第四十七条　营利性民办学校违反《中华人民共和国教育法》《中华人民共和国民办教育促进法》及相关法律法规,有下列行为之一的,由教育、人力资源社会保障、工商行政部门或者其他相关部门依法责令限期改正,并予以警告;有违法所得的,退还所收费用后没收违法所得;情节严重的,责令停止招生、吊销办学许可证;构成犯罪的,依法追究刑事责任:

(一)办学方向、教学内容、办学行为违背党的教育方针,违反国家相关法律规定。

(二)办学条件达不到国家规定标准,存在安全隐患。

(三)提供虚假资质或者进行虚假广告、宣传等行为。

(四)筹设期间违规招生,办学期间违规收费。

(五)因学校责任造成教育教学及安全事故。

(六)抽逃办学资金、非法集资。

(七)存在其他违反法律法规行为。

第四十八条　民办学校有下列情形之一的,其举办者不得再举办或者参与举办营利性民办学校:

(一)法人财产权未完全落实。

(二)民办学校属营利性的,其被列入企业经营异常名录或严重违法失信企业名单。

(三)办学条件不达标。

(四)近2年有年度检查不合格情况。

(五)法律法规规定的其他情形。

第九章　附　则

第四十九条　营利性民办培训机构参照本细则执行。

第五十条　本细则由教育部、人力资源社会保障部、工商总局负责解释。

上海市深化民办教育综合改革指导意见

沪教委民〔2015〕28 号

为深入贯彻党的十八届三中全会提出的鼓励社会力量兴办教育的指导精神,推进落实《上海市教育综合改革方案(2014—2020 年)》,深化办学体制和机制创新,激发民办学校办学活力,提升民办学校办学质量,满足人民群众日益强烈的多样化教育需求,指导各区县、各民办高校深化民办教育综合改革,特制定本意见。

一、总体思路

(一)指导思想

深入贯彻党的十八大和十八届三中、四中、五中全会精神,按照"四个全面"战略布局要求,全面贯彻党和国家教育方针,以深化教育综合改革为契机,扶持与规范并举,进一步调动社会力量兴办教育的积极性,促进民办教育健康发展。

(二)总体目标

全面深化教育综合改革,通过积极鼓励和吸引民间资本进入教育领域,大力扶持和引导社会力量兴办教育,到 2020 年初步建立适应上海城市发展定位要求,满足人民群众多样化、多层次、选择性教育需求的民办教育体系。

——民办学校治理水平进一步提高。加强民办学校党的建设,试点民办学校分类管理制度,完善民办学校监管机制,建立完善具有民办学校特点、办学自主、治理规范、充满活力的现代学校制度。

——政府扶持机制进一步创新。在政府补贴、捐资激励、基金奖励、购买服务、助学贷款等方面进一步创新政府扶持机制。逐步放开民办学校收费标准,扩大民办学校招生自主权,给予民办学校更大的办学自主权。

——多元办学格局进一步完善。鼓励民办学校创新办学体制机制,支持行业企业等力量参与办学,加强公民办学校互动互助,形成公民办教育协调发展的格局。

——民办学校办学质量进一步提升。加强民办学校内涵建设,引导民办学校建立健全教学质量保障体系,鼓励民办学校加强国际交流与合作。试点创办一批高水平、有特色的优质民办学校。

(三)基本原则

1. 坚持整体促进与优先鼓励相结合。一方面,充分发挥市场在资源配置中的决定性作用,鼓励社会力量和民间资本提供多样化教育服务;另一方面,优先鼓励举办非营利性民办学校,营造公益办学的良好社会氛围。探索对营利性和非营利性民办学校实行差别化扶持政策。

2. 注重全面推进与重点突破相结合。把握办学方向,遵循办学规律,全面建立符合社会和人民群众需求的民办教育发展机制。广纳各方面意见,直面现实问题,以现阶段民办教育改革发展面临的瓶颈问题作为深化改革的重点突破口。

3. 注意推进改革与风险防范相结合。要处理好改革的力度、发展的速度与各方面可承受度之间的关系,既要积极推动各项重大改革,又要配套建立改革事项风险评估机制,促使改革的时机、力度、节奏三者有机统一。

二、改革重点

充分发挥民办学校办学体制机制优势,不断提升民办学校办学活力、办学动力和市场竞争力,实现民办教育健康、有序、可持续发展。各区县及各民办高校重点在以下几方面进行探索。

(一)多渠道提升民办学校治理水平

1. 全面加强党的建设。教育行政部门强化思想引领,充分发挥社会力量举办学校党组织的政治核心作用,完善各级党组织工作保障机制,依法加强党组织在民办学校治理结构和决策过程中的作用。实行民办高校党组织负责人兼任政府派驻学校督导专员的制度。通过公开选聘等方式推进民办学校党政领导干部年轻化。

2. 推进现代学校制度建设。完善民办学校法人治理结构,加强民主办学和民主监督。规范民办学校章程,健全学校决策机制,探索实行独立董事(理事)或监事制度;探索职业校长制和公开选聘机制;探索教授治学、专家治学;实行亲属回避制,建立适应自身发展的标准化内部管理体系,加强学校信息公开和事务公开,建立学校与社会的互动机制。

3. 支持社会组织参与民办教育治理。市区两级政府鼓励引导行业协会在行业自律、宣法维权、业务服务及合作交流等方面参与民办学校治理。借鉴国际经验,鼓励发展第三方民办教育专业服务机构。探索建立民办学校第三方质量认证制度和质量监控制度,培育更多的社会机构参与民办学校办学过程和办学质量评估。充分发挥各类机构在民办学校评估认证、咨询服务、风险防范、融资贷款等方面的作用。

(二) 创新政府扶持社会力量办学机制

1. 开展分类管理试点。市区两级政府积极支持社会力量举办非营利民办学校,开展非营利民办学校示范校和试点校建设,进一步完善经营性教育培训机构登记和管理制度。

2. 健全政府补贴制度。市区两级政府建立健全政府补贴制度,明确补贴的项目、对象、标准、用途。按照国务院文件精神,健全义务教育阶段民办学校经费保障机制,对义务教育阶段民办学校按不低于生均公用经费基准定额的标准给予补助。健全外来务工人员同住子女入学政府补贴制度。给予非营利民办高校示范校更大力度的支持。对开展非营利制度试点的民办中小学加大资助力度。

3. 完善捐资激励制度。市区两级政府通过税收杠杆鼓励社会力量捐资促进教育发展。对企业和个人支持教育事业的公益性捐赠支出,按照税收法律法规及政策的相关规定在所得税前予以扣除。对符合条件的民办学校进行非营利组织免税资格认定。

4. 试点基金奖励和融资服务制度。市区两级政府支持民办学校设立各类教育基金组织,积极鼓励和引导社会资金进入教育领域。创新民办教育融资机制,进一步拓展上海市民办教育发展基金会功能,奖励和表彰对民办教育作出突出贡献的个人和组织。市区两级政府与金融机构共同探索民办学校以学费收费权质押贷款等多种融资方式拓宽民办学校筹资渠道。

5. 完善政府购买服务机制。通过市场竞争、购买服务的方式从社会引入多种适合学生发展需求的教材和课程。健全公民办学校相互委托管理的机制。因地制宜开展地段内学生就近入读民办中小学与幼儿园的购买学位工作。

6. 探索教师收入保障机制。引导鼓励民办学校建立教师收入与学费收入动态增长机制,合理提高人员经费在学校支出中的比例。探索建立民办学校教师从教奖励制度。在国家养老保障制度改革的框架下,改进完善民办学校教师年金制度,试点对目前离退休时间不足 10 年的专职教师加速年金积累。对于落实教师年金制度积极有效的学校,予以一定的财政扶持。

(三) 鼓励社会力量全面参与办学

1. 鼓励社会力量参与兴办各类教育。市区两级政府支持社会力量进入各级各类教育,提供优质教育资源,进一步优化民办教育生态。重点鼓励社会力量举办或参与举办职业教育、继续教育、老年教育、社区教育和特殊教育等。

2. 鼓励多元主体参与举办民办学校。市区两级政府支持和吸引大型国有企业等社会组织和公民个人以独资、合资、合作等多种方式参与办学,支持民办学校管理者和骨干教师以资金、技术、专利等形式出资,参与学校建设和管理,在学校管理、人员聘用、人才培养、财务管理等方面充分发挥多元主体办学的体制优势。

3. 引导行业企业与学校加强合作。民办学校与行业企业共同营造跨部门联动和校企深度融合的环境,推动行业企业与教育行政部门共同建立体现职业教育特点的评估体系,把行业标准和岗位要求作为职业教育质量评价的重要依据。民办学校吸收借鉴企业化运作模式,强化需、产、学、研、用深度对接,试点职业院校校长与企业主管交流互聘。

4. 加强公办民办学校互动互助。民办学校与公办学校在师资、管理、课程、科研等方面探索资源共享,形成相互委托管理和相互购买服务的新机制。市区两级政府探索在薄弱公办学校引入民办机制,激发办学活力。

(四) 扶持民办学校提升办学质量

1. 积极支持办学道路多元探索。鼓励民办普通高等学校依法自主设置和调整学科专业。试点建设小规模、高水平民办高校和应用型特色高职,支持民办高校进行中高职、应用本科贯通培养改革,探索应用型人才产学合作培养模式,支持有条件的民办高校开展专业硕士学位点申报。支持创办理念先进、课程设置多样的民办中小学和幼儿园。

2. 注重民办学校教师专业发展。进一步完善民办学校教师培养机制,充分发挥上海市民办高校教师专业发展中心等专业机构的作用,提高民办学校教师教学科研水平,促进教师专业发展。

3. 鼓励开展国际教育合作与交流。鼓励民办高校招收国际留学生。有条件的区县可探索部分优质民办高中试点引进国际课程,在义务教育阶段民办中小学开展中外融合课程试点。支持民办学校与境外教育机构开展广泛的合作交流,开展境内合作办学或向境外输出教育资源,努力打造具有国际影响力的民办教育品牌。

4. 依法保障民办学校招生自主权。支持民办高校参与招生考试制度改革,试点在核定的办学规模内自主确定年度招生计划。民办小学和初中根据全市统一规定,可提前进行招生。

5. 逐步放开民办教育收费。市区两级政府引导民办学校按照优质优价原则,统筹考虑办学成本、办学质量、办学层次等因素,扩大民办学校收费自主权。民办高等学历教育收费实行自主定价,民办中小学试点实行市场调节价,教育培训机构依据办学成本和市场调节自主定价收费。完善民办学校学费专户管理和收费公示等制度,完善收费的科学监管机制。

三、重点推进项目

在整体推进民办教育综合改革任务中,市区两级政府重点推进非营利民办学校建设、民办教育基金组织和融资制度建设、高水平有特色民办学校建设、民办学校治理结构建设、民办学校购买服务制度试点和民办教育第三方评价机制试点建设等项目,分别在民办高校和各区县推进实施:

(一) 非营利民办学校建设

2015 至 2020 年期间,选择若干所民办高校和民办中小学开展非营利民办高校示范校建设和民办中小学非营利制度试点校建设,并在人事、招生、收费、民办教育专项资金、政府购买服务、教师年金制度和教育教学等方面给予扶持,引导民办学校向公益性、特色化方向发展。

(二) 民办教育基金组织和融资制度建设

2015 至 2020 年期间,推动建立和完善上海民办教育基金会运作机制,支持民办学校设立教育发展基金会等组织,规范和加强对捐赠资金的管理和运作。充分发挥民办教育基金会在筹集社会资源和资金、支持非营利性民办学校发展、促进政府职能转变等方面的作用,探索引导民办学校坚持公益性办学的新方式和实现政府民办教育治理现代化的新途径。推动建立和完善民办教育融资服务制度,鼓励引导金融机构为民办学校提供多种形式的贷款质押授信服务。

(三) 高水平有特色民办学校建设

2015 至 2020 年期间,试点推进高水平有特色民办学校建设。在全市范围内,支持有条件的民办高校试点建设小规模、高水平学校或应用型特色高职,支持纳入新兴应用技术大学的民办高校建设专业硕士学位点。支持民办中小学和幼儿园与公办学校错位发展,特色办学。选择条件成熟的学校,鼓励和吸引大型国有企业及其他企事业单位、社会组织和公民个人等社会力量以多种方式参与办学。在学校管理、人员聘用、人才培养、财务管理等方面充分发挥混合所有制办学的体制优势。

（四）民办学校治理结构建设

2015 至 2020 年期间,在全市范围内选择若干所民办学校开展现代学校制度建设试点。2015 年底,全部民办高校完成学校章程规范工作,健全学校内部管理制度。至 2020 年,重点推进民办高校和中小学内部决策和监督机制建设,探索校长选拔制度和职业校长制,探索民办学校标准化管理,加强学校民主管理和信息公开。

（五）民办教育购买服务制度试点

2015 至 2020 年期间,选取若干符合需求、具备条件的民办中小学和幼儿园,深入开展购买服务试点。明确购买服务的内容和标准,推进民办学校和公办学校相互委托管理,尤其是民办学校托管薄弱公办学校。以购买服务形式推动民办学校参与学区化集团化办学试点。探索建立向民办学校购买课程资源等优质教育服务的制度。

（六）民办教育第三方评价机制试点建设

2015 年至 2020 年期间,探索引进国际先进的评价标准和评价机构,建立多元化的民办教育与民办学校评价机制,建立民办教育第三方评价国际交流平台,培养更多的专业化第三方机构参与民办学校的办学过程和办学质量评估,建立完善民办教育第三方评估机构的运营模式。

四、组织保障

（一）完善组织领导。充分发挥上海市教育综合改革领导小组的领导作用,紧密结合民办教育工作实际和综合改革的任务,协调解决本市民办教育改革发展中的突出问题。市区两级政府统筹协调教育行政管理部门和发改、财政、人社、国土资源、规划、工商等部门,推进各试点民办学校进行制度创新,统筹谋划和推进综合改革工作。

（二）加大落实检查。各区县、各民办高校要充分认识推进民办教育综合改革的重要性、紧迫性,精心组织,周密部署,要分解细化各项改革任务,逐项制订实施方案。对改革中遇到的问题要及时提出针对性的解决措施,有效防控改革风险。

（三）健全激励机制。原则上,各区县、各民办高校每年年底应向及时总结本区县(本校)年度民办教育综合改革推进经验,并向市教委报送工作推进情况,此项工作将作为各项考核考评工作的重要指标之一。

附件:1. 各区县申报民办教育综合改革项目一览表
　　　2. 各民办高校申报民办教育综合改革项目一览表

附件 1　各区县申报民办教育综合改革项目一览表

序号	项　目　名　称	区　县
1	民办中小学非营利制度试点校建设	浦东新区等
2	支持民办学校设立教育发展基金会等组织	各区县
3	支持民办中小学和民办幼儿园与公办学校错位发展,特色办学	各区县(已实施,无需申报)
4	现代学校制度建设试点	各区县
5	民办中小学幼儿园购买服务和委托管理试点	徐汇区等
6	民办教育第三方评价机制试点	普陀区等

附件 2　各民办高校申报民办教育综合改革项目一览表

序号	项　目　名　称	学　　校
1	非营利民办高校示范校建设试点	上海杉达学院等
2	试点设立并完善教育发展基金会等组织	各民办高校
3	小规模、高水平民办高校建设试点	上海兴伟学院等
4	混合所有制办学体制试点	上海视觉艺术学院、上海思博职业技术学院
5	现代大学制度建设试点	上海杉达学院、上海建桥学院等
6	民办教育第三方评价机制建设试点	各民办高校

上海市民办教育发展"十三五"规划

沪教委民〔2017〕1 号

为深入贯彻党的十八大和十八届三中、四中、五中、六中全会精神,全面落实新修订的《中华人民共和国民办教育促进法》及其配套制度,深入推进民办教育领域综合改革,依据《国家中长期教育改革和发展规划纲要(2010—2020 年)》《上海市国民经济和社会发展第十三个五年规划纲要》《上海市中长期教育改革和发展规划纲要(2010—2020 年)》《上海市教育综合改革方案(2014—2020 年)》和《上海市教育事业改革和发展"十三五"规划》等文件,制定本规划。

一、发展回顾

"十二五"期间,上海民办教育以提高教育质量为核心任务,注重机制创新,突出内涵建设,推动各级各类民办学校全面、协调、健康、有序发展。民办教育在扩大教育资源总量、丰富教育生态、激发教育活力等方面发挥了重要作用,为上海率先基本实现教育现代化做出了积极贡献,成为上海教育事业的重要组成部分。

截至 2015 学年,上海共有民办幼儿园 562 所,民办小学 170 所(含政府给予办学成本补贴的以招收进城务工人员随迁子女为主的民办小学 148 所,不含同时举办中等教育的学校),民办中学 117 所(含同时举办初等教育的学校),民办中职 6 所,民办高校 20 所。民办幼儿园、小学、中学、中职、高校在校生人数分别为 16.83 万人、13.94 万人、7.39 万人、0.11 万人和 10.01 万人,分别占全市在校生总数的 31.4%、17.5%、12.9%、1.5%和 19.6%。此外,还有民办非学历教育机构 2 000 余所,提供形式多样、内容丰富的教育培训服务。与"十一五"末相比,"十二五"期间民办学前教育呈现快速发展态势,义务教育阶段民办学校总体上呈现平稳发展趋势,民办高中和民办高校办学规模相对稳定。

"十二五"期间,上海按照"分类扶持,依法规范"的原则,出台和实施了一系列扶持鼓励政策和举措。

(一)探索民办学校分类管理

1. 探索试点民办学校非营利制度。支持部分民办高校创建非营利性民办高校示范校,遴选部分民办中小学试点非营利制度,通过政策和资金支持引导学校彰显公益性。

2. 试点营利性民办非学历教育机构登记管理。制定营利性民办学校登记与管理的相关配套制度,引导社会资本有序进入民办非学历教育领域,规范开展办学活动。

(二)推动民办学校内涵发展

1. 推动民办高校加强内涵建设。探索应用型高校建设,开展特色示范高职建设,开展深度校企合作试点,开展小规模、高水平民办高校建设试点。

2. 引导民办中小学创特色和民办幼儿园优质发展。开展民办中小学特色学校(项目)和优质民办幼儿园创建活动,鼓励民办中小学与幼儿园创新体制、机制,提升办学水平,进一步提高社会满意度。

(三)完善师生待遇保障制度

1. 保障受教育者合法权益。民办学校学生在奖助学金和国家助学贷款、副食品补贴、医疗保险、就业指导等方面享有与公办学校学生的同等待遇,"学生健康促进工程"等重大工程实现民办学校全覆盖。

2. 落实教师同等待遇。民办学校教师在职称评定、奖励表彰、项目申报、在职培训等方面享有与公办学校教师的同等待遇。推进民办学校完善年金制度,提高民办学校教师退休后待遇。实施民办高校"强师工程",成立民办高校教师专业发展中心,为民办高校教师提供发展平台;建立民办中小学、幼儿园及非学历教育机构管理人员培训制度,提高民办学校管理水平。

(四)优化民办教育治理体系

1. 完善民办学校财务管理制度。制定民办高校和民办中小学财务管理办法与会计核算办法,规范民办学校会计核算与财务管理行为。推进民办高校落实法人财产权,保障学校的基本办学条件。建立民办非学历教育机构学杂费存款专用账户制度。

2. 落实民办学校办学自主权。继续实施民办高校与公办高校同批次招生录取制度,开展民办高校自主招生试点等招生制度改革。进一步深化价格改革,继续实施民办非学历教育自主定价制度,探索民办高等学历教育学费和住宿费实行自主定价、优质优价。

3. 规范民办学校管理。建立适合民办教育特点的党建工作与年度检查、督导制度。通过中青年干部培训、公开选拔和推荐民办高校党政负责人,推进党务公开等工作,加强民办学校规范管理。规范民办中小学招生行为,促进招生过程的公开、公平和公正。

4. 探索建立第三方参与民办教育治理的模式。"十二五"期间,先后成立上海市民办教育协会、上海市民办教育发展基金会、上海市民办教育发展服务中心等机构,并探索各行业组织和专业机构参与民办教育行业自律、多元投入、服务保障等方面的工作。

"十二五"期间,上海民办教育事业取得长足发展,各项改革举措成效显著,但同时也面临诸多挑战:可持续投入有待进一步提高;教师保障体系有待进一步完善;民办学校资产归属有待进一步明晰;民办学校内部治理结构有待进一步健全;部分办学层次的民办学校教育质量和办学水平有待进一步提升。"十三五"期间,上海民办教育的改革发展亟需开拓新思路、建立新机制、实施新举措。

二、当前面临的机遇与挑战

"十三五"时期是贯彻落实国家及上海市中长期教育改革和规划纲要、探索教育综合改革的关键五年。新修订的《中华人民共和国民办教育促进法》及其配套制度的贯彻落实、社会各界对教育服务的多样化需求、民办学校竞争力提升的内在动力,是上海民办教育面临的新机遇与新挑战。

(一)政府职能转变与实施分类管理促进民办学校管理改革

根据中央对政府职能转变的要求,同时为贯彻落实国家法律法规有关实施非营利性和营利性民办学校分类管理的规定,上海作为教育综合改革试验区,要通过地方制度建设明确民办教育的管理责任和义务,明晰政府监管的边界,并建立健全适合不同类型民办学校发展的鼓励与规范机制,为各级各类民办学校的健康发展提供更好的制度空间和政策环境。

(二)日益丰富的社会需求促进民办教育多样化发展

"十三五"期间,上海城市功能将进一步拓展和深化,社会对教育的需求将更为丰富,各级各类民办学校必须在办学理念、育人目标、学校管理、师资队伍建设、办学方式、专业设置、课程建设、教材选用等各个方面找准定位,在满足新需求的同时也适应于新观念、新技术,贯彻全面发展、终身学习的理念,培养多领域、多方位的优秀人才,办出特色、办出品牌,共同促进民办教育的多样化发展。

(三)自身发展促进民办学校内部治理结构进一步完善

随着"十三五"期间民办教育制度空间和政策环境的逐步调整、社会经济需求的多样化、社会氛围与技术的日新月异,各级各类民办学校需要不断优化内部治理结构,必须理顺党组织、举办者、管理者、教职工、受教育者及其家长、社会各界等各方的关系,建立健全民主参与、专业咨询评价、机构与行业自律、多方监督等多种机制,探索推进现代学校制度建设。

三、指导思想和发展目标

(一)指导思想

深入贯彻党的十八大和十八届三中、四中、五中、六中全会精神,全面落实新修订的《中华人民共和国民办教育促进法》及其配套制度、《上海市教育综合改革方案(2014—2020年)》,坚持鼓励与规范并重的原则,着力深化办学体制改革、着力健全完善民办教育发展政策法律环境、着力推动民办学校内涵发展,促进上海民办教育健康发展。

(二)基本思路

"十三五"期间,上海民办教育坚持分类管理、创新发展、提升质量的基本思路。

——分类管理。建立健全非营利性和营利性民办学校分类管理制度及相关配套政策,积极推动分类管理工作有序进行。

——创新发展。创新办学模式,积极探索多元主体办学等模式。创新管理方式,健全政府补贴、政府购买服务、助学贷款、基金奖励、捐资激励等制度,鼓励社会力量兴办教育。创新内部治理结构,鼓励民办学校探索现代学校制度。

——提升质量。加强民办学校内涵建设,提高师资水平、提升办学质量。

（三）主要目标

到 2020 年,初步建立适应上海城市发展定位要求,满足人民群众多元化、多层次、选择性教育需求的民办教育体系。各级各类民办教育健康发展,办学特色更加彰显,办学行为更加规范。

——构建布局合理、结构协调的民办教育格局

根据上海城市发展和人口结构调整的需要,合理规划民办学校布局,实现中心城区和郊区、城郊结合部协调有序发展,形成民办教育与公办教育共同发展的格局。

"十三五"期间,继续保持各级各类民办学校稳定发展,合理确定民办幼儿园和民办中小学数量规模,与公办教育协调发展,适度调整民办高中和民办高校规模,引导非学历教育机构健康发展,支持社会力量参与中外合作办学。

——引领特色、多元、开放的民办学校发展之路

在满足学前教育普遍需求的基础上,加大优质民办幼儿园创建力度,推进民办中小学特色建设,扩大优质教育资源。充分发挥民办体制机制优势,打造高水平、有特色的民办高等教育新模式。鼓励实力强、质量好的教育培训机构做大做强,打造具有国际竞争力的教育品牌。

引导、鼓励民办学校加强国际交流与合作,开展办学道路多元化探索,以多种形式引进境外优质教育资源,支持优质民办学校境外办学。

支持行业企业等力量参与办学,鼓励民办学校探索多元办学模式,加强公办民办学校互动互助,促进公办民办学校共同发展。

——创建权职明晰、运行有序的民办教育治理体系

合理划分市、区两级政府对民办教育的管理权限,根据国家及上海市政策法律法规及规章,全面实现政府对民办教育管理职能的转变,提高政府对民办教育的管理效能。

在政府补贴、捐资激励、基金奖励、购买服务、教师保障等方面进一步创新政府扶持机制。鼓励和引导民办学校之间加强横向联合,优化教育资源的配置,提升民办学校的竞争力。

完善民办学校内部治理体系,健全民办学校规章制度,加强民办学校党的建设,完善民办学校监管机制,建立权责明确、分工合理、运行有序的民办学校权力体系。

培育政府相关职能部门参与,家庭、社区多方关注的民办教育外部发展环境,提高民办学校的治理水平和能力。鼓励和支持行业组织、专业机构和社会中介机构等参与民办教育治理,共同促进民办教育健康发展。

四、主要任务和举措

围绕推动实现民办教育科学化、现代化的发展目标,充分发挥民办学校办学体制机制优势,构建更加有效、更具活力的民办教育管理体系,更为有效地满足社会对教育的多样化需求,需要从以下四方面推进。

（一）提升民办教育治理水平

1. 全面加强党的建设。强化思想引领,发挥民办学校党组织的政治核心作用。民办学校基层党组织要按照《中国共产党章程》的规定开展党的活动,发挥在党建、思想政治和德育工作中的领导作用,在学校办学方向和改革发展中的保证作用,在学校依法办学和维护各方权益中的监督作用。推进民办高

校党政干部公开选聘工作,促进民办高校管理干部队伍建设。

2. 完善民办教育相关规章制度。依据国家法律法规推进落实上海民办教育地方制度的制订工作;制定和完善民办学校设置标准;修订民办学校财务管理办法等相关文件。

3. 创新管理方式。按照简政放权、依法监管、权责一致、社会共治的原则,全面推进依法治教,构建政府依法管理、学校规范办学、行业自律和社会监督相结合的工作格局。建立健全非营利性和营利性两类民办学校的监管体系,依法完善民办学校年度检查、专项检查和督导制度。完善民办教育信息管理系统和民办高校财务管理系统,建立健全民办学校信息公开和信用档案制度,探索民办学校危机预警和干预机制。

4. 推进现代学校制度建设。推动非营利性和营利性两类民办学校构建科学决策、规范管理、民主监督、社会参与的现代学校制度。完善民办学校法人治理结构,以章程为统领,健全学校决策机制,完善内部治理结构;探索职业校长制和公开选聘机制;探索教授治学、专家治学;实行亲属回避制,完善各项规章制度,探索民办学校标准化管理,加强学校民主管理和信息公开。

5. 支持社会组织参与民办教育治理。推进行业机构、专业机构和社会中介机构等社会组织参与民办教育建设;探索社会组织为民办学校提供服务与指导的新机制;探索民办教育第三方独立评价机制。

(二)创新政府扶持社会力量办学机制

6. 实施民办教育分类管理。依据国家相关法律法规,健全完善民办学校分类管理配套政策,形成比较完善的政策支持体系,支持非营利性和营利性两类民办学校不断提升办学质量,探索品牌化和集团化发展道路。开展非营利性民办学校示范校建设,在人事、招生、收费、民办教育专项资金、政府购买服务、教师年金制度和教育教学等方面给予支持。

7. 完善政府购买民办教育服务制度。完善政府向社会购买民办教育优质服务的机制。推动民办学校参与学区化、集团化办学试点。因地制宜开展地段内学生就近入读民办中小学与幼儿园的购买学位工作,加大在远郊区和人口导入区的购买力度。

8. 健全政府补贴制度。建立健全政府非营利性民办学校补贴制度,探索多种补助途径和方法。健全以招收外来务工人员随迁子女为主民办小学的办学成本补贴制度。

9. 完善捐资激励制度。通过税收杠杆鼓励社会力量捐资促进民办教育发展。对企业和个人支持教育事业的公益性捐赠支出,按照税收法律法规及政策的相关规定,在所得税前予以扣除。对符合条件的民办学校进行非营利组织免税资格认定。

10. 探索民办学校基金奖励制度。支持民办学校设立各类教育基金组织,积极鼓励和引导社会资金进入教育领域,规范和加强对捐赠资金的管理和运作。发挥基金会在筹集社会资源、支持非营利性民办学校发展、奖励和表彰对民办教育做出突出贡献的个人和组织等方面的作用。

11. 健全民办学校教师保障体系。探索教师收入保障机制,引导鼓励民办学校建立教师收入与学费收入动态增长机制;完善民办学校年金制度;探索建立民办学校骨干教师从教奖励激励制度。

(三)鼓励社会力量全面参与办学

12. 鼓励社会力量参与兴办教育。支持社会力量提供优质教育资源,创新社会力量办学机制,支持培育适应社会经济发展需求的新型教育业态与办学模式,优化民办教育生态。重点扶持社会力量举办或参与举办职业教育、继续教育、老年教育、社区教育和特殊教育等。

13. 鼓励多元主体参与举办民办学校。支持和吸引大型国有企业等社会组织和公民个人以多种方式参与办学,支持民办学校管理者和骨干教师以资金、技术、专利等形式出资参与学校建设与管理。探索多种形式办学,在学校管理、人员聘用、人才培养、财务管理等方面充分发挥多元主体办学的体制优势。

14. 引导行业企业与学校加强合作。民办学校与行业企业共同营造跨部门联动和校企深度融合的制度环境,推动行业企业参与建立体现职业教育特点的评估体系,把行业标准和岗位要求作为职业教育质量评价的重要依据。民办学校吸收借鉴企业化运作模式,强化需、产、学、研、用深度对接,试点职业院校校长与企业主管交流互聘。不断满足社会对教育的选择性需求和上海产业转型带来的智力升级需求。

15. 加强公办民办学校互动互助。探索民办学校与公办学校在师资、管理、课程、科研等方面资源共享,形成相互委托管理和相互购买服务的新机制。

（四）推动民办学校提升办学质量

16. 支持民办学校探索多元办学道路。鼓励民办普通高等学校建立健全相关机制,依法自主设置和科学调整学科专业。支持有条件的民办高校开展专业硕士学位点申报。支持建设高水平民办高校和应用型特色高职,支持民办高校开展中高职、应用本科贯通培养改革,探索应用型人才产学合作培养模式。促进民办高校内涵建设和质量提升,增强民办高校卓越发展能力。重点支持创建办学理念先进、课程设置多样、教学方法创新、办学特色鲜明的民办幼儿园和民办中小学。

17. 促进民办学校教师专业发展。深入推进民办学校强师工程,完善民办学校教师培养机制。发挥上海市民办高校教师专业发展中心等机构专业作用,加强民办学校骨干教师和管理人员培养力度,优化民办高校教师培训机制,提高民办学校教师教学科研、行政管理水平,促进教师队伍专业化发展。

18. 鼓励开展国际教育合作与交流。鼓励民办高校招收来华留学生。支持民办学校与境外教育机构开展合作交流,努力打造具有国际影响力的民办教育品牌。

19. 逐步放开民办教育收费。引导民办学校按照优质优价原则,统筹考虑办学成本、办学质量、办学层次和社会需求等因素,逐步扩大民办学校收费自主权。营利性民办学校的收费标准实行市场调节,由学校自主决定。非营利性民办高等学历教育收费实行自主定价,探索制定基础教育阶段非营利性民办学校收费管理办法。完善学费专户管理和收费公示制度等监管机制。

20. 依法保障民办学校招生自主权。支持民办高校参与招生考试制度改革,试点在核定的办学规模内自主确定年度招生计划。进一步完善民办中小学招生制度,确保民办中小学招生自主、规范、有序。

五、实施保障

（一）组织保障

加强市级层面的组织协调,依托教育综合改革领导小组平台,强化民办教育联席会议制度,统筹解决民办教育改革与发展中的重大问题。发挥"上海市民办教育工作会议"和"上海市民办高校党建工作会议"功能,推进落实民办教育相关政策。推进教育、发改、财政、人保等相关部门协同,推进民办教育的制度创新,激发民办学校的办学活力。

（二）经费保障

推进加强市、区两级的财力统筹,保证本级财政承担的民办教育投入分年、足额落实到位。

（三）制度保障

加强对规划实施情况的动态监管,对本规划重大举措落实情况开展过程性督导;建立第三方机构评估制度,向社会公示规划实施进展与成效。

（刘荣飞整理）

后　记

　　《上海民办教育发展报告(2013—2016)》由上海市教委民办教育管理处发起,上海市民办教育协会承担,上海市教科院民办教育研究所组织实施。在编撰工作推进中,得到了上海市教委民办教育管理处、发展规划处、终身教育处等处室帮助,提供了原始资料和数据。上海市教委民办教育管理处的苏铁、季秋瑜,上海市民办教育协会金兵、薛瑾璐、王琦玲在课题申报、资料共享、工作联络等方面给予了大力支持和帮助。上海教科院民办教育研究所刘荣飞在书稿编撰工作推进过程中做了大量具体工作。

　　《上海民办教育发展报告(2013—2016)》主要由上海市教科院的科研人员负责综合报告、类别报告和专题报告的撰写,由忻福良、刘荣飞对全书进行了统稿。写作人员具体分工如下。

　　《综合报告》由方建锋、张歆执笔。

　　《上海民办学前教育发展状况》由陈素萍执笔。

　　《上海民办中小学发展状况》由唐晓杰执笔。

　　《上海民办高等学历教育发展状况》由陈洁、张歆执笔。

　　《上海民办非学历培训教育发展状况》由周翠萍执笔。

　　《上海民办学校党建和思想政治工作概况》由杨月民、张宁、周翠萍执笔。

　　《上海民办学校师资队伍建设状况》由谢锡美执笔。

　　《上海民办院校专业设置状况》由公彦霏、潘奇、董圣足执笔。

　　《上海民办学校营利非营利分类管理制度推进状况》由张歆执笔。

　　《上海民办基础教育特色发展状况》由刘耀明执笔。

　　《上海市民办随迁子女小学发展状况》由何金辉执笔。

　　《上海民办教育领域公私合作状况》由刘荣飞、董圣足执笔。

　　《上海民办高等学校章程建设状况》由王歆妙执笔。

　　《上海民办教育社会组织发展状况》由潘奇、李爱铭执笔。

　　《浦东新区民办教育改革与发展报告》由浦东新区教育局提供。

　　《金山区民办教育改革与发展报告》由金山区教育局提供。

　　《杨浦区民办教育改革与发展报告》由杨浦区教育局提供。

　　《闵行区民办教育改革与发展报告》由闵行区教育局提供。

　　《嘉定区民办教育改革与发展报告》由嘉定区教育局提供。

　　《长宁区民办教育改革与发展报告》由长宁区教育局提供。

《2013—2015 年上海民办教育统计数据》由方建锋整理。

《2013—2016 年国家及上海民办教育法规政策选编》由刘荣飞整理。

在此,对上述人员表示衷心感谢!编辑出版中有疏忽之处,请读者指正批评。

《上海民办教育发展报告(2013—2016)》编委会

2017 年 11 月